“十四五”职业教育国家规划教材

高等职业教育
课－岗－证一体化新形态教材

U0795356

首届全国教材建设奖
全国优秀教材
一等奖

XUEQIAN ERTONG YUYAN JIAOYU

学前儿童语言教育

（第三版）

主编　姜晓燕　郭咏梅

中国教育出版传媒集团
高等教育出版社·北京

内容提要

本书获首届全国教材建设奖全国优秀教材一等奖。

本书是“十四五”职业教育国家规划教材，高等职业教育课-岗-证一体化新形态教材。

本书以党的二十大精神为指引，将立德作为育人的根本，注重中国本土幼儿文学作品的选用，推进文化自信自强。 本书着眼于课（专业课程内容）、岗（典型职业岗位技能）、证（幼儿园教师资格考试）有机融合，配以数字化资源，以新形态、全媒体、立体化形式呈现。

全书内容分为七个单元，包括学前儿童语言教育概述、学前儿童谈话活动、学前儿童文学作品活动、学前儿童讲述活动、学前儿童早期阅读活动、学前儿童语言游戏活动及学前儿童语言区角教育活动。

本书可作为高等职业院校、五年制高职、职教本科、继续教育、中职学校学前教育专业教材，也可供幼儿园教师等学前教育工作者进行专题学习时参考。

本书配套建设有数字课程和用二维码链接的视频资源。学习者可以登录“智慧职教”平台（www.icve.com.cn）浏览课程资源，详见“智慧职教”服务指南。 教师可以发送邮件至编辑邮箱 gaojiaoshegaozhi@ 163.com 获取教学课件。

图书在版编目(CIP)数据

学前儿童语言教育/姜晓燕,郭咏梅主编. --3 版. --北京:高等教育出版社,2019.9(2024.8 重印)
ISBN 978-7-04-052141-2

Ⅰ. ①学… Ⅱ. ①姜… ②郭… Ⅲ. ①学前儿童-语言教学-高等职业教育-教材 Ⅳ. ①G613.2

中国版本图书馆 CIP 数据核字(2019)第 114586 号

策划编辑 赵清梅　责任编辑 赵清梅　封面设计 王　鹏　版式设计 徐艳妮
责任校对 李大鹏　责任印制 刘弘远

出版发行 高等教育出版社
社　　址 北京市西城区德外大街 4 号
邮政编码 100120
印　　刷 河北吉祥印务有限公司
开　　本 787mm×1092mm　1/16
印　　张 17.25
字　　数 360 千字
购书热线 010-58581118
咨询电话 400-810-0598
网　　址 http://www.hep.edu.cn
　　　　 http://www.hep.com.cn
网上订购 http://www.hepmall.com.cn
　　　　 http://www.hepmall.com
　　　　 http://www.hepmall.cn
版　　次 2011 年 5 月第 1 版
　　　　 2019 年 9 月第 3 版
印　　次 2024 年 8 月第 13 次印刷
定　　价 37.50 元

物 料 号　52141-D0

“智慧职教”服务指南

“智慧职教”(www.icve.com.cn)是由高等教育出版社建设和运营的职业教育数字教学资源共建共享平台和在线课程教学服务平台,与教材配套课程相关的部分包括资源库平台、职教云平台和App等。用户通过平台注册,登录即可使用该平台。

● 资源库平台:为学习者提供本教材配套课程及资源的浏览服务。

登录“智慧职教”平台,在首页搜索框中搜索“学前儿童语言教育”,找到对应作者主持的课程,加入课程参加学习,即可浏览课程资源。

● 职教云平台:帮助任课教师对本教材配套课程进行引用、修改,再发布为个性化课程(SPOC)。

1. 登录职教云平台,在首页单击“新增课程”按钮,根据提示设置要构建的个性化课程的基本信息。

2. 进入课程编辑页面设置教学班级后,在“教学管理”的“教学设计”中“导入”教材配套课程,可根据教学需要进行修改,再发布为个性化课程。

● App:帮助任课教师和学生基于新构建的个性化课程开展线上线下混合式、智能化教与学。

1. 在应用市场搜索“智慧职教icve”App,下载安装。

2. 登录App,任课教师指导学生加入个性化课程,并利用App提供的各类功能,开展课前、课中、课后的教学互动,构建智慧课堂。

“智慧职教”使用帮助及常见问题解答请访问help.icve.com.cn。

第三版前言

本教材第二版自2014年出版以来，广泛用于全国各高职院校及部分高等院校的学前教育专业教育教学中，取得了较好的社会效益，编者们通过多种渠道和方式了解了相关院校对此书的使用情况并征求意见，大家普遍认为本教材在学术、教育、实践等方面，较为系统地探讨了学前儿童语言教育问题，科学性、适用性、操作性比较强。

本教材以党的二十大精神为指引，突出情感态度价值观目标的培养，突出“育人的根本在于立德”“广泛践行社会主义核心价值观”，做到两代师德同步立、育人先育己，引导高职学前教育专业学生在进行学前儿童语言教育活动设计与实施的同时，也同步培养良好的思想道德、践行社会主义核心价值观；加强对中国本土幼儿文学作品的选用，以“推进文化自信自强，铸就社会主义文化新辉煌”；根据“加大国家通用语言文字推广力度”的要求，鼓励学生运用丰富多彩的活动和游戏加强对幼儿学习普通话语音、语汇、语法和早期阅读的教育。

为了提升学前教育专业人才培养质量，聚焦国家幼儿园教师资格考试，对接幼儿教师岗位需求，促进教材建设与课程建设的同步发展，本次教材修订在保持原有教材主体内容和编写特色的基础上，根据“课-岗-证”一体的专业人才培养要求，对各单元内容进行了修订，具体修订工作如下。

一是编写体例的调整。在各单元中新增了“岗位对接”“国考聚焦”“单元测试”三个板块，将原有的“实践活动”和“拓展练习”整合至“国考聚焦”和“岗位对接”。

二是内容上的修订和完善，根据国家幼儿园教师资格考试要求、近年来国家和各省所举办的学前教育专业技能大赛的要求及岗位人才需求，在“岗位对接”中增加了“素材”“素材分析”“活动设计”“说课练习”“活动实施”“活动评价”内容；在“国考聚焦”中增加了“真题分析”和“模拟练习”两部分内容；“单元测试”部分旨在夯实理论基础的同时，强化教育技能。

三是适应学前儿童语言教育领域课程的教学与改革，有针对性地对各单元内容进行了科学整合，使教材、资源和课程融为一体，为使用者提供更好的服务的同时，也为后续课程的学习奠定了基础。

本书由黑龙江农垦职业学院姜晓燕负责单元一的编写；长沙师范学院郭咏梅负责单元二的编写；黑龙江幼儿师范高等专科学校耿杰负责单元三的编写；四川幼儿师范高等专科学校秦莉负责单元四的编写；连云港师范高等专科学校胡碧霞负责单元五的编写；运城幼儿师范高等专科学校段丽红负责单元六的编写；齐齐

哈尔高等师范专科学校李波负责单元七的编写。姜晓燕、郭咏梅负责课程标准编写及全书的统稿工作。姜晓燕为本书制作了教学课件。

广州大学教育学院学前教育研究中心主任叶平枝教授在百忙之中以崇高的敬业精神和严谨的专业态度拨冗审稿，并为教材的编写提出了宝贵的意见和建议。在本书编写过程中，参考并借鉴了国内许多专家、学者及同行的研究成果、观点和资料；在教材资源建设中，也得到了来自黑龙江、浙江等多个省份多家幼儿园领导和教师的大力支持，在此表示衷心的感谢。

与本书配套的二维码资源由黑龙江农垦职业学院姜晓燕、王学坚、唐海宏等制作完成。

由于编者的水平和能力有限，书中难免存在不妥之处，望读者多加批评指正。

编者

2022 年 11 月

第一版前言

学前教育是国民教育体系的重要组成部分，是国家教育制度的起始阶段，关系到儿童的身心健康和终身发展。教育部颁布的《幼儿园教育指导纲要（试行）》（以下简称《纲要》）明确指出，幼儿园教育是全面的、启蒙性的教育，要根据教育目标，选择和组织对幼儿最有价值又最贴近实际生活的部分构成教育内容，使幼儿得到良好的发展。

《纲要》颁布实施10年以来，我国的学前教育事业已发展到一个崭新的阶段。2010年《国家中长期教育改革和发展规划纲要（2010—2020年）》（以下简称《规划纲要》）明确提出了“优先发展、育人为本、改革创新、促进公平、提高质量”的工作方针；提出了“坚持以人为本、全面实施素质教育。坚持德育为先、坚持能力为重、坚持全面发展”的战略主题。《规划纲要》在发展任务中要求“基本普及学前教育”“积极发展学前教育”。作为高校学前教育专业，肩负着为学前教育机构培养优秀教师的重任；为了适应学前教育事业的快速发展，满足社会对学前教育的需求和期盼，高职高专学前教育的改革和发展需不断创新，而课程改革、教材建设则是重要保证。

高职高专学前教育专业的培养目标是培养高素质强技能的应用型人才，其中五大领域教学法课程是实现专业培养目标的核心课程，也是保证学生能够快速适应岗位要求、实现“零距离”上岗的关键课程，学生的专业知识和职业技能必须经过悉心培养和严格训练才能掌握。因此，五大领域课程的教学质量直接关系到人才培养的水平，其教材的编写是学前教育教学改革的重要环节。

本教材是在长期课题研究和实践的基础上编写而成的，是以学前教育理论为依据，以教育教学改革成果为基础，以学前教育实际工作要求为目标，注重人才培养目标和学前教育专业特点的有机结合。全套教材在编写过程中吸收了国内外学前儿童教育领域的先进理念和创新方法，体现出内容新颖、针对性强等特色。书中的理论知识以阐述基本问题为主，以够用、实用为度；专业技能根据实际需要，尽量做到内容全面、要求明确、指导具体，便于操作，以方便学生在学习过程中理论联系实际，融“教、学、做”为一体。全套教材在内容和体例的编排上力求有一定的变革和创新，改变了传统章和节的结构，以“单元”的模式编写，每个单元设有“学习目标”“基础理论”“案例评析”“实践活动”“拓展练习”等几部分，既有理论阐述，又有实例列举，既保证了知识学习的系统性，又有利于技能训练的操作性。本次修订更换了部分案例，语言更严谨。

语言教育是学前儿童教育五大领域之一。《学前儿童语言教育》的内容包括七个单元:学前儿童语言教育概述、学前儿童谈话活动、学前儿童文学作品活动、学前儿童讲述活动、学前儿童早期阅读活动、学前儿童语言游戏活动以及学前儿童语言区角教育活动。

本书由黑龙江农垦职业学院姜晓燕负责单元一的编写,长沙师范专科学校郭咏梅负责单元二的编写,黑龙江幼儿师范高等专科学校耿杰负责单元三的编写,四川幼儿师范高等专科学校秦莉负责单元四的编写,连云港师范高等专科学校胡碧霞负责单元五的编写,运城幼儿师范高等专科学校段丽红负责单元六的编写,齐齐哈尔高等师范专科学校李波负责单元七的编写。姜晓燕、郭咏梅负责课程标准编写以及全书的统稿工作。黑龙江农垦职业学院师范教育系李苏晋老师为本书制作了教学课件。

广州大学教育学院学前教育研究中心主任叶平枝教授在百忙之中以崇高的敬业精神和严谨的专业态度拨冗审稿,并为本书的编写提出了宝贵的意见和建议。在本书编写过程中,参考并借鉴了国内外许多专家、学者及同行的研究成果、观点和资料,多家幼儿园和幼儿教育机构为本书的编写提供了案例并给予指导,在此表示衷心的感谢,并由衷地欢迎各位专家、作者与我们联系,共同探讨学前儿童语言教育的教学与研究问题。

由于编者的水平和能力有限,书中难免存在不妥之处,望读者多加批评指正。本书主编的邮箱是 nkjxy@ 126.com、guoyongmei1699@ 126.com。

编者

2011 年 5 月

目录

二维码资源目录

单元一

学前儿童语言教育概述

学习目标

- 懂得学前儿童语言教育的意义，树立正确的语言教育观念。
- 了解学前儿童语言发展的特点。
- 明确学前儿童语言教育的目标。
- 理解学前儿童语言教育的原则和评价。
- 掌握学前儿童语言教育的途径和方法。

基础理论

学前儿童语言教育是研究0—6岁儿童语言发展及其教育的一门学科，它具有突出的应用性与实践性。本单元从明确学前儿童语言教育的意义、树立学前儿童语言教育的基本观念入手，在分析学前儿童语言发展规律和特点的基础上，逐一阐述学前儿童语言教育的目标、原则、途径、方法及评价等基本理论。

一 学前儿童语言教育的意义

语言是人类特有的社会现象，是人们交际的工具。对学前儿童进行语言教育，具有非常重要的意义。

学前儿童语言教育的意义

（一）创设良好的语言学习与发展环境，及时把握语言发展关键期

个体出生后，已经具有大脑和言语器官等说话的物质条件。如果他们从未听过语言，就永远不会说话；如果没有模仿的对象，没有良好的语言学习环境，儿童就不会有良好的语言发展水平。

关键期是一个跨学科的概念，学前儿童发展心理学对其已有介绍。儿童心理发展的关键期主要表现在智力发展和语言发展两方面，而语言是反映大脑发育状态和智力发展水平的重要标志。

专家通过对脑损伤病人进行研究发现：在语言恢复的程度和速度上，儿童失语者均优于成年失语者，而且更有可能完全恢复。研究表明，儿童失语更容易康复的原因与两个脑区可能实现语言功能的重构有关。一般情况下，发生损伤时年龄越小，重构效果越好，即失语的康复情况越理想，此项研究说明语言恢复和重构是有关键期的。

印度狼孩卡玛拉和美国女孩吉妮的大脑并未损伤，但她们在语言发展早期被剥夺了语言环境，因此对语言发展造成了不可逆转的损伤。卡玛拉 7 岁时回到人类社会，经过专业护理和语言训练，4 年后，她仅掌握 6 个词，17 岁时也只是学会了 45 个词。吉妮在 18 个月时被暴虐的父亲囚禁在小屋 12 年，除了偶尔听到父亲的斥责声，再没接触过任何人类的其他语言。她在 13 岁被人发现时，根本无法说话。虽然心理语言学家对其进行了 7 年的语言训练，但其语言水平只相当于 21 月龄的幼儿。这两个错过语言发展关键期的典型案例说明：忽视或错过儿童语言发展的关键期，将对儿童语言的发展造成不可弥补的损害。

第一语言、第二语言、外语的概念辨析

在第二语言和外语的学习中也存在着关键期。专家对来自不同的非英语国家的被试进行测试，内容是关于在美国的英语教育环境下对英语语音、语法的掌握及理解能力。测试结果发现：6 岁以前移民到美国的被试的发音与土生土长的美国人接近率达到 71%，13 岁以后移民到美国的被试发音的相近率只有 17%；7 岁以前移民到美国的被试能达到与本土美国人一样的语法水平，8 岁以后移民到美国的被试则水平较差；11 岁以前移民到美国的被试的英语口语理解能力比 16 岁以后移民的更接近于美国人。另有研究表明：许多 6 岁以后开始学习外语的被试，难以获得纯正的语音；15 岁以后开始学习外语的，其词法和句法的运用均无法达到与本族语学生一样的水平。这并非意味着过了关键期，就完全不能进行第二语言和外语的学习，而是学习的效果不如关键期内的效果理想。

语言发展关键期的具体时段目前尚未达成共识。一般而言，个体从出生至初步掌握语言需 3~4 年的时间，其中 1.5—4 岁是获得母语的关键期，9—24 个月是理解语言的关键期，2—4 岁是语言发育的关键期。如果在这一时期能够给予正确的语言教育，则会使个体更容易获得语言反应，甚至可以使其语言发展达到最高水平，而且这一时期获得的语言习惯最容易长期保持下去。如果错过了这一时期，再进行补偿教育，就不可能再达到其应有的水平与能力。那种“树大自然直”的观点，即认为“只要儿童在社会环境里，有机会用语言与人交流，语言自然就会发展好”的想法，是不正确的。

因此，社会与家庭都应高度重视学前儿童语言教育，为学前儿童学习第一语言创设良好的学习环境。如果条件许可，甚至还应创设第二语言和外语的学习环境，及时把握语言发展与教育的关键期，促进学前儿童语言的发展。

同时，还应反对另一种观点，即“只要进行教育就比不教育好”。这种观点忽视了“不科学的教育观念会导致不恰当的教育内容与方式”这一现实问题。由于受“家本位”“成人本位”等儿童观的影响,加上一些商业炒作的原因,出现了对学前儿童过分强调知识技能教育的现象,个别幼教机构为迎合家长而盲目采用不科学的语言教育内容与教育方式,过分强调学前儿童读写技能的重要性。这样,不仅不会促进学前儿童语言的发展,反而会减弱其学习语言的兴趣和积极性。

所以,只有树立科学的儿童观、教育观、语言观,对学前儿童开展适时教育和科学教育,才能把握学前儿童语言发展的关键期。

(二)有效实施素质教育,促进儿童全面发展

语言是学前儿童认识世界的工具,也是他们接受教育的重要工具,它在学前儿童的德、智、体、美等全面发展过程中,在有效实施素质教育过程中,有着不可或缺的作用。

1. 语言教育可以增进儿童身心健康

“促进儿童身心和谐发展”是所有家长与幼教工作者坚持不懈要实现的教育目标。在儿童全面发展过程中,健康教育可以促进幼儿的身心健康发展。

儿童语言的发展,可以使其更好地接受运动与卫生保健教育。如及时准确、积极主动地学习卫生保健和体育运动知识,有助于儿童养成良好的卫生习惯,注意安全,预防疾病,加强体育运动,增进身体健康。

语言的发展还可以促进儿童的心理健康。语言使幼儿积极与他人交流与互动,悦纳自我,理解他人,及时倾诉内心想法,宣泄消极情绪,表达对客观世界的感受。语言使幼儿能有效地进行心情的自我调节和接受他人的调节,甚至能去调节他人、劝慰同伴。如当新入园儿童不停地哭闹时,教师会发动全班小朋友帮助他,这时会有小伙伴以“过来人”的口气诚恳地劝说:“别哭了,乖乖吃饭睡觉,爸爸妈妈上班挣钱,给你买好吃的去了。我要不哭,我妈妈就第一个来接我!”而这些话,常常就是教师或家长劝慰过他的语言,而现在由同伴说出来,哭闹的小朋友可能就会渐渐安静下来,投入到幼儿园的活动中。又如,在文学作品活动中,童话故事中美好的结局,也让儿童对现实生活充满了乐观和自信。快乐期盼与积极情绪体验会促进儿童心理的健康发展。

2. 语言教育可以促进儿童智力发展

智力是认知能力的总称,其核心是思维能力。语言是思维的外化、材料和工具,两者有着密不可分的天然关系。具体而言,语音需要感知、记忆,语汇需要记忆,语义需要理解,语法需要抽象与概括,而语言的及时输出、准确输入和正确理解则需要感知、记忆、想象、思维等各种认知活动的积极参与来实现。

随着儿童语言水平的提高,语言与认知能力的结合也日渐密切。只有伴随语言的发展,儿童的思维才有可能逐渐减少对行动的依赖,并逐渐摆脱行动的直接支持。如 1 岁半以前的儿童,还处于语言准备期,对于事物的认识主要依赖于感知觉。伴随着语言的发展,儿童的大脑开始对事物做出概括性的反映,对动作的依赖减少,对语言的依赖增加。这一行为,使得幼儿的思维从直觉行动思维逐渐发展到具体形象思维,进而逐渐产生抽象逻辑思维的萌芽。语言的发展可以帮助幼儿更加全面、深入地认识世界。

如学前儿童在诗歌活动“春雨”中仿编出了如下诗句：“蚂蚁说/下吧，下吧/我要搬家”“小河说/下吧，下吧/我要玩耍”；在故事活动“乌鸦和狐狸”后进行的续编故事中，幼儿编出了这样的结尾：“狐狸叼着骗来的乳酪正要跑，只听喜羊羊大喊一声：‘住手！’狐狸连忙停了下来，喜羊羊又说‘狐狸狐狸，我的羊肉不是比乳酪更合您的口味吗，您要不要呢？’狐狸说：‘要！’狐狸一张嘴，乳酪就掉在地上，乌鸦飞快地叼起来就飞走了，狐狸气得脸朝着天，追呀追，根本没看脚下，结果就掉进了喜羊羊和村长爷爷准备好的陷阱里，再也出不来了。”因此，儿童对诗歌的记忆，对故事角色与情节的感知、理解与想象，以及儿童在仿编诗歌与续编故事活动中，教师科学的教育极大地激发了儿童的想象力、思维能力和创造力。

3. 语言教育可以提高儿童的道德认识

儿童在获得并发展语言的过程中，并不是只接受空洞的语料和词句，而是接受含有一定意义的内容。在日常生活中的行为受到成人肯定或否定的评价后，儿童逐渐开始理解哪些是“对的”行为、哪些是“不对的”行为，并能在成人的要求下做出符合成人要求的“对的”道德行为。如家长要求幼儿对别人给予的食物或帮助做出“谢谢”的动作或说出“谢谢”的词语。又如，在没有得到家长的允许就随便抓要别人的物品时，家长便说“丢丢”“羞羞”。由此，儿童的道德判断逐渐产生，并随着语言和认知的发展，其道德认识开始形成并逐渐提高。

学前儿童语言教育中各种类型的教育活动，常常集中地反映了品德教育的内容，对于提高幼儿的道德认识有着积极的推动作用。如故事《小铃铛》使幼儿明白“有了好东西要与朋友分享”；儿歌《老师早》使幼儿明白“待人要有礼貌”；儿童诗《小熊过桥》使幼儿记住“勇敢克服困难才可能实现目标”。在对幼儿进行语言教育的同时，也提高了幼儿的道德认识。

4. 语言教育有力地影响着儿童的审美能力

人的美德善行并非与生俱来，而是个体在通过自己的感官感知世界并本能地追求美好事物的过程中产生。良好的语言教育使儿童学会了更好更深地感受美、欣赏美、表达美和创造美。

语言教育可以使儿童直接感受祖国语言的音韵美，祖国河山的自然美，嘉言善行的人情美及音乐、美术和文学作品的艺术美。儿童文学作品中优美的语言、生动的描写、有趣的情节，使儿童喜欢纯洁善良，憎恨凶狠残暴；喜欢乐于助人，反感自私自利。语言通过直接或间接的方式有力地影响着幼儿的审美能力，培养幼儿趋真、向善、求美的美好情操。

5. 语言教育可以激励儿童积极参与劳动

学前儿童的劳动可以分为助人劳动和自助劳动，又称为服务他人的劳动和自我服务性劳动。学前时期主要是自我服务性劳动。儿童掌握了语言，就能更好地理解“自己的事情自己做”：自己穿衣、系扣、叠被子，自己刷牙、洗脸、洗手绢，自己整理书桌、收拾玩具等。当幼儿明确了自我服务性劳动的意义后，会更加积极地参与其中并获得劳动的快乐，还会逐渐过渡到服务他人的劳动中，如帮助爸爸妈妈做些取、送、摆、放小件物品等力所能及的事情。因此，语言可以激发儿童参与劳动的意识，培养儿童良好的劳动习惯。

（三）加强儿童人际交往，促进儿童适应社会

语言作为一种社会现象，其本质特征就是具有交际性和工具性。儿童在出生以后，会说话以前，就能用表情和动作引起周围人的关注，用哭喊来满足生理上的需要和心理上的依恋需要。当周围人满足其需要以后，就进一步提高了儿童与社会环境交往与互动的积极性。

儿童适应社会就是儿童在一定的条件下逐渐独立掌握社会规范，正确处理人际关系，妥善自治，从而适应社会生活的心理发展过程。具体表现为：幼儿常常喜欢与同伴一起玩，与同伴游戏的关系由比较疏松的聚合到比较协调的、有规则约束的结合，社会化程度逐渐提高。影响儿童社会化的因素有社会环境、生物因素和心理工具。其中，心理工具是指儿童的符号系统，主要是语言。

随着个体的发展，儿童学会了运用语言这一工具，能更加准确地表达自我，与周围人进行交际，交际经验的获得又会促进儿童语言的发展，并促进其社会行为的发展。语言的发展能帮助儿童逐步提高对外部世界、对他人和对自己的认识，使儿童的社会性发展得以正常进行。儿童获得语言，被称为儿童社会化进程中的一个里程碑，儿童接触社会、融入社会、与社会相互作用的主要方式就是语言交流。因此，学习语言、发展语言运用能力也是学前教育的主要任务，幼教工作者应积极创设条件发展儿童的语言，让科学的语言教育有效地促进儿童的社会化。

（四）积极发展口头语言，为学习书面语言打好基础

语言作为传递信息的主要载体，主要包括两大方面，即口头语言和书面语言。根据学前儿童的年龄特点和人类掌握语言的规律，学前儿童的语言教育主要是发展其口头语言，而书面语言的发展以口头语言为基础。儿童只有掌握了口头语言，才能更好地学习书面语言。通过语言教育，使幼儿的知识、经验日益丰富，词汇量、句型量不断增加，逐渐学会围绕一个主题进行讲述，能够连贯而生动地讲述自己的所见所闻、所思所感。

如在生活经验讲述活动“快乐的节日”中，通过教师的示范和讲解，幼儿懂得了在说一件事情时要讲清“时间、地点、人物、事件及感受”。在教师的启发引导下，幼儿就可以较为流畅地、完整地讲述“节日名称是什么，是哪一天，在哪里过的节日，和谁在一起，做了哪些让自己高兴的事，这一天自己是什么心情”。良好的口头语言水平为儿童学习书面语言打下了坚实的基础。

总之，学前儿童语言教育不仅在幼儿期有着重要的意义，而且对个体一生的发展都有着重要的影响。学前期是人一生中语言发展的关键时期，每个家庭、幼教机构都必须重视语言教育工作，应该有目的、有计划、有组织、科学地发展儿童的语言。

二 学前儿童语言教育的基本观念

学前儿童语言教育始终贯穿着一定的指导思想，即一些基本的教育观念，它

直接影响着学前儿童语言教育的目标、原则、内容、方法及评价,并决定着学前儿童语言教育的效果。

全语言教育观(whole language)是20世纪八九十年代国际儿童语言教育领域最为重要的一种理论思潮。"whole"一词体现了全语言教育观的核心精神,即语言是完整的、整体的、不可分割的。

全语言教育观是一种以学生为中心的教学观点,它强调对语言、语言学习者及教师的尊重,强调学生掌握学习的主动权。它主张语言是由语音、语形、语义、语用组成的不可分割的整体,语言中的音、字、词、短语等都只是语言片段。个体在学习语言时,首先是认识完整的话语,然后才是认识整体中的部分及部分与部分、部分与整体的关系。语言学习是一个从整体中区分部分的渐进过程。个体学习语言时,不应把语言分割为词、音、句等部分来学,而应将其作为社会生活中的一整套东西来学,学习的重点是真实的言语及语篇的"意义",而不是语言本身。教师在教学中教授某些知识,不是因为大纲规定或教师认为学生需要了解这些知识,而是由于学生确实需要这些知识来解决实际问题。

全语言教育观具体体现在完整的语言教育观、整合的语言教育观和活动的语言教育观三个方面。

(一)完整的语言教育观

完整的语言教育观强调学前儿童语言教育目标的完整性,教育内容的全面性、完整性,倡导教育活动类型和形式的多样性,以及创设真实的教育情境。

1. 学前儿童语言教育目标的完整性

完整的学前儿童语言教育目标应包括情感态度、认知和能力等各个方面,不能只有单纯的认知或能力等某一方面的目标,同时,还要进行包括听、说、读、写等能力的全面培养。其中,在学前期,语言教育的目标主要是培养儿童听、说的能力和良好的听、说的习惯,同时使儿童获得早期读、写的技能。在所有的目标中,培养儿童的语言运用能力,应当作为学前儿童语言教育的重点。

2. 学前儿童语言教育内容的全面性、完整性

全面的学前儿童语言教育内容是指在学前儿童语言教育中,既要引导儿童学习口头语言,也要引导其学习书面语言;既要引导儿童理解和运用日常交往语言,也要引导其学习文学语言;既要有文学作品的教育内容,也要有字、词、句的活动内容;既要有母语教育的内容,也要有外语教育的内容;既要有理解性口语的教育,也要有表达性口语的教育。完整的学前儿童语言教育内容是指在选择和编排语言教育内容时,要把语言看作一个整体,"有机地联结语言和文学",让儿童在文学作品中学习相关的语言知识,而不是把"语"和"文"割裂开来成为分离的几种技能,把有意义的学习材料分割成无意义的、抽象的学习片段,从而增加了儿童学习的难度,减弱了儿童学习的兴趣,就像在品尝了一道菜的配料后,可能根据某种配料的特殊味道来推测这道菜的好坏,但却对这道菜失去了品尝的兴趣。完整的学前儿童语言教育内容也要培养儿童运用语言的能力,将语言的听、说及早期的读和写完整地统一在语言教育活动中(图1-1)。

图 1-1 幼儿园语言教育活动

3. 学前儿童语言教育活动类型和形式的多样性

学前儿童语言教育应该采用丰富多样的、适合儿童的活动类型和形式。如文学作品活动应涉及童话、生活故事、儿歌、儿童诗、浅显的古诗、散文等各种适合儿童的文学体裁；字、词、句活动包括各类词汇活动、句型学习和扩句活动等；游戏活动包括发音游戏、词汇游戏、句子游戏、描述游戏、早期阅读游戏及综合性游戏等。

4. 学前儿童语言教育情境应该是真实的

教师在设计和组织语言教育活动时应着眼于创设真实的、多向的语言交流情境，使语言教育活动成为师幼共建、幼幼共建、积极互动的过程。学前儿童只有在真实的情境中带着积极的交流态度，主动地运用语言，才会更加有效地发展自己的语言。

（二）整合的语言教育观

整合的语言教育观强调儿童的语言学习是一个整合的系统。在这个系统中，儿童语言的发展与智力、情感的发展是整合一体的关系。整合的核心是联系的建立。强调整合的语言教育观，就是要对学前儿童语言教育的各要素进行多样化、多层次的整合。在学前儿童语言教育活动中，表现为从教育观念到目标、从教育内容到形式等多方面的整合。

1. 学前儿童语言教育观念的整合

学前儿童语言教育观念的整合是先导性的整合，这就要求幼教工作者要关注多样化的教育观念，如儿童全面发展的教育观、素质教育观、全语言教育观等，把各种观念的科学性、时代性有机地结合起来，更加科学地、有效地发展儿童语言。

2. 学前儿童语言教育目标的整合

学前儿童语言教育目标的整合要求在制订学前儿童语言教育目标时，也要考虑语言教育可以实现哪些与语言相关的其他领域的目标；同时，因语言发展具有伴随性和渗透性，还需要考虑哪些目标可以在其他领域的教育中得以实现，使学前儿童语言教育活动在以儿童语言发展为主的同时，又能促进儿童其他方面的发展。

3. 学前儿童语言教育内容的整合

作为思维载体的语言，在儿童个体发展中具有至关重要的作用。在选择学前儿童语言教育内容时，既要考虑儿童身心发展特点，又要兼顾儿童发展的整体适应性，满足儿童发展多元化的需要，使语言教育更加立体化。因此，学前儿童语言教育内容的整合，要求幼教工作者在设计、选择教学内容时，充分考虑社会知识、认知知识和语言知识三者的有效整合。具体表现为以下两个方面的整合。

第一，语言领域内不同语言教育形式的整合。语言教育中的听、说、读、写虽然有各自独立的类型和体系，但可以根据需要进行整合，使一次语言教育活动既有听的内容，也有说的内容；既有故事的内容，也有诗歌的内容。如幼儿听完《下雨的时候》这个故事后，对既聪明又爱帮助人的小白兔非常喜欢，然后还可以再复习朗诵一首赞美小白兔的短小儿歌。丰富的活动形式让幼儿学习优美语言的同时，既受到情感的熏陶，又得到情绪体验上的满足。

第二，语言领域活动与其他领域活动的整合。在学前儿童语言教育活动的设计和实施中，尽可能地发掘和建立领域间的联系，以发挥更大的教育整合的效果。如在组织幼儿进行物品和颜色名词游戏“找朋友”时，就可以和艺术领域中的“找朋友”歌舞活动联系在一起，小朋友就会在愉快的氛围中记住颜色的命名和常见物品的颜色名称。

4. 学前儿童语言教育形式、方法和手段的整合

学前儿童语言教育观念、目标和内容的整合，决定着语言教育形式、方法和手段的整合。这种整合的突出特点是以活动的组织形式来建构语言教育内容，其中包括专门的语言教育活动和语言领域与其他领域活动相结合的整合课程。

在学前儿童语言教育活动中，融合多种促进儿童发展的因素，儿童在丰富多彩的活动中，不是为了说话而说话，不是被动地接受教师传授的语言知识，而是在外界环境因素的刺激和强化作用下，主动产生了积极运用语言与人、事、物交往的需要和愿望，并主动地通过各种符号手段作用于环境，在整合的语言教育环境中获得语言和其他方面的共同发展。

（三）活动的语言教育观

活动的语言教育观是指教师在设计和组织语言教育时是以活动的形式来进行的，幼儿在活动中学习语言，运用语言，掌握语言。这种教育观强调把教师和儿童共同参与的活动作为语言教育的基本形式，在活动过程中融合多种促进儿童发展的因素，允许包括音乐、美术、运动、社会交往等在内的多种与儿童发展有关的符号系统和手段的参与，引导儿童在生动活泼、丰富多彩的操作实践中积极参与、主动探求，成为语言的学习者、加工者和创造者。

以活动的形式来设计和组织学前儿童语言教育，有下述意义：第一，可以使儿童在动手、动脑、动口的学习过程中获得语言学习的亲身经验。第二，可以使儿童获得动作表征、形象表征和概念表征三种层次的练习，更好地掌握语言学习内容。

第三，在活动中，儿童情绪愉快、思维敏捷，会更加积极主动地与外界互动。在0—6岁阶段，儿童的活动往往与游戏、摆弄等具体形式紧密相连，用活动的形式来帮助儿童学习语言，可以使儿童的学习更主动、更积极，也更持久。

1. 为儿童提供充分运用语言的机会

儿童的语言发展是通过个体在运用语言和非语言交际手段与环境交流的过程中逐步获得的。教师应为儿童提供充分运用语言的机会，使儿童更加积极主动地运用语言与环境进行互动交流，促进语言的发展。

如何尊重和发挥幼儿的主体性

2. 通过多种形式的操作，促进儿童语言的发展

儿童的智慧产生于动作，产生于儿童在各种形式的活动中的操作。正处于动作思维和形象思维发展阶段的学前儿童，通过动手、动脑、手脑并用等各种操作形式，可以亲身体验到语言操作的快乐，在对操作材料的探索中激发语言学习的兴趣，增强语言学习的积极性和主动性。

3. 充分发挥儿童和教师在活动中的作用

教师在设计和组织语言教育活动时要时刻牢记，儿童是活动的中心，要尊重和发挥儿童的主体性，要充分考虑到目标、内容与形式是否适应儿童的发展需要，让儿童始终有着积极的动机、浓厚的兴趣和主动参与的态度，教师所设计和组织的活动要为每个儿童提供适合他们语言发展需要的环境条件。

教师在幼儿语言教育中的角色

教师作为语言教育活动的观察者、引导者、组织者、支持者，应该注意发挥主导作用。在活动前，要积极创设语言教育环境，准备充足的活动材料；活动开始时，要激发幼儿参与活动的积极性；活动过程中，要灵活运用各种教学方法，因材施教，根据儿童语言发展的需要恰当地把握参与活动的时机、方式及施加教育影响的程度；活动结束时，教师应及时点评，总结学习成果，同时也要根据实际情况和儿童的最近发展区提出更新、更高的要求，为后面的语言教育打下基础。

三 学前儿童语言的发展与教育

学前儿童语言的发展是一个连续的、有规律的过程，0—6岁是语言发展最迅速的阶段。在这个阶段，儿童每年均有明显的量与质的变化。语言活动是由听（或阅读）和说（或书写）共同构成的。但在儿童语言发生发展的过程中，这两个过程并不完全同步，一般来说，感知、理解的接受性语言先于表达性语言出现。人们常把儿童说出第一批真正能被理解的词的时间（1岁左右）作为语言发生的标志，并以此为界，将语言活动的发生发展过程划分为语言准备期（0—1岁）和语言发展期（1岁以后）两大阶段。而语言发展期又可细分为语言形成期（1—3岁）和发展期（3岁以后）。幼教工作者应准确、全面地掌握0—6岁儿童语言发展的规律和特点，因材施教，为科学有效地开展学前儿童语言教育活动打下良好的理论

（一）0—1岁儿童语言的发展与教育 表格

0—1岁，是儿童积极学话前的准备期和学话的萌芽期，是语言的准备期，又叫前语言期。该时期大致可以分为“反射性发声阶段”“呀呀语阶段

“咿呀语阶段”）“学话萌芽阶段”三个阶段。

1. 0—1岁儿童语言的发展

（1）反射性发声阶段　反射性发声主要是指新生儿由于环境刺激或生理需要而引起的对身体不舒服的一种自然的哭叫反射活动。这一阶段大致是从出生至3个月这段时间，其中落地哭是新生儿第一次运用自己的发声器官发出声音，是独立呼吸的标志。新生儿出生时，哭是他们唯一的语言，代表饥饿、疼痛、尿湿和其他不适，而成人则通过其哭声的响度、音调和持续时间来分辨哭的不同原因。从出生后的第5周起，儿童在吃饱、睡好、情绪良好的状态下，开始发出一些反射性、凌乱的、非哭叫的、类似个别单韵母的声音，但这并不具备语言的信号意义，如ɑ、e等不由自主的声音，在被人引逗和与人交流后出现的频率和时间还会更多。适当的哭泣是这一时期儿童语音发生的准备，是语言的发生、发展不可缺少的发声练习。

（2）呀呀语阶段　呀呀语阶段是指儿童从4个月至八九个月这段时间。随着发音连续性的增加，儿童的发音产生了新的特点，即发出重复音节，如b-b、m-m、d-d等，这种发音和词的发音很相似，被称为呀呀语，俗话所说的“咿呀学语”就是指这一阶段。这是一个愉快的、自然发音的过程。与前一阶段相比，儿童的发音明显增加，尤其是声母b、d、g、p、n、f等。韵母也明显增多，如ong、eng等。大致在出生后的第9个月，呀呀语的出现率达到高峰。在这一时期，儿童一方面要逐步淘汰不符合母语及环境不需要的声音，另一方面，要不断增加符合母语及环境需要的声音。这一阶段的意义并不在于儿童学会了某个事物的发音，而在于学会调节和控制发音器官的活动。

（3）学话萌芽阶段　学话萌芽阶段是指从9个月至1岁这一时期。由于这一时期儿童发出的声音开始和具体的对象联系起来，如在看见亲人时开始发出bɑ-bɑ-bɑ、mɑ-mɑ-mɑ、dɑ-dɑ-dɑ等声音，看见灯发出deng-deng、ding-ding的声音，这已经是学话的萌芽状态，又称语言的发生阶段。儿童在出生后第10个月左右开始模仿成人的发音，“听懂”词主要靠视觉和听觉系统，而模仿成人说出词，则需要听觉系统、视觉系统和言语运动系统协同活动。这一时期的儿童逐渐能发出更为复杂的声母，如x、j、q、s、z等，明显地增加了不同音节的连续发音，音调也常变换，汉语儿童也相继出现了四声。

2. 0—1岁儿童语言的教育

在这一时期，儿童语言的教育具体包括以下三个方面。

（1）运用恰当的方法引导儿童发出声音　在儿童生理状态和情绪状态良好的情况下，成人以亲切的语言或轻轻地摇铃铛、吹喇叭等方式逗引儿童，引起儿童对声音的注意或发出声音，如“吃饱啦？”“睡醒啦？”“看果子多红啊！”“小喇叭声音多好听啊！”等。

（2）创造机会多和儿童说话　多引导儿童学说话，可以激发他们说话的积极性，这对儿童语言的发展十分有利。反之，如果认为儿童这一时期还不能听懂话、不会说话而不和他们说话，使他们缺少语音的刺激和愉快交流的语言刺激，则会影响儿童语言的发展。虽然儿童在婴儿期还不会模仿成人说话，但他们可以通过观察成人丰富的面部表情、不断变换的口形和语气语调，将言语视觉和言语听觉协调起来,加深对语音和语调的感受。具体做法有两种:其一,动作伴随语言。如边换尿布边说:“尿湿啦,不舒服啦,换块干的就好啦!”还可以手顶着儿童的脚心说:“蹬蹬,蹬蹬,宝贝真有劲啊!”其二,用语言指挥儿童的行动。如家长为儿童穿裤子时,对儿童说:“伸腿,宝宝真聪明,知道伸腿啦!”让儿童玩拨浪鼓时,对儿童说:“伸手,抓着,宝宝真聪明,知道伸手啦!”

(3) 鼓励儿童感知物品并使其听到语音与物品结合的说明　成人引导儿童感知物品可以使儿童说话与认识周围事物同步进行。自婴儿期起,成人应鼓励儿童感知生活中的安全无毒的物品。如门、窗、桌子、椅子、床、镜子、被子等生活用品;橘子、苹果、香蕉等水果;娃娃、积木等游戏物品。更重要的是,同时还要用悦耳的声音让他们听到关于这一物品名称的发音。如成人将苹果指给儿童看并说:“这是苹果,红红的苹果多好看啊!”其中说“苹果”一词时要重音突出。然后鼓励儿童触摸苹果,感受到苹果表面的光滑,再闻闻苹果的香味,用勺子刮苹果泥让儿童尝尝苹果的味道。这样,能让儿童通过各种感官接收语言信息,在动作和形象的基础上储存信息。

(二) 1—3 岁儿童语言的发展与教育

儿童从 1 岁起进入正式学习语言的阶段。在短短两三年时间里,儿童能够初步掌握本民族的基本语言。所以,1—3 岁是语言真正形成的时期。这一时期可以具体分为单词句阶段、双词句阶段与简单句阶段三个阶段,这三个阶段间并不是泾渭分明的,而是有相互重叠的部分。

1. 1—3 岁儿童语言的发展

(1) 单词句阶段　单词句阶段是指儿童 1 岁至 1 岁半这个年龄段。此阶段儿童的语言发展有以下四个显著特点。

第一,以词代句,即用一个单词来代表一句话的意思。如当儿童说“溜溜”时,表示“我要出去玩”,或者“有人在外面玩”“我不想回家,要留在外面玩”。

第二,词义不明,出现过度泛化或扩展不足的现象。他们常常用一个词来表达比该词意义更为丰富的意思,所用的单词主要是儿童生活中常用的名词和动词。如将“miao”扩充为猫和猫以外的狗、羊等四条腿的动物,将“妈妈”缩小为只指“自己的妈妈”,而“欢迎”指的是“自己在拍手”等。

第三,以音代物,对于能发出声音的物体,儿童总是先抓住其声音特征,把声音作为物体的标志。如用“汪汪”代表小狗,用“嘀嘀”代表汽车,用“嘘嘘”代表小便。

第四,以明显的爱憎反应,来显示理解能力的迅速发展。当成人拿着画报为儿童讲故事时,儿童会表现对故事中反面角色的厌恶,用手拍打、撕扯,甚至扔掉图书,对故事中可爱的正面角色,会去亲吻图画中的角色或将书抱在怀里。

这一时期儿童的语言还表现出其他一些特点,如单音重复、意义不明、不分词性、与动作结合等。这个阶段语言发展的重点是,应丰富儿童的词语,并用儿童能够理解的方式帮助其理解词义。

(2) 双词句阶段　又叫多词句阶段,双词句阶段指儿童 1 岁半至 2 岁这个年龄段，这是儿童语言发展的跃进阶段，又被称为“积极的语言活动发展期”。这一时期的儿童爱发问，爱交流，爱表达，具体表现为以下两个方面。

第一，以双词句为主，增长速度较快。双词句是指由两个词构成的句子，双词主要由名词、动词或形容词构成，如“抱娃娃”“吃果果”等。虽然只由两个词构成，但说明这一时期的儿童已掌握最基本的汉语语法结构。这一时期儿童的表达以双词句为主，也有一定数量的多词句。这种表达形式是断续的、简略的，结构也是不完整的。由于结构简单，表意简明，像成人拍电报，所以又称电报句。

第二，词汇数量急剧增加，出现“词汇爆炸”。儿童在出生后 10—15 个月时，平均每个月掌握 1～3 个新词。随后掌握新词的速度显著加快，18 个月时经常说出的词是 20 个左右，到第 19 个月时已经能够说出大约 50 个词，20 个月时能说出 100 个左右，24 个月时则达到 300 多个词汇。这种掌握的新词猛然增加的“词汇爆炸”现象最集中出现在 19—21 个月，平均每个月掌握 25 个新词，掌握新词的速度进一步加快。其中，绝大部分是名词，其次比例较大的是动词和形容词，再次是一定数量的数词、代词、副词、感叹词等。词汇数量的增长使这一时期儿童的语言能力发生了质的飞跃。

（3）简单句阶段　简单句阶段是指儿童 2—3 岁这个阶段。这一时期是儿童语言发展最为迅速的时期。此阶段儿童的语言中主要是表示周围事物的名词和简单的动词，也有少量的形容词，还有如“不”“没”“都”“再”等副词，以及极少数量的数词和连词。具体表现出以下特点。

第一，以简单句为主，句法结构逐渐完整、复杂。这里的简单句是指句法结构较为完整的单句。最常见的句式有“妈妈抱”“狗狗跑”等简单的主谓句，“宝宝吃果果”“猴爬树”等简单的主谓宾句。此外，还有“不要娃娃了”等简单的谓宾句，以及较为复杂的“给我梳子梳梳头”等谓语句。此阶段的儿童变得特别喜欢说话，有的已经能用复合句来表达意愿，这里的复合句是指由两个或两个以上的意思关联比较密切的单句结合起来构成的句子，如“风大，宝宝咳嗽”等。但是，这时的复合句多为省略关联词的简单句的组合，结构松散且情境性很强。

第二，词汇数量增加，词类日趋丰富。这一时期，儿童词汇数量迅速增加，所掌握的词汇中，名词、动词仍占多数，但比例在减少。比较抽象的形容词、副词和代词比例有一定的上升。更为抽象的数词和连词则没有明显的增加。2 岁以后，儿童逐渐会用人称代词“我”来表达自己的需求和愿望，表明能够把自己从客体中区分出来。儿童满 3 岁时所掌握的词汇数量已经达到 1 000 个左右。

第三，语言理解能力不断提高，语言表达能力需要恰当引导。这一时期，儿童对词义的理解不断加深，能理解一些概括性的语词，如水果、玩具等。还能够按照成人较为复杂的语言指示去支配和调节自己的行为。如对于成人所说的“把你掉在地上的冰激凌包装纸捡起来扔进垃圾桶”这样的结构复杂的长句子，幼儿都能做出正确的行为反应。但是，这一时期的儿童，还不能运用已掌握的词语按语法规范将思想有条理地表达出来，语言运用的能力没有语言理解能力发展得早，语言表达能力没有思维发展得快。当儿童的表达跟不上思维时，就常常会出现语言不连贯、语序不合理、同义反复等情况，有时看上去还像口吃。其实，这是儿童语言发展过程中的正常现象，具有普遍性，教师和家长不要嘲笑、催促和指责，更不能随便贴上“口吃”的标签。因为，这些不当的处理方法会带来儿童语言发展的危机，甚至使儿童产生语言障碍。教师对这种现象不要过多地关注，而是要适时地进行理解性引导。如对儿童说：“不着急，慢点说。”“我知道你明白它的意思，那怎么才能说清楚呢？”“先说谁，再说他在哪里做什么，把话说完整。”用温和的语气、自然恰当的方式引导儿童，儿童就会顺利度过这个语言发展的特殊时期。

在简单句阶段，语言教育的重点是引导儿童说完整话，提高运用句子的表述能力。

2. 1—3 岁儿童语言的教育

1—3 岁是儿童语言的快速发展期，也是说话能力培育的关键期。为了进一步促进儿童语言的发展，提高语言水平，成人应注意儿童语言的教育与训练工作。具体方法如下。

（1）训练儿童的听力　良好的听力和听觉习惯是儿童语言发展的重要条件。具体的训练方法有以下 5 种：第一，让儿童分辨现场制造的声音，如流水声、开关门窗声、物品掉地声等；第二，让儿童分辨录音中日常生活中的声音，如汽车启动声、切菜声、熟人说话声等；第三，让儿童仅凭听觉辨别声音方位；第四，让儿童根据乐音高低调整拍手的轻重；第五，教儿童学唱儿歌。

（2）引导儿童听故事、学儿歌　儿童文学作品中生动的描写、优美的语言、有趣的情节为儿童语言的发展提供了丰富的养料，听、学儿童文学作品是发展儿童语言的最好方法。儿童通过这种方式，不仅听到了有趣的故事，也学到了规范、优美的语言表达方式，同时还陶冶了情操。

（3）提供适合儿童的图书画报　由于儿童生活经验有限，有些人、事、物或现象很难亲身经历，所以，成人提供的色彩鲜艳、大小适中的图书画报就成为儿童发展语言和了解社会的有益途径。无论儿童是在听成人看图说话，还是和成人一起看图学话，都使其在形象与符号两个水平上吸收和贮存信息，即把语义内容和语言符号结合在一起进行信息的接收、加工与贮存。这非常有利于儿童语言的学习与发展。

（4）积极开展游戏活动　游戏所具有的活动性、趣味性和丰富性等特点使其成为儿童最喜爱的活动。儿童在游戏中，心情愉快，思维活跃，表达的积极性最高，成人应采用各种游戏方式来激发儿童表达的积极性。如和儿童玩“藏猫猫”游戏，能激发起儿童交际、表达的愿望。当游戏结束时，儿童还会用眼睛寻找游戏伙伴，用手指着刚刚游戏的区域并在嘴里发出音节，游戏过程和结果都极大地激发了儿童用语言交流的愿望。让学前期的儿童进行一些他们喜欢的玩沙、玩水、玩球、娃娃家等游戏，可以极大地调动儿童口语表达的积极性。

（5）结合日常生活对儿童进行随机教育　在日常生活中，成人极易发现儿童说话中的问题，如发音不准、用词不当，甚至语病或口吃。及时发现后，教育者应通过恰当方式进行示范，及时纠正，用富有趣味的方式让儿童在愉快的情绪下改正错误。应特别注意的是，这种纠正不应引起儿童对说话的恐惧与反感。

正确对待幼儿“口吃”现象

（三）3—6 岁儿童语言的发展与教育

随着活动和交往范围的不断扩大及交往频率的增加，3—6 岁儿童的语言进入了一个新的发展阶段，尤其是进入幼儿园以后，幼儿接受更有目的、有计划、有组织、科学的语言教育，这直接促进了幼儿语言的准确性、完整性、流畅性、丰富性与生动性。这一时期，也是幼儿完整的口头语言发展的关键期。幼儿有正常的听音发音器官与智力发育水平，在正确的教育下，已经基本上能掌握本民族的口头语言。

1. 口头语言的发展与教育

学前期儿童口头语言的发展主要表现在语音、语汇、语法与句子三个方面。

（1）语音的发展与教育　学前期是掌握语音的关键期，在正确的教育下，幼儿能掌握母语的全部语音。研究发现：3—6 岁幼儿对于声母和韵母的掌握随年龄的增长而逐渐提高；语音的发展受语言器官和神经系统成熟与发展的制约；韵母的发音错误较小，语言正确率高；在 3—4 岁，语音发展有飞跃现象，而到了 4—5 岁则进行较慢。由此可见，幼儿语音教育的难点在于为幼儿提供良好的语言教育环境，特别是声母的示范与练习。同时，保护好儿童的语言器官也非常重要，它是其语言发展的生理基础。

小班幼儿语音发展。3 岁是幼儿语音发展的飞跃期，幼儿基本能够掌握本地区语言的全部语音。但由于幼儿听音与发音器官发育还不够完善，听辨语音细微差别的能力较弱，发音时对于唇、齿、舌等口腔部位的控制能力也较弱，在实际说话时常常出现发音不准确、不清楚的现象，尤其是有些幼儿不能掌握某些声母的正确发音方法并很好地控制发音部位，如把“吃大米饭”说成“吃大一半”。再如，发不准声母“l”，就将“老师”说成是“脑师”“咬师”或“ngǎo 师”。在幼儿语音发展过程中，常常出现以下情况：第一，以舌尖中音代替舌根音，如将“大哥哥”发成“大 dēde”。第二，用舌尖前音 z、c、s 或舌面音 j、q、x 代替难发的翘舌音 zh、ch、sh、r，如把“老师”称为“老希”或“老基”。第三，当发平舌音与翘舌音相遇的语音时，常会出现顾此失彼或同时发错的情况，如把“狮子”说成“希儿”“撕子”或“狮纸”。第四，翘舌音 r 常常发成边音 l，如把“很热”说成是“很乐”等。第五，易受环境与方言的影响，出现前、后鼻音不分，声母“n、l”不分，以及平、翘舌音不分等发音不准确的现象。如在西北地区，易出现用后鼻音代替前鼻音，如将“开门”说成“开蒙”；而在江浙地区，易出现用前鼻音代替后鼻音，易将“蒙眼睛”说成“门眼睛”；在湖南地区，易将“老奶奶”叫“老来来”；在东北地区，常会平、翘舌音不分，易将“请坐”说成“请 zhuò”、把“春天”说成“村天”。这种现象如不能及时纠正与教育，将会一直延续至成年时期。

中班幼儿语音发展。中班幼儿发音器官与听音器官的发育较小班时期更趋完善，具备了控制发音与听音的生理条件。如果坚持以普通话教学，并用科学的方法让幼儿进行反复的语言实践，幼儿就能掌握汉语中的全部语音。虽然这一时期幼儿学习速度较快，掌握得也较好，但是个别幼儿对某些如 n、l、r、y 等相似音，发音仍有困难，常把“草绿了”说成“草玉耶”或“草 ngǜ-nge”。这就需要教师用恰当有趣的方式引导幼儿反复练习，使幼儿能将这些语音区分开来。

大班幼儿语音发展。大班幼儿已经具备了健全的听音和发音器官，尤其是他们中枢神经系统的发展使其建立了言语动觉调节、听觉调节与视觉调节的语言自我调节机制。他们能有意识地对待自己的语音,大部分幼儿会在成人的引导下反复练习发错的音,个别幼儿偶尔会出现回避、借故或歪曲的做法,对于故意模仿他们发错的音会非常生气,也会经常挑剔周围人的发音,有时还会纠正、评价他人的发音,对于相声或小品中的演员故意发错的音会兴奋地笑个不停或故意模仿。在成人正确的教育下,这一时期的幼儿能够做到发音准确,吐字清晰,分出四声,按照语句内容调节音调与重音。如教师在赞美幼儿的手工作业时会说:"好漂亮呀!谁折的小飞机?"折纸的那个幼儿就会说"我——折的",在说"我"时会特别强调并且提高音量以表达喜悦与自豪。如果6岁左右的幼儿经过正确教育,仍有口齿不清、发音不准或发不出某些音的情况,应该到正规的医疗机构进行专门的检查和矫正。

语音教育的方法一般可以从以下五个方面着手:第一,成人要以正确的语音为示范,创设良好的语言环境。第二,用浅显易懂、具体形象的语言清楚地讲解发音要领,使幼儿对发不准的语音做到"知其所以然"。第三,语音练习方式要多样化、趣味化、游戏化,时间不宜过长。第四,用科学的方法及时恰当地纠正幼儿语音方面的错误,防止幼儿对语音学习产生恐惧和反感。对于幼儿发错的语音,成人不要重复和模仿,而应直接示范正确的发音,以免强化错误,使其混淆正误。第五,对于同时学习母语和第二语言的幼儿,出现语音混淆时,教师要有耐心,将自己所负责的部分通过示范、讲解、练习等恰当的方式进行教育,使其对该部分语音能够做到准确地再认和再现。

(2)语汇的发展与教育　学前期是儿童语汇发展最迅速的时期,表现为词汇数量增加、词类逐渐增多、词汇内容扩展及对词义理解逐渐深入等四个方面的特点。第一方面,词汇数量的增加往往取决于幼儿的生活经验和教育影响,因此,同一年龄幼儿掌握词汇的数量有很大的差异。第二方面,幼儿掌握的词类中出现最早、数量最多、比例最大的是实词,随着年龄的增长和语言交往经验的扩大,副词、连词、助词、介词等虚词所占的比例逐渐增加,但这类词汇在幼儿掌握的所有词汇中所占的比例仍然较少。第三方面,幼儿所掌握词汇的内容从占比例较高的日常饮食、生活用品和交通工具逐渐扩展到文化生活与社会现象。第四方面,词义理解则是由浅入深,首先掌握其基本义,然后理解其引申义。如幼儿在听《小马过河》的故事时,听教师讲道:"河水很深,小松鼠会淹死的。"对这里的"深",幼儿一听就明白了。但是如果是听《明亮的玻璃窗》的故事,当教师说到"山羊公公学问很深,戴着眼镜在讲课"时,对这里的"深",幼儿理解起来就困难了。这就要求教师在引导幼儿理解词义时要由浅入深,帮助他们正确地理解和使用。各年龄班幼儿的词汇发展情况具体如下。

小班幼儿词汇的发展。一般说来,3—4岁幼儿对词义的理解较为肤浅,可掌握1 000多个词汇。首先掌握的是生活中最常用的一些词汇。其中,名词、动词占多数,还有一些表示事物形态或性质的形容词,如大、小、冷、热、软、硬、长、短、方、圆等。但由于幼儿的分辨能力和词语使用频率等原因,常会出现用词不确切的情况,如用大、小来代替长、短、高、矮等形容词。由于汉语的量词十分丰富,分得很细,而且有一些固定搭配,使幼儿对量词的掌握较为困难,常易用错或仅用"个"来代替所有的量词，如会说“一只爸爸”“一个衬衫”等。数词与幼儿数概念的发展有关，虽然有的幼儿能唱数到 100，但这一时期儿童实际能掌握的为 5 以内的数。小班幼儿还能掌握副词中的“不、再、都、又”等词。随着儿童自我意识的发展，小班幼儿所掌握的代词中除了表示方位的“这、那”以外，还出现了人称代词“我、你、他”；在讲故事时和生活中也经常会用到感叹词，如“啊、吧、哇”等。

中班幼儿词汇的发展。4—5 岁幼儿所掌握词汇的数量迅速增加，但仍然以名词、动词和形容词占多数。同时，还能掌握一定数量的反义词，如“大、小”“上、下”“高、矮”“胖、瘦”等。这一时期的幼儿对词义的理解也比以前更为深刻，但是对数词和量词的掌握仍然感到困难。由于受思维水平发展的限制，幼儿对比较抽象的、表示时间概念的词掌握较困难，还偶尔会用错，如“我明天去过姥姥家了”。但总体看来，幼儿对昨天、前天等词理解得较为模糊，对明天理解得相对较为清晰。因此，教师和家长应通过各种教育活动和日常生活，帮助幼儿准确理解词义，丰富词汇类别，扩大词汇数量。

大班幼儿词汇的发展。5—6 岁幼儿随着生活范围的扩大和知识经验的增加，词汇已经相当丰富，词汇总量可达 3 000～4 000 个，各类词都能掌握，对词义的理解也更为深刻。随着抽象思维的发展，这一时期幼儿的概括能力明显提高，逐步掌握一些概括性较强的词，如玩具、餐具、交通工具、水果、蔬菜、动物等，而且还能注意到事物间的联系，掌握一些关联词，如“因为……所以……”“如果……就”等。

有趣的幼儿“自造词”现象

随着幼儿掌握词汇数量越来越多，他们用词的积极性越来越高，常常会将新听来的词汇用在交往中，也常常会出现“用词不当”和“自造词”现象。如 5 岁的婷婷会难过地说：“因为我爷爷牺牲了，所以我明天不能来幼儿园了。”“牺牲”用在这里显然不恰当，应该用“去世”或“过世”。又如，5 岁的天舒会说：“今天天气不好，总下隔雨。”这里的“隔雨”就是“阵雨”，因为“隔一会儿，下一会儿”。再如，6 岁的石头会说“我希望由林叔叔来看理我，因为他看理得好”。这里的“看理”就是“照看”“管理”的意思。当幼儿明白是什么意思但又找不到恰当的词来说明时，常常会自己造一个词来帮助表达，如“隔雨”“看理”。这两种现象，是幼儿词汇贫乏、语言发展不够完善的表现，教师应采用恰当的方式引导幼儿，不要打击其大胆用词、敢于表达的积极性。

对幼儿进行语汇的教育一般从增加数量、加强理解和指导运用三方面进行：第一，创设条件，丰富语汇。可以通过游戏、文学作品和早期阅读等途径丰富语汇。第二，引导幼儿准确理解词义。准确理解是正确运用的前提，教师可以通过直观教具演示、讲解、示范和启发幼儿自己理解等途径帮助其理解词义。第三，指导幼儿正确运用语汇。能够正确运用的语汇才是幼儿真正掌握的语汇，教师应通过造句、配对、填图等方式和日常生活等各种途径指导幼儿正确运用语汇。

（3）语法与句子的发展与教育　只有幼儿掌握一定数量的词汇，用一定的语法规则将词汇合乎逻辑地组织起来，才能明确完整地表达自己的想法，使语言真正起到沟通和交际的作用。

幼儿是在与成人的交往中逐渐掌握语法规则的。他们从自然地模仿成人的语言习惯，逐步过渡到掌握语法规则，能够用词组句完整地表达。因此，成人的语法规则就非常重要。有的地区有状语后置的表达现象，如把“你先走”说成是“你走先”；还有的地区有宾语前置的句子表达现象，如把“你吃饭了吗”说成是“你饭吃了吗”，幼儿也就模仿成人这样表达。教师不应受方言或地域的影响，应采用正确规范的、符合语法结构的句子进行语言教育，引导幼儿反复实践，逐步掌握正确的语法规则，形成良好的语言习惯。

学前儿童语法与句子的发展具有以下特点和趋势。

由不完整句到完整句。儿童最初表达的句子不够完整，句子成分常缺主语或宾语。如儿童说“老师，喝水。”其实他是想说“老师，我要喝水。”还有的幼儿说：“我要抱。”其实他想说“我要妈妈抱。”有学者研究发现：2 岁儿童的简单句中完整句占 64%，而 6 岁儿童的完整句则占 99%。教师在教学中应注意通过讲述活动、谈话活动等方式引导幼儿说完整话。但对于生活中可以意会的语境，成人也常常省略句子成分，不必教条地要求幼儿必须说完整句。

由简单句到复合句。儿童在两三岁时期的口语表达主要是简单句，偶尔也出现了复合句，但是数量极少，到幼儿期复合句逐渐增多。在幼儿语言表达中最初出现的复合句是并列复合句，其次是从属复合句。在从属复合句中，最先出现的是表示时间的复合句，然后是表示因果的复合句，而表示条件的复合句，则出现较晚。5 岁左右的幼儿已经能运用各种词汇构成的不同语句，顺畅自如地表达自己的愿望和想法。学者研究发现：儿童所说句子中简单句的比例逐年下降，而复合句所占的比例逐年上升，3 岁幼儿的复合句占所有句子的 3.8%，而且常常缺乏关联词；到 6 岁时，复合句占所有句子的 19.1%，而且关联词运用得较多。教师应引导幼儿将简单句说得更完整，将复合句说得更恰当。

由陈述句发展到多种形式的句子。在儿童的语言从婴儿末期出现的单词句发展到幼儿前期出现的简单句的过程中，句子形式主要是陈述句，到幼儿期，陈述句仍占 1/3 左右，之后出现了疑问句、祈使句。在幼儿期还出现了否定句和感叹句，但是这几种句式主要是在具体的情境下用。如幼儿在经过玩具店的橱窗时会说“多漂亮的娃娃呀！”在被要求去做自己不情愿的事情时会说“我不去！”在看到没见过的、新奇的事物时会问“小车为什么会走呢？没看到上发条呀！”这一时期被动句偶有出现，双重否定句尚未出现。

由无修饰句到有修饰句。儿童最初使用的简单句是没有修饰语的，有的语句即使有修饰语，也是被当作一个词来使用的，如“小汽车”“大苹果”等。学者研究发现：2 岁儿童在使用句子时，有修饰语的句子只占 20%，3 岁儿童的则占 50%。教师通过讲述活动或谈话活动引导幼儿在把句子说得完整的同时，还应把句子说得生动形象。如在看图讲述活动“小鸡和小鸭”中，当引导小朋友讲述小鸡和小鸭来到了什么样的小河边时，教师应鼓励幼儿说出“清清的小河”“蓝色的小河”“哗啦啦流淌的小河”后，再让其把这些修饰语放进刚才的句子中，说出完整句，此时，幼儿甚至会说出“小鸡和小鸭来到小河边，看到清清的小河正在哗啦啦地流着”。

对于语法和句子的教育，教师可从以下四个方面进行。

第一，教师应创设宽松自由的学习氛围，使幼儿从有话想说、有话敢说发展到有话能说、有话会说，减少因为紧张、胆怯而导致语序混乱、语法逻辑错误、语句不通顺、句子表达不流畅等情况。

第二，教师应自然巧妙地引导幼儿说完整句。如当幼儿说“老师，喝水”时，老师可以说：“老师不想喝水，是谁想喝水呀？”幼儿会回答：“我。”这时，老师就可以随机启发说：“请你完整地说‘谁想喝水’。”

第三，教师在表达时应注意语法规范、语句通顺，这样才能为学前儿童提供正确的范例。

第四，教师应通过口头造句、以词组句、扩句练习、看图说句、故事比赛等方式引导儿童巩固语法规则，调动幼儿说完整句的积极性。

2. 语言理解能力的发展

幼儿语言理解能力的发展主要从对词的理解、句子的理解和语段的理解三个语言结构层次上表现出来，常常又被称为语义理解能力的发展。儿童对语言的理解经历理解词或句子所表达的基本语义关系、理解语言的实用意义和理解句子的各个语词含义等几个阶段。儿童获得词义要比获得语音、句法更复杂。获得词义的过程几乎贯穿一个人的一生。

（1）幼儿对词的理解　幼儿对词的理解是理解语言和正确使用语言的基础。幼儿对词的理解经历了由笼统到精确、由具体到概括的过程，对词的理解始终是以认知能力的发展，尤其是以对概念的掌握为基础的，对词的理解随年龄增长而不断深入和准确。儿童是先听懂成人的语言，而后学会应用语言进行交际的，因此，儿童能听懂的话比能讲出的话多。那些幼儿对其词义不十分理解或有些理解但不能正确使用的语汇称为消极语汇。而那些幼儿既能理解又能正确使用的语汇称为积极语汇。教师应创设条件帮助幼儿理解、练习和运用语汇，将消极语汇逐步转变为积极语汇。

（2）幼儿对句子的理解　儿童 1 岁多的时候，就能够对成人用句子表达的要求做出相应的表情或动作。如成人说“宝宝谢谢××”，儿童就会朝向对方做出两手抱在胸前上下晃动的动作。从这个动作反应能看出儿童已经能够听懂这个句子。

2—3 岁儿童已经能够听懂简短的故事，看无字的图画书，在成人指导下进行简短的看图说话。

4—5 岁幼儿对句子的理解能力进一步增强，能和成人自由交谈，能听懂比较复杂的故事，还能根据要求续编故事，能进行包括看图讲述、情境讲述、生活经验讲述等活动。

6 岁幼儿能够理解被动句等较为复杂的句子，能进行包括选图讲述、排图讲述等各种类型的创造性讲述，但对双重否定句的理解还有困难。

（3）幼儿对语段的理解　随着年龄的增长，儿童对语段的理解能力逐渐增强。其中，3—4 岁幼儿对陈述性语段的理解较好，但在所要理解的语段中，句子数量不宜过多，内容不宜过长。幼儿对语段的理解常常易受语言情境和语速的影响。对较长的、说理性的语段理解能力较差，当教师用简短的对话语言代替长篇大论时，幼儿会更易理解。如有的幼儿犯错误了，成人喜欢长篇大论地说教，在结束谈话前，成人常常喜欢在最后检验教育效果时提问：“还能不能这样做了？”幼儿常常回答“能”，弄得成人啼笑皆非，原因就是幼儿根本没理解成人所言何意，这常常就是因为成人的说理性语段过长。但是，如果将过长的说理性语段变成句子简短的谈话，幼儿就会更容易理解，如有个小朋友抢了别人的玩具，教师说：“如果别人抢你的玩具，你生气吗？”幼儿回答：“生气。”教师又问：“做惹别人生气的事，是乖孩子吗？”幼儿又答：“不是。”“你想做个乖孩子吗？”幼儿答：“想。”教师又问：“还抢别人的玩具吗？”幼儿会使劲摇头说：“不抢了。”在这个例子中，教师用的是简短的对话语言，幼儿理解起来就比较容易。

幼儿理解语言具有以下特点。

第一，从听懂语言意义向运用语言进行交际发展。如教师要求幼儿将某物送到某教师处，幼儿将物品送到某教师处，却不会运用语言进行表达。再如，家长要挽留客人吃饭，幼儿不会用词语表达，却会拉着客人不让他走。说明幼儿能听懂语言的意义。教师应创造条件让幼儿练习运用语言进行交际，提高幼儿运用语言表达想法的能力。

第二，幼儿理解语言往往受直接经验的影响。处于具体形象思维阶段的幼儿，理解语言具有形象性的特点，往往凭借具体形象的联想来理解语言。幼儿往往凭自己的直接经验来理解语言，教师应多结合幼儿的实际生活和直接经验来启发引导幼儿理解语言。如教师让幼儿列队行走时要达到走姿要求，常常爱说“走好点”“好好走”，但是这句话非常笼统，幼儿不易理解什么样子的走法才是“好好走”。如果教师说“小朋友走路要像解放军叔叔一样，看哪个小朋友走路最像解放军叔叔”，因为幼儿常常在电视或生活中见到解放军叔叔走路时威武雄壮、精神饱满的样子，所以幼儿很快就理解了，走路时尽量挺胸抬头，手臂有力地摆动，即便走“顺拐”了，可依然走得很精神。

第三，幼儿理解新的语句常受事件可能性的影响。这种情况是指幼儿常常会不顾句法结构或前面的说明和解释去理解，而只是根据自己主观推测的事件可能性去理解。如听到“娃娃抱妈妈”这句话时，幼儿常常会理解为“妈妈抱娃娃”。再如，在学习看图讲述《猴子学样》时，教师讲完猴子爱学别人的样子，所以老爷爷戴帽子，猴子也戴帽子；老爷爷扔帽子，猴子也扔帽子。然后，教师又问幼儿：“小猴子为什么要戴帽子呢？”有个别幼儿竟会回答：“因为小猴子头冷。”

第四，幼儿理解常受词序的影响，对被动语句的理解尤为明显。如听到“明明被静静碰了一下”，他们会理解为“明明碰了静静”。这种情况在 3 岁时出现，4 岁时最为强烈，5 岁以后渐弱。

第五，幼儿理解语言易受语言情境和非语言交际手段的暗示。幼儿的情感极易受到感染或暗示，因此，教师应准确理解所要表达的内容并注意创设与之统一的语言情境，并利用手势、表情等非语言交际手段来帮助幼儿理解语言。如在组织幼儿午睡时，教师可以把手指竖在嘴唇上暗示幼儿不要说话，幼儿很快受到感染并安静下来；反之，如果教师对幼儿大声命令或批评幼儿不安静，那么幼儿也会大声地说出自己不安静的理由，如幼儿说：“明明推我！”再如，学习儿童诗《摇篮》时，如果教师先播放一段优美舒缓的《摇篮曲》，朗诵时再用优美舒缓的语调及轻柔优美的动作，幼儿很快就理解了诗歌的内容，在教师的引导下，还能仿编出一些与诗歌意境吻合的优美诗句,如“草原是摇篮,摇着羊宝宝,风儿轻轻唱,羊宝宝睡着了”。

增强儿童理解能力可以从四方面进行:第一,通过集体要求和个别委托任务,了解儿童理解能力的发展情况。如在用餐前,要求幼儿先要集体排队去洗手,再让个别儿童在洗完手后帮助摆餐具。第二,通过师幼互动、幼幼互动,为儿童创造理解语言的机会。第三,教师在讲解时注意结合儿童已有的生活经验,同时还要注意丰富儿童的知识和生活经验,减少儿童主观臆断性的理解。第四,通过有趣的思维灵活性、流畅性、独特性和概括性的游戏训练,不断提高儿童对语言的理解能力。

3. 语言运用能力的发展

语言是一个非常复杂的信息系统,包括由语音、语汇和语法等要素构成的语言系统和由表情、动作、语调、音质等非语言交际手段两个方面。学前儿童语言发展的一个重要方面就是语用技能的发展。语用技能是指根据交际目的和语言情境有效地使用语言工具进行交际的一系列技能。幼儿运用语言进行交际不仅需要掌握语言系统,还需要对交际的场景、对象及交际的情感、动机、兴趣和愿望等多种因素有所把握。

2 岁左右儿童的交际语言主要是对话语言,即在与成人或儿童的协同中完成的交流,还不具备保持同一话题的能力。

3 岁左右儿童的交际语言中逐渐出现了独白,即一个人不依靠交际对象的引导和协作而向听者讲述自己的经验、印象或感受的口语表达方式。但这种独白式语言发展得不够完善,常常需要借助于一些“后来……后来……”或“然后……然后……”等词来帮助表达。这一时期的儿童在交往中情境性语言较多。情境性语言是指在口语表达时主观地设定交际对象已经了解他要表达的内容,并且附加许多的手势和表情,交际对象需要边听边猜当时的情境才能懂得的语言。如当一个幼儿说:“楼好高,帽子掉下来”,别人需要边听边看他比画的动作才能猜测到他的意思是:“楼好高,我仰着头看楼,把帽子都仰掉下来。”

4 岁幼儿能根据听话人的能力调节其说话的内容。如他在向 2 岁幼儿介绍一种新玩具时,话语简短,多用“看着”“注意”等词引起对方的注意或使对方保持注意,说话时自信、大胆、直率。对成人说话时,则话语较长、结构较为复杂,表现得比较有礼貌和谨慎。这一时期,幼儿连贯性语言开始发展。连贯性语言是指句子完整、前后连贯,能够反映完整的思想内容,交际对象不必考虑当时的情境就能理解说话人意思的语言。但这一时期幼儿以自我为中心的表达较多,社会性语言有待发展。如当幼儿正在与别人交流时,听到或看到自己感兴趣的内容后,他会不顾这个内容是否与当前的话题有关,马上就转移了注意力。

5—6 岁幼儿在与成人或同伴交谈中,自我中心的表达逐渐减少,能够根据交际对象的反馈调整说话的内容和方式,表现为“有话会说”。

学前儿童在运用语言进行交际的过程中,表达出来的句子非常简略,音调较高,使用具体、形象的词汇较多,句型以陈述句为主、以疑问句和祈使句为辅。随着年龄的增长和语言发展水平的提高,幼儿不合语法规则的话语及“自造词”和

“用词不当”的现象逐渐减少，6 岁左右幼儿一般能清楚、流畅、完整、准确地表达自己的体验或故事，顺利地运用语言与同伴或成人交流。

学前期，儿童还会出现一种不起交际作用的自言自语，常常表现为游戏语言和问题语言两种形式，这种语言主要是起自我调节的作用，它是外部语言向内部语言过渡的一种形态。

学前儿童运用语言进行交际的发展趋势是：从情境性语言到连贯性语言，从对话语言到独白语言，从自我中心性语言到社会性语言。

为了更好地培养幼儿的语言运用能力，教师可从以下三方面入手：第一，创设宽松的支持性语言环境，教师要理解、关心、尊重、接纳每个幼儿表达的愿望和请求。良好的交往互动环境能激发儿童运用语言进行交际的积极性和主动性，使其真正感受到运用语言交流的乐趣，教师应创造机会让幼儿积极勇敢地运用语言进行表达。正像《幼儿园教育指导纲要（试行）》中关于语言教育的指导要点中所说的那样：“语言能力是在运用的过程中发展起来的，发展幼儿语言的关键是创设一个能使他们想说、敢说、喜欢说、有机会说并能得到积极应答的环境。”第二，面向全体幼儿，注意个体差异。语言发展具有很强的个体差异性，教师应做工作中的有心人，关注每个幼儿的语言发展，让害羞的、胆小的、孤单的、新来的小朋友都有交流和表达的机会。第三，各领域要积极配合，共同提高儿童的语言运用能力。如在美术课上，教师可以请刚画完图画的小朋友到前面来展示，并让小朋友用语言说明：画的是什么？怎么画的？为什么这么画？语言教育不只是语言活动一个领域的任务，而应是各领域共同配合、共同努力的工作。

4. 早期阅读能力的发展

近十几年来，人们越来越关注幼儿读写发展的研究。幼儿在早期获得口头语言发展的同时，也开始对书面语言有了兴趣，如自家的门牌号码、商店的招牌、食品包装袋上的文字、自己的名字等。学者研究发现：3—8 岁是儿童发展基本阅读能力的关键期。在这个阶段，儿童的口头语言发展速度惊人，同时也开始认识符号、声音与其意义的关联性，学习如何看一张纸、一本书，尝试用自己所学的语言解释在周围生活中的所见所闻。早期阅读能力的发展主要包括早期识字行为的发展、早期图书阅读行为的发展和早期书写行为的发展三个方面。

（1）早期识字行为的发展　儿童识字行为可以分为萌发阶段、初期阶段和流畅阶段三个时期。萌发阶段的儿童会饶有兴趣地捧着书看，注意环境中的文字，辨认自己的名字，喜爱有重复句子的童谣。初期阶段的儿童开始了解文字的意义，愿意念书给周围人听，喜欢认读熟悉的字，如动画片的片名、爱吃的食品包装袋上的文字。流畅阶段的儿童能够独立阅读各种文字，会以适合文字内容与风格的语速、语音和语调进行阅读。学前儿童的早期识字行为主要处于萌发阶段和初期阶段。

（2）早期图书阅读行为的发展　早期图书阅读行为是幼儿早期阅读能力发展的一个重要方面。学者研究发现，汉语儿童图书阅读行为可以分为看图画但未形成故事、看图画形成故事、试着看文字三个阶段。

（3）早期书写行为的发展　幼儿从在纸上随意涂画到了解写字的形式，再到试着写出类似字的东西，幼儿的书写行为的发展经历了尝试和探索的过程，目前尚未有汉语儿童书写能力研究结果出现，但有学者研究发现，英语儿童书写行为的发展经历了画图、涂写、类似书写、连串似的书写、发明的书写和真正的书写六个阶段。

教师应坚决反对“早期阅读”就是“早期识字”的错误观点，要根据幼儿年龄特点和早期阅读能力发展的特点，在区角投放适宜的阅读材料，在区域活动时采用科学的、有趣的、丰富多彩的形式开展早期阅读教育，切实促进儿童早期阅读能力的发展。

四 学前儿童语言教育的目标

学前儿童语言教育的目标是对学前儿童语言教育的目的和要求的归纳，是实施语言教育的方向和准则。学前儿童语言教育的目标，是根据幼儿保育与教育的总体要求确定的，它是依据社会的要求、幼儿语言发展的规律、语言的学科性质及幼儿语言学习的特点而制定的，它是学前教育总目标在语言领域的具体化，它使学前教育工作者更加科学地确定语言教育的内容、选择语言教育的方法和途径，并能恰当而有依据地评价学前语言教育的效果。

本部分主要阐述幼儿园语言教育的总目标、语言教育活动的类型目标和语言教育具体活动的目标。

（一）幼儿园语言教育的总目标

幼儿园语言教育的总目标，是幼儿园语言教育任务和要求的总和，即幼儿园三年语言教育所期望的最终结果。

我国教育部于 2001 年颁布的《幼儿园教育指导纲要（试行）》（本书简称为《纲要》），对语言教育提出了总的目标和要求。这些目标和要求在一定程度上吸纳了国际儿童语言教育研究的最新成果和理论观念，充分体现了我国学前儿童语言教育改革与发展的趋势。

2012 年，我国教育部《3—6 岁儿童学习与发展指南》（本书简称为《指南》）的颁布，对于有效转变公众的教育观念，提高幼儿园教师的专业素质和家长的科学育儿能力，防止和克服“小学化”倾向，全面提高学前教育质量具有重要意义。《指南》的针对性、时效性、操作性强，不仅有利于提高幼儿园教师的专业素质，而且对转变广大家长的教育观念，提高科学育儿能力具有积极的意义，成为引导学前教育舆论宣传的权威性指导资料。

《纲要》和《指南》都是我国教育部颁布的学前教育重要的政策性、指导性文件，但二者既有区别又有联系。区别在于：《纲要》是比较宏观的课程文件，内容完整，涉及幼儿园课程的各个方面，《指南》在相对微观的层面上进行指导，它是通过提出对不同年龄阶段幼儿的合理期望作为教育建议；《纲要》的使用对象主要是专业的幼教工作者，《指南》的使用对象更广泛，包括家长和幼教工作者。而联系在于：《指南》和《纲要》有着共同的目标指向和相同的理念，二者都从国家政策层面来尊重和保障幼儿的学习与发展权利,以为幼儿的后继学习和终身发展奠定良好素质基础为目标,以促进幼儿在体、智、德、美各方面的全面协调发展为核心;二者功能互补,《指南》有助于深入贯彻《纲要》,在规范幼教机构的行为的同时,还普及了有关学前儿童发展的公共常识,引导全社会形成关于早期学习与发展的正确认识,帮助纠正目前社会上存在的超前学习和片面学习的认识误区;二者共同推进了我国学前教育"学"与"教"质量的提高。

因此,下面从《纲要》和《指南》两个方面进行幼儿园语言教育总目标的阐述。

1.《纲要》中语言领域的教育目标、内容与要求及指导要点

《纲要》对语言领域教育目标、内容与要求及指导要点做了如下规定。

(1) 目标　第一,乐意与人交谈,讲话礼貌。第二,注意倾听对方讲话,能理解日常用语。第三,能清楚地说出自己想说的事。第四,喜欢听故事、看图书。第五,能听懂和会说普通话。

(2) 内容与要求　第一,创造一个自由、宽松的语言交往环境,支持、鼓励、吸引幼儿与教师、同伴或其他人交谈,体验语言交流的乐趣,学习使用适当的、礼貌的语言交往。第二,养成幼儿注意倾听的习惯,发展语言理解能力。第三,鼓励幼儿大胆、清楚地表达自己的想法和感受,尝试说明、描述简单的事物或过程,发展语言表达能力和思维能力。第四,引导幼儿接触优秀的儿童文学作品,使之感受语言的丰富和优美,并通过多种活动帮助幼儿加深对作品的体验和理解。第五,培养幼儿对生活中常见的简单标记和文字符号的兴趣。第六,利用图书、绘画和其他多种方式,引发幼儿对书籍、阅读和书写的兴趣,培养前阅读和前书写技能。第七,提供普通话的语言环境,帮助幼儿熟悉、听懂并学说普通话。少数民族地区还应该帮助幼儿学习本民族语言。

(3) 指导要点　第一,语言能力是在运用的过程中发展起来的,发展幼儿语言的关键是创设一个能使他们想说、敢说、喜欢说、有机会说并能得到积极应答的环境。第二,幼儿语言的发展与其情感、经验、思维、社会交往能力等其他方面的发展密切相关,因此,发展幼儿语言的重要途径是通过互相渗透的各领域的教育,在丰富多彩的活动中去扩展幼儿的经验,提供促进语言发展的条件。第三,幼儿的语言学习具有个别化的特点,教师与幼儿的个别交流、幼儿之间的自由交谈等,对幼儿语言发展具有特殊意义。第四,对有语言障碍的儿童要给予特别关注,要与家长和有关方面密切配合,积极地帮助他们提高语言能力。

《纲要》反映了国际儿童语言教育的最新理论观念,体现了我国学前儿童语言教育改革的新趋势:第一,《纲要》特别关注儿童语言运用能力的培养,突出地强调了"语言的能力是在运用的过程中发展起来的"。第二,《纲要》十分重视支持性语言教育环境的创设,创设开放平等、宽松民主的语言学习环境、支持幼儿在活动中扩展语言经验。提出"发展幼儿语言的关键是创设一个能使他们想说、敢说、喜欢说、有机会说并能得到积极应答的环境"。同时还要满足幼儿语言学习的个别需要,"对有语言障碍的儿童要给予特别关注",创设相应的教育环境。第三,《纲要》还第一次把早期阅读的要求纳入语言教育的目标体系。

从《纲要》的表述中可以看出,幼儿园的语言教育侧重于对幼儿语言学习中积

极情感态度的培养。但对“如何说”“怎样说得好听”等没有做具体的规定。幼儿教师应准确把握、深入理解《纲要》主旨，将语言教育的总目标落实在精心设计和认真组织的各种形式的学前儿童语言教育活动中。

2.《指南》中语言领域的子领域及教育目标

《指南》中将语言领域按照幼儿语言学习与发展最基本、最重要的内容划分为倾听与表达、阅读与书写准备两个方面（又叫两个子领域），每个方面分为两个部分：一是学习与发展目标，分别对3—4岁、4—5岁、5—6岁三个年龄段末期的幼儿在语言领域应该知道什么、能做什么，大致可以达到什么发展水平提出了合理期望。二是教育建议，根据幼儿的语言学习与发展目标，针对当前学前儿童语言教育普遍存在的困惑和误区，列举了一些能够有效帮助和促进幼儿语言学习与发展的教育途径与方法，同时也指出了错误做法对幼儿终身发展的危害，为广大家长和幼儿园教师提供了具体、可操作的15条教育建议。

语言领域具体两个方面和6个目标如下。

语言领域子领域一　倾听与表达

目标1　认真听并能听懂常用语言

目标2　愿意讲话并能清楚地表达

目标3　具有文明的语言习惯

语言领域子领域二　阅读与书写准备

目标1　喜欢听故事，看图书

目标2　具有初步的阅读理解能力

目标3　具有书面表达的愿望和初步技能

《指南》强调语言领域重点在于培养幼儿的口语交流能力，培养幼儿的阅读兴趣、阅读习惯及初步的阅读理解能力。在教育建议方面，强调要积极为幼儿提供与同伴和成人交流的机会，提供丰富、适宜的低幼读物，经常和幼儿一起看图书、讲故事。强调要在生活情境和阅读活动中萌发幼儿对文字的兴趣，反对通过机械记忆和强化训练过早识字。

例如，《指南》中“阅读与书写准备”方面的“具有书面表达的愿望和初步技能”目标，在各年龄阶段末期的合理期望和教育建议具体如下。

目标3　具有书面表达的愿望和初步技能

3—4岁	4—5岁	5—6岁
喜欢用涂涂画画表达一定的意思	1. 愿意用图画和符号表达自己的愿望和想法 2. 在成人提醒下，写写画画时姿势正确	1. 愿意用图画和符号表现事物或故事 2. 会正确书写自己的名字 3. 写画时姿势正确

教育建议：

1. 让幼儿在写写画画的过程中体验文字符号的功能，培养书写兴趣。如：

- 准备供幼儿随时取放的纸、笔等材料，也可利用沙地、树枝等自然材料，满足幼儿自由涂画的需要。

- 鼓励幼儿将自己感兴趣的事情或故事画下来并讲给别人听，让幼儿体会写写画画的方式可以表达自己的想法和情感。
- 把幼儿讲过的事情用文字记录下来，并念给他听，使幼儿知道说的话可以用文字记录下来，从中体会文字的用途。

2. 在绘画和游戏中做必要的书写准备，如：

- 通过把虚线画出的图形轮廓连成实线等游戏，促进手眼协调，同时帮助幼儿学习由上至下、由左至右的运笔技能。
- 鼓励幼儿学习书写自己的名字。
- 提醒幼儿写画时保持正确姿势。

（二）幼儿园语言教育活动的类型目标

为了培养学前儿童的倾听与表达、前阅读与前书写等语言方面的能力，幼儿园语言教育主要通过谈话活动、文学作品活动、讲述活动、语言游戏活动和早期阅读活动五种语言教育活动类型来实现教育目标。本部分内容将在后面的单元中逐一学到，此处不再赘述。

（三）幼儿园语言教育具体活动的目标

幼儿园语言教育的总目标和年龄阶段目标一般是由国家专门机构以规章条文或纲领性文件的形式制定的。幼儿园语言教育具体活动的目标则是由幼教机构的教师自己根据总目标、年龄阶段目标及本地区、本班幼儿实际情况制定的，它是指具体某一次、某一组相近活动或某一主题系列活动的目标，它们与具体的教育内容紧密相连。它是语言教育活动设计与实施的出发点，也是最终落脚点。为了使幼儿园语言教育具体活动的目标（以下简称活动目标）能够起到导向和监控作用，教师在制定活动目标时应该注意以下四点。

1. 活动目标应着眼于学前儿童语言的发展

这里的学前儿童语言的发展包含两层含义：一层是目标的制定应适应学前儿童已有的发展水平，符合学前儿童语言发展的规律；另一层是目标的制定应以促进学前儿童的语言发展作为落脚点，落实到学前儿童对语言内容、语言形式和语言技能的掌握上。

2. 活动目标的内容和要求在方向上应与总目标、年龄阶段目标保持一致

活动目标要为总目标和年龄阶段目标服务，总目标和年龄阶段目标要通过一个个具体的活动目标落实在每个学前儿童身上。要根据学前儿童的年龄特征和语言发展水平，由浅入深，由低到高，循序渐进地提出教育目标，使学前儿童通过积极的活动获得语言经验。

3. 活动目标的内容一般应包含情感态度、认知、能力和技能三个方面，并注意三个方面的目标要统一

第一，活动目标应明确提出对儿童情感态度的培养，包括兴趣、态度和价值观等方面。即了解幼儿是否形成了耐心倾听的态度，是否乐意在集体面前讲述自己的经历，是否懂得并遵守一般的语言交往规则。同时，幼儿还要懂得活动内容中

所包括的文明道德等方面的道理。如懂得什么道理、培养什么感情、怎么做才更受欢迎等。

第二,活动目标应明确提出具体语言知识的学习,又叫认知目标,它包括所获得知识的形式、数量和种类,以及操作这些知识的能力。如语音、词汇和句型及其使用语境等语言知识;或是初步了解到某种文学活动样式,如故事的情节叙事、诗歌的押韵抒情等。

第三,活动目标应具体说明能力和技能培养的预期效果,如用词组句的能力、在具体的语境中运用语言的能力、连贯表达的能力、观察图片能力或讲述图意或讲述情境表演的能力等。如看图讲述活动“小兔家的窗”的活动目标,即可确定为以下几个目标:其一,情感态度目标,懂得遇到困难要动脑筋想办法利用现有条件克服困难;其二,认知目标,了解观察图片的方法,理解图片内容,掌握“挖”“融化”等新词,明白小河冬天会结冰、春天会融化的道理;其三,能力和技能目标,能按照一定的顺序观察图片、理解图意并运用较为恰当的词语准确地、完整地、连贯地讲述图意。

第四,情感态度、认知、能力和技能三个方面的目标要统一。如只有在认知目标中确定了“了解观察图片的方法、理解图片内容”,才会有能力和技能目标中“能按照一定的顺序观察图片、理解图意并运用……”,因为认知目标是能力和技能目标的前提。

4. 活动目标的表述应该采用专门的术语

活动目标通常可以用儿童学习行为的变化进行表述。一个恰当的目标应该能成功地向别人表达教师的教育意图,应便于观察者和评价者在活动后通过学前儿童的行为变化加以评价。一般说来,情感态度目标的表述术语有:培养……情感、懂得……道理、形成……态度、明白……意义等。认知目标的表述术语有:了解、理解、掌握等。描述能力和技能目标的术语有:能够、学会、运用、使用等。

制定语言教育具体活动的目标,是语言教育活动设计中最重要的一环,它的恰当与否,将对整个活动设计产生决定性的影响。教师应该在准确深入理解语言教育的总目标、年龄阶段目标的基础上,认真制定语言教育具体活动的目标。

从目标的层次分析中,幼教工作者在实施目标时应注意以下三方面:第一,将《纲要》《指南》中的高层次目标准确地转化为多个低层次目标。第二,贯彻《纲要》《指南》时应注意因地制宜、因时而变、因人而异。第三,理解总目标、年龄阶段目标及活动目标间的关系,这样便于在制定教育计划时能通盘考虑。

五 学前儿童语言教育的原则

(一) 促进儿童语言发展的原则

促进儿童语言发展是学前儿童语言教育的出发点和最终落脚点。传统的语言教育以教师为中心,重视语言知识的灌输和传授,忽视幼儿语言行为能力的培养。为了更好地促进儿童语言发展,教师在教学中应注意以下两点。

第一，教师要对语言教育目标做到懂、透、化，即明确总目标，理解年龄阶段目标，将目标在每次活动中落实，做到具体化。只有教师理解并掌握了语言教育的目标，才能紧扣教育目标设计出每次的具体活动目标，才能使幼儿的语言发展有明确的方向和可以测量的标准，并通过实施有组织的教育活动促进幼儿语言的发展。

第二，教师要明确语言教育的最终目标是发展学前儿童的语言。从语言教育活动的设计来看，语言教育的形式可以是丰富多彩、多种多样的，但是内容和形式最终都是为发展语言能力服务的，不能做只追求表面热闹，而实际上却没有促进幼儿语言发展的活动。

（二）让儿童积极活动的原则

根据皮亚杰的认知理论，学前儿童语言教育研究学者认为，儿童的语言是通过积极的活动得到促进和发展的。全语言教育观念中强调学前儿童语言教育应在丰富多彩的活动中进行。贯彻这一原则时应注意以下几点。

第一，教师在活动中要发挥主导作用，为儿童提供充分的语言操作环境、机会及丰富多彩的操作形式。正如《纲要》中所说，“语言能力是在运用的过程中发展起来的，发展幼儿语言的关键是创设一个能使他们想说、敢说、喜欢说、有机会说并能得到积极应答的环境”。

（1）教师应创设良好的语言教育环境　例如，提供丰富的语言材料和操作材料、创设适当的氛围以体现教师有关活动目标的设想，精心安排和组织幼儿与一定的语言材料及相关的信息材料的相互作用。

（2）教师应综合运用多种语言教育方法　教师通过讲述、提问、示范、提示、暗示等方法指导幼儿感知和探索，做幼儿学习的启发者、引导者、支持者和帮助者，成为儿童与语言环境相互作用的一种中介力量，设计语言环境并指导幼儿与语言环境进行交往。

（3）教师应注意因材施教　正如《纲要》所述，“幼儿的语言学习具有个别化的特点，教师与幼儿的个别交流、幼儿之间的自由交谈等，对幼儿语言发展具有特殊的意义”。在充分了解幼儿语言状况的基础上，教师在对全班提出统一要求的同时，针对每个幼儿的特点给予指导，根据维果斯基的最近发展区原理，应让全体幼儿的语言都得到发展。

（4）活动过程应体现各类语言教育活动的组织结构的特点　组织结构是各种教育活动的基本构成要素及各要素先后展开的顺序，它体现了教育规律和幼儿的认知规律。如讲述活动的结构不同于语言游戏活动，讲述活动在导语后是以“感知理解讲述对象”为开端，以完整、连贯、准确的小结讲述为结束；而游戏活动则是在创设游戏情境后，以“介绍游戏名称、玩法和规则”为开端，以充满趣味的游戏过程体验或对抗性游戏的结果为结束。

（5）活动设计要为活动过程的实施留有余地　由于幼儿年龄小、注意力稳定时间短、思维和想象均有其特殊性，所以教师在设计时不可将活动任务的时间安排过满，应注意留有余地，那种将课堂上教师启发提问后，幼儿详细的回答都预设好的活动设计显然是不可取的。这容易制约教师的思维，影响教师运用教育机智处理幼儿语言发展问题的科学性、灵活性和创造性。

第二，尊重儿童的主体地位，明确儿童才是活动和学习的主角。儿童在活动中的主体地位，是指教师要根据儿童的发展水平及需要、兴趣去设计和组织活动的内容和形式。儿童主体地位的核心在于激发内在的学习兴趣和动机。因为，“兴趣是最好的老师”“在兴趣尚未被唤起之处是难以点燃学习动机之火的”。学前儿童的语言教育就是教育者引导其积极地与语言及其相关信息进行相互作用的过程。

只有幼儿在活动过程中始终有着积极的动机、浓厚的兴趣和主动的参与，而不是被动的、受强迫的、有压力的受教者，活动才可能更主动、更积极，进而更深入、更持久。活动的设计和组织实施应考虑到儿童的个体差异，为每个儿童提供适合他们需要的丰富的材料和环境，即便当幼儿出现不适应时，教师也可以协调和调整使其愉快地、积极地投入学习活动中。

（三）按照语言发展规律设计活动的原则

教师作为幼儿语言教育活动的设计者和组织实施者，应准确了解 0—6 岁儿童各年龄阶段语言发展规律和认知规律。只有按语言发展规律去开展活动，才能真正地发展儿童的语言。在贯彻这一原则时应注意如下事项。

第一，幼儿语言教育应以幼儿已有的语言发展水平为基础，并在幼儿新旧语言经验间建立联系，即前面的教育和发展是后面发展的基础，后面的发展是前面的教育和发展的结果，而这种联系既有纵向的也有横向的。如幼儿在学习了单幅图的看图讲述后，再进行多幅图的讲述活动，幼儿在学会了看图讲述后，会学习情境讲述，即从“看静止的图片讲故事”到“看流动的表演讲故事”，使口语表达从根据观察直观形象进行表达逐步发展到根据提取加工后的回忆表象来表达。与此相应，活动的设计也是由浅入深，由易到难。

第二，幼儿的语言教育要能够促进幼儿的语言在原有水平上有所提高，让幼儿“跳一跳，摘桃子”。如在幼儿的简单句发展得较好的大班时期，可以出示两幅图，让幼儿观察事物间的关系，然后为幼儿提供关联词，让幼儿明白事物间的这种关系可以用这样一个关联词来表达，也可以根据幼儿的认知水平给幼儿做一个运用关联词造复合句的示范，引导幼儿语言表达由简单句发展到复合句。

第三，围绕语言发展目标设计有不同领域活动因素相互渗透的活动。语言教育虽然是以语言符号系统操作为主的活动，但同时语言也是多种符号系统共同参与的活动，因此，还应有符合儿童年龄特征的音乐、美术、运动等不同领域活动的因素参与。但是这些领域活动的因素只起辅助作用，是为了帮助幼儿理解并巩固所学内容，增强学习的积极性、主动性与趣味性。

六 学前儿童语言教育的方法

学前儿童语言教育的方法是为了引导学前儿童发展语言并获得语言知识、技能和能力而使用的方法，是教师教、幼儿学的方法。学前儿童语言教育的一般方法有示范法、讲解法、谈话法、游戏法、练习法和表演法 6 种。

（一）示范法

1. 示范法的含义

示范法就是教师为学前儿童提供语言和行为范例并引导其模仿的语言教育方法。幼儿是通过模仿学习语言的，教师的语言是幼儿直接学习的榜样，教师的语言质量直接决定着幼儿语言的发展水平，因此，教师应成为幼儿正确的模仿榜样。在语言教育活动中，除教师亲自示范外，还可以采用录音示范，甚至可以让语言发展水平高、理解能力强的幼儿来示范，这样更有说服力，也更能激起幼儿模仿学习的兴趣。如在生活经验讲述活动中，由预约的幼儿做示范讲述会比教师示范更容易引起小朋友介绍自己生活经验的“谈兴”来。

教师在示范重点和难点时，可以明确要求儿童模仿，进行显性示范；而对于一般知识可以采用隐性示范，让幼儿在不知不觉中得到暗示。具体采用何种示范，应根据幼儿语言发展水平和教学活动的实际情况来确定。

2. 运用示范法时的注意事项

（1）示范语言应标准　教师示范语言的基本标准是：发音准确，表意清晰，语汇丰富，用词恰当，语法规范，响度适中。而在文学作品活动、早期阅读活动、讲述活动及语言游戏活动等各种类型的语言教育活动实施过程中，教师示范时还应做到：讲述生动形象，朗诵声情并茂，体态文明自然，表演传神逼真，书写规范优美，阅读方式恰当。

（2）示范应具体到位　教师的示范应具体可感，让幼儿明确知道该如何去做。对于语音的示范有时甚至需要略带夸张地进行，让幼儿清晰地感知发音的微小差异并掌握发音要领。如在教小朋友发“猪”的语音时，要先侧面示范，把嘴巴张开，让幼儿看到舌头慢慢翘，然后再慢慢地把嘴巴撅起，这样示范便于幼儿看到发音的动程。再如，教小班幼儿学习句型时，教师不仅要说明句型的结构和使用方法，还要造一个具体的句子让幼儿有感性认识。如教师在教“某人在某地做某事”的句型时，先解释为“谁在什么地方做什么”，一般用于表示正在进行的动作，然后一定要造具体的句子，如“小白兔在草地上蹦蹦跳跳”或“老师在教室里上课”，最后再启发小朋友运用这个句型造句。

（3）示范应与讲解相结合　在学前儿童语言教育过程中，示范常与讲解紧密相连。但对于不同年龄段儿童要有所侧重，对于小班的儿童，应以示范为主，讲解为辅。配合示范的讲解应具体、简单、明了。对某些难发的音及易被忽视或不易被幼儿看到的发音部位，需要采用示范和讲解相结合的方法。如有的托班甚至小班幼儿易把“苹果”中的“苹”发成“晴”的音，可能是因为没听清成人的发音，也可能是因为没有看到成人双唇闭合爆破后发出这个音，所以一定要在给幼儿示范的同时，配合使用浅显的语言讲解发音要领。可以这样边示范边讲解：“请小朋友们像老师这样：先把嘴巴闭上，再用力张开，‘呼——’，把小手打开放在嘴巴前面，感到有股热气冲到手心，那就发对了！”

（4）示范应适时、适量，面向全体幼儿　由于幼儿注意的时间短，记忆容量有限，教师的示范要分量适中。对于分量较多的内容，应根据情况采用分步示范、完整示范、重点示范。在示范时要时机恰当，针对幼儿难以理解的内容，可以及时地进行反复示范、重点示范，让幼儿有意识地模仿。对于纠正性示范则要酌情处理，如果在幼儿讲述过程中发错了音，不要急于打断幼儿进行示范，那样会打断幼儿的思路，影响讲述的流畅性和完整性。

教师在示范时，要语音清晰，使每个幼儿都能听到，对于有些动词的动作示范、方位名词的示范，要根据需要做镜面示范、侧面示范、正面示范、背面示范及定格巡回示范，便于每个幼儿都能看到。

（5）教师应注意运用隐性的示范　如果教师在语言教育过程中总是单纯采用显性示范会使示范显得过于枯燥、单调和死板。关于变换角色，教师应更多地采用隐性示范。如在活动过程中，以一个参与者的身份与幼儿平等地进行活动。在生活经验讲述时，先谈谈自己的生活经验。这时教师并没有明确要求幼儿必须仔细观察教师的示范，而是主导活动方向和进程，通过暗示给予示范。

（6）要根据幼儿自身水平，适当运用纠正性示范　教师在活动中，一方面要善于发现和纠正幼儿的语言错误；另一方面，也不要过于挑剔，频频进行纠正性示范，使幼儿得不到成功的体验，降低幼儿模仿和学习的积极性。教师应善于发现幼儿语言发展差异，因材施教，适当运用纠正性示范，多采用鼓励性强化方式，让幼儿树立学好语言的信心。

（二）讲解法

1. 讲解法的含义

讲解法是教师用符合学前儿童年龄特征的方式分析、解释、解说活动或文学作品的语言教育方法。由于学前儿童年龄小，生活经验少，加之听音器官和发音器官的发育还不够完善，所以在语言教育活动中经常采用讲解法。语言教育活动中教师的讲解要求是：准确浅显，清晰透彻。

现在一提到讲解法，有些教师常常将其误解为知识灌输的一种方法，似乎有了讲解法，就不是启发式教学，就是教师一个人在唱独角戏，把幼儿当成被动的知识容器，就不是素质教育。其实这是一种错误的认识，之所以会产生这种误解，通常是因为某些教师错误地使用了讲解法。语言作为交流的工具，无论是学前儿童的听说能力与听说习惯的培养，还是前阅读、前书写技能的学习，都需要讲解法。但是，教师要善于科学地运用讲解法。

2. 运用讲解法时的注意事项

（1）教师讲解要适量，不要影响幼儿学习的主体地位　教师是学前儿童学习的支持者、启发者、引导者和帮助者，在使用讲解法时一定要注意自己的角色，不要沉迷于自己滔滔不绝的讲解中，教师的讲解应是点拨和启发，而不是代替幼儿去学习。

（2）教师讲解时机要适当，尽量启发幼儿自己去理解　当幼儿对学习内容不理解时，教师不要急于讲解，而应先启发幼儿自己去理解，再根据幼儿已有经验，适时点拨，适量讲解。如当幼儿明白“春眠不觉晓”中的“眠”和青蛙冬眠中的“眠”是同样的意思时，那么幼儿就理解了这个字的意思，就不需要教师再进行讲解了。

(3) 教师的讲解要与示范相结合　如果没有示范，讲解就会空洞，幼儿就会感到很难理解或是没有抓手。所以讲解要根据情况与示范相结合，使学习内容具体可感，便于幼儿对语言的理解和操作，提高语用技能水平。

(4) 教师的讲解应浅显准确　教师的讲解应根据幼儿的认知规律进行，语言应浅显易懂，避免术语过多和成人化。虽然学前儿童语言教育内容本身很浅显，但教师在解释时一定要注意讲解准确、表达确切，对于一些词语的解释不能想当然，必要时要查字典，坚决避免知识性错误。例如，教师在讲解幼儿文学作品中经常出现的与手部动作有关的动词时，如“捏”“抓”“握”“捉”“拎”“拿”“挽”“挎”“把”时，应该用浅显的语言准确清楚地讲解这些动作发生在手的什么部位，究竟是“手指”“手掌”“手背”“手腕”还是都参与，并且还要结合示范让幼儿明确地知道动作发生的过程，而不是泛泛地解释就是“用手拿着”或“用手抓着”。

（三）谈话法

1. 谈话法的含义

谈话法是教师根据学前儿童已有知识，借助启发性问题，通过口头问答方式进行语言教育的方法。

2. 运用谈话法的注意事项

(1) 提问应具有中心性　提问应围绕教育活动主题展开，与主题无关的问题应坚决舍弃。

如故事活动“下雨的时候”，主题是“通过小白兔在下雨的时候用大叶子帮助小鸡、小猫避雨的故事，教育小朋友懂得互相帮助”。故事中有个重要的物品，就是小白兔用来帮助其他小动物避雨的“大叶子”。为了引起小朋友对这个“大叶子”的关注，教师可以设计这样的提问——“小白兔正在草地上玩，突然下起雨来，它是怎么避雨的?”这个提问一方面能引导幼儿回忆故事中“小白兔连忙摘了一片大叶子顶在头上当作伞”的情节，同时也能让幼儿感受到小白兔的聪明机智。但是如果再进一步地去追问“这‘大叶子’是什么颜色的? 是什么形状的? 是树叶、草叶还是其他的什么叶子?”就会偏离主题。

需要说明的是，在综合活动上，这一追问却很有价值，一方面使幼儿回忆故事有亲切感，另一方面可以进一步激发起幼儿探究的愿望。如“什么地方的叶子比较大?”“叶子的大小和哪些因素有关?”“每个季节叶子的颜色有什么特点? 为什么?”还可以引导幼儿结合故事猜想“小白兔可能摘的是什么叶子及摘这种叶子的原因。”

(2) 提问应具有顺序性和灵活性　提问应按照语言教育内容的顺序和幼儿认知发展的顺序展开，同时，还应根据具体情况灵活安排。

如诗歌活动“春雨”设计的提问应按照诗歌中“种子说”“梨树说”“麦苗说”“小朋友说”的顺序进行提问。幼儿认知发展顺序是由表及里、由浅入深、由低到高，所以提问时应先进行感知方面的提问，再进行思维方面的提问。

再如,看图讲述活动“小鸡和小鸭”中先提问“小鸡看到小河是什么表情”,当幼儿通过观察图片回答出“睁大眼睛张着嘴巴”的表情时,再提问“这样的表情说明小鸡心里是怎么想的?它是什么心情?”幼儿通过观察、判断可能会回答“小鸡看到小河的心情是‘害怕’‘紧张’‘惊讶’的心情”;如果当教师一出示图片就有幼儿说出“小鸡害怕不敢过河”的图意,这时就不必按照预定的顺序来提问,而可以灵活处理,如反向提问“你从图片的哪些地方发现它不敢过河?”这样还引导幼儿在看图讲述活动中说话要有根据,根据就是图片上画的内容。

(3)提问应具有启发性 提问的启发性是指教师所提出的问题能引发幼儿积极的思维活动。

如在故事活动“下雨的时候”中,为使幼儿懂得“小朋友之间要互相帮助”可以设计以下三种提问。

第一种提问设计:小朋友喜不喜欢故事里的小白兔?(绝大多数幼儿会回答“喜欢”。)小朋友们以后要不要学习小白兔?(绝大多数幼儿会回答“要”。)

第二种提问设计:故事里的小白兔很爱帮助人,小朋友喜不喜欢这只小白兔?(绝大多数幼儿会回答“喜欢”。),小朋友们以后应该怎么做?(绝大多数幼儿会回答“像小白兔一样”“要帮助人”。)

第三种提问设计:小朋友们喜欢故事里的小白兔吗?(绝大多数幼儿会思考判断自己是否喜欢然后再回答“喜欢”。)为什么喜欢它?(绝大多数幼儿开始思考喜欢的原因并作答“因为小白兔会摘大叶子挡雨真聪明”“因为小白兔爱帮助人”“因为小白兔蹦蹦跳跳活泼可爱”。)既然你们这么喜欢这只小白兔,而这只小白兔又这么喜欢帮助别人,那么,以后小朋友们再看到别人需要帮助的时候应该怎么做?(绝大多数幼儿会思考后作答“也像小白兔一样”“也要帮助需要帮助的人”……)

以上三种提问设计,第一种提问设计,幼儿不需要太多思考,只需要在教师的思维结果中选择一种,这种包含答案在内的只需要让幼儿机械回答是与否的提问,所包含的启发性较低,所以大多数时候应减少这种提问。在第二种提问设计中,如果在第一问后再追问喜欢的原因或喜欢哪里就更好了,第二问略显空泛,没有启发到点子上,幼儿可能回答“像小白兔一样活泼”“像小白兔一样聪明爱动脑筋”。相比较而言,第三种提问的设计则更具启发性,每个提问都需要幼儿积极思考作答,而不是做教师提问的“应声虫”“回音壁”。

具有启发性的提问应该具有以下特点:第一,具有激发性,能够给幼儿带来积极的思维,而不是简单地“跟从”。第二,具有开放性,而不是封闭地只需要让幼儿从教师提问所包含的答案中去选择。第三,具有针对性,而不是空泛的,使幼儿思维方向不明确。

(4)提问难度应具有适宜性 提问应浅显易懂,适合幼儿的思维能力和语言发展水平,提问设计的句子应简短,不同年龄班提问的难度应不同。如小班,应该是小问题一个一个地问,中班可以一次提 1~2 个问题,大班可以一次提一组问题。

（四）游戏法

1. 游戏法的含义

幼儿期的主导活动就是游戏，运用游戏法是学前儿童教育活动的显著特点。游戏法是指教师运用有规则的游戏发展学前儿童语言的一种教学方法，以其趣味性使幼儿在轻松愉快的氛围中，学会准确发音、丰富语汇、练习句型、学会描述及形成早期阅读技能。

2. 运用游戏法的注意事项

（1）明确游戏的目的和内容　教师在设计游戏活动时，首先应明确游戏的目的是为了练习发音还是为了练习词汇的运用，或是为了其他的语言训练，然后根据游戏的目的确定游戏的内容。

（2）准备充足的游戏材料，进行必要的游戏场景布置和角色化装　为了使幼儿更好地体验游戏的快乐，应准备充足的游戏材料，如字卡、图片和实物模型等。同时，还可以根据游戏的名称和玩法创设游戏情境，如玩“小小图片店”的名词游戏时要挂一个图片店的招牌；玩“我帮奶奶送南瓜”的发音游戏时要给“奶奶”准备围裙和眼镜。

（3）精心设计游戏的名称、玩法和规则，增强游戏的趣味性　既然是游戏，就应该让幼儿觉得好玩，对游戏的名称、玩法和规则应精心设计，吸引幼儿，让幼儿在真正感受游戏的趣味、体验游戏的快乐的同时，不知不觉得到语言的训练。

（4）恰当选择游戏的时机　教师可以根据教育活动的目的和幼儿的实际表现确定游戏的时机，可以在语言教育活动开始时、过程中或结束前进行游戏，不必拘泥于在活动即将结束时或巩固性练习时才进行游戏。

关于游戏法，本书单元六将具体介绍“学前儿童语言游戏活动”，此处不再赘述。

（五）练习法

1. 练习法的含义

学前儿童的语言是在实践中不断发展起来的。教师要引导幼儿反复实践，让他们逐渐掌握正确的发音、组词、用词组句及各项语言能力。练习法是指有意识地让幼儿多次使用同一个言语因素（如语音、语汇、句子等）或训练幼儿某方面言语技能技巧的一种方法。尤其是发音技能，幼儿是靠模仿来形成言语反应的，这种最初的言语反应必须经过多次的反复才能巩固，最终幼儿才能获得并提高发音技能。对于小班幼儿来说，每学一个新词的发音，都要让他们反复练习，通过练习，提高听觉感受性，辨别语音的细小变化，区别正确和错误的语音，同时，又能训练幼儿发音器官的协调活动。通过练习，学前儿童可以加深理解语言教育中的有关内容，牢固掌握有关的语言知识，熟练运用语言技能。

2. 运用练习法的注意事项

（1）练习方式要多样化　练习是不停地重复相同的内容，极易引起儿童的疲倦和厌烦，因此要采用多样化、富有趣味的方式进行练习。如朗诵诗歌，可以根据内容采用开拖拉机式的一人一句朗诵、拍手朗诵、男女生对练朗诵、表演朗诵等多种形式。

(2) 练习分量要适当　由于学前儿童年龄小,练习的分量不可过大,如果引起幼儿对语言学习的反感,失去对语言学习和表达的乐趣,则得不偿失。尤其是早期阅读技能的练习,一定要根据年龄的发展阶段循序渐进,不可违背幼儿小肌肉运动的发展规律而盲目苦练。

(3) 练习应尽量在理解的基础上进行,避免机械重复　如果幼儿理解了所要练习的内容,就会提高练习效率,同时也会增强练习的兴趣和表达交流的成就感。

(4) 结合日常生活开展练习　幼儿语言活动的课时有限,单靠专门的语言教育活动是不能完成语言教育任务的。学前儿童的语言主要是在日常生活中与成人或同伴的交往过程中,在丰富多彩的生活实践中不断发展起来的,所以要鼓励幼儿在生活中开展练习。如在开餐前,让小朋友们一人一句顺次说出餐具的量词,用“我有一(把、双、个)餐具(名称)”的句式说话。再如,在散步时,让小朋友们用方位名词造句,用“(上面、下面、前面、后面、左边、右边)有什么物或人”来说话。

(六) 表演法

1. 表演法的含义

表演法是指在教师的指导下,学前儿童扮演文学作品中的人物,根据作品情节的发展,通过对话、动作、表情等再现文学作品,以提高口语表达能力的一种方法。观看表演与参与表演能使幼儿加深印象,体验到快乐的情绪,他们对这种方法具有浓厚的兴趣。

2. 运用表演法时的注意事项

(1) 表演的内容应该有情节且适合表演　游戏和文学作品活动都适合使用表演法,但一定要注意表演的内容应具有一定的情节,适合表演,这样幼儿才会感受到表演的乐趣,才能在表演过程中发展儿童的语言能力。

(2) 表演的目的要明确,应适当排练　表演是为了让儿童通过扮演角色,学习优美的语言,加深对作品的理解,感受表演的乐趣,所以教师要在表演前,先让幼儿集体练习角色语言,然后再分派角色,并分批让幼儿进行表演。如表演《鹅大哥出门》的故事时,要先让幼儿练习鹅大哥自夸的语言:“瞧,我多漂亮! 红红的帽子,雪白的羽毛,谁也比不上。”这样幼儿的表演才会更加流畅生动,在学会优美的语言的同时,也感受到了表演的乐趣。

(3) 鼓励幼儿运用生动有趣的语言、表情和动作大胆表演　正如“有一千个读者,就有一千个哈姆雷特”一样,每个小朋友都带着自己对作品的理解进行表演,教师不应限定儿童非要死记硬背台词,只要他们不偏离主题,就可以大胆发挥想象,积极参与表演,真正体验到表演的快乐。

(4) 认真布置表演场景,准备表演道具和化装用品　具有代表性的场景布置会让幼儿以最快的速度进入角色并喜欢和观看表演。如代表家庭的“全家福”照片,代表动物园的大门,代表游乐场的摩天轮等。为了使幼儿充分感受表演的乐趣,应准备充足的化装用品和道具,如头饰、爪饰、尾饰、围裙、帽子、皮包、卡纸、眼镜框等物品。

七 学前儿童语言教育的途径

学前儿童语言教育的途径不仅包括专门的语言教育活动,也包括渗透的语言教育活动,以及整合课程中的语言教育活动。

(一) 专门的语言教育活动

专门的语言教育活动是教师根据学前儿童语言教育目标有目的、有计划地设计和组织幼儿系统学习语言的教育活动,是语言教育的基本组织形式。它为幼儿提供与语言进行充分互动的环境,使幼儿有机会将日常生活中获得的零散的、琐碎的、不系统的语言经验进行提炼和深化,达到对语言规则的准确理解和有意识地运用。

1. 专门的语言教育活动的特点

第一,语言教育活动的目的性。专门的语言教育活动有明确的指向性,具体体现在各层各类目标中,通过各项目标的实现,使全体儿童的语言都能得到充分的发展。第二,语言教育活动的计划性。其他形式的语言学习没有专门的语言教育活动系统化和专门化,儿童从中所吸收到的语言信息也是零散的,对于儿童语言发展的影响是不全面的。而专门的语言教育活动计划具有全面性、层次性、丰富性和针对性的特点。第三,语言教育活动的科学性。专门的语言教育活动是根据学前儿童年龄特点和发展规律及语言教育的特点开展的活动。第四,语言教育活动的组织性。在教师的组织下进行的语言学习过程中,教师始终注意儿童已有的语言经验,并在此基础上,为儿童提供新的语言经验,使儿童通过学习,再次将新语言经验转化为已有的语言经验。由此循序渐进,使儿童的语言不断发展。

2. 专门的语言教育活动的内容

专门的语言教育活动是实现语言教育目标的重要手段,是将教育目标转化为幼儿语言发展能力和水平的重要方法,也是语言教育活动设计和实施的主要依据。

(1) 专门的语言教育活动内容选择的原则

根据语言教育目标选择教育内容。幼儿园语言教育总目标和年龄阶段目标是选择教育内容的直接参照点,但二者并非是一一对应的关系,常常是一项目标需要通过多个内容来实现,而一个活动内容也可能实现多个目标。

根据其他特征选择教育内容。根据学前儿童注意稳定时间不长、情绪具有情境性、思维具有形象性、想象具有丰富性与创造性及爱模仿等特点,应注意教育内容的趣味性、新颖性、生动性和内容表达的规范性。

(2) 专门的语言教育活动内容的类型　一般说来,专门的语言教育活动包括谈话活动、文学作品活动、讲述活动、语言游戏活动和早期阅读活动五种具体的活动类型。

3. 专门的语言教育活动的设计

专门的语言教育活动的设计，又叫教育活动计划，单次教育活动计划简称教案。教案的设计有着相对固定的格式和步骤。教案可分为简案和详案。简案的设计与内容书写比较简单，主要是简略地、概要地写出活动过程各步骤的标题；详案则应具体到启发提问的时机和具体内容。

专门的语言教育活动的设计具体包括以下几部分。

活动名称：活动名称又叫课题，应写清楚教育活动的类型、名称，同时还应标注适用的年龄班，例如，幼儿复述故事活动“下雨的时候”（小班）。

活动意图：活动意图又叫活动背景，简要概括本班幼儿当前的语言发展水平和发展需要、教材特点和活动类型及本次教育活动能否满足幼儿语言发展需要。概括起来就是学情分析、教材和教育活动分析及二者的契合度分析三个方面。

活动目标：前面已经具体阐述，这里不再赘述。

活动重点与难点：写清本次活动需要突出与突破的部分。

活动方法：把为实现活动目标而采用的方法分项列写清楚。

活动准备：把本次活动所需要的准备按物质准备、知识经验准备、语言准备逐一列写清楚，并在下面的活动过程中体现出来。同时还需注意五个方面问题：第一，认真核对语言教育内容与物质准备的一致性。如故事中说的是“小山羊”，课件画面上不应画成“小绵羊”。第二，要根据语言教育内容做好知识方面的准备。如在讲《聪明的乌龟》时，只有让幼儿懂得乌龟能在陆地爬、水中游的生活习性，四肢和头都能缩进硬壳里的生理特征，幼儿才能真正明白乌龟是多么聪明。第三，活动准备要讲求实效，不应华而不实。第四，应在课前对设计制作的教具或课件进行演示练习，注意物品的牢固程度及演示的顺序性和流畅性，防止出现“猪从树上蹦下来、鸟从天上掉进水里又飞上天”的笑话，避免出现所使用的计算机中没有下载需要使用的音频或视频播放器等情况。第五，活动准备的书写要明确具体地写清所准备物品的品名、材质、规格及数量，如“纸质小红花 3 朵”或“纸质小红花 3 枝”，二者区别在于“有无花茎”，而不应笼统地写“红花若干”。

活动过程：活动过程是活动目标的具体落实与体现，也是活动准备的实际运用，是为实现活动目标而制定的包括活动流程、内容、方法和手段在内的具体计划，是教案的主体。一般可以分为三个部分：开始部分、基本部分和结束部分。其中，基本部分是活动的主要部分。在书写中应将本次活动过程中各步骤的活动内容、形式及要求分点列写清楚，包括导入语、结束语及各步骤中需要提出哪些重点问题。具体而言，导入语又叫导语、开场白，应采用新颖活泼、富有悬念的形式介绍活动内容和活动类型，以激发幼儿参与活动的兴趣。结束语，又叫结语、结课，应由教师用简短的语言对本次语言教育活动的内容、类型及幼儿参与活动的情况进行总结，同时，还要用富有悬念的方式激发幼儿参与下次活动的兴趣。

活动延伸：设计出本次集体教育活动外扩展和延伸的具体领域、方式和要求。

活动评价与反思：根据学前儿童语言教育评价标准和方法对本次活动情况和幼儿语言发展情况及教师自身职业技能的表现进行分析，总结成功的经验与不足。及时、科学的评价与反思，能够增强语言教育的科学性和有效性，有助于培养教师的科研意识,促进教师的专业成长。

4. 专门的语言教育活动的实施

语言教育活动设计是教育活动的方案,只有将方案付诸组织和实施,才能真正起到发展幼儿语言的作用,实现语言教育目标。因此,在活动实施中应遵循以下原则。

（1）幼儿是活动主体的原则　要遵循这一原则,教师在语言教育活动中应做到以下几点。

第一,激发幼儿参与语言教育活动的动机。语言教育活动是在教师组织下进行的一种有目的、有计划的学习活动,如果动机过弱则会影响幼儿语言教育的效果;如果能够成功激发幼儿参与活动的动机,则会使活动产生良好的效果。“良好的开端是成功的一半”,如果能在活动开始时的导语阶段,就激发幼儿参与活动的动机,则会对活动的进行产生积极的影响;如果在活动进行过程中才意识到这个问题,而此时幼儿已经出现注意力涣散,精力不集中等情况,再组织则比较困难。因此,设计新颖独特的、富有悬念的导课形式对于激发幼儿参与活动的动机有着至关重要的作用。在活动组织和实施过程中,教师还应该根据幼儿的表现插入富有感染力的话语及反问、设问等提问,来引起幼儿参与活动的兴趣。

第二,明确活动的类型。教师应明白不同的活动领域和活动类型都指向不同的活动对象,不同的活动对象决定了活动间的差别。如讲述活动的对象是图片或情境等某种凭借物,而谈话活动则是某个具体的话题。再如,故事活动指向的是凭借口头语言记叙或描述的故事情节,在这里,图片是帮助幼儿理解故事的教具;而看图讲述指向的是凭借某一幅或几幅图片进行讲述,图片是教具,也是教材,还是幼儿学说话的依据。教师在组织语言教育活动时,一定要明确活动类型,这样才不会把看图讲述活动变成了教师看着图片给幼儿讲述故事。在实际的教育活动中,还会常常看到有的教师将语言教育中的谈话活动和科学教育活动混淆起来,是因为教师没有搞清楚这两类活动的对象,一个是话题,而另一个则是相关的科学知识。

第三,重视幼儿在活动中的操作。操作可以分为摆弄物品的动手操作,思考及语言交流的动脑操作,语言感知、练习和运用的动口操作等多种形式。教师应充分创造具有科学性、丰富性、趣味性、创新性和艺术性的活动使幼儿在语言操作中习得和巩固语言。

第四,教师要摆正位置,不要喧宾夺主。幼儿是活动的主体,是“红花”,教师要做幼儿语言习得与巩固的观察者、引导者、支持者和组织者,是“红花”的培育者。有的教师听到幼儿对自己提出的问题答得不准确,甚至完全不靠谱时,就直接将答案告诉幼儿。或是直接告诉幼儿新词的含义,或是直接替幼儿组好了词、造好了句,甚至把看图讲述中图片上的故事由自己讲述完,只需要让幼儿做语言学习的“应声虫”“传声筒”“复读机”,不断地跟读和重复自己思维的结果。幼儿没有积极思维的过程,只有机械地重复,这种语言操作的效果可想而知。

（2）自由与规范相统一的原则　学前教育本身就是让幼儿通过学习去掌握社会规范以促进个体社会化的过程,而教育本身就是一种规范,语言系统本身也具有规范。可以说,学前儿童语言教育活动本身就是一种通过教育规范去学习语言规范的过程。但是教育的目标之一是让幼儿的个性得到自由发展,在自由中得到发展。正如人民教育家陶行知先生所说的那样，要解放儿童的口、眼、手、脑、时间和空间，使儿童在自由的状态下主动地、积极地、快乐地学习。因此，教师在语言教育中应注意自由与规范相统一的原则。

第一，创设宽松自由的氛围，让幼儿有自由表达的愿望和机会。正如《纲要》中所说的那样“创造一个自由、宽松的语言交往环境，支持、鼓励、吸引幼儿与教师、同伴或其他人交谈，体验语言交流的乐趣”。而在具体的教育实践中往往有这样的现象，教师常常会刻板地按照事先设计的教案开展活动，不喜欢幼儿“打岔”“反问”“起高调”，如果幼儿稍有偏离，教师就会将其硬拉回预设的方案中。这种做法严重地束缚了幼儿学习的积极性、主动性和创造性，使教育气氛非常沉闷。所以，教师在组织语言教育活动时，既要依据教案组织活动，又不要完全拘泥于教案，应灵活运用教育机智，积极创设条件让幼儿有话想说、有话敢说，愿意运用已有的语言经验自由地交流，从而感受到更多语言学习的快乐。

第二，运用恰当的方式引导幼儿养成运用规范语言交流的习惯。虽然教师应为幼儿提供自由说话的机会，但不可脱离规范的要求，因为语言教育的目的就是使幼儿掌握规范的语言。教师应在示范、讲解等各个环节为幼儿提供规范的示范，还要在幼儿学习和运用语言的过程中，采用既不打消其积极性又能让其快乐地掌握规范语言的方式，来帮助儿童在语言形式、语言内容和语言运用等方面按照规范的方式进行练习和运用，真正起到促进语言能力发展的作用。

（3）示范与练习相统一的原则　幼儿无论是学习语音还是掌握语法都会经历一个模仿、修正、反复、不断调整的过程，因此，成人提供正确的示范供幼儿模仿是语言学习重要的前提和基础。但是由于语言学习本身的特殊性，需要学习者不断通过练习来巩固、检验学习效果，调整学习的方向和内容。因此，教师需要创设条件让幼儿反复练习，做到示范与练习相统一。在贯彻这一原则时应注意几点。

第一，教师的示范应能够启发幼儿的积极思维。教师示范是为了让幼儿学习规范的语言，那种让幼儿硬套教师示范的模式和语句的现象，会影响幼儿运用已有知识经验的积极性。教师在指导幼儿模仿过程中要敢于发挥想象、大胆创新，允许幼儿说出不同于教师的语句及其他的叙述顺序。如在字词句活动中，让幼儿用“花”字组词时，可以先示范“花朵”“花园”，当幼儿组的词都是“花”字在前时，教师应再示范启发幼儿组一些“花”字在后面的词语，如“开花”“栽花”，还可以示范“花”字在中间的词，如“绣花鞋”“小花猫”等。当儿童被示范限制时，教师应善于提出问题，启发儿童发散思维。如当儿童用“蹦蹦跳跳”造句时，总是在围绕“小白兔”造句，教师提出“除了小白兔会蹦蹦跳跳，还有谁喜欢蹦蹦跳跳呢?”幼儿很快造出“小青蛙”“小袋鼠”“小朋友”等“蹦蹦跳跳”的句子。

第二，提供充分练习的机会。练习是语言学习的重要方法。幼儿通过练习，学习语音、语汇和语法，掌握语言这一重要的思维与交际工具。因此，教师在示范后，应提供充足的时间和空间，创造充分的条件，让幼儿进行练习。

（二）渗透的语言教育活动

专门的语言教育活动是学前儿童语言教育的基本组织形式，但不是唯一形式。幼儿的语言主要是在丰富多彩的生活实践中与成人、同伴的交往过程中不断发展起来的。因此,渗透的语言教育是幼儿语言教育的重要途径,也是幼儿学习、巩固、练习、运用语言的第二课堂。

渗透的语言教育是指教师充分利用幼儿的各种生活和学习经验,在真实的生活场景中为幼儿提供更为广泛的、更加丰富的学习语言的机会,使幼儿更好地运用语言获得新的生活经验和其他方面的学习经验。在渗透的语言教育环境下,儿童语言学习的环境更宽松、运用语言的自由度更大,因此,学习的过程比学习的结果更加受关注,教师有机会开展个别指导活动,根据幼儿的兴趣和经验,让他们以自己的方式加工各种语言信息。因此,渗透的语言教育更具有教育意义和价值。渗透的语言教育具体包括日常生活中的语言交往、自由游戏中的语言交往、其他领域活动中的语言交往、随机渗透在日常生活各环节中的语言学习等。

但是,值得注意的是,在现实的幼儿教育实践中,由于受传统教育价值观的影响,有相当一部分教师常常认为自己的讲述比幼儿的讲述更有价值,不善于倾听幼儿的感受。尤其是在幼儿口齿不清、内容含糊、语法错误较多时,一些教师缺乏倾听的耐心。所以,教师与幼儿在渗透的语言教育活动中应注意平等交流,增加沟通的有效性,尤其要选择幼儿感兴趣的话题,为幼儿提供能与他人相互合作、分享、尊重的交流榜样供幼儿模仿。同时,要让幼儿感受到语言沟通与交流的作用,如因争执而产生的挫败感,因有效沟通、顺利交往而产生的喜悦感等。

1.日常生活中的语言交往

日常生活中的语言交往没有固定的组织形式,不受时间、地点、人数、内容的限制,具有无意性、多变性、反复性和丰富性的特点,所以,幼儿进行语言实践的机会很多。而且,幼儿在日常生活中的语言交往处于自然、轻松的状态,思维要比在集体语言教育活动中更加活跃,便于积累语言材料和教师的个别指导,所以,日常生活中的语言交往是发展幼儿口语表达能力的重要途径。教师应把握幼儿日常生活中的语言交往时机,对儿童进行倾听与理解、提问与应答等语言发展各方面的指导。

2. 其他领域活动中的语言教育

语言是幼儿与周围环境交流的重要工具,其他领域的教育活动为幼儿语言教育提供了素材和机会(图 1-2)。语言教育不是语言教师一个人的任务,也不是只在进行语言领域活动时才应该受关注,它应是全体保教人员共同的责任。如在进行科学领域活动时,在幼儿回答加法得数的表达中,很容易出现名词在前、数量词在后的表达情况。如老师问:“一共有几朵花?”幼儿回答:“有花 3 朵。”这时教师应强调“有 3 朵花”,并让幼儿跟读两遍,进行强化。再如,在进行艺术领域活动时,教师要求幼儿取出红色的美工纸,幼儿回答“没那个颜 shǎi’er”,教师也应认真对其进行方音纠正,强调应是“没有那种颜 sè”。

3. 随机渗透在日常生活各环节中的语言学习

随机渗透在日常生活各环节中的语言学习,主要是指教师利用生活中的入园问候、晨间谈话、游戏时间、户外散步等环节,给幼儿提供自由宽松的环境,鼓励其

图 1-2 其他领域教育活动中的语言教育

积极进行语言交流，增强其听、说、读的基本技能，培养其对语言和文字的学习兴趣，使其得到语言和文学的熏陶（图 1-3）。这类语言学习包括以下三种形式：第一，谈话、阅读与欣赏。在入园、离园前后，饭前、饭后，午睡前后，以及其他生活中的各环节，开展师幼互动或幼幼互动的谈话，也可以让幼儿倾听能理解的或是学习过的优美的文学作品。还可以鼓励幼儿以集体、小组或个别的形式，自由阅读自己带来的或是图书角的图书。第二，语言游戏。在午睡起床或其他环节，让幼儿进行操作游戏，幼儿在边说边玩中体验游戏的乐趣，并在玩的过程中充分练习、巩固和扩展已有的知识经验。如教师组织幼儿进行猜谜、接话、传话、拍手、朗诵等对抗性不强却富有趣味的游戏。第三，讲述练习。在一日生活中各种等待或过渡环节给幼儿提供表述的机会，让幼儿根据自己的经验大胆地讲述自己的想法。

图 1-3 渗透在日常生活中的语言教育

（三）整合课程中的语言教育活动

整合课程是在2001年《纲要》颁布后，在中国学前教育界掀起的一个新浪潮。它是在教师精心设计下将课程的各个部分、要素有机地组织在一起，形成一个整体的课程。整合的语言教育情境可以使学前儿童获得更多更好的语言学习和练习，为适应学校教育的复杂要求打好基础。整合课程鼓励幼儿反思、预期、质疑和假设，良好的整合课程的设计和组织会有计划、有步骤地培养幼儿，使其逐步成为积极主动的、有效的学习者。

整合课程不同于专门的语言教育活动。因为，专门的语言教育活动是让幼儿在不同的语用情境里学习如何运用相应的语言交流方式来与人交往。如在谈话活动中，幼儿学习如何倾听与交谈；在文学活动中，幼儿学习如何理解和使用叙事语言表达；在讲述活动中，幼儿学习如何在集体面前清楚叙述；在听说游戏中，幼儿学习如何使用敏捷应变的语言；在早期阅读活动中，幼儿学习如何获得早期自主阅读能力。而在整合课程中，是将这些要求贯穿在具体的活动中。

在设计和组织整合课程时，应注意遵守以下三项原则。

1. 教育目标童心化

教育者需要将成人预设的教育目标转化为幼儿感兴趣的活动目标，引导幼儿探索世界，使之获得有价值的学习。在课程设计中不是根据成人认为“应当学什么”来预设幼儿的学习目标和要求，而是根据“幼儿喜欢学什么”和“幼儿能够学什么”来组织课程的学习过程。在瑞吉欧课程中，课程主题的命名就体现了童心化的特点，如“雨中的城市”就是从幼儿的视角去探索世界，如果按照传统的课程可能就是“××××的天气”或“气候的××××”。

2. 教育内容趣味化与经验化

教育者需要根据幼儿的兴趣、经验去设计情境学习内容，使幼儿的探索成为有连续意义的情境连接过程。情境连接是指在课程设计和组织中，每个单元是一个大情境，其中内部有许多的小情境相互连接，情境和情境连接得如何成为整合课程成败的关键。一方面要让幼儿的学习经验很实际地在现场表现出来，另一方面还要帮助幼儿将零散的经验延续和整合成为对他们终身有益的知识、技能及态度。

3. 教育活动与游戏、生活一体化

教育者需要将原有教学中的“学习”或“上课”转化为融学习、生活、游戏为一体的活动。在整合课程设计、实施中应贯穿符合幼儿年龄特点的学习原则：操作性、探究性、成就感、重复与延续，帮助幼儿实现认知经验的建构。如幼儿在“旋转国”课程单元探索生活中各种各样的物体时，当他们通过动手、动脑，摆弄、观察各种不同的旋转物体时，当他们发现旋转的物体由不同的原因造成时，就已经将学习与生活、游戏融合在一起了。游戏是生活的反映，生活就是学习，学习就是在游戏和生活中实现的。

总之，教育者应了解学前儿童语言教育内容，熟练掌握各种语言教育活动设计和组织的基本技能，并有意识地将这些知识和技能科学合理地运用到具体的学前语言教育实践中去。

八 学前儿童语言教育的评价

学前儿童语言教育评价就是对学前儿童语言教育工作和学前儿童语言发展状况进行价值衡量和水平评估，即对教师的教和幼儿的学的过程与结果两个方面做出评价。因此，学前儿童语言教育评价就是收集学前儿童语言教育系统各因素、各方面的信息，并根据一定的客观标准对其做出客观衡量和科学判断的过程。它是学前儿童语言教育整体中不可缺少的组成部分，是学前儿童语言教育系统整体运行中连接和转换的环节，直接影响着整个教育活动的过程和结果，具有监测、鉴别、导向、诊断、调节和激励 6 种功能。只有经过科学的、有效的教育评价，才能保持学前儿童语言教育影响的目的性、一致性和连续性。

（一）学前儿童语言教育评价的原则

1. 客观性原则

客观性原则是进行教育评价最基本的原则，它是指评价必须客观公正、实事求是。在把握语言教育客观规律的基础上，从客观实际出发获取真实的语言教育信息，依据科学的标准，对语言教育活动的过程和结果进行分析和判断，避免主观臆断和掺杂个人感情因素。

2. 方向性原则

方向性原则，从总体要求上，评价的标准要符合《纲要》和《指南》的总目标；从具体要求上，评价是对语言教育各个环节的评定、考核，要体现目标相应的要求与走向。

3. 实效性原则

实际效果评价是学前儿童语言教育评价的最大特点，其重点有两方面：一方面是评价通过学前儿童语言教育活动的开展，学前儿童在倾听、表达、阅读、交流中所表现出来的语音、语汇、句子、讲述、理解、语法和阅读等方面水平的提高；另一方面是评价通过学前儿童语言教育活动的开展，学前儿童对语言学习和运用语言进行交流时的态度及行为习惯的进步。坚持实效性原则可以有效地防止华而不实走过场的教育评价，也可以防止把教育评价当成热闹的教师“秀场”，不能反映真实的教育情况和效果情况。

4. 发展性原则

学前儿童语言教育评价不仅是为鉴定学前儿童语言教育水平，更重要的是以促进学前儿童语言教育质量的不断提高和不断发展为最终目的。教育工作者要依据教育目标，重视评价过程，充分发挥教育评价的反馈调节功能，及时发现成绩和不足，并对存在的问题做出适当调整和改进，不断改进语言教育活动，只有这样才能真正发展学前儿童的语言。

5. 全面性原则

全面性原则是指在评价时应对学前儿童语言教育系统各个部分和各个要素进行全面的评价。学前儿童语言教育活动是一个综合的过程，在进行评价时，既要评价幼儿的学习效果，也要评价幼儿的学习过程；既要对教师的教育活动进行评价，也要对教师本身的语言教育素质进行评价；既要对教育目标的设定进行评价，也要对活动过程、内容和方法的设计进行评价；既要对教具的设计、制作和演示情况进行评价，也要对学具的设计、制作和使用情况进行评价；既要对师幼互动情况进行评价，也要对幼幼互动情况进行评价；既要对静态的活动要素进行评价，也要对动态的活动要素进行评价。

6. 定量评价和定性评价相结合的原则

为了使学前儿童语言教育评价尽量客观、科学，就必须对语言教育状况进行定量和定性两个方面的分析。例如，对儿童掌握声母、韵母的发音情况可以定量测量，而对“乐意与人交谈、讲话礼貌”的程度，常常只能做定性描述，如幼儿交谈的主动性和参与深度及交谈的积极性，讲话时的表情、动作和礼貌用语的使用等。学前儿童语言教育评价有时需要先定性再定量，有时可以先定量再定性，有的可以直接定性，所以必须将定量与定性结合起来，科学有效地对语言教育进行评价。

7. 评价与指导相结合的原则

在学前儿童语言教育评价中，应将评价与指导结合在一起，如果只是评价而不肯定优点、指出不足及改进措施，则只是提出问题却没有解决问题。有对什么问题的评价就应该有对什么问题的指导。从评价到指导，再评价再指导，循环往复，促进学前儿童语言教育质量的不断提高。

（二）学前儿童语言教育评价的内容

学前儿童语言教育评价强调把语言教育作为一个整体来进行评价，它包括两方面的内容：一方面是从学前儿童语言发展的状况来评价教育效果，另一方面从学前儿童语言教育活动的情况来评价语言教育的实际运行状况，即学前儿童语言发展评价和学前儿童语言教育活动评价两个方面。学前儿童语言教育活动评价涉及许多方面，但主要是评价学和教两个方面。在教的评价方面又包括语言教育活动的评价和语言教师的评价两个方面。为了编者阐述及学生学习方便，本部分把评价的内容分为对幼儿的评价、对语言教育活动的评价和对教师的评价三个方面。

1. 对幼儿的评价

这里所说的对幼儿的评价，是指对学前儿童语言发展的评价。在对学前儿童语言发展进行评价时，可以从《纲要》《指南》中语言教育的“倾听和表达”“阅读和书写准备”两个子领域来进行评价，也可以从语音、语汇、语法、倾听、口语表达、对文学作品及早期阅读的兴趣和理解能力七个方面进行评价。

（1）语音、语汇和语法　语音是语言的物质外壳，是语言的基本要素之一。只有清楚正确的发音，才有助于儿童对语汇的理解和掌握。语汇是语言的基本单位，是儿童语言发展的重要标志之一。对语汇的评价包括语音、语义、语用三个方面。在幼儿掌握大量语汇的同时，只有将这些语汇按一定的语法规则合乎逻辑地组织起来，形成句子，才可能明确地表达出语言的意义，语言才能起到交际作用。

对儿童语音评价可以与语汇结合在一起进行测量，将《汉语拼音方案》中包含的所有声母、韵母和声调的常用词配上简图，让儿童看图说词，由教师记录，同时留下音频资料。将正确的和错误的语音、语汇分别记录下来，如果是发错的语音，要分析是声母、韵母还是声调方面的问题，可以结合游戏进行练习以改正错误。如果是错误的语汇，则要分析是发音问题、理解含义问题，还是使用语境的问题，通过示范、讲解、练习和运用等方法加以改正。

语法可以通过看图说句的方式进行测量。将日常用语、生活场景、学习场景、游戏场景或童话故事场景等用图画表现出来，让儿童看图说句，如“小猴子吃桃子”“老师教小朋友跳舞”“妈妈哄宝宝睡觉”等，由教师记录。如果条件允许，要同时留下视频和音频资料。教师将儿童正确表达和错误表达的句子分别做好记录。对于错误表达的句子，可以从句子的完整性、准确性、丰富性、逻辑性等方面进行分析，并根据情况设计有针对性、适应性的教育活动或游戏进行练习。

延伸阅读

小班幼儿前后鼻音评价及教育对策

评价目标：了解本地区小班幼儿前后鼻音发音现状，探索提高正确发准前后鼻音的方法。

评价内容：日常口语交流中前后鼻音的发音情况。

评价方法：观察法、测验法与谈话法。

评价准备：

规格统一、材质相同的包含前后鼻音的日常物品、常见动物、常见颜色的图片24张，含有前鼻音和后鼻音的图片各12张；纸质和电子的记录表及视频录制设备。

评价对象：本园2015年6月—2016年8月出生、2019年2月入园的小班幼儿18名。

评价时间：2019年5月21日。

评价过程：

指导语：小朋友，请你看完图片以后回答我的问题，回答问题要声音洪亮、口齿清楚。比如，我拿出图片小猫，我会问你：这是什么动物？你应该回答说：“‘小猫’或者‘猫’”，但不能点头、摇头。你听懂我的问题了吗？现在开始，请注意听清我的问题。

（一）指图提问“这是什么？”

图片上分别是“馒头、米饭、香肠、火龙果、苹果、棒棒糖、熊猫、燕子、孔雀、裙子”等含有前、后鼻音的食品、动物或常见物品。

(1) 这是什么食物？（馒头、米饭、香肠、火龙果、苹果、棒棒糖）

(2) 这是什么动物？（熊猫、燕子、孔雀）

(3) 这是什么服装？（裙子、衬衫、短裤）

(4) 这是房间的什么部分？（门、窗、墙）

(5) 这个小物品叫什么？（盆、瓶、碗）

(6) 这是什么？（风筝、钢琴、铃铛）

(7) 这是什么颜色？（粉色、金色、蓝色）

（二）必要提示

当幼儿说不出来或需要思考后做答时，可以适当做出必要的提示，例如：

(1) 妈妈和小女生最爱穿的是什么?(裙子)

(2) 爸爸爱穿的这个是什么?(衬衫)

(3) 这是什么?(裤子)张老师的裤子很长,是长裤,图片上的是什么?(短裤)

(4) 进入屋子我们要先打开什么?(门)

(5) 为了通风我们还要打开什么?(窗户、窗子)

(6) 指“墙”的图片提问:这是什么? 如果幼儿不知道“墙”,可拍一拍墙面,问一问幼儿,这是什么?

(7) 小朋友知不知道这是什么颜色?(粉色、金色、蓝色)

(8) 指“盆”的图片提问:这是什么?(盆)用来接水洗手洗脸的物品是什么?(盆)

(9) 装酒装水的这个容器是什么?(瓶子)

(10) 装饭和菜的容器是什么?(碗)

结果分析:

我们小班的幼儿相对来说普通话发音不是很标准,大部分前后鼻音不分或者说反,前鼻音发成后鼻音,后鼻音发成前鼻音,还有一些幼儿咬字不实。

原因探究:

第一,地域原因。我们幼儿园位于云南省西南部少数民族居多、方言使用频繁的地区。

第二,家庭原因。幼儿语言发展受其父母及家庭影响较大,一些由爷爷奶奶带的孩子入园前一般不会说普通话,如果父母文化水平较高,与孩子交流使用普通话的家庭要相对好一些。

第三,小班幼儿的特点。小班幼儿由于听音发音器官发育不够完善,所以这一阶段的幼儿有很多音发不出来,对前后鼻音的区分并不清楚,不知怎样发出前后鼻音。

第四,知识经验。由于幼儿知识经验较少,加之家长没有注意带领孩子经常到外面的世界走走看看,导致有很多物品都不认识或说不出名称。比如,有的幼儿不认识香肠,看到衬衫只会说是衣服或者爸爸的衣服,看到金色只会说黄色。还有很多颜色不认识,说不出来。

第五,性格原因。有的幼儿胆小、内向,尤其是几个刚入园的小朋友,对于一些明明认识的图片,但由于胆小,缺乏人际交谈的经验,而不敢说出来。

教育对策:

1. 在语言领域教育活动中讲清发音要领,通过示范和讲解让小朋友明白发音部位。还可以玩前后鼻音游戏和学习绕口令来练习前后鼻音。如游戏《老狼老狼几点了》,绕口令《瓶和盆》等。

2. 建议幼儿园领导组织教师进行前后鼻音练习,让教师在日常交流中有正确的语音示范。在非语言领域活动时,也要注意纠正幼儿前后鼻音发音的错误。但是,一定要注意采用有趣的方式方法,绝不能让幼儿反感幼儿园,讨厌说话。

3. 通过日常生活中的谈话进行教育。如问问小朋友:某某的衣服是什么颜色的?(蓝色、粉色、黄色、红色等。)今天的早餐是什么?(馒头、蛋糕、红糖糕等。)还要在日常生活中注意纠正前后鼻音不分的错误。

4. 通过家长会或开放日等时机,向家长进行宣传,鼓励家长养成在带领宝宝外出时说普通话的习惯,或者让小朋友在家里用普通话表演节目等,做到家园共育。

5. 通过表演、竞赛、班际交流等各种方式,创造条件让幼儿运用语言积极表达。教师一方面鼓励刚入园的幼儿大胆交流，让他们想说、敢说、喜欢说、有机会说并能得到积极回应；另一方面，要积极推荐本班普通话说得好的小朋友参与各种表演，用多种方式进行普通话练习。

附：

测评结果记录单

宝宝名字	前鼻音12个		后鼻音12个		相关描述
	正确发音	错误发音表现	正确发音	错误发音表现	
阳阳	6个	un、in发不清	4个	8个说反	有明显的保山方音
豪豪	5个	n说成uan	2个	10个说反	父母分别有湖北和江苏的方音
阿耀	7个	有5张图片没有说出名称	1个	11个说反	有明显的保山方音
铭铭	4个	有8张图片没有说出名称	4个	7个说反，1个eng说成ong	有保山汉庄的方音
嘉嘉	5个	紧张，不敢说话	1个	11个说反	有明显的保山方音，祖父母照料，胆小，声音小
轩轩	4个	有8张图片没有说出名称	2个	9个说反，1个eng说成ong	父母是四川人，有明显的方音
浩然	6个	有6张图片没有说出名称	4个	7个说反，1个eng说成ong	有云南大理方音，性格内向，声音小
晨曦	1个	11个说反	5个	eng说成ong	有云南保山施甸方音
阿浩	4个	有8张图片没有说出名称	2个	ong说成ang	有云南罗平方音
俊杰	1个	un说成in uan说成en	1个	eng说成ong	咬字不实，n、l不分
睿睿	6个	有6张图片没有说出名称	4个	eng说成ong，说反	声音小，平时由爷爷接送，用保山方音交流
文轩	2个	有10张图片没有说出名称	4个	说反	父亲本地人，妈妈重庆人，受方音影响发音不准
小宇	6个	有6张图片没有说出名称	5个	说反	父母是浙江人
瑞瑞	7个	有5张图片没有说出名称	3个	9个说反	平时爷爷奶奶带孩子，方音交流
恒恒	8个	有4张图片没有说出名称	4个	eng说成ong，说反	家庭中用保山方音交流
程程	7个	有5张图片没有说出名称	6个	6个图片不知道名称	父母分别来自昆明和保山，家庭中用普通话交流

续表

宝宝名字	前鼻音12个		后鼻音12个		相关描述
	正确发音	错误发音表现	正确发音	错误发音表现	
阿嵩	3个	有9张图片没有说出名称	4个	咬字不实	来自贵州,口齿不清,奶奶照料
砉砉	7个	有5张图片没有说出名称	5个	eng说成ong,说反	爷爷奶奶说保山当地方音,父母说普通话

说明:"说反"指的是应该说成平舌音却说成翘舌音,或应该说成翘舌音却说成平舌音。

[资料来源:云南省保山市交通幼儿园,余凤玲、张雪妮]

(2) 倾听与理解　倾听,是指接受他人发出的信息,在大脑中储存和记忆信息,进而对信息进行分析,产生理解。倾听与理解可以从准确度、深度和广度等方面进行评价。

评价可以用回答问题的方式来进行测查。回答问题是指儿童能够针对他人所提出的问题准确地表达自己的看法,它需要多种心理活动的参与。回答问题的能力是儿童理解和表达两方面发展的结果。回答问题可以分为一问一答式、一问多答式和多问多答式等。

用于评价的问题应多设计为开放式或半开放式,尽量避免那些只需要让儿童机械地回答是与否的封闭式问题。设计的问题应随年龄增长由易到难。如小班的问题可以从姓名、性别、年龄、家庭人口、兴趣等方面进行设计,也可以从下雨时天气发生的变化、春天到来时自然界发生的变化等常识进行设计。大班可以从交通工具的特点、节日的街道等社会生活方面进行设计。小班的问题设计尽量是一问一答式,其回答常常是一个词汇或一个词组。如果要了解儿童理解的深度和广度,还可以采用追问的多问多答式。

(3) 口语表达　表达是用便于他人理解的方式发出信息,目的是为了与他人交流。口语表达包括对话和独白两种方式。学前儿童常见的口语表达方式有回答问题式、看图说话式和独立讲述式三种。其中独立讲述式是指儿童能够独立地、清楚地、连贯地向他人表达自己的愿望和请求。讲述能力是在儿童的认知能力,特别是思维能力发展的基础上产生并发展起来的,是儿童口语表达能力发展的重要标志之一。口语表达可以从语句和语段表达的准确性、完整性、清晰性、丰富性、逻辑性、流畅性及表达意愿和表达水平来评价。

(4) 对幼儿文学作品的理解　在评价儿童对文学作品的理解时,可以通过回答问题或图片排序等方式进行了解。一般更多采用回答问题的方式来评价。通过让儿童回答与作品相关的问题来了解他们对作品理解的准确性、深刻性、广阔性和概括性。小班儿童能理解到准确性即可,对于中、大班儿童,可以要求其理解具有一定的深刻性。

(5) 早期阅读　在评价早期阅读能力时,可以通过翻书游戏、听名称找笔画游戏及为图画排序游戏等进行评价，但评价重点应放在兴趣的激发、注意的稳定性及理解能力等方面，而不应以认读多少汉字、会写或会画多少笔画为硬性指标。在评价中应以定性为主，重点评价儿童早期阅读的兴趣及前阅读、前书写能力，防止走入将早期阅读变成早期识字的误区。

2. 对学前儿童语言教育活动的评价

对学前儿童语言教育活动的评价可以从两个方面进行，一方面是教育活动的效果，即幼儿的发展情况及参与活动的主动性、积极性；另一方面是语言教育活动本身。

（1）对幼儿在语言教育活动中表现的评价　幼儿是学前儿童语言教育活动的主体，教育活动评价以教育活动所引起的幼儿的变化或幼儿在活动中的表现为着眼点。具体可以从两个方面进行评价：一是从幼儿学习的效果，即语言教育目标达成情况进行分析和评价，此为静态评价；二是从幼儿在活动中表现出的积极主动、认真专注进行分析和评价，此为动态评价。从静态和动态两个方面能比较全面地对幼儿的活动表现做出评价。

对目标达成情况的评价。对学前儿童语言教育目标达成方面的评价包括三个层次：第一，要对照《纲要》《指南》，评价是否符合总目标的要求。第二，要对照语言教育活动类型的目标，评价是否符合学前儿童语言的某一方面发展的要求。第三，要对照本次语言教育活动的具体目标进行评价，评价是否符合本次活动的具体要求。这三个层次的目标相互联系、相互渗透。在对目标进行分析的同时，还应对达成的程度做出判断和评价。达成的程度一般可以分为三个等级：完全达标、基本达标和未达标。经过分析，就可以对学前儿童接受语言教育后的变化有一个较为全面和深入的评价。为了使目标达成情况一目了然，便于归档管理，可以填写目标达成情况评价表（表 1-1）。

表 1-1　幼儿在语言教育活动中目标达成情况评价表

程度	《纲要》总目标	《指南》合理期望	活动类型目标	本次活动目标		
				情感目标	认知目标	能力目标
完全达标						
基本达标						
未达目标						

对幼儿积极主动活动状态的评价。评价幼儿活动状态的关键是要观察幼儿在活动中的表现。同时，通过观察还可以了解活动设计和组织的针对性与幼儿发展水平的适应性，一般可以分为非常积极主动、比较积极主动和不能积极主动三个等级。

（2）对语言教育活动本身的评价　对语言教育活动本身的评价主要是从活动目标，活动内容，活动方法，活动过程，活动环境创设和材料的利用，教师与幼儿间、幼儿与幼儿间的互动和活动效果七个方面进行评价。其中，对活动效果的评价可以从幼儿的角度去考量，因前面对此已有介绍，故此处不再赘述，仅对其他六个方面的评价进行讲述。

对活动目标的评价。主要从四个方面来评价：一是分析目标的方向性，即目标的制定和提出是否符合《纲要》和《指南》总目标、活动类型目标的要求，分析本次活动目标与活动内容的匹配性；二是分析活动目标的全面性与层次性，即分析本次目标是否包含认知、情感和能力三个方面的内容，本次目标是否根据幼儿的情况确定不同层次幼儿的达标要求；三是分析本次目标的中心性，即分析整个活动的设计与组织是否围绕教育目标展开；四是分析目标的针对性和适应性，即分析本次活动目标的确定是否符合本地区本班幼儿的实际情况。

对活动内容的评价。主要从五个方面去评价：一是活动内容与活动目标的一致性；二是活动内容的科学性与思想性；三是活动内容的丰富性与趣味性，这是使幼儿保持注意的重要因素；四是活动内容的层次性，有主有次，重点突出，使幼儿能保持注意，同时又能在不觉得疲劳的情况下完成活动；五是内容布局的合理性，应根据幼儿的认知规律和注意规律设计内容的顺序和密度。

对活动方法的评价。主要从三个方面去评价：一是方法的科学性，所采用的方法要尊重儿童的认识规律和语言发展规律；二是方法的丰富性，单一的方法会使幼儿注意力下降；三是方法的灵活性，针对儿童语言发展的不同水平和不同个性，设计不同的组织形式，根据幼儿的表现和现场的情况及时调整教育策略，而不应一味刻板地按预设的方案进行活动。

对活动过程的评价。主要从三个方面去评价：一是活动过程的中心性，活动的每个环节都要围绕活动目标展开；二是活动过程的流畅性，前一环节与后一环节衔接自然流畅，没有生硬的过渡和不恰当的停顿；三是活动密度的合理性，活动各个环节动静交替，张弛有度，让幼儿注意稳定而不疲劳，情绪兴奋而不亢奋。

对环境材料的评价。主要从三方面去评价：一是活动环境创设的目的性、美观性和材料利用的实效性；二是设计、制作和演示的安全性、科学性、合理性和实效性；三是教学媒体选择和使用的科学性和实用性。教具、学具、课件等是否适合幼儿操作，教具和学具能否做出若干个组合从而最大限度地利用它们的功能。

对师幼互动、幼幼互动的评价。主要从三方面去评价：一是在互动中教师主导作用的发挥程度，教师应主动创造条件让幼儿成为活动的主体，教师应是儿童语言学习和发展的支持者、帮助者和引导者，教师应创设积极条件为幼儿提供宽松、民主、自由的环境，让幼儿想说、敢说、喜欢说，并能得到积极应答；二是幼儿在活动中的主体地位的体现程度，幼儿在活动中积极主动地与教师同伴互动，充分享受教学民主；三是教师与幼儿间交往的和谐程度和融洽程度，在和谐的状态下，教师表情和语调自然亲切、适度、不做作，幼儿也能注意力集中、思维活跃、表情自然，即便遇到问题也能够自觉克服以实现预定目标。

3. 对学前儿童语言教师的评价

（1）教师教学口语的评价　学前儿童语言教师在活动组织中以发展儿童的语言、培养儿童对语言和文学的兴趣为主要目的，所以，其教学口语应更能突出学前儿童教师职业口语的特点，即规范性、科学性、生动性、启发性和可接受性。

教师口语的规范性。评价标准：语音清楚准确，语汇丰富确切，语句符合语法规范，语流顺畅，内容文明，无口头禅。

教师口语的科学性。评价标准：语汇、句型、段意及整体表述符合儿童认知特点，浅显易懂，解说符合客观实际，表达准确无误。

教师口语的生动性。评价标准：语言形象传神、活泼鲜明，使抽象化的道理具体化，深奥的道理浅显化。能使幼儿如见其人、如闻其声、如临其境，体现语言的形象性和情感性。但这里要特别注意，在讲故事时，对于可能使儿童产生强烈负面情绪的内容只需点到为止，切不可为了追求语言的生动性而导致幼儿出现恐惧等不良情绪。

教师口语的启发性。评价标准：提问能够激发幼儿积极思维，点拨应适时、巧妙，能激发幼儿的学习兴趣。除了为烘托气氛和激发幼儿参与活动的热情以外，应少问那些只需要让幼儿机械地回答“是”与“否”的问题。

教师口语的可接受性。评价标准：根据儿童年龄特点和场地，确定口语的速度、可亲度和句子的长短与句式。对于托班儿童，语速要慢，语句要短，语气、语调要柔和亲切。对于大班儿童，语速可适当加快，语气、语调应亲切活泼。

（2）对教师体态语的评价　教师体态语是教学中的一种重要的言语辅助形式，能补充或强化教学信息，交流情感，调控交际过程。由于学前儿童处于直觉行动思维和具体形象思维阶段，更需要教师运用恰当的体态语帮助其感知和理解语言活动的内容。

教师体态语的评价标准是：文明、自然、得体、和谐。作为语言教师，不仅口头语言应具有示范性，而且体态语也应具有示范性，应无以下不当体态：动作幅度过大、频率过高；体态夸张、做作；生硬呆板，缺乏活力；轻率浮躁、傲慢无礼或懒散随便。

（3）对教师在语言教育活动中的语言作用方式和途径的评价　在学前儿童语言教育活动中，教师的语言通过具体的方式和途径对儿童的学习产生作用。具体而言，这些方法和途径有讲述、朗诵、提问、建议、评价、鼓励和纠正等。

讲述。讲述是教师在语言教育活动中最基本、最主要的语言方式。评价标准是：具体明确，生动形象。

朗诵。朗诵是大声地诵读诗歌或散文并把作品的感情表达出来，它是将视觉性的书面语言转化为听觉性的有声语言的过程，这是幼儿文学作品活动中教师使用的一种重要的语言方式。朗诵可以帮助幼儿加深理解、强化记忆和培养语感，是一种不可忽视的、不可替代的教师语言。评价标准是：准确理解作品，恰当把握基调，语言富有激情和感染力。这里需要强调的是，朗诵不应过于夸张或做作。

提问。在语言教育活动中，教师的提问水平对幼儿参与活动、理解活动内容及保持活动兴趣有着重要的作用。因此，教师在组织活动中何时问、怎么问、问什么都是幼儿园语言教育教学改革的一个关注点，也是评价教师自身教育能力的一个重要指标。评价标准是：设问点选择时机恰当；提问设计目标明确，启发到位，层次清晰，形式丰富，难易适当；候答时，体态文明得体，时长恰当；理答时，以鼓励为主，评价具体。

建议。建议是教师在指导语言教育活动中经常使用的方法，主要用来点拨思路、开拓儿童想象，帮助其选择适当的行为，从而提高运用语言的能力。教师的建议有直接建议和间接建议两种方式。直接建议是由教师直接提出，然后让儿童跟随教师的建议去做，如教师可以说：“我建议这样，你看好不好？”“如果那样，也许更好。”间接建议是指教师并不直接说出自己的意见，而是借助角色或是以旁敲侧击的提醒方式向儿童表达自己的建议，以此引导儿童按教师指点的方向去努力，如教师可以说：“小动物们觉得用西瓜皮给蛤蟆造幢房子很不错。你们觉得呢？”“这里还有两只手偶，还可以编出一个有趣的故事，谁愿意选择他们呢？”等。评价标准是：明确具体，方式恰当。

评价。评价是指教师在活动中对儿童的语言及行为表现做出的肯定或否定的评论。教师通过评价来影响儿童。评价常常用于活动进行过程中或是结束时。在活动进行过程中的评价一般是简短的、即兴的，用一两句话或一两个动作对儿童的表现做出评价，如教师说“真好”“想得好”“还可以说得比这更好一些”，以此进行肯定或鼓励；教师也可以竖起大拇指进行肯定评价，用大拇指与食指摆成封闭环而其他三指直立，同时掌心向外的手势表示“做得对、继续进行”的评价，用摆手表示不要进行此类行为的评价。要反对那种空泛的“真聪明”“真棒”的表扬，也不应无论对错都是一味地做“唱赞歌”式的评价。评价标准是：评价适时、中肯、适度，形式得体，方法恰当。

鼓励。特别要指出：鼓励是对儿童语言发展进行肯定的一种行为。良好的鼓励能够激发儿童参与活动的兴趣和信心。教师对学前儿童进行语言教育，不仅在语言活动中，而且在各领域的活动中，对儿童的语言都应有明确的质与量的要求。发现儿童语言发展好的时候要及时鼓励。对鼓励的评价标准：鼓励适时、适度，具体明确，方式恰当新颖。

纠正。对于儿童语言的学习只是说出对与错是不够的，教师要及时发现儿童语言上的缺点，同时还要加以纠正和指导。纠正时应注意：第一，不要重复错误，应直接告诉儿童正确的是什么。尤其是语音方面的纠正，重复错误读音也就强化了错误。第二，纠正时机要恰当。如儿童正在讲述时纠正会打断其思路，应在结束后，再请其重复刚才的表达，如果这一次说对了，说明先前是口误，如果仍然不对，可以指出其错误所在，给予直接示范，让其改正过来。第三，纠正方式应恰当，不能伤害儿童表达的积极性。纠正的语气、语调要柔和，语言要平实，而不应加一些责怪、讥笑或不文明的话语伤害儿童的自尊心。第四，可以启发儿童自己纠正错误。评价标准是：方式合理，时机恰当。

教师的语言在学前儿童语言教育中占有很重要的地位，它直接影响学前儿童语言的发展。学前儿童的思维形象、直观，语汇不够丰富，语言情境性成分多，这就要求教师必须在遵循学前儿童心理发展规律和语言教育规律的前提下，努力提高自身的语言素养和口语表达能力，掌握语言教育的艺术，为学前儿童的语言教育打下坚实的基础。

（三）学前儿童语言教育评价的方法

学前儿童语言教育评价有多种方法，常用的有观察评价法、自由叙述法、综合等级评定法、谈话法、问卷调查法、现场实录法 6 种方法。

1. 观察评价法

观察评价法是语言教育研究最常用的方法，它是指有目的、有计划地对语言教育活动情况进行观察,获取信息,并做出科学评价的一种评价方法。它既适合于评价学前儿童语言教育活动,也适合于评价学前儿童语言发展情况。观察评价法的特点:简便易行,分析材料丰富。

观察评价法可分为自然观察评价法和情境控制观察评价法。

(1) 自然观察评价法　自然观察评价法是指评价者在教师和儿童自然生活的状态下,有目的、有计划地对教师的语言教育活动和儿童的语言发展状况进行直接观察,通过对观察记录的整理和分析来评价教师语言教育活动和儿童语言发展的方法。优点是真实、自然、典型,缺点是耗时较多。

自然观察评价法又可以根据观察目的的不同,分为语言发展跟踪观察、语言发展选择观察和语言发展检测观察三种。其中,第三种是非自然状态下的语言检测,所以此处主要介绍前两种。

语言发展跟踪观察。它既适用于学前儿童语言发展研究领域的学者系统了解儿童语言的发展过程,也适用于教师和家长了解儿童语言的发展状况。通过跟踪观察来判断儿童的语言发展正常与否,如果儿童的语言发展超乎正常,可以对其进行优才培养;如果正常,可以根据最近发展区进行教育活动的设计和组织,保证其更好地发展;如果发展落后,可以进行早期干预。

语言发展选择观察。它是一种重点观察,把着眼点放在语言发展的横断面上,通过对学前儿童某一语言现象的观察,获得对语言发展过程中这种现象的认识。它较多地关注语言现象与语言环境的关系,关注某一语言现象在同龄儿童中是否具有普遍性。这种观察的面更广,人数更多。比如,某地区教师通过观察,发现任课班级满 6 周岁的儿童对“l”“n”两个声母的发音仍然区分不开,常常把“兰兰”说成是“楠楠”,或者相反。根据观察与分析,教师发现是方言的原因,在当地很多成年人在说方言时这两个音也常常发成同一个音,于是生成了“老奶奶摘南瓜”“兰兰和楠楠”的语言游戏,引导儿童练习发准这些相似音。

在运用观察法评价时应注意五个方面的问题:第一,做好观察的物质、知识和环境方面的准备。第二,选择恰当的观察时机,应选择幼儿身体和情绪都处在良好状态的时候。第三,创造自然气氛,保证观察结果的客观真实。第四,做好观察记录,观察记录应准确记录观察时间、观察地点、观察对象的实足年龄、入园时间、父母语音面貌、职业与文化水平等自然状况,重点记录观察对象具体的语言发展表现,还要对观察对象参与活动情况和个性特点加以说明,如有条件应保留音像资料。第五,做好观察结果的处理和分析。

延伸阅读

观察日记——小班宝宝的语言

一、天天

天天,2007 年 4 月出生,父母都是中国汉族人,天天是一个活泼帅气的小男孩。

2010 年 5 月 19 日　星期三　雷阵雨

今天是天天来园的第六天，前几天他总是会哭闹好一阵才安静下来。早晨，姥姥来送他，刚进幼儿园，他的眼泪就在眼圈里打转，看到我以后，转身就抱住姥姥像个大人似地说："姥姥，你每天都把我送到幼儿园，你就自己一个人在家了，你不孤单吗？"姥姥感动得差点就要再把他带回家。我蹲下来，轻轻地抱着天天说："是啊，天天，姥姥一个人在家会很想你，所以晚上姥姥一定会早早地来接你。但是，只有你在幼儿园不哭不闹，乖乖的，姥姥才能早早地来接你。"天天认真地看着我，没有像往常那样哭闹，半信半疑地跟我回到了班上。

2010 年 6 月 18 日　星期五　晴

天天来园快一个月了，他已经完全适应了幼儿园的生活。在今天的科学课上，我和宝宝们正在饶有兴趣地认识各种动物，天天却突然把两只脚踩在椅子上东张西望。我说："天天，你把脚放在椅子上是不对的，上课要专心。"他迅速把脚放了下来，说："老师，你是在批评我吗？"我说："是的。因为你犯了错误，所以我批评了你。"他说："那你批评我，是不是就证明你不喜欢我了？"我说："如果你改正错误，我就会继续喜欢你。"他说："老师我现在已经改正了错误，你还会继续喜欢我，对吗？"我说："对！"看这语言表达的逻辑性，谁能不喜欢这个知错就改的宝宝呢？

2010 年 8 月 10 日　星期二　多云转小雨

今天早晨，我正在点名记录出勤，发现自己的圆珠笔写了几个名字就没油了。我就让天天去对门班级老师那儿借笔。天天很高兴地要往外走，我又担心他说不明白，就问："天天，你能说明白要干什么吗？"他竟然扬着小下巴说："小菜一碟！"我很惊讶，这哪像一个 3 岁孩子？这分明是一个十足的"小大人"啊！

二、阳阳

阳阳，2007 年 3 月出生，父母都是中国汉族人。他是个胖嘟嘟的小朋友，非常可爱。他的父母工作非常忙，几乎没有时间陪孩子，只是把他放在房间里，让他与电视、玩具为伴，他在家里很少与人沟通。也许正是这个原因，他的语言能力与其他同龄孩子有很大差距。

2010 年 10 月 14 日　星期四　晴

经过两个星期的时间，阳阳终于适应了幼儿园的生活。今天早晨，阳阳刚到幼儿园，就指着他的头兴奋地对我说："小爽老师，我昨天剪头发（huà）啦！"我当时忍不住笑了起来，阳阳见我笑了，很紧张，以为我在笑话他的新发型。我说："你的新发型很好看，但是你应该说剪头发（fà）啦。"他还是说："剪头发（huà）啦。"我反复纠正了几遍，还是不对，看来还得专门下功夫啊！

2010 年 10 月 27 日　星期三　晴转多云

今天我们学习儿歌《小鸽子》，第一句是："小鸽子，真勇敢，飞得高来飞得远。"当我带领小朋友们念第一句时，我总能听见有人没有发准音。通过单个练习，我发现原来是阳阳。我让他跟我学："小鸽子。"他却说："小鸽（dē）子。"我说："哥哥。"他说："哥哥（dēde）。"我就问他："你有哥哥吗？"他说："有啊，我有涛哥（dē）。"他不光是声母"f"发不准，还有"g"呢。

2010 年 11 月 9 日　星期二　阴　小到中雪

今天在背古诗《静夜思》的时候，阳阳怎么也发不准"床前明月光"的"月"字。他说："床前明月（yè）光。"单个练习后，他还是发不准音。下课后，我找了一个月饼包装盒，指着上面的月饼图案问他:“这是什么?你吃过吗?”他高兴地说:“月(yuè)饼我吃过呀,可好吃啦!”然后我再请他说“床前明月光”,他就说对了。

三、权权

权权,男孩,2007年5月出生,父亲是中国朝鲜族人,母亲是韩国人。权权入园时,只会说韩语。由于我们班中国汉族孩子相对多一些,老师大部分也是中国汉族人,所以我们用汉语沟通。权权在这种环境下,慢慢地会说一些汉语了,我也努力让他尽快适应这个环境,教他一些生活中常用的汉语。

2010年4月12日 星期一 晴

今天权权发现班级里有一个小熊玩具和他家里的一样,他就指着那个玩具对我说:“老师,我家一样的小熊玩具有。”我告诉他:“权权,你应该这样说:‘我家里有一样的小熊玩具’。”他很认真地看着我,重复了三遍这个句子,后来这样的句型就再也没错过了。

2010年5月6日 星期四 阴有小雨

今天上午我们在室外活动时,权权无意间发现了他在初中部任教的妈妈也在外面。他就指着远处,大声地对我说:“老师,你看看(kānkān)吧,那就是我的妈妈。”虽然他的语音发得不准,但我还是很高兴,因为他会用正确的语法来表达啦!

2010年7月20日 星期二 多云转中雨

今天权权感冒了,他的鼻子不通气,很不舒服。我去问他感觉怎么样时,他对我说:“老师,我的鼻子不喘气了。”我说:“呵呵,喘气的是嘴巴,那是你的鼻子不通气了。”

四、思思

思思,英文名字叫Selah,2007年9月出生,父亲是美国人,母亲是韩国人。她是个聪明漂亮的洋娃娃。刚入园时,会说韩语和英语,但是不会说汉语。这是她第一次来到中国,她的父母非常担心她因为语言不通难以适应这里的环境。为了让她尽快适应幼儿园,喜欢幼儿园,我除了和她一起玩她喜欢的玩具外,还教她说一些简单的汉语。如“老师”“喝水”“去厕所”等。她自己也向小朋友学习了很多,如“给我”“谢谢”“再见”。

2010年9月16日 星期四 晴 有时多云

思思来幼儿园快两周了,但她从来没说过汉语,只是用英语或韩语和我们沟通。除了权权等几个宝宝外,其他宝宝根本听不懂她在说什么。但是今天我第一次听她说出了汉语。中午,刚摆完饭,我们正忙着要发勺子,坐在她旁边的一个小朋友竟急得用手抓饭吃,她看到后又惊讶又着急,情急之下,她大声地朝着我喊了一声:“老师(lào shì)。”虽然发音声调不是很准,但这是她第一次说汉语,她终于跨出了艰难的第一步,相信思思以后一定会说更多的汉语。她会喜欢这里的!

2010年9月28日 星期二 晴

今天午饭时,思思吃完一碗饭,就把吃完的空碗递给我说:“还吃吗?”我明白她的意思是还想再吃一碗。但她为什么会这样对我说呢?后来我想起来,前几天午饭时,思思刚吃完一碗饭,我就用汉语问她:“还吃吗?”她向我点点头,于是我又给她盛一碗,她高兴地端走了。我想她当时一定以为我说的是“再吃一碗吧!”。哈哈,亲爱的小宝贝,你一定是把这个疑问句当成了陈述句或是祈使句了!

2010 年 10 月 13 日 星期三 晴转多云

晚饭后,小朋友们都在愉快地玩玩具。一个宝宝淘气地去抢另一个宝宝手里的玩具,被抢走玩具的宝宝气得大哭起来。我的同事看到这个情景非常气恼,就大声地说:“你手欠啊?”没想到这时候,思思也立刻跟着大声地对着那个小朋友喊了一声:“你手欠啊?”这次她说的汉语非常标准,字正腔圆。我的同事听了惊得目瞪口呆,我也被思思把这句话学得这么快、这么准给惊呆了,我突然反思到自己说话也有因不注意而随口溜出不敬话语的情况。一个刚来的宝宝都学得这么标准,更何况我们带了这么久的孩子了。看来,做老师的一定要注意自己的一言一行,我们是他们模仿的榜样啊!

[资料来源:黑龙江省哈尔滨市万邦爱心幼儿园韩爽提供]

观察日记——大班宝宝的语言

天朗,2013 年 8 月 31 日出生,男孩,喜欢画画、轮滑和交朋友。

2019 年 3 月 16 日 星期六 晴

今天天气很好,全家人打算出去玩。我在梳妆台前精心地打扮着,天朗在一旁开心地玩着玩具。朗爸走过来,看见我在化妆,就说:“看你妈妈,真能臭美!”天朗马上不高兴地回应说:“爸爸,你说得不对!妈妈不——臭,妈妈美!”

哈哈——这倾听和理解,这判断和表达,迅速而准确,直接否定了“臭”,肯定了“美”,给我的小机灵豆点赞!就这么爱妈妈!

2019 年 4 月 23 日 星期二 多云

今天傍晚,我们一见到天朗,他就急切地问:“妈妈 你坐过大轮船大飞机吗?我的好朋友鸣鸣都坐过,可是我还不知道那是什么感觉呢。”我说:“那咱们和爸爸商量一下,今年暑假就去坐,好不好?你坐了就知道是什么感觉了。”他开心地拍着手说:“太好啦!我要坐大轮船大飞机去看大海喽!”我问他:“宝贝 ,这是你的愿望,对吗?”他坚定地对我说:“这不是我的愿望,妈妈,这是我的梦想!”一旁的朗爸赶紧说:“哎呀,这都成为你的‘梦想’啦?这个梦想可以实现!今年暑假爸爸妈妈一定带你去!”

平时真没看出来,宝贝用词这么精准,“梦想”当然比“愿望”强烈多啦!

2019 年 5 月 23 日 星期四 晴转多云

今天是个特别的日子,我带天朗去小学报上了名。回来的路上,我对他说:“从今天起你就要成为一名小学生了,你长大了,很多事情都需要你学着自己去做决定,并且学着独立去完成。”他高兴又骄傲地回答:“好的,妈妈,我记住了。”回家的路上,每遇到一个熟人,他都会兴奋地告诉别人“我长大了,我要成为小学生了”。到了家里,他自己去拿来一块巧克力对我说:“妈妈,我要成为小学生了,我决定多吃一块巧克力,可以吗?”然后,又走到玩具箱前说:“妈妈,虽然今天不是我的生日,也不是节日,但是,我要成为小学生了,我决定请你再给我买一个新玩具,可以吗?”

哇哦,在吃和玩的方面,居然这么快就活学活用啦!

[资料来源:黑龙江省哈尔滨市顺迈幼儿园韩爽提供]

(2)情境控制观察评价法 情境控制观察评价法,是指观察者根据研究目标控制学前儿童语言教育活动的条件，将教师或幼儿置于与现实生活场景类似的情境中，观察教师和幼儿在特定情境下的教育活动的设计和组织情况及幼儿的语言发展情况，然后对观察所得信息进行分析、综合，做出相应的评价。

运用情境控制观察评价法应注意以下事项：第一，围绕观察目的创设情境，所创设的情境应能引发教师和儿童表现出评价者想要观察的情况。第二，所设的观察情境应尽量与日常生活情境相似，不应让教师和儿童产生拘谨、压抑或受骗的感觉。第三，情境控制应与日常观察相结合。这样，可以保证评价不会片面和表面，避免偶然性因素的影响。

2. 自由叙述法

自由叙述法是评价者将对学前儿童语言教育活动的意见、感想自由地记录下来，通过文字叙述对教育活动加以评价的方法。常见的形式就是评价者的听课记录及执教者的教案自评和教后小结。

为了更加详细、准确、全面地评价，评价时应尽量多维度地进行评价。如优缺点分开，师幼表现分开，教和学的行为分开，以及目标、内容、方法、媒体分开等。自由叙述法的优点是：全面详细，自由灵活，不需定量分析。

3. 综合等级评定法

综合等级评定法是对学前儿童语言教育活动中的各种因素进行分析并评出不同等级的综合意见评定法。这种方法比较适合于评价学前儿童语言教育活动情况。一般综合等级常常分为三等、四等或五等。

综合等级评定法一般从纵向和横向两个维度确定评价指标。纵向维度包括语言教育活动的各种因素，主要指标有目标、内容、方法、过程、幼儿参与程度、材料利用情况、师幼关系、教育效果等。横向维度包括教育活动各因素在学前儿童语言教育活动过程中的状态及等级。根据这两个维度制定综合评价等级评价表，评价者只需要在相应的栏目划“√”即可。

综合等级评定法的优点是：操作方便，尤其适用于分数排序、考核评价；其缺点是：缺乏对问题的现象及成因的深入分析。在设计和使用时一定要注意分值、权重，否则可能会出现教育理念、知识均错误，但分数却依然及格的情况。

4. 谈话法

谈话法是评价者通过与幼儿面对面交谈来收集资料，并根据记录对其进行整理和分析，据此进行评价的方法。这种方法适合于对学前儿童语言发展进行评价。这种方法的优点是：可以快捷而具体地了解儿童语言发展问题，弥补观察法的不足。其缺点是：效率较低，耗费人力和时间。

运用谈话法时应注意的问题是：① 明确谈话目标。② 谈话内容和方式要浅显易懂。③ 提问尽量简单。④ 谈话应在自然状态下进行。⑤ 在谈话中评价者应注意语言亲切自然、态度和蔼。遇到儿童不理解、不作答或理解错误等现象时，教师要耐心启发或等待，忌斥责、急躁和打断。

5. 问卷调查法

问卷调查法是由评价者根据评价目的向调查对象发放问卷，以广泛收集学前儿童语言发展信息的一种方法。其主要目的是向家长、教师了解儿童在家庭环境中的语言发展情况。这种方法的优点是:效率高,可以在短时间内收集大量信息。其缺点是:如果调查目的被家长或其他调查对象误解,调查信息的真实性和准确性将会受到影响。

在使用问卷调查法时,应注意以下事项:① 向调查对象做好宣传,建立信任,避免误解和消除顾虑。② 问卷设计科学合理,指导语简明易懂,问题数量适中,表述明晰,便于家长理解并回答。③ 问卷设计的问题应全面、具体。④ 问题形式要恰当,回答方式应简便易行,以选择题为宜,便于回答和统计。⑤ 问卷发放应在正式场合进行。⑥ 做好问卷的甄别,注意发出问卷、回收问卷及有效问卷的数量统计。

6. 现场实录法

现场实录法主要是利用现代化的录音、录像设备及多媒体技术,现场摄录学前儿童语言教育活动及学前儿童语言发展评价信息的一种方法。其优点是:信息真实生动,直观可靠,可以反复再现,便于评价者反复观察、分析与研究,信息丰富、全面。其缺点是:需要设备、资金等投入。

使用现场实录法应注意的事项:① 开始录音或录像时,应让被录对象处于自然状态,开始前应先与实录对象交流,进行"热身暖场",当实录对象进入正常状态时再开始。② 妥善保管音像资料。可以用计算机或移动存储设备做好备份资料的保管。物化的资料要做标签,数字化的信息要做好分类以便检索。

总之,学前儿童语言教育评价的方法有许多,各有优缺点,幼教工作者及教育行政部门和科研部门在使用时,应综合各种方法,取长补短,使教育评价的结果科学客观、真实可靠,为教育行政部门的决策提供可靠的信息,真正达到为提高学前儿童语言教育质量服务的目的。

案例评析

故事活动:你好(小班)

活动意图

为满足刚入园小班幼儿的交往需要,使幼儿掌握日常生活中最基本的礼仪礼貌,根据这一时期幼儿的年龄特点,选用童话故事《你好》作为教学内容。色彩丰富的阅读材料、活泼可爱的动物角色、不断重复的对话内容,都可以激发幼儿模仿的兴趣,使小班幼儿在不知不觉中学会使用文明用语,掌握语言交往技巧。

活动目标

(1) 懂得应该与小朋友们友好交往,礼貌待人。
(2) 理解故事内容,掌握与他人见面时使用的礼貌用语"你好"和"你好,一起玩吧"。
(3) 能在与他人见面时使用礼貌用语"你好",并发出邀请"你好,一起玩吧"。
(4) 能分辨不同情境下不同动物的语言特点和语气、语调变化及所表达的心情。

活动准备

(1) 小河马、小猪、小老鼠、小鳄鱼的动物手偶各一个,怪物头罩一个。

(2) 有小河、秋千、滑梯等的背景挂图。

活动过程

1. 介绍故事角色及其声音,设置悬念,激发幼儿听故事的兴趣

教师以生动形象的声音依次模仿故事中小动物的声音说“你好”,引导幼儿猜测声音的来源和说话时的心情。教师运用体态语和手偶依次介绍故事里的角色。

小河马正在玩,听见有个小动物说:“你好,一起玩吧。”小河马就和他一起玩了。一会儿,又有小动物同样也说了“你好”,他们却吓得撒腿就跑,不敢和他玩,这是为什么呢?

2. 出示挂图,讲述故事

交代场景和故事题目,运用手偶绘声绘色地讲述故事,并适时引导幼儿学说短句“你好,一起玩吧”。

(1) 小河马正在玩,听到一个声音传过来:“你好。”小朋友猜猜这是谁的声音呢? 他为什么要说“你好”呢?

(2) 原来这是小猪的声音,他说“你好”是想和小河马玩。小河马听到小猪说“你好”,就和小猪一起玩了。小朋友们想和别人玩的时候该怎么说呢?(小朋友学说短句“你好! 我是×××,一起玩吧”。)

(3) 小河马和小猪一起荡秋千的时候,又听见有人说“你好”,小朋友猜猜是谁呢? 他为什么也要说“你好”呢?

(4) 这是小老鼠的声音,他说“你好”是想和小河马、小猪他们一起玩。小朋友们想和别人玩的时候应该说什么呢?(引导小朋友回忆新学的短句。)

(5) 小河马、小猪、小老鼠一起玩滑梯的时候,又听见有人奇怪地说“你好”。这是谁的声音呢? 这是小鳄鱼的声音。小鳄鱼说是怪物在说“你好”。小河马他们三个听了小鳄鱼的话撒腿就跑。小鳄鱼摘下怪物头罩伤心地说:“等一下,等一下,是我说的‘你好’,我是真的想要和你们一起玩,明天我要好好地说‘你好’!”

(6) 小河马他们为什么要跑呢? 小鳄鱼为什么会伤心呢? 小朋友们想和别的小朋友一起玩,应该怎么说呀? 应该好好地说“你好”。(引导幼儿复习短句。)第二天,小鳄鱼好好地和小河马他们说:“你好,一起玩吧。”于是,小鳄鱼和小河马、小猪、小老鼠一起快乐地玩了起来。

3. 教师结合故事提出问题,引导幼儿深入理解故事,学说短句

(1) 小河马在玩的时候遇见了谁?

(2) 小河马为什么愿意和他们一起玩呢?

(3) 小河马他们为什么没和小鳄鱼一起玩呢? 后来为什么又在一起玩了呢?

(4) 在生活中,如果你想和小朋友们玩,你应该怎么说呢?

4. 教师组织小朋友玩游戏:“找朋友”

教师和小朋友们围坐成一个圆圈,集体唱儿歌《找朋友》:“找啊找啊找朋友,找到一个好朋友。”幼儿两两相对,微笑念白“你好,我是×××,一起玩吧!”然后继续唱:“敬个礼呀,握握手,你是我的好朋友。再见!”

活动延伸

将本次活动延伸至表演角，小朋友们可以利用头饰或手偶分角色表演《你好》。

活动评析

1. 对活动的设计与组织的评价

对教学材料选择恰当，分析到位。《你好》这个故事的主题单一明确，情节简单有趣，内容十分适合刚入园的小班幼儿。

活动设计科学有趣。活动实施过程中，调控及时，组织方式恰当灵活。在第一部分，教师没有直接讲故事，而是通过设疑将主题词“你好”先提出来，引导幼儿对故事内容产生兴趣。在第二部分，背景挂图上的秋千和滑梯让幼儿对故事充满期待。教师和幼儿共同猜测故事的进程，更激发了幼儿参与活动的热情。在第三部分，教师富有启发性的、联系实际的提问，启发幼儿积极思维，使幼儿对故事的理解更加深入，从而进一步实现本次活动的认知目标、情感目标和能力目标。最后的游戏环节既增强了活动的趣味性，也加深了幼儿对主题短句的理解，具有很强的应用性，使幼儿明确了这个短句使用的语言环境。

改进建议：教师应在活动中完整地播放或讲述一遍故事，使幼儿对故事有一个完整的印象。

2. 对教师的评价

教师自身的语言素质较高。在整个活动中，教师以老师、小动物、孩子们的大朋友等多重身份出现。讲故事时，陈述性语言和故事中角色语言的区别明显，同时，还注意到了不同动物的体态语和口语特点。教师模仿不同动物的声音，配合出示不同手偶，提高了幼儿的辨音能力，使幼儿对不同音色、不同语调的语音充满了兴趣。参加游戏时，教师能融入游戏，注意观察小朋友们的表现并以游戏的口吻带动儿童参与或纠正儿童的发音问题。教师提问设计非常具有启发性和中心性。教师整节课都是以送小朋友们粘贴画作为奖励，还应增加一些口头鼓励，如鼓励性的小儿歌等，使鼓励方式多样化，这样更能激发小朋友们参与活动的积极性。

3. 对幼儿学习效果的评价及教育建议

通过一对一的提问测试，当天出勤的全班 12 个小朋友都知道了和新朋友打招呼的方式，而且除了个别的小朋友以外，都能够用眼睛看着对方、欢快地大声说：“你好！我是×××，一起玩吧。”其中有一个新来的小朋友不敢看测试教师的眼睛，另一个小朋友声音很小而且是断断续续地说出新学的短句，需要教师和保育员多加关注，加强交往能力和口语响度方面的锻炼。

附：故事

你好！

“你好！”小河马正在玩，听见有人说“你好”。小河马说：“谁说的‘你好’？”小猪出来说：“是我，一起玩吧？”于是小河马和小猪一起玩了起来。他们一起荡秋千的时候，又听见有人说“你好”。小猪和小河马又说：“谁说的‘你好’？”小老鼠钻出来说：“是我，一起玩吧？”小河马和小猪、小老鼠一起玩了起来。在他们一起玩滑梯时，又有人说“你好”。三个人一起说：“谁呀？谁说的‘你好’呀？

是谁?”小鳄鱼吓人地说:“说‘你好’的是怪物,一起玩吧?”小河马、小猪、小老鼠听见了,一边说着:“呜哇——我怕呀!”一边撒腿就跑了。小鳄鱼出来了,说:“等一下,等一下,是我说的‘你好’啊!你们别走呀!”小鳄鱼伤心地说:“我真的很想和你们一起玩,明天我要好好地和你们说‘你好’。”第二天,小鳄鱼对小河马、小老鼠、小猪好好地说了声“你好”,于是四个人高高兴兴地一起玩了起来。

[资料来源:北京市迪慧新幼儿园郭宏、李洋提供]

岗位对接

故事活动:下雨的时候(小班)

(一)素材

下雨的时候

小白兔在草地上蹦蹦跳跳,它一会儿看看花,一会儿采采蘑菇,玩得真高兴。突然,下起雨来,它连忙摘了一片大叶子,顶在头上当作伞,这一下,它可淋不到雨了。

小白兔顶着大叶子往前走,走着走着,它看见一只小鸡被雨淋得“叽叽叽”地直叫,连忙说:“小鸡小鸡,快到我的大叶子底下避避雨吧!”小鸡说:“谢谢你,小白兔。”

小白兔和小鸡一起顶着大叶子往前走,走着走着,又看见一只小猫被雨淋得“喵喵喵”地直叫,小白兔和小鸡连忙说:“小猫小猫,快到我们的大叶子底下避避雨吧!”小猫说:“谢谢你们!”

小白兔和小鸡、小猫一起顶着大叶子往前走。不一会儿,雨停了,太阳出来了,小白兔和小鸡、小猫一起在草地上做游戏,玩得真高兴!

(二)素材分析

幼儿故事《下雨的时候》,主题单一明确,情节简单有趣,语言生动优美,篇幅短小,重复出现的关键词句,有利于幼儿的记忆与重述,是很好的学前儿童语言教育素材。

(三)活动设计

1. 分解设计

根据本单元所学习的全语言教育观、专门的语言教育活动的设计要求,以及《纲要》《指南》要求和活动目标的设计要求,完成以下岗位对接的设计任务。

(1)为小班故事活动“下雨的时候”设计三个维度的活动目标。

(2)根据活动目标,尝试设计活动过程、内容和形式。

(3)根据谈话法的要求尝试设计3~5个适合小班幼儿的提问;根据讲解法的要求模拟讲解“蹦蹦跳跳”和“避雨”两个词语;根据游戏法的要求设计1个适合本素材的语言游戏。

2. 完整设计

(1)活动设计总体要求　格式正确,项目齐全,环节完整,步骤清晰,条理分明,语言简洁。

(2)活动设计具体要求

活动意图要求　① 根据幼儿年龄特征和《指南》《纲要》要求分析现阶段幼儿语言学习与发展的需要。② 分析学习内容或教材的特点。③ 分析本次所选学习内容或教材与幼儿语言发展需要的契合度。

活动目标要求 ① 以幼儿为行为主体进行表述。② 突出语言发展目标。③ 语言表述明确具体,便于检测。④ 涵盖认知、情感、能力三个维度。⑤ 术语表述与目标维度匹配。

活动方法要求 ① 术语表述与教育理论或教法理论表达统一。② 体现语言教育活动类型的特点。③ 按在本次活动中的重要性依次表述。④ 以 2~4 种方法为宜。

活动准备要求 ① 准备充分,丰富多样。② 富有实效。③ 包括支持幼儿语言学习的学具、教具、设备、环境创设等物质准备和经验准备两个方面。④ 物质准备要写清品名、材质、规格、数量及软件名称、格式等方面的要求。

活动过程要求 ① 紧紧围绕目标设计丰富有趣的活动。② 分点列写,层次分明,循序渐进,环环相扣。③ 体现语言教育活动类型的基本结构。④ 本次活动所有目标都有实施点,活动方法、活动准备都有应用点。⑤ 重点突出,难点突破。⑥ 启发提问适时适当。

活动延伸要求 ① 写清延伸的具体领域或方向。② 体现活动的连续性及与实践的联系性。③ 体现语言教育与其他领域的相互渗透与整合。④ 体现家园共育。

（四）说课练习

1. 练习内容

说活动意图和活动目标:小班语言教育活动“下雨的时候”的活动意图和活动目标。

2. 练习要求

（1）职业要求 仪表端庄得体,仪态文明自然。

（2）课程要求 根据本单元所学习的全语言教育观、专门的语言教育活动的设计要求,以及《纲要》《指南》要求和具体活动目标的设计要求,本次说课要求学生初步了解说课的结构,能够做到其中的“说活动意图”和“说活动目标”这两个部分即可。

（五）活动实施

1. 活动实施模拟练习

练习内容包括以下三个部分。

（1）自选“蹦蹦跳跳”或“避雨”进行面向“幼儿”的模拟练习,引导幼儿掌握词语。

（2）把按谈话法要求设计的提问面向“幼儿”进行启发提问,注意候答和理答。

（3）把按游戏法要求设计的语言游戏面向“幼儿”组织实施。

2. 活动实施基础要求

（1）职业要求 仪表大方得体,仪态文明自然,精神饱满,面带微笑。语调柔和,语速略慢,语音准确,语句通顺,逻辑清晰,表意准确,表达流畅,生动形象,有感染力。

特别需要注意:说课是面向领导、同事或同行等成年人,而模拟教学却是模拟面对幼儿。说课的基础要求与模拟教学有部分相同,但有程度上的不同。面对幼儿时,姿态更加活泼,表情更加丰富,动作幅度较大,甚至略带夸张;在口语方面,语气语调非常柔和,语速较慢,停顿多,重音非常明显。

（2）课程要求 表达内容及行为举止符合幼儿教师职业道德、现代汉语及学前儿童语言教育理论的要求。

3. 活动实施过程要求

为保障幼儿园语言教育活动计划有效执行,教师在学前儿童语言教育活动实施前、实施中应做好具体的准备工作和遵循必要的实施原则。

在活动实施前,应做好以下准备工作。

（1）创设环境 创设适宜语言教育活动开展的物质环境和精神环境。

（2）组织注意 有效组织幼儿的注意朝向集体教育活动。

（3）激发兴趣 以饱满的精神状态，富有感染力的语言，引导幼儿做好进入活动的心理准备。

在活动实施过程中，应遵循以下6个原则。

（1）活动目标的中心性与领域教育的渗透性相结合的原则 语言教育活动应紧紧围绕活动目标展开，但在实施过程中，也应根据实际情况，将五大领域中除语言领域以外的其他四个领域进行有机的整合，这也体现了全语言教育观中整合的语言教育观。

（2）幼儿的主体性与教师的主导性相结合的原则 幼儿是活动的中心和主体，教师围绕活动目标引导幼儿积极主动地发展语言。

（3）活动方案的计划性与灵活性相结合的原则 由于幼儿年龄小，生活经验较少，注意的稳定性和情绪的控制能力不强，因此，在活动实施过程中，常常会有意料之外的状况发生。教师既要遵循因材施教、循序渐进的原则，按活动计划实施活动，又要根据现场情况随机应变，适当调整活动内容、方法与进度。在活动实施中，教师也应牢固树立安全第一的观念，如果出现安全问题应即刻中止教学活动，对于偶然出现的不影响安全或健康的情况，教师可以因势利导转向学习。

（4）教育活动的严肃性与活动氛围的宽松性相结合的原则 虽然，幼儿的主导活动是游戏，"幼儿的学习是在游戏和一日生活中进行的"，但是，在幼儿园语言教育活动实施中，教育活动是严肃的，教育行为是规范的，教育态度是认真的，不允许出现任何职业道德的缺失、知识传授的错误和教育行为的随意。那种认为幼儿园的语言教育活动，就是"幼儿老师在'说说笑笑''打打闹闹''玩玩乐乐'中哄着孩子不哭的"的观点，是非常片面和表面的认识，是错误的。但是，在整个语言教育活动实施过程中，氛围应是自由的、宽松的、民主的。幼儿在教师科学的引导下，在良好的气氛中，积极、主动、愉快地学习语言，发展语言，这也是幼儿教师专业性的体现。

（5）活动进程的连续性与阶段性相结合的原则 在活动实施中，教师应注意整个活动是围绕目标有机联系的一个整体。在活动不同的阶段，也要注意环节完整，步骤清晰，层次分明，主次分明，时间分配科学合理。

（6）教师积极回应与评价的准确性、具体性与丰富性相结合的原则 《纲要》《指南》都指出：发展幼儿语言的关键是创设一个让幼儿想说、敢说、喜欢说并能得到积极回应的环境。教师在活动实施中，对于幼儿的各种反应和表现，应予以及时积极的回应。而教师的回应常常是以评价的方式引导着幼儿的认知水平、情绪变化和行为方向。因此，教师评价的准确性非常重要，主要集中在幼儿语言知识的学习与发展、语言学习的品质和态度两个方面，在评价时，不能只是泛泛地评价"对""很棒""真好"，而应具体准确地表达出好的方面或不好的方面，如"讲述过程中声音洪亮，真好！""嗯，'这个苹果又大又红又圆又甜又脆 '能用'又'怎么样'又'怎么样，说清楚苹果的大小、颜色、形状和口味，说了这么生动的一个长句子，说得太棒啦！我们大家为你鼓掌点赞！"评价时可以从口语、体态语或表情的变化及全体幼儿说一句评价顺口溜等方式进行。丰富新颖有趣的评价，将会更加有效地激发幼儿语言学习的间接兴趣，这也将会更加有力地激发幼儿发展语言的主动性、积极性和创造性。

（六）活动评价

活动实施后的评价和反思是提高语言教育活动质量的有效途径。根据单元一中"学前儿童语言教育的评价"的学习，在活动评价时，应认真遵循评价原则，结合具体的评价内容，恰当地运用评价方法。在所有的评价内容与方法中，应紧紧抓住以下两个方面的关键问题。

一方面是活动目标的确立与达成。活动目标是活动的出发点也是活动最终的落脚点，所有的活动内容、方法、准备、过程等都是为活动目标服务的，是为了促进幼儿的学习与发展。在以幼儿为中心的理念指导下，把幼儿的语言学习与发展放在首位，既要评价幼儿语言知识的学习、能力的发展、情感态度的变化，又要评价幼儿在语言学习中所表现出来的良好的学习品质和积极的行为倾向。

另一方面是活动内容与方法的科学性、教育性与针对性。教师应在全语言教育观等科学的学前儿童语言教育理论指导下，科学地设计教育内容，准确灵活地运用教育方法。

在教学法类课程学习中，既要遵循“教学有法”，也要懂得“教无定法”，更要深刻领会“贵在得法”，只有认真学习与刻苦实践，才能真正掌握学前儿童语言教育的理论与方法，也只有勇于探索与敢于创新，才能推动学前儿童语言教育理论与方法发展与进步。

国考聚焦

模拟练习

（一）单选题

1. 印度狼孩7岁时回到人类社会，经过4年专业护理和语言教育，仅掌握6个词，这说明语言学习与发展具有（　　）。

A. 特殊性　　B. 关键期　　C. 整体性　　D. 普遍性

2. 在幼儿园语言教育活动中，教师是活动的（　　）。

A. 观察者、指导者、合作者、支持者

B. 观察者、主导者、合作者、支持者

C. 观察者、引导者、合作者、支持者

D. 观察者、组织者、合作者、支持者

3. 学前儿童语音教学的重点在（　　），难点在于（　　）的模仿与练习。

A. 托班　　B. 小班　　C. 中班　　D. 大班

E. 声母　　F. 韵母　　G. 音调　　H. 轻声和儿话音

4.《指南》中，关于5—6岁儿童末期，在“具有书面表达的初步技能”目标方面的典型表现，表述正确的是（　　）

A. 会正确书写自己的名字

B. 会正确书写自己的名字、家长的名字

C. 会正确书写自己的名字、家长的名字、家庭住址

D. 会正确书写自己的名字、家长的名字、家庭住址、幼儿园的名字

（二）结构化面试问题

1. 一些家长认为，幼儿园应该从小班就开始进行拼音、识字、写字等方面的读写教育，这样上

小学才不会输在起跑线上。对此，作为幼儿教师，你应该如何与家长沟通？

2. 王老师认为，在语言教育活动时，教师就应该集中精力发展学前儿童的语言，不要再把健康、科学、社会和艺术都杂糅进来，外行看上去热热闹闹，其实，内行一看就知道没什么门道。对此，作为幼儿教师，你应该如何看待王老师的观点？

3. 语言领域公开课后，老师们对评价语言教育活动的标准众说纷纭。有的说，重点看幼儿的语言是否得到了发展；有的说，重点看教师的语言基本功是否扎实；有的说，学多少语言知识不重要，重要的是孩子在活动中是不是积极主动、认真专注。作为幼儿教师，你应该如何看待同行的观点？

参考答案

（一）单选题

1. B　2. C　3. B　F　4. A

（二）结构化面试问题

1. 家长望子成龙的心情是可以理解的，但是这种做法是不科学的。因为，幼儿时期，正是口头语言发展的关键期，教师应多多引导幼儿练习听说，至于拼音、识字、写字都属于书面语言的学习。《指南》指出，幼儿时期，主要是做好倾听与书写准备。因为口头语言发展得好，也会为幼儿上小学学习书面语言打下良好的基础，所以，如果幼儿园语言学习与发展得好，上小学也不会差，也一定不会输在起跑线上。家长要多多理解和支持幼儿园的科学教育，家园共育，让幼儿度过一个快乐而有意义的童年。

2. 在语言教育活动时集中精力发展学前儿童的语言，这个理念的出发点是好的，但是是不科学的，因为在全语言教育观指导下的学前儿童语言教育，应该是活动的语言教育观、整合的语言教育观，就应该将五大领域的教育内容进行科学的整合，通过主题活动的方式呈现，使幼儿的学习与发展更加全面。因此，虽然学前儿童语言教育活动以发展儿童的语言为目标，但是丰富多彩的活动，新颖有趣的整合游戏，能最大限度地调动幼儿学习的主动性、积极性和创造性，深受幼儿的喜欢。因此，学前儿童语言教育应与其他领域教育有机整合，有机融合，相互渗透，相互促进。

3. 老师们从不同的角度评价幼儿教师的语言教育活动，各有道理。相比较而言，重点看“幼儿的语言是否得到了发展”这个观点更准确。因为，语言的发展，不仅包括语言知识和技能的发展，也包括语言学习品质和态度的发展。而教师的语言基本功主要是一个载体，可以将学前儿童语言教育的知识技能和情感带进去。但是最重要的应该是幼儿的语言是否得到发展。因为，幼儿语言的发展，是学前儿童语言教育的出发点，也是最终的落脚点。以幼儿为本的理念也证明，一切为了幼儿，以幼儿为中心，所有的教育活动的目标都应是为了促进幼儿的语言发展，凡是能够真正促进幼儿语言发展的科学的健康的教育活动都是有价值的活动。

单元测试

（一）填空题

1.《3—6 岁儿童学习与发展指南》指出：幼儿语言的发展贯穿于________，也对其他领域的学习与发展有着________：幼儿在运用语言进行交流的同时，也在发展着________、

________的能力、________的能力。通过语言获取信息，幼儿的学习逐步超越个体的________。

2. 幼儿的语言能力是在________的过程中发展起来的。应为幼儿创设________、________的语言交往环境，鼓励和支持幼儿与成人、同伴交流，让幼儿________、________、喜欢说并能得到________。

3. 教师和家长应在________和________中引导幼儿________地产生对文字的兴趣，用________和________的方式让幼儿________不符合其学习特点和接受能力。

4. 学前儿童语言教育的一般方法有________、________、________、________、________和________六种，运用________是学前儿童教育活动的显著特点，也是教师专业性的体现；而教师根据学前儿童已有知识、借助________、通过________的方式进行语言教育的方法叫________法。

5. 学前儿童语言教育评价的方法有________、________、________、________、________和________六种。

（二）名词解释

1. 全语言教育观

2. 专门的语言教育活动设计

（三）简述题

1. 学前儿童语言教育的意义。

2. 幼儿理解语言的特点。

3. 简述《指南》中语言领域的两个子领域及6个具体的目标。

4. 幼儿园语言教育活动本身的评价内容及具体要求。

（四）设计题

根据幼儿故事《下雨的时候》这个语言教育素材，写一篇幼儿园专门的语言教育活动教案，要求：项目齐全，环节完整，步骤清晰，目标表述的术语准确。

参考答案

（一）

1. 各个领域；重要的影响；人际交往；理解他人和判断交往情境；组织自己思想；直接感知

2. 交流和运用；自由；宽松；想说；敢说；积极回应

3. 生活情境；阅读活动；自然而然；机械记忆；强化训练；过早识字

4. 示范法；讲解法；谈话法；游戏法；练习法；表演法；游戏法；启发提问；问答；谈话法

5. 观察评价法；自由叙述法；综合等级评定法；谈话法；问卷调查法；现场实录法

（二）

1. 全语言教育观是20世纪八九十年代国际儿童语言教育领域最为重要的一种理论思潮。“全”一词体现了全语言教育观的核心精神，即语言是完整的、整体的、不可分割的。全语言教育观是以学生为中心的教学观点，它强调对语言、语言学习者及教师的尊重，强调学生掌握学习的主动权。全语言教育观在学前儿童语言教育方面，具体体现在完整的语言教育观、整合的语言教育观和活动的语言教育观三个方面。

2. 专门的语言教育活动设计，简称“语言教案”，它是幼儿园集体语言教育活动的计划、方案，一般包括活动名称、活动意图、活动目标、活动重难点、活动方法、活动准备、活动过程、活动延伸、活动反思与评价九个部分。

（三）简述题

1.（1）创设宽松的语言学习与发展环境，及时把握语言发展关键期。（2）有效实施素质教育，促进儿童全面发展。（3）加强儿童人际交往，促进儿童适应社会。（4）积极发展口头语言，为后续学习书面语言打好基础。

2.（1）从听懂语言意义向应用语言进行交际发展。（2）受直接经验的影响。（3）受事件可能性的影响。（4）受词序的影响。（5）易受语言情境和非语言交际手段的暗示。

3. 在倾听与表达方面：目标1，认真听并能听懂常用语言；目标2，愿意讲话并能清楚地表达；目标3，具有文明的语言习惯。在阅读与书写准备方面：目标1，喜欢听故事，看图书；目标2，具有初步的阅读理解能力；目标3，具有书面表达的愿望和初步技能。

4. 从活动目标、活动内容、活动过程、活动方法、活动环境和材料、幼儿的主体性、活动效果七个方面进行评价。

（四）设计题

活动名称

故事活动：下雨的时候（小班）

活动目标

（1）理解故事内容，掌握重点词“蹦蹦跳跳”“顶”“淋”“避雨”。

（2）能够复述故事。

（3）懂得小朋友之间要互相帮助。

活动重难点

活动重点：理解故事内容，感受文学作品的语言美、情感美。

活动难点：掌握小白兔避雨的方式“顶着大叶子”中名词动用的“顶”的含义。

活动方法

谈话法，示范法，表演法。

活动准备

纸质大叶子1片；故事情节挂图5幅；小白兔、小鸡、小猫头饰各1个；欢快的轻音乐（没有歌词的纯音乐）和下雨的音频文件各1个。

活动过程

开始部分：小朋友们，下雨的时候，你们会用什么方式避雨呢？今天，我们请来了小白兔，听听他的故事。小白兔的避雨方式和我们不一样，有什么不一样呢？在下雨的时候又发生了哪些有趣又温暖的故事呢？

基本部分：

1. 在欢快的音乐中，听教师生动形象地讲故事，回答问题

(1) 故事的名字和故事中的角色？

(2) 下雨前，小白兔在草地上做什么？（学习重点词“蹦蹦跳跳”，和教师一起复述雨前情节的关键词句。）

(3) 小白兔用什么方式避雨，它有什么好处？这种方式帮助了自己还帮助了谁？最后结果怎么样？（学习重点词“顶”“淋”“避雨”，和教师一起复述帮助小鸡、小猫避雨的关键词句。）

(4) 喜欢小白兔吗？为什么？

2. 自己结合教师的5幅挂图复述故事

3. 情境表演

教师拿出小动物们的头饰和大叶子，播放下雨的音频由幼儿自由表演。

结束部分：

小朋友们今天听了《下雨的时候》的故事，自己也学习复述了这个故事。我们在生活中遇到这种情况，应该像小白兔学习，做一个聪明机智又懂得互相帮助的好宝宝。

活动延伸

教师把音频文件和道具放到表演角，小朋友们可以戴上头饰去表演。回到家里，可以把这个故事讲给爸爸妈妈听，并向他们谈谈你的想法。

单元二
学前儿童谈话活动

学习目标

- 了解幼儿园谈话活动的特点和语言教育目标。
- 掌握在幼儿园日常交谈活动中教师的指导方法。
- 掌握幼儿园集体谈话活动的组织方法。
- 设计并组织实施幼儿园谈话活动。

基础理论

语言在宏观上有社会文化功能，即一种语言代表了一种文化；在微观上有结构功能，即语言是理性的组织工具；在中观上则体现为交流沟通功能，即语言是表达交流的工具。而社会文化功能和结构功能都是通过交流沟通来实现的。谈话是人们运用语言与他人交流的最为基本的方式。人并不是生来就会谈话的，谈话需要参与者具有共同的语言表述的认识、态度、情感和能力，并且在运用语言表达时遵守共同的交谈规则。

近年来，随着全语言教育观的出现，尤其是随着对儿童语言运用能力研究的深入，幼儿园谈话活动的重要性逐步被幼教工作者认识到，培养幼儿的交谈能力对幼儿的语言发展有着重要的价值。幼儿园谈话活动可以使幼儿乐意与人交谈，提高倾听、理解和表达能力，对幼儿的语言和社会性发展有着不可替代的、积极的促进作用。

幼儿需要在日常生活中运用口语表达自己的想法、感受及与人交往。如和他人打招呼，发问或答问，征求他人的意见，转述他人的话语，叙述某件事情，在游戏中扮演角色等。幼儿在语言发展过程中，通过学习逐步获得了各种口头语言能力。表述、交流是幼儿语言学习和语言发展的主要表现。乐意用语言表达，能够正确地表述，能较好地进行个人独白，并能够与他人对话交流，初步形成乐于表达、准确表述的语言能力，是幼儿口语表述、交流能力发展的基本要求。

当幼儿进入幼儿园的时候，虽然已经具有了一定的语言表达能力，但是与他人交谈的能力和水平显然还处于初步发展的阶段。而幼儿的语言能力是在交流和运用的过程中发展起来的。给幼儿创设自由、宽松的语言交往环境，鼓励和支持幼儿与他人交流，让幼儿想说、敢说、喜欢说并能得到积极回应，是教师应特别关注的问题。

一 幼儿园谈话活动的特点

幼儿园谈话活动是教师启发引导幼儿围绕一定话题、以交谈为主要形式展开的语言教育活动。在良好的语言环境中，谈话活动可以帮助幼儿学习倾听他人谈话，学习与他人交流的方式、规则，进而培养人际交往能力。

（一）话题的中心性和趣味性

选择一个适宜的话题是谈话活动非常关键的前提。教师在谈话前要提出一个明确的话题，引导幼儿围绕中心话题展开交谈，有趣的话题可以使幼儿对谈话活动保持很高的热情和参与度。

（二）谈话环境的宽松性和民主性

在开展谈话活动过程中，幼儿可以围绕话题自由地发表意见和看法，对不了解的事情也可以追根究底。如果谈话环境气氛紧张，幼儿心情压抑，他们交流的愿望和热情就会受到限制，那么即使再有趣的话题，幼儿也不会想说、敢说、喜欢说，也不会对教师和同伴的交谈积极地去应答。因此，谈话环境的宽松性和民主性是幼儿园谈话活动的重要特点。

（三）谈话方式的互动性和启发性

谈话方式的互动性和启发性是谈话活动非常突出的特征，谈话活动强调在活动中运用交谈的方式与他人进行交流。在谈话过程中，教师及时启发，幼儿积极思考应答，幼儿互相引导和模仿，思路开阔，师幼互动、幼幼互动，多样的表达方式，欢愉的交谈氛围，使幼儿乐意与人交谈，真正从内心感受到交谈的乐趣。

谈话活动是语言教育的一种特殊方式，与幼儿园的其他语言教育活动相比，在形式、内容、方法及实施途径等方面，具有鲜明的特征。

值得注意的一点是，虽然幼儿园各种类型的教育活动之间是相互渗透、密切联系的，但幼儿园谈话活动与科学活动中的总结性谈话有明显区别。其中最明显的区别在于活动目的和内容的不同。谈话活动侧重于培养幼儿的语言能力，虽然谈话内容会涉及幼儿的生活经验，但这只是为了激发幼儿表达和交流的兴趣，培养表达能力。而总结性谈话的目的在于帮助幼儿巩固对有关科学内容的认识。

二 幼儿园谈话活动的目标

《指南》将幼儿的“倾听与表达”细化为三个目标：

目标 1　认真听并能听懂常用语言

目标 2　愿意讲话并能清楚地表达

目标 3　具有文明的语言习惯

幼儿园谈话活动是实现幼儿“倾听与表达”的重要途径，其目标包括以下三个方面。

（一）幼儿有与人交谈的愿望，乐于在集体面前表达自己的想法，体验用语言表达自己想法的快乐

幼儿语言的发展与他们对运用语言的情感态度相联系，要让幼儿想说、敢说、喜欢说、有机会说，就要创设令人愉悦的语言交往环境，使幼儿在没有压力的情境中学习说话。教师在设计和组织活动时，应特别注意激发幼儿说话的欲望，树立他们说话的信心，使幼儿不仅想说并且喜欢说，在运用语言的过程中不断增强口语表达能力。

1. 激发幼儿“想说”的欲望

观察幼儿的活动，倾听他们的谈话，教师就能发现启发幼儿说话的契机，继而根据幼儿说话的需要，创设激发幼儿说话的情境。如教师与幼儿及幼儿与幼儿之间相互问好、打招呼或个别交谈，分小组谈论某个话题或各自讲述自己的见闻，提供游戏材料或道具让幼儿扮演游戏角色进行对话，请幼儿转达教师的口信或口令，要求幼儿互相指导学具的操作或手工劳作等。当幼儿置身于这些活动的情境中，有了“需要”，就会自然而然地开口说话了。

有趣的晨间谈话

在晨间谈话中，拟定一些幼儿感兴趣的开放性题目引发幼儿讨论：

如果你是园长，你最想做的事情是什么？

假如我们的房子会飞，你希望它飞到哪里去？

有人送给你三个苹果，但你每只手只能拿一个，你怎样把这三个苹果带回家？

回家的路上，忽然下起了大雨，你该怎么办？

如果让你选择，你希望六一儿童节怎么过？

你一个人在家里，突然肚子疼，你该怎么办？

讨论式谈话活动的展开方法

幼儿对生活充满了好奇，生活中有许多的事物、见闻会引发他们的兴趣和探究的愿望，特别是中、大班的孩子，求知欲望特别强烈。以上这些晨间谈话的内容能激发幼儿交流的兴趣，引发他们的想象。

2. 帮助幼儿树立“喜欢说”的信心

绝大多数孩子都是愿意表达的，但在幼儿园的环境里，或因为得不到教师的

关注，或因为胆怯，有些孩子表现出不愿意交流的态度。帮助幼儿树立开口说话的信心，首先，要在各种各样的环境里给幼儿提供说话的机会；其次，应像称赞幼儿搭积木或画画一样，对他们说话的表现给予及时的肯定和称赞，比如，教师对幼儿说："你的声音像小铃铛一样好听，老师很喜欢听你说话。"但在幼儿说话时，要避免因"教育"的目的打断幼儿的话，刻板地要求其"说完整""发音正确"等，这样做会使幼儿因受到挫折而失去说话的信心。最后，应认识到幼儿的语言处于发展中，其发展存在个体差异，教师应尊重幼儿语言发展的规律，尊重幼儿的差异，遵循"流畅先于正确的原则"，以接纳的态度允许幼儿说得不对或不完整，相信幼儿通过对教师和同伴语言行为的模仿，且随着年龄的增长，会逐渐改正发音和语法方面的错误，获得语言能力的发展。

当幼儿语言表述不清或出现错误时，教师明智的做法是给予适当提示，或改用另一种说法提出内容相同的问题，引导幼儿寻找答案，帮助幼儿从获得成功的喜悦中树立说话的信心。对勇于回答问题但答案不完整或词不达意的幼儿，可根据其意思代为说明并加以补充，如"××说的意思是……"，这样便避免了幼儿因不能正确回答问题而产生挫折感，使其"喜欢说"的信心得到保护，并学习到了正确的表达方式。

（二）幼儿能围绕主题，运用自己的有关生活经验，围绕中心有顺序地表达，会用多种方式大胆清楚地提出问题，提高语言交往水平

首先，要求幼儿围绕中心话题谈话，充分表达个人见解。谈话往往有一个中心话题，参与谈话的任何一方都应该围绕中心话题交流个人想法。谈话可给予幼儿特别的机会，让幼儿在倾听他人谈话的基础上，围绕话题思考自己的想法，然后说出与主题有关的，适合于这一特定场合的话语。通过围绕中心话题交谈，不断地扩展谈话的范围，能使幼儿充分地表达自己的想法。

其次，鼓励幼儿大胆清楚地提出问题。在谈话的过程中，幼儿基于自己的生活经验和兴趣爱好，对所谈话题会有自己的想法和独特的感受。比如，在谈话活动"我喜爱的动物"中，不同的孩子会对动物的颜色、叫声、吃什么、有什么特别的本领、怎样保护动物等方面产生不同的兴趣或有自己的想法，而这些方面不一定全是教师在设计活动时所预设的谈话内容。教师应鼓励幼儿大胆地提出问题，鼓励幼儿表达自己独特的想法和感受，支持幼儿用各种方式去寻求问题的答案。

谈话活动：我喜爱的动物（中班）

教师提问：你对动物的哪些地方感兴趣？你想提出什么问题？

教师请幼儿当小老师提出自己的问题，师幼共同讨论。

幼儿提出了以下问题：

动物们喜欢吃什么？

动物们有什么本领？

谁是森林中的大王？

哪个动物最有趣？

你喜欢动画片里的哪些动物？

(三) 幼儿能积极地倾听，学会运用语言进行交谈的基本规则，具有文明的语言习惯

倾听是指有意识地、专注地、认真地听，它是感知和理解语言的基础。倾听是幼儿学习与他人交谈时不可或缺的行为能力，是幼儿感知、理解语言的行为表现，是幼儿学习谈话的第一步。人类学习语言就是从“听”开始的，要经过先听后说、先理解后表达的过程。只有懂得倾听、善于倾听，才能理解语言形式、语言内容和语言运用的方式，而只有理解语言才能与别人交流和沟通。

在幼儿园谈话活动中，应培养幼儿良好的倾听习惯，使幼儿能安静地倾听别人说话，了解认真倾听是尊重人的表现；能够使幼儿有意识地、集中注意力地倾听，迅速、准确地掌握别人说话的内容，在倾听中理解。

通过谈话活动，教师可逐步帮助幼儿学习几种倾听技能。第一是有意识的倾听技能，即有主动倾听他人谈话的愿望、态度和习惯。当他人说话时，能集中注意力耐心地倾听，从而去感知、接受他人谈话的信息。第二是辨析性倾听能力，即学习从仔细地倾听中分辨出不同的言语声音，感受说话人声音的不同特点、声音所表现出的不同情绪等。第三是理解性倾听能力，即能够在倾听时迅速地掌握别人所说的主要内容，把握一段话的关键信息，连接谈话上下文的意思，从而能够获得谈话的中心内容，交流自己的见解。

运用语言进行交谈的基本规则，是人们在社会交往过程中约定俗成的一些方式方法。违背这些谈话的基本规则，就会干扰谈话的进行，对人际交往造成不利的影响。为了保证幼儿能正确地运用语言与人交流，使幼儿的“谈话”水平不断得到提高，幼儿就需要懂得语言交往的基本规则，具有文明的语言习惯。这些基本规则主要有：轮流说话，安静地倾听别人说话，不随意打断别人说话，别人说话时不随便插嘴，能对别人说的话做出一定的反应，有礼貌地交谈、不说脏话等。

三 幼儿的日常交谈

集体谈话活动在幼儿园开展的时间并不多，而在幼儿的一日生活里，教师与幼儿，幼儿与幼儿间有大量的机会进行交谈，这些交谈有时候是一种闲聊，有时候是围绕某个主题进行的交流。

(一) 幼儿日常语言交流的意义

幼儿日常语言交流能产生多方面的意义。首先，日常语言交流能促进幼儿理解能力和表达能力的发展。语言交流能产生信息的理解和被理解，在语言的习得中发展认识。美国应用语言学家斯蒂芬·克拉申(Stephen Krashen)认为，交流中总有略高于听者现有语言技能水平的“可理解的语言输入”(comprehensive input)，这是促进理解的关键，而幼儿间的自由对话，能帮助其扩大交流对象，学会

发起对话和延展对话的方法，并养成良好的语言习惯，促进语言表达能力的发展。其次，语言交流能实现沟通，发展平等与信任。语言交流需要参与者具有共同的有关语言表述的认识、态度、情感与能力，并且在运用语言表达时遵守一定的交谈规则。交流是一种对话，是一种自由、平等、公正的沟通，谈话者互相尊重彼此的人格、观点和观念，能够形成充分的友谊感和信任。最后，语言交流能促进幼儿社会交往能力的发展。语言交流是交往的基本平台，语言交流技能是基本的交往技能。良好的语言交流能够对幼儿的社会交往能力发展起到积极的促进作用。

（二）教师在组织幼儿进行日常交谈时应注意的问题

1. 在日常生活中经常与幼儿交谈，提供幼儿自由交流的时间

在幼儿园一日生活的过渡环节或者区域活动时间里，孩子是相对自由的，他们总有许多话想跟教师或同伴交流，而这些时间是幼儿自主交流的最好时机。幼儿与教师的交流、幼儿之间的自由对话，能帮助其扩大交流对象，学会发起对话的方法，并养成良好的语言习惯。教师可以在有空的时候跟幼儿交谈，包括幼儿早晨入园、午睡前后、自由游戏时间、离园前等。这种交谈可以是个别的，也可以是集体的。《纲要》指出："语言是在运用的过程中发展起来的。"对幼儿来说，这些"闲聊"的经验是非常宝贵的，在闲聊中孩子会逐渐学会运用语言，同时促进认知能力、思维能力的发展。

应允许幼儿在幼儿园一日生活的过渡环节中自由交谈，提供更多的师幼之间、幼儿之间充分交流的机会。让幼儿在平等、轻松的环境下畅所欲言，尽情地表达心中的各种感受，消除压抑、紧张、胆怯的心理，保持轻松愉快的情绪。这会促进幼儿语言能力和社会交往能力的发展。如在餐前等待吃饭的过程中让幼儿轻声地与同伴交流自己喜欢吃的饭和菜，或者让幼儿说出各种餐具、主食、副食或蔬菜的名称；在餐后散步时，请幼儿观察幼儿园中的各种户外大型玩具，并请幼儿说出玩具的名称及自己最喜欢的玩具；在吃点心时，引导幼儿说出香喷喷的面包、五颜六色的八宝饭、甜甜的蛋糕、甜美的水果等。

2. 以幼儿感兴趣的内容调动其交谈的兴趣

幼儿对生活充满了好奇，生活中有许多的事物、见闻会引发他们的兴趣和探究愿望。教师可拟定一些幼儿感兴趣的开放性题目，在晨间或一日生活中的其他空余时间组织幼儿交流和讨论。有的幼儿园开展"每月一个大话题、每个星期一个小话题"的活动，值得借鉴。这些话题涉及季节、节日、情感、近期发生的大事等，而话题"认识小朋友"又被分解成"他叫什么名字""某某小朋友长得真可爱""某某小朋友的衣服干净又漂亮""谁是你的好朋友"四个小话题，每周选用其中一个谈论 2~3 次。

一般来说，以下内容是幼儿比较感兴趣的：在家的生活和学习情况、正在做的游戏、正在玩的玩具、来园途中的新发现、假期发生的有意思的事情、喜欢看的动画片、喜欢玩的游戏或物品、喜欢吃的食物、自己的朋友和爸爸妈妈等。

在幼儿园还可以用访谈的形式开展交谈活动。幼儿喜欢看电视，对电视节目

中主持人手拿话筒采访嘉宾羡慕不已。很多幼儿很想体验一下当主持人和小记者的感觉。无论是当主持人、小记者或是被采访对象，都能锻炼幼儿的胆量，提供在集体面前大胆表达和交流的机会。因此，在中、大班可以尝试以访谈的形式开展交流活动。比如，每次让一名或数名幼儿学当小记者，再由小记者邀请在场的小朋友作为被采访者，其他幼儿作为观众参加讨论。以幼儿的“自我”作为访谈内容的起点，有的话题可以由教师引出，幼儿自由发挥和延伸；有的话题由幼儿发起，话题内容广泛而且富有童趣，充满幼儿的智慧和爱心。比如，“爸爸老爱吸烟，怎么办”“为什么妈妈老管这么紧”“家里没伙伴怎么玩”“‘三八’妇女节我们能为妈妈做什么”“乌龟过冬会不会饿死”“小鱼在睡觉时闭上眼睛吗”。访谈既可以在幼儿园进行，也可以在家庭甚至社区进行；采访对象可以是幼儿园的小朋友，也可以是爸爸妈妈或其他人。比如，设计“妈妈的童年跟我们一样吗”“帮助了我们的人”“大家喜欢吃什么糖”等访谈题目，让每个幼儿都尝试当小记者，采访身边的人，会更好地激发幼儿对交谈的兴趣。

访谈式谈话活动的展开方法

延伸阅读

为幼儿创设情境交流语言

为给幼儿提供语言表达的机会，我园尝试以“每月一话题”的形式为幼儿创设了群体语言交流的情境，取得了较好的效果。

一、根据幼儿特点，确定大话题

我们根据幼儿园小、中、大三个班次幼儿的不同特点，每月确定一个大话题，各班次话题的内容和要求有所不同，原则上是选择与幼儿生活密切相关的话题，选择幼儿感兴趣的话题，选择幼儿对其已有生活经验并很容易进行迁移的话题，主要可归纳为以下几方面。

1. 有关幼儿园日常生活用词的话题

这类话题适用于在小班进行，因为小班幼儿入园前在家与父母的交往中即使说半截子话、句子成分残缺的话或自己生造出来的话，家长只要能听懂也就很少去刻意纠正幼儿不规范的语言。如许多小班幼儿把“小便”说成“嘘嘘”；想添饭或要汤时说“老师吃完还吃”“老师喝汤”。幼儿园是幼儿个体与群体交往的开始，幼儿一入园就要开始学习运用规范语言在集体中进行日常交往活动，所以幼儿园生活用语的使用是小班首选的话题。如我们为小班第一学期确定了四个大话题：“介绍你班上的几位老师”“你认识小朋友吗”“请求帮助用词”和“礼貌用语”。

2. 有关描述季节和节日的话题

这类话题适用于中班和大班，幼儿经过在园一至两年的语言基础训练，口语表达能力有了一定的发展，掌握了一定量的词汇，特别是形容词比较丰富，大多数幼儿能够抓住事情的主要特征按照一定的逻辑规律组织一段话。如我们在3月份为中、大班幼儿设计了“我爱妈妈”，在5月份设计了“美丽的春天”，在6月份设计了“我们多幸福”，在9月和10月份设计了“丰收的秋季”等大话题。

3. 有关情感内容的话题

这类话题如“我爱我家”“我心爱的小动物”“谁来帮助他”等，在小、中、大班都可以进行。因为幼儿对这类能自由流露自己真实情感的话题有着浓厚的兴趣。

4. 有关近期发生的大事和随机教育的话题

这类话题很适合大班幼儿，因为大班幼儿已经对外界发生的事情比较关心，并且已具有一定的辨别能力。如我们为大班幼儿设计了“香港知多少”“解放军叔叔抗洪事迹你知道吗”“这样做对不对”等话题。

二、围绕大话题，精心设计小话题

因为大话题范围广、内容多、概括性强，往往使幼儿不知从何说起。所以，我们将每月的大话题分解成几个具体明确的小话题，使幼儿能围绕一个单一的小话题进行交谈。如我们把小班的大话题“认识小朋友”分解成“他叫什么名字”“某某小朋友长得真可爱”“某某小朋友的衣服干净又漂亮”“谁是你的好朋友”四个小话题，每周选用其中一个谈论 2~3 次。我们把“秋季”这一大话题分解为“秋天的落叶”“秋天的水果”“秋天的蔬菜”“秋天的庄稼”四个小话题，教师有目的地指导幼儿观察。丰富幼儿的词汇和感性认识是组织幼儿进行“每月一话题”活动的前提和基础。幼儿只有具备了有关话题的丰富的知识和词汇，他们才能在谈话中有话可说。如 9 月和 10 月正是金秋季节，在大自然中处处都能感受到秋的气息，于是我们组织大班幼儿进行秋游活动。孩子们到果园看果树，到田里捡玉米、拾稻穗，在树下收集落叶，这时教师不失时机地在讲解中说出“金灿灿的玉米”“沉甸甸的稻穗笑弯了腰”“大红枣像一颗颗红宝石”“树叶落下来，飘呀飘呀，像蝴蝶在飞”等优美的词句。幼儿在教师的指导下观察才会更仔细，对教师说出的优美词句才会更感兴趣，注意听了，才容易记住。有了以上的感性认识及教师的语言提示，幼儿聊起来才会语言生动。如在小话题“秋天的落叶”中，幼儿说出了“秋天到了，树叶慢慢变黄了，被风轻轻一吹，像小黄鱼一样在空中游来游去”“秋天的树叶像小虫子一样从树枝上掉下来慢慢死去了”“秋天来了，秋风吹呀吹呀，树叶干了，像雪花一样飘了下来”等语句。在小话题“秋天的水果”中，幼儿说出了“我最喜欢秋天的橘子，它的皮是橘黄色的。剥开皮，里面的橘肉还是橘黄色的，一瓣一瓣像一朵朵小花，闻起来一股清香，吃起来又甜又酸，馋得让人流口水”这样的语句。又如，在进行大话题“我们真幸福”之前，教师带领幼儿在大型玩具场游戏，这时教师边组织幼儿玩，边因势利导，启发幼儿注意感受在玩不同玩具时自己的心情，并发问：“你从高高的滑梯上滑下来有什么感觉？”“坐上旋转飞机，有什么感受？”“荡船惊险吗？”此后在进行小话题“有趣的玩具场”时，幼儿们说出了“我最喜欢玩幼儿园玩具场的滑梯，从高高的滑梯上滑下来，就像瀑布从高山上流下来一样”“飞机一旋转起来，我感觉就像去旅游，转遍全世界”等充满想象力和童趣的语言。在“每月一话题”活动中，教师要注意和幼儿保持一种亲切、自然、平等的关系，突出聊天的轻松气氛，不要给幼儿施加压力并注意调动全班幼儿参与的积极性。

［资料来源：刘新军，宋少红. 为幼儿创设情境交流语言. 宁夏教育，1999，(7-8)］

3. 认真倾听并有效地挖掘幼儿想说的话

教师认真倾听幼儿讲话，会使幼儿感觉到自己被重视，从而更加积极地表达。在与幼儿个别交谈时，教师要蹲下来，看着孩子的眼睛，用简单的表情和动作配合语言，对他们的话做出回应。这样的亲切交流显然符合孩子的心理需要。此外，教师还应通过与幼儿的平等交谈挖掘出幼儿想说的话，如多问一些“为什么”询问原因，多问“你觉得是什么样子”“你喜欢什么”“你是怎么想的”，引导幼儿充分表达自己的思想和意愿。即使幼儿说话不清楚，表达不准确，都不应当指责，而应积极引导孩子把话说清楚。

乐乐四岁多了，是一个内向的、不爱说话的孩子，说话时表达不清楚。乐乐的鞋带松了，他指着鞋子对老师说：“嗯——嗯。”

老师问：“乐乐，你有什么事吗？”乐乐答：“鞋带。”

老师说：“如果乐乐说‘请老师帮我系一下鞋带’，我就听懂了。”

乐乐说：“请老师帮我系一下鞋带。”老师说：“乐乐，你说得真好！”

4. 教师的语言要有良好的示范作用

孩子的语言是在倾听成人的语言、模仿成人的语言中得到发展的。教师规范的用词造句，标准、清晰悦耳的语音，生动优美的词句，抑扬起伏的语音、语调，都会对幼儿的语言表达产生重要的影响。

延伸阅读

幼儿之间交流缺失的现状分析与对策

幼儿之间的交流在幼儿园的教育活动中，有着十分重要的作用。幼儿之间的交流有利于与同伴分享经验、传递信息、沟通情感，在交流中相互启迪，建构知识，发展语言表达能力、思维能力及人际交往能力等。然而，在幼儿园的教育活动中，幼儿除了与老师的交流外，幼儿之间的交流仍很缺乏(尤其是农村幼儿园)，因而影响了幼儿园交流的教育功能。那么，到底是什么原因导致教育活动中幼儿间相互交流的缺失？如何帮助幼儿使其喜欢交流、善于交流呢？

现象一：幼儿只“喜欢”与老师交流。

在教育活动中，幼儿有什么发现只想告诉老师，完成的作品只想拿给老师看，经常出现多个幼儿争着与老师交流的现象，令老师应接不暇。此时的老师虽然也要求幼儿相互之间进行交流，但幼儿却依然故我，老师深感无奈。

原因分析：老师的指导方向及其本身所具有的权威性，直接影响着幼儿的态度与行为，导致幼儿只喜欢与老师交流。一是老师的语言误导了幼儿。我们经常听到老师在操作前对幼儿提出这样的要求：“有什么发现等会儿告诉老师”“做好了拿给老师看”。等到多个幼儿同时想与老师交流时，老师才忙于提示幼儿相互交流，这种补救式的引导对于已产生“思维定式”(认准了要告诉老师)的幼儿已不起作用。二是老师的评价误导了幼儿。在教学活动中，老师常常是针对幼儿自身作一些笼统的表扬，如“××小朋友做得真快”“××小朋友真棒”等，而且这种表扬常常是面向全体幼儿进行的，这给被表扬的幼儿带来了荣耀感，这种荣耀感使幼儿更趋向与老师交流而不喜欢与同伴交流。可见,幼儿所谓的“喜欢”与老师交流,其目的在于得到老师这一权威者的关注、肯定与表扬。这种表面的、带有“功利性”的交流难免使交流的内容显得枯燥、空泛,而失去交流的实际效用。

方法改进:改变语言导向,即变“告诉老师”为“告诉小朋友或老师”,有意识地引导幼儿相互交流;改变评价方式,变针对幼儿自身的评价为行为的评价,如“这种做法很有趣,还有别的方法吗”“原来你是这样想的”等,让幼儿感受乐趣和产生动力的是活动本身而不是老师,幼儿的所思所想、所作所为不再依赖于老师。当幼儿所关注的是活动本身而不是老师,幼儿就会显现出有主见的个性,也会交流分享自己的探索和发现。

现象二:幼儿只想讲不想听或不想讲也不想听

在集体中,很多幼儿只想讲不想听。就讲与听而言,幼儿不愿意听。当某个幼儿在讲述的时候,其他幼儿注意力不集中,心态浮躁,难以静下心来倾听,出现违规行为。有的幼儿则是不想讲也不想听,自由交流时更多的是无所事事,在活动中很少与同伴主动交流。

原因分析:一是教师对幼儿的交流表现为低度关注。集中交流时,老师的目光常常游离于表达者之外,不是提醒其他幼儿注意听讲,就是想着如何完成自己的教学任务或下一环节如何组织等。教师对幼儿交流的低度关注,在一定程度上影响了幼儿良好的倾听意识与倾听习惯的养成。二是教师提出的问题笼统、枯燥。在幼儿操作中和操作后,老师常要求幼儿说“做了什么,是怎么做的”“发现了什么”。这种枯燥、笼统且模式化的问题,导致幼儿不喜欢讲或不懂得讲,从而影响表达的效果。三是教师对交流产生认识偏差。老师把交流局限于语言的交流,认为只有用语言表达出来才说明幼儿有交流,把交流当成发展幼儿语言的硬任务。如活动中老师不停地发问或要求幼儿相互交流,本意是要更好地引导幼儿学习,殊不知却给幼儿的思维与操作造成很大的干扰,让幼儿感到交流是一种负担,从而影响了交流的兴致和交流的效果。四是交流流于形式。集中交流时,常常是老师问、幼儿答,而且往往是在问题提出后,老师就急于表明自己的观点,或急于进入下一环节,幼儿想说的欲望和机会没能得到满足,这种流于形式的交流不仅影响了说的质量,也影响了听的质量。五是缺乏交流的环境,参与交流的幼儿缺少类似的探究经历与经验。

方法改进:

1. 榜样示范,创设积极交流的氛围

老师通过自己专注地、饶有兴致地倾听幼儿的交流,能使幼儿感受到老师愿意倾听他们每一个人的想法,并在潜移默化中受到熏陶与感染。在榜样示范的基础上引导幼儿关注、倾听同伴的想法与做法,能够为同伴的进步而高兴喝彩;帮助幼儿意识到专心听讲不仅是对他人的尊重,而且可以作为自我发展的一种资源,让幼儿在实践中体验交流的重要和有趣。

2. 具体的、有针对性的引导

老师宜借助幼儿在操作探索中所获得的经验,对幼儿的交流作具体的、有针对性的引导,提出有利于幼儿表达、交流自己探索发现的问题,引发幼儿进一步思考与探索。在幼儿的实际体验和感受中,有针对性地引导其相互交流,不仅使幼儿有话可讲,还可以使幼儿从中发现问题,进而解决问题,这才是交流的意义所在。

3. 提供充分思考、表达的机会与时间

老师在提出问题后应留给幼儿足够的思考与交流的时间,并尽量保证每个幼儿都有机会参与交流。可采用集中交流与自由交流相结合的办法，同时提出有利于引发幼儿讨论、交流的问题，让幼儿在交流与争议中分享经验、启迪思维，既面向全体又关注个别，使每个幼儿都有思考、表达与交流的机会。

4. 积极为幼儿创设相互交流的环境

首先要注重让幼儿在真实的、具体的情境中交流。幼儿年龄小，形象思维占优势，他们的交流需要具体直观的凭借物。因此，老师应提供更多的机会让幼儿在真实的、具体的情境中(即在观察、操作的过程中)自由交流，引发幼儿交流与争议。此外，对于幼儿操作探索、技术设计的成果，在集中交流时老师宜创造条件让幼儿面向这些成果进行交流，借助具体的凭借物唤醒幼儿表达、交流的欲望，丰富表达、交流的内容。其次要创设有利于交流的环境。根据需要灵活采用交流的形式，提倡小组式的交流。小组交流不仅人数少、空间距离短，便于幼儿相互交流，而且通过小组成员的自由组合，让有共同关注点、兴趣点的幼儿围坐在一起进行交流，有利于每个幼儿畅谈自己的感受、体验和发现。

5. 重新认识交流的目的与方式

明确交流的方式不仅有口头语言，还有体态语等。对于不善言表的幼儿，或幼儿遇到难以用语言进行表达的一些想法与做法，老师不宜强求幼儿用语言交流，应支持、鼓励幼儿借助非言语方式进行交流，如眼神、动作、作品等，做到有针对性地、灵活地引导幼儿运用不同的方式进行交流。明确交流的目的在于分享经验、沟通情感，是幼儿内在需要的一种互动式的交流。认识交流重在自然渗透，重在创设有利于幼儿交流的氛围，唤醒幼儿交流的需要，让幼儿有感而发，让幼儿与同伴及与老师的交流在自然、轻松、愉悦的氛围中进行，逐步使幼儿喜欢交流，进而善于交流，促使幼儿获得更好的发展。

[资料来源：洪素云. 幼儿之间交流缺失的现状分析与对策. 教育导刊，2007(1)]

四 幼儿园集体谈话活动

幼儿园集体谈话活动，主要是指教师围绕幼儿感兴趣的话题，运用生动有趣的方式，引导幼儿围绕话题进行交谈的集体教育活动。和日常交谈相比，集体谈话活动是以集体教学活动的形式进行的，话题集中，谈话的进程往往在教师控制之下，交流的形式既包括教师和幼儿的交流，又包括幼儿之间的交流。

(一) 幼儿园集体谈话活动话题的选择

在幼儿园集体谈话活动中，要让幼儿有兴趣参与谈话并且在活动中能有效地交谈，话题的选择非常重要。选择的话题应该有以下特点。

1. 有趣的，有一定新鲜感的——幼儿愿意说

有趣的话题是那些幼儿特别关心的事物，如玩的、吃的、有意思的事物等。如“我喜爱的玩具”“我爱动画”“好吃的糖果”“好吃的饼干”“可爱的动物”等。有趣的话题也常常与幼儿近期生活中关心的事物或事件有关。比如，由观看北京奥运会开幕式引发的谈话“我喜爱的体育运动”，母亲节或父亲节前后进行的谈话话题“我的妈妈”或“我的爸爸”。而那些反复提起和讨论的话题，一般难以引起幼儿

谈话活动中话题的选择与分析

强烈的兴趣和交谈的愿望。

2. 幼儿熟悉的，有一定经验基础的——幼儿有话可说

幼儿对所谈的话题具备一定的生活经验，对话题有基本的看法和态度，在谈话活动中才会有话可说。只有幼儿愿意表达，有话可说，才能形成交流和讨论的氛围，保证谈话能轻松愉快地进行下去。

另外，选择话题时也应考虑到幼儿的年龄特点。小班的谈话活动主题一般是关于具体的实物，如玩的、吃的等；中班的谈话活动主题可增加关于人物的内容，如“我的爸爸”“我的妈妈”“我的朋友”等；大班可增加描述现象的内容，如“我长大了”“我的心愿”等。

（二）幼儿园集体谈话活动的设计与组织

1. 创设谈话情境，激发幼儿交谈的兴趣

通过一定的情境，启发幼儿对话题的联想，激发幼儿参与谈话的兴趣。创设谈话情境主要有以下两种方式。

（1）以实物、直观教具创设情境　教师可利用活动角布置、墙饰、实物、图片、表演等，向幼儿提供与话题有关的可视形象，激发幼儿交谈的兴趣，调动他们关于话题的生活经验。例如，在谈话活动“好吃的糖果”开始的时候，教师布置一个糖果展览，带着幼儿参观糖果展览，调动他们的生活经验，激发他们想谈的欲望；在谈话活动“好看的动画片”开始的时候，教师出示一些动画人物的幻灯片，让幼儿猜猜他们的名字，激发幼儿对动画人物的兴趣；在谈话活动“多彩的服装”活动开始的时候，教师让部分幼儿或全体幼儿穿上自己喜欢的衣服在音乐声中进行服装表演。

（2）以语言创设情境　教师通过自己生动的语言，描述一种情境，或通过提一些问题来唤起幼儿的记忆，调动他们的经验，以便幼儿顺利地进入谈话之中。

谈话活动：我的妈妈（中班）

教师用语言创设谈话情境：每个人都有自己的妈妈，每个妈妈都不一样。妈妈有哪些地方不一样呢？比如，有的孩子的妈妈是长头发，有的孩子的妈妈是短头发；有的孩子的妈妈是教师，有的孩子的妈妈是护士，还有的孩子的妈妈是医生；有的孩子的妈妈喜欢逛街，有的孩子的妈妈喜欢美食，还有的孩子的妈妈喜欢织毛衣。我们都爱自己的妈妈。今天，老师就给小朋友们一个机会来说一说自己的妈妈，好吗？

创设情境的目的是为了在一种轻松愉快的氛围中激发幼儿兴趣以利于谈话的顺利进行，教师既要利用谈话情境启发引导幼儿，又要尽快导入话题引发幼儿谈话。因此，在创设情境中教师应注意：一是要避免无关摆设，紧扣中心话题；二是要避免过于热闹以致喧宾夺主，要简单、明了；三是时间不宜过长，3～5 分钟即可。

2. 引导幼儿围绕话题交谈

（1）应为幼儿的交谈准备丰富的材料（实物、图片、多媒体动画等） 在幼儿园教育活动中，要糅合多种儿童发展因素，允许多种与儿童语言及其他方面发展有关的符号系统的参与，从而促进幼儿在外界环境的刺激和强化作用下积极地运用语言与人、事、物交往，在生动活泼的操作实践中动脑、动嘴、动手，成为主动探求的语言创造者。教育在于为幼儿创设学习情境，帮助幼儿在与情境中的人、事、物相互作用的过程中主动建构知识。因此，给幼儿提供适宜的材料并让幼儿操作材料在幼儿园语言活动中具有重要意义。材料对于幼儿园谈话活动的组织有如下作用：引发幼儿的兴趣；调动幼儿的生活经验；促使幼儿大胆表达。在幼儿园集体谈话活动的组织中，教师应在准备材料上下功夫，通过提供充足的、适宜的材料，通过有层次性地呈现材料，不断调动幼儿已有的生活经验，使幼儿在与环境和材料的相互作用中积极地、愉快地运用语言进行交流。

谈话活动：多彩的服装（大班）

材料准备：

职业服装（图片或幻灯片）。

民族服装（图片或幻灯片）。

季节服装（实物或幻灯片）。

有特殊用途的服装（如太空服、模特表演服装、雨衣等，用幻灯片）。

有图案、有意思的服装（幻灯片）。

用皱纹纸或其他废旧材料自制的服装。

教师在准备谈话活动材料时应注意以下两方面问题。

第一，材料要紧紧围绕目标，并体现层次性。活动前，教师自己收集或师生共同收集许多与活动相关的材料，教师应该对这些材料进行分析，明确哪些是为目标服务的，哪些和目标没有多大关系。教师应该勇于舍弃那些和目标没有太大关系的材料，使材料能够更好地为目标服务。另外，材料的呈现应该层层递进以突出活动的重点与难点，教师应弄明白材料出示的次序及原因。

第二，材料应从幼儿的经验和兴趣点出发，激发幼儿表达和交流的愿望。教师在给幼儿提供材料时应考虑幼儿的经验，需要了解幼儿知道什么、熟悉什么、喜欢什么、关注什么。

谈话活动：我爱动画（中班）

材料准备：若干幻灯片。

动画人物（猜名字）。

动画人物的一部分（猜名字）。

动画人物随身携带的一样东西（猜名字）。

动画内容（猜片名）。

动画音乐（猜片名）。

无声动画(配音)。

在以上实例中,动画片是幼儿喜爱并非常熟悉的电视节目,给幼儿提供大量的动画素材很容易调动幼儿学习的兴趣,引发他们表达的愿望。同时,由于每个幼儿具有的动画片经验不尽相同,教师分别从动画人物、动画内容和动画音乐等方面提供材料,充分考虑到了幼儿的生活经验和兴趣点。这些材料的呈现将使幼儿的思维更活跃,表达和交流更充分,并有助于提升他们的经验。因此,当教师逐一为幼儿提供幻灯片时,孩子们都能保持浓厚的兴趣。孩子们兴致勃勃地等待下一个将要出示的动画材料,兴奋地讨论着、交流着。这些动画人物(包括整体和部分)、随身携带的东西、动画音乐等都是幼儿熟悉的事物,对于熟悉的事物,幼儿就会有话可说;对于感兴趣的东西,幼儿就会愿意表达、乐于表达。

(2) 运用不同的、生动有趣的方式和情境,增加幼儿动手操作的机会,激发幼儿交谈的兴趣　谈话是口头语言操作。但是,如果幼儿园谈话活动仅仅是幼儿和教师的交谈或幼儿和幼儿间的交谈,显然不符合幼儿身心发展特点和幼儿园活动设计组织的要求。呆板的、长时间的一问一答的谈话方式很乏味,难以引起幼儿兴趣,活动效果差。根据幼儿活动的特点,在谈话活动中适当增加一些其他方式的操作活动,让幼儿动静交替,会更有利于激发幼儿的兴趣,调动他们说话的积极性。因此,在各种谈话活动中,教师均可根据话题的内容,适当增加幼儿动手操作的机会。

第一,通过“看”(图片、实物、多媒体、表演等)和“听”,激发幼儿“谈”的兴趣。例如,在中班谈话活动“我爱动画”里,通过让幼儿看动画人物的图片,听动画片中的音乐,引起幼儿对“我爱动画”主题的谈话兴趣。

第二,通过让幼儿亲身体验,激发幼儿谈话的兴趣(参与表演、探索)。例如,在大班谈话活动“多彩的服装”中,让幼儿穿上自己喜欢的服装在音乐声中表演;在大班谈话活动“我们的鞋子”中,让幼儿脱下自己的鞋,换穿别人的鞋,体验鞋的大小、款式的不同;在谈话活动“我长大了”中,可以事先布置一间探索屋让幼儿去量身高、测体重等,感受自己生长的变化;在谈话活动“我的爸爸”中事先设计一些爸爸的画像,比如,开心的爸爸、爱睡的爸爸、贪吃的爸爸、生气的爸爸、爱运动的爸爸、力气大的爸爸等,将这些画像贴在黑板上,然后让幼儿将星星贴在相应的爸爸画像下面,统计哪个爸爸得的星星最多,最后讨论:为什么爸爸那么爱睡? 爸爸喜欢哪些运动? 在中、大班谈话活动“我们的手指”中,可以设计的幼儿体验操作活动有:玩手指游戏,按手印,观察指纹,欣赏和模仿手语,讨论并欣赏幻灯片——手可以做一些什么特别的事情? 幻灯片显示我们的手指还可以跳孔雀舞、指挥交通、做裁判的手势、剪纸和做拉面等。

第三,通过边吃边谈、边玩边谈,增强谈话的趣味性。例如,在“好吃的糖果”谈话活动中,教师让幼儿选择自己喜欢吃的糖果,边吃边谈论以下内容:糖果的包装纸、糖果的形状、糖果的颜色、糖果的味道等。边吃边谈会使幼儿对谈话更加有兴趣。又如,在“我喜爱的玩具”谈话活动中,教师让幼儿两两结伴,边向同伴演示自己所带来的玩具，边介绍玩具的玩法。

3. 拓展谈话范围，深层次地引导幼儿围绕话题交谈

在幼儿园集体谈话活动的设计和组织中，教师应重点思考：围绕话题可以引导幼儿从哪些方面来交谈，先谈什么，后谈什么。一般来说，教师引导幼儿拓展谈话的范围可以遵循以下顺序：对话题对象的描述和基本态度—为什么会有这种态度—对话题对象的独特感受。先从幼儿生活经验中最熟悉的部分谈起，如见过什么，吃过什么，玩过什么；再过渡到发表自己的看法，谈论自己的感受，丰富拓展经验，如喜欢什么，不喜欢什么，你觉得应该怎样，还有哪些特别的地方等。也就是说，要先调动幼儿关于话题的生活经验，然后再利用材料丰富和拓展幼儿关于话题的视野。

谈论式谈话活动的展开方法

谈话活动：可爱的动物（中、大班）

设计的拓展提问：

认识哪些？

喜欢哪些？不喜欢哪些？为什么？（幻灯片）

动物的叫声、动作。（模仿）

动物喜欢吃什么？

哪些动物最有趣？（水里的、地上的、空中的）

哪些动画片里的动物最有趣？（动画片片段）

动物为我们做了一些什么？（幻灯片）

怎样保护动物？

幼儿园谈话活动拓展谈话范围应注意以下三个方面。

第一，应从幼儿的兴趣和生活经验出发，层层深入地拓展提问。围绕主题设计的提问应该是幼儿感兴趣的、有一定生活经验的，这样幼儿才会愿意说并有话可说。比如，大班谈话活动“我们的手指”，围绕“手”可以做的特别的、有意思的事情去拓展提问，幼儿会很感兴趣，就会积极表达。

第二，拓展的谈话内容应更丰富，注意丰富和拓展幼儿的经验。谈话活动的谈话范围不能只局限于幼儿已知的生活经验，应该通过各种方式向幼儿展现关于谈话主题的一些有意思的东西，即丰富和拓展幼儿的生活经验。如在谈话活动“多彩的服装”中，在谈过了服装的颜色、男女服装的不同、季节服装的不同等方面后，教师给幼儿提供以下服装的幻灯片来丰富和拓展幼儿的生活经验：职业服装，民族服装，有特殊用途的服装，有图案、有意思的服装。当那些有特点的服装一一展现在孩子们的面前时，他们会觉得很有意思，欢呼雀跃。通过幻灯片展现这些服装，能激发幼儿的好奇心，引导幼儿关注服装中那些新奇的东西。氛围热烈的谈话讨论，能加深幼儿对谈话内容的了解，丰富和拓展幼儿的生活经验，激发幼儿对周围生活的关注，树立积极的生活态度和情感。

第三，应在谈话活动中让幼儿提出问题，并根据幼儿提出的有价值的问题展开交流讨论。教师应在集体谈话活动中预设很多提问，这些问题能保障谈话顺利

进行。但是,幼儿对于话题有哪些独特的感受,有哪些困惑,这是以往幼儿园谈话活动中经常忽略的问题。在幼儿园集体谈话活动中,教师应该给幼儿机会,让幼儿提出关于话题的问题,并从中发现有价值的问题,引导幼儿围绕问题展开交流和讨论。在大班,教师可以尝试用辩论会的形式引导幼儿展开交流和讨论。

谈话活动:我的妈妈(中班)

在中班谈话活动“我的妈妈”的组织中,一个孩子提出:“妈妈小时候跟我们一样有糖吃吗?”其他孩子有的说有,有的说没有。有的孩子说妈妈小时候很苦,没有零食吃,有的孩子则反驳说妈妈小时候过得也很好。于是,教师围绕妈妈的童年提出了如下三个问题。

1. 妈妈小时候有没有零食吃?
2. 妈妈小时候有没有去过游乐场?
3. 妈妈小时候是不是要什么就能买什么?

孩子们围绕这几个问题讨论得很热烈。在很多孩子表达过自己的看法后,教师代表妈妈回答了这几个问题。结束时,教师让孩子们就这三个问题回家亲自问问自己的妈妈。

延伸阅读

幼儿辩论会初探

一、举行幼儿辩论会的可行性

由于幼儿的年龄特点,我们不可能举行严格意义上的辩论会。但从幼儿语言、思维发展的基础、智力发展的需要看,举行符合幼儿生理、心理发展规律的简单的辩论会还是可行的。

首先,从幼儿语言、思维发展看,皮亚杰在关于儿童的辩论语言发展的阐述中提到:“对于儿童的辩论,可以分为两个阶段:第一个阶段包括相反的倾向与意见间的简单冲突,即初步的争吵和初步的辩论;第二阶段是辩论,在这种辩论中,说话者都讲出了他们各自的不同观点。当儿童借助一个连接词(如既然、因为、于是等)把他的陈述和他认为有效的理由联系起来,从而鲜明地提出自己的观点的时候,这就是真正的辩论。”幼儿连贯语言和独白语言有了进一步的发展,明显地出现了抽象思维的萌芽,分析、综合、比较、概括等思维基本过程有初步的发展,虽然议论能力不强,但是仍然能进行初步的议论性讲述,能通过摆观点、讲事实来说明自己赞成什么或是反对什么。

其次,从幼儿智力发展需要看,真正的思想交流和讨论会使幼儿出现叙述解释、验证事实、解决矛盾和调整看法等变化。为他们营造一种民主、平等、宽松的心理氛围,让幼儿畅所欲言,各抒己见,在激烈的讨论中迸发思维的火花,从而解决“认知冲突”。

二、在幼儿园大班开展辩论活动的尝试

辩题:跟旅游团旅游好不好?

活动背景:班上这一段时间正在开展“旅行社”的活动,幼儿对活动很感兴趣,对旅行社职能和导游工作有了初步的认识,许多幼儿也有与家长外出旅游的经历。

活动准备:在班上讨论“跟旅游团旅游好不好?”让幼儿回家收集资料和观点,与家长讨论。

活动过程:(幼儿辩论会发言记录)

正方:

如果那个地方危险,导游会提醒你哪里可以去,哪里不能去。

不跟旅游团不知道景点的名字。导游会介绍这是什么东西,那是什么东西。可以去很多地方,参观很多景点。

跟旅游团出去买东西会便宜一点。

自己开车去不知道到哪里了,会迷路,跟旅游团就不会。

导游会帮忙买票,会便宜点,省钱。

走失了,看到游客所戴的旅行社的帽子一样,就知道是自己的团了。

导游会帮忙处理一些事情。如游客有时会晕车,这时导游会帮忙处理。

跟旅游团,导游可以介绍各个景点。

导游会帮我们订好旅馆和车票。

跟旅游团比较安全。

导游会提醒注意安全。

团体买票可以便宜点,不用为住宿操心。如果身上没有钱,导游会帮忙买门票。

导游可以帮忙订好时间、路线。

反方:

有些地方不安全,导游没有提醒。

旅游项目安排不好,游客不喜欢。导游选的地方可能不好玩,自己去就可以选好玩的地方。

跟旅游团,玩的时间限制太死。有一次导游要我们去划船,我不想去,可是又必须去,没办法!(举出事例证明。)

有时风景很好,时间不够。导游说要集合,我们却还想玩。跟旅游团游玩时间太少,不够玩。

自己去泡温泉可以泡很长时间,没有时间限制。

自助旅游随便想去什么地方,就去什么地方。

可以看书查资料,了解要去的那个地方的历史,如《十万个为什么》《儿童百科全书》。

跟团旅游车上很挤。有一次跟团去漂流,导游中途就说不去了,我们很不开心,还跟他吵。导游说有新车,后来却来了一辆破车。

自己可以看安全警告牌。

大人忘了交费,小孩就没得去。

(园长加入。)有一次带孩子去北京,导游带我们参观故宫。故宫又大,又在装修,什么都没得看,小孩觉得没意思。后来我们决定改变行程,自己设计去了科技博物馆和军事博物馆,结果很开心。

[资料来源:郑伟如. 幼儿辩论会初探. 教育导刊,2006,(11)]

案例评析

案例一 谈话活动:有趣的电视广告(大班)

活动目标

(1) 了解广告信息能给人们的生活带来方便,也会带来烦恼。

(2) 感受电视广告的有趣。

(3) 能关注生活中有意思的东西,能积极地倾听并围绕话题大胆清楚地表达,乐意与同伴分享自己的感受。

活动准备

(1) 在教室里贴一些广告图片。

(2) 在生活中,教师对幼儿喜欢的广告进行调查并有选择地录制。

(3) 录音机、电视机、自制“电视机”。

活动过程

1. 导入部分

(1) 师幼共同欣赏教室里的广告。教师提问:这些是什么? 图片上说了什么呢?

(2) 教师模拟表演一段电视广告,激发幼儿谈论广告的兴趣。

(3) 教师提问:小朋友,你们平时听过、看过广告吗? 你会说哪些广告词?

2. 师幼共同讨论所知道的电视广告

(1) 观看广告片段。教师提问:这些广告分别介绍了什么产品?

(2) 教师提问:你最喜欢电视中的哪个广告? 为什么?

(3) 教师用日常生活中的一段话和广告语分别描述一种食品,引导幼儿讨论:广告语和日常生活用语的不同之处,了解广告语具有简短、生动、有趣、概括的特点。

(4) 集体交谈:你们知道广告有什么作用? 为什么要做广告?

教师小结:广告的作用就是宣传自己,让大家都知道这个产品是做什么用的,使大家都来购买和消费。

3. 引导幼儿关心周围的广告,讨论广告给我们的生活带来什么样的影响

(1) 引导幼儿讨论:除了电视上能看到广告以外,你还在什么地方看到过广告?

(2) 出示幻灯片,介绍不同地方的广告:报纸上的、汽车上的、T恤衫上的、餐巾纸上的,引导幼儿发现生活中各种有广告的地方。

小结:报纸、杂志、广告牌、汽车、雨伞、雨衣、传单、T恤衫、餐巾纸等很多地方都有广告,广告时时刻刻存在于我们的生活中。

(3) 引导幼儿讨论:你觉得这些广告给我们的生活带来了什么好处?有没有什么坏处?

4. 介绍公益广告

(1) 播放一段公益广告。教师提问:你觉得这段广告说的是什么?是在介绍商品吗?

(2) 介绍公益广告。

(3) 讨论:你还见过哪些公益广告?能不能学一学?这些广告有什么作用?

5. 游戏:广告表演

请幼儿在自制的“电视机”里做广告表演。

活动评析

1. 活动选材分析

现代人的生活周围充斥着各种各样的广告。通过各种媒介,幼儿从小就接触到了很多广告,对广告里生动有趣的形象和语言很感兴趣,乐于模仿,因此,“广告”这个话题是幼儿熟悉的、感兴趣的。

2 .活动目标达成分析

本次活动目标主要有三点:一是了解广告信息能给人们的生活带来方便,也会带来烦恼;二是感受电视广告的有趣;三是能关注生活中有意思的东西,能积极地倾听并围绕话题大胆清楚地表达,并乐意与同伴分享自己的感受。教师在活动过程中,利用幻灯片展示、集体交谈、讨论及游戏等方式,让幼儿在看、听、说、演中了解广告信息,并与同伴分享和交流了感受,圆满地达成了教育目标。

3. 活动材料与环境创设分析

活动中以电视广告片段和幻灯片为材料主线,形象直观地向幼儿展示了生活中各种各样的广告,符合幼儿的年龄特点,既能激发幼儿的兴趣又能提高幼儿对广告的认识。

4. 活动组织形式和方法分析

该活动层次清晰,层层递进,组织方式生动有趣,灵活多样,游戏性强。教师营造了自由、宽松的语言交往环境,给幼儿提供了充分表达和交流的机会。活动中注重丰富和拓展幼儿的生活经验,启发了幼儿的思维。

5. 幼儿体验与发展分析

整个活动过程中幼儿能积极主动地参与,感受活动的乐趣。活动以幻灯片展示的方式调动了幼儿的积极性,表演活动能激发幼儿参与讨论的积极性,获得成功的情感体验。整个活动以幼儿为中心,在愉悦的气氛中,引导幼儿积极思考、大胆想象和讨论,培养了幼儿的语言表达能力。

[资料来源:长沙师范学院郭咏梅设计]

案例二 谈话活动:伞(大班)

活动目标

(1) 体验“妈妈的爱是伞”的美好情感。

(2) 初步学会运用反思、预期、质疑、假设等策略进行语言学习。

(3) 发挥想象，围绕话题大胆说出自己的见解。

活动准备

(1) 不同样式、材质的伞各1把；画笔、画纸等绘画材料。

(2) 多媒体课件。

活动过程

1. 通过猜歌谜，引出话题“伞”

歌谜：沙沙沙沙下雨啦！街上开满五彩花，红黄蓝绿多美丽，每人一朵手中拿。请你猜一猜，这是什么花？

2. 布置“伞”的展览，引导幼儿自由交谈

(1) 请幼儿观察活动室内的伞，找一把自己最喜欢的伞，并与同伴自由谈论伞的大小、颜色、图案、形状、结构等。

教师提问：你最喜欢哪把伞？说说你的理由。

(2) 引导幼儿谈论伞的用途。

教师提问：我们的祖先为什么要发明伞呢？

3. 观看动画片《鼹鼠与伞》，引导幼儿围绕动画片中内容自由交谈

(1) 观看动画片，理解动画片中内容。

教师：大自然中的小动物也特别喜欢受到伞的保护呢。

(2) 引导幼儿围绕动画片的内容自主提出问题。

教师：我们看完动画片了，小朋友们有什么问题要考考老师？

(3) 教师引导幼儿总结伞的保护功能。

4. 拓展话题：妈妈的爱是伞

(1) 观看妈妈为孩子撑伞的短片。

(2) 幼儿讨论短片内容。

教师提问：小朋友搂着妈妈的脖子时会跟妈妈说什么呢？

(3) 出示文字答案，引导幼儿围绕“妈妈的爱是伞”展开讨论。

教师提问：为什么说妈妈的爱是一把伞？

(4) 引导幼儿结合生活经验说一说妈妈对自己的爱。

教师提问：请小朋友想一想，你的妈妈是怎么保护你、爱你的？

5. 引导幼儿通过绘画与语言相结合的方式表达对妈妈的爱

(1) 引导幼儿讨论自己对妈妈的爱。

教师提问：妈妈这么爱我们，那小朋友有什么话想对妈妈说？

(2) 幼儿操作绘画材料，表达对妈妈的爱。

教师：请你们把自己想对妈妈说的话画出来。

(3) 欣赏幼儿的作品，引导幼儿进行讲述。

活动评析

1. 活动选材分析

此活动的选材来源于幼儿生活中的常用物品——伞,幼儿对此有丰富的生活经验,因而有利于幼儿在调动相关生活经验的基础上进行充分的表达,并且将“妈妈的爱”比作“伞”是大班幼儿可以理解的。

2. 活动目标达成分析

环节设计紧扣活动目标,落实了幼儿的语言发展,重点体现了幼儿在语言交往中的语言策略习得及情感的体验。

3. 活动材料与环境分析

谈话活动组织中,材料的提供与环境的创设是非常重要的。丰富的材料与环境不仅可以不断激发幼儿谈话的兴趣,而且其本身就是可供幼儿充分交谈的素材。此活动组织中,教师提供了伞的实物、视频及绘画材料,给幼儿营造了一个自由、宽松且丰富多彩的语言交往环境,让幼儿既能乐意说,又能有话可说,发挥了材料的有效性。

4. 活动方式分析

此活动组织方式灵活多样,充分运用幼儿感兴趣的方式调动幼儿交谈的兴趣。如通过实物、视频材料,让幼儿在“看”(看展览、看动画片、看短片等)、“听”(倾听交谈对象说的话)、“说”(在各个环节都有幼儿说的机会)、“画”(将想对妈妈说的话画出来)等有趣的过程中,充分地进行语言表达与交流。

5. 幼儿的体验与发展分析

谈话活动不只是单一地让幼儿说,教师还应在活动中增加幼儿体验和操作的机会。在此活动的组织中,教师通过伞的展览、动画片的观赏及绘画等环节,给幼儿提供自主参与、感受、表现并表达交流的机会,让幼儿在体验中获得了语言的发展与情感的陶冶。

[资料来源:长沙师范学院宋苗境设计]

岗位对接

谈话活动:好吃的糖果(中班)

(一)话题分析

语言是在交流和运用的过程中发展起来的。幼儿期是语言发展特别是口语发展的重要时期,交流谈话的经验是儿童语言学习与发展的核心经验之一。由于年纪小,语言能力有限,生活经验不足,很多中班孩子在集体面前不太愿意说话。因此,选择孩子感兴趣的、有一定生活经验的谈话内容能让幼儿愿意说且有话可说。

《纲要》指出:“教育内容的选择,既要适合幼儿的现有水平,又要有一定的挑战性”。糖果是孩子很熟悉的,又特别感兴趣的,选择此话题能引发幼儿交流的兴趣。从糖果中挖掘谈话的元素,符合《纲要》既要贴近幼儿的生活来选择幼儿感兴趣的事物和问题,又要有助于拓展幼儿经验和视野的原则。

（二）活动设计

在符合幼儿园语言教育活动设计的总体要求基础上，还应做到如下方面。

1. 活动目标要求

（1）体现《纲要》目标“乐意与人说话，讲话有礼貌”，以及《指南》“倾听与表达”方面的目标。

（2）体现谈论活动形式的目标，以区别于辩论和讨论。

（3）谈话过程中应体现话题本身的情感目标。

2. 活动准备要求

（1）准备糖果的颜色、口味、质感要丰富。

（2）糖果的准备和谈话环境的创设要富有实效，支持幼儿在谈话活动中的倾听与表达。

3. 活动过程

（1）活动导入应激发谈话的兴趣并引出话题。

（2）话题的展开应层层深入，而不只是停留在表面或限于片面。

（3）谈话的形式应丰富多彩，而不只限于口头交流。

（4）谈话的对象应包括师幼交谈、幼幼交谈两种形式。

（5）谈话不只限于师问幼答，还应设计幼问幼答、幼问师答的环节。

参考教案

谈话活动：好吃的糖果（中班）

活动目标

（1）情感目标：积极参与谈话活动，体验交谈的乐趣。

（2）能力目标：能积极地倾听，并能大胆地用语言表达自己的想法。

（3）认知目标：进一步丰富有关“糖果”的生活经验。

活动准备

（1）糖果若干，糖果纸若干。

（2）多媒体课件：各种各样的糖果，奇妙的糖果，糖果大变身。

（3）视频：《糖吃多了会怎么样》。

活动过程

小朋友们，你们喜欢吃糖果吗？既然大家这么喜欢吃糖果，今天我们就来谈论“好吃的糖果”。

1. 品尝糖果，激发幼儿谈论糖果的兴趣，引出话题。

今天你吃到的糖果是什么味道的？什么形状的？你还吃过哪些其他种类的糖果？都是什么味道的？

2. 集体交流：吃过的糖果

教师可引导幼儿从糖果的颜色、形状、味道、包装等方面交谈。

3. 观看课件，讨论：各种各样的糖果

（1）观看多媒体课件，播放各种糖果的图片，引导幼儿交流讨论：你见过这些糖果吗？你吃过这些糖果吗？什么味道？你觉得哪些糖果最好吃？哪些糖果最漂亮？

（2）观看多媒体课件，播放各种奇怪的糖果的图片，引导幼儿交流讨论：这些糖果有什么特别的地方吗？你最喜欢哪种？猜猜它可能是什么味道的？

（3）如果你有好吃的糖果，你最想和谁一起分享？为什么？

4. 拓展谈话的主题：糖果吃多了好不好

观看视频：《糖吃多了会怎么样》。

（1）为什么糖果吃多了不好？

（2）应该怎么吃糖果？

（3）吃完糖果以后我们应该做什么？

5. 操作体验：糖果纸贴画

（1）观看糖果纸做成的衣服。

提问：这些衣服好看吗？你还想用糖果纸做成什么东西？

（2）幼儿选择自己喜欢的糖果纸，手工贴画。

活动延伸

将手工贴画带回家，给爸爸妈妈介绍，分享交流。

（三）说课练习

按照说课的基本要求和课程要求完成以下练习任务：① 撰写说课文本。② 制作说课 PPT。③ 进行脱稿带教具、学具的说课展示。

说课参考样例

谈话活动：好吃的糖果（中班）

1. 说教材

由于年龄小，语言能力有限，生活经验不足，很多中班幼儿在集体面前不太愿意说话，表达时也经常断断续续。所以，谈话活动的主题应是幼儿非常熟悉的，有丰富生活经验的，同时也应该是幼儿特别感兴趣的。糖果是幼儿很熟悉的，又特别感兴趣的。选择此话题能引发幼儿交流的兴趣。

2. 说活动目标

根据幼儿的年龄特点和对话题的分析，我确立了以下目标。

情感目标：积极参与谈话活动，体验交谈的乐趣。

能力目标：能积极地倾听，并能大胆地用语言表达自己的想法。

认知目标：进一步丰富有关“糖果”的生活经验。

活动目标从情感、能力、认知三个方面进行表述，并将幼儿“积极参与谈话活动，体验交谈的乐趣”放在活动目标的第一位，突出了幼儿对活动的兴趣和在活动中的积极体验。谈话活动是双边的语言交流，因此，不仅要培养幼儿的倾听习惯和倾听能力，还要培养幼儿的表达习惯和表达能力。

3. 说活动准备

活动准备既有实物，又有多媒体课件，还有视频，这些材料对幼儿来说是新奇的，有趣的，因此，这些材料的出现能调动幼儿的生活经验，激发幼儿交谈的兴趣。

4. 说教法与学法

（1）说教法　本次活动中我主要采用的教法有：谈话法、多媒体演示法、操作法等。

（2）说学法　我采用的学法有：操作法、尝试法、体验法等。

5. 说活动过程

我把活动过程分为五个环节。

（1）品尝糖果，引发幼儿谈论糖果的兴趣。

（2）集体交流吃过的糖果，引导幼儿从糖果的颜色、形状、味道、包装等方面交谈，充分引发幼儿交谈的兴趣。

（3）通过观看课件，引导幼儿讨论各种各样的糖果，丰富幼儿的生活经验。

（4）通过观看视频，引发幼儿拓展谈话的主题：为什么糖果吃多了不好？应该怎么吃糖果？吃完糖果以后我们应该做什么？

（5）操作体验，幼儿选择自己喜欢的糖果纸，手工贴画。

活动过程设计层次清晰，环节层层递进；围绕着提供的糖果实物、多媒体课件、视频等材料，幼儿能饶有趣味地表达自己的观点，“糖果纸贴画”的活动操作进一步激发了幼儿的想象和创造的欲望。活动中注重给幼儿提供充分的表达和交流的机会，注重丰富和拓展幼儿的生活经验，启发幼儿的思维。组织方式生动有趣，游戏性强。

6. 说活动延伸

在幼儿意犹未尽的时候，教师鼓励幼儿带着糖果纸贴画回家与爸爸妈妈分享交流，培养幼儿学习的主动性和积极性。

（四）活动实施

按照学前儿童语言教育活动实施的要求进行练习。

（五）活动评价

根据单元一中“学前儿童语言教育评价”的要求，对学前儿童语言教育活动本身进行评价，对活动目标、活动内容、活动方法、活动环境与材料、活动过程、活动效果及教师的表现进行评价。

在活动评价时，应认真遵循评价原则，结合具体评价内容，恰当运用评价方法。在所有的评价内容与方式方法中，应紧紧抓住以下两个关键问题：其一是活动目标的确立与达成，其二是活动过程、内容与方法的科学性与教育性。

国考聚焦

真题分析

1. 单选题

在幼儿教育活动中，最能为幼儿提供交谈机会的组织形式是（　　）。

A. 小组活动　　B. 班集体活动　　C. 全园活动　　D. 个别活动

【答案】 A

解析：小组活动中，幼儿可以自由地与同伴交流，可以三三两两结伴交流，也可以在小组内个别发言，相对比较自由。而在集体活动和全园活动中，幼儿发言机会十分有限，个别活动时幼儿没有语言交谈的对象。

2. 活动设计题

教师在进行班级环境创设时，布置了一个“交通工具”的区域，贴上了各种各样的交通工具图片。教师发现这些图片引发了幼儿的兴趣，他们时不时地讨论着、交流着，还有的幼儿从家里带来了另外一些交通工具的图片贴上。于是，教师决定围绕交通工具设计出系列活动推进幼儿的发展。

请根据以上素材内容，围绕“交通工具”设计主题活动，应包含三个子活动。

要求：

（1）写出主题活动的总目标。

（2）写出一个子活动的具体活动方案，包含活动的名称、目标、准备和主要环节。

（3）写出另外两个子活动的名称、目标。

参考教案

主题活动总目标

（1）对交通工具感兴趣，积极参与交谈、绘画与建构。

（2）能大胆、清楚地表达自己不同的见解，积极动手操作与探究，充分发挥想象力，提升审美能力。

（3）丰富对交通工具的认知，学会分类。

子活动具体活动方案

谈话活动：交通工具（大班）

活动目标

（1）对交通工具的话题感兴趣，愿意参与交谈。

（2）能积极倾听，从别人的发言中捕捉有效信息，并大胆地表达自己不同的见解。

（3）认识各种各样的交通工具，并学会分类。

活动准备

故事中动物图片各一张，交通工具 PPT，音频。

活动过程

1. 导入部分——故事导入

小朋友们，今天老师带来了非常有趣的故事《小白兔看姥姥》（教师有感情地讲故事）。

2. 交流谈话：各种各样的交通工具

（1）在讲故事的基础上，引导幼儿回忆故事中小白兔去看姥姥的路上乘坐的交通工具。

指导语：有哪些交通工具？哪种交通工具的速度最快？并引导幼儿区分汽车属于陆上交通工具，轮船属于水上交通工具，飞机属于空中交通工具。

（2）出示 PPT 图片，引导幼儿观看并讨论各种各样的交通工具。

指导语：这些交通工具叫什么？它们各有什么特点？你最喜欢哪种交通工具？幼儿可与同伴交流，教师也可以请幼儿在集体面前介绍。

3. 游戏：比比谁的耳朵灵

教师播放故事中交通工具所发出的声音，引导幼儿根据声音辨别交通工具。

4. 想一想，画一画

将幼儿分成陆上、水上、空中这三组，引导幼儿分别讨论并画出他们见过的其他的相应的交通工具。

活动延伸

教师引导幼儿有序地进行游戏"我是小司机"，引导幼儿模仿司机驾驶各种交通工具。

另外两个子活动名称

1. 艺术领域活动：我设计的交通工具

2. 建构游戏：停机坪

模拟练习

活动设计题：以"动物"为话题，设计一个幼儿园谈话活动。

参考教案

谈话活动：可爱的动物（中班）

活动目标

1. 乐意参与"可爱的动物"话题的交流。

2. 能积极地倾听，并能大胆地用语言表达自己的想法。

3. 进一步丰富有关动物的生活经验。

活动准备

1. 经验准备：① 幼儿对常见动物的外形、声音、饮食等已有初步的认识。② 能安静倾听、知道轮流发言。

2. 物质准备：① 各种动物图片若干。② PPT"可爱的动物"。

活动过程

1. 出示常见动物的图片，激发幼儿对话题的交谈兴趣

引导幼儿通过说一说、演一演的方式表达自己对动物的了解。

2. 集体交流：我认识的动物

指导语：你还知道哪些可爱的动物？为什么说它可爱？（引导幼儿从动物的外形、声音等方面进行交谈。）

3. 观看课件，讨论：各种各样的动物

（1）出示动物的局部图片，请幼儿猜一猜。

指导语：这是谁？你怎么知道的？（还有谁和它有一样的特点？）

（2）出示不常见动物的图片（如娃娃鱼、河豚等），丰富幼儿的知识。

指导语：这些动物你认识吗？你觉得它像什么？

（3）观看课件“可爱的动物”，交流讨论：你最喜欢谁？最不喜欢谁？为什么？你能介绍一下自己喜欢的动物吗？

（4）拓展谈话：动物对人类的帮助。

指导语：动物有很多的本领，这些本领不光是保护自己，很多时候还给了我们人类很多很多的帮助。我们一起来看看，动物给了我们什么帮助吧！

（5）设置三个场景（天空、陆地、海洋），引导幼儿将图片上的动物送回家。

指导语：有的动物飞翔在天空中，有的动物生活在陆地上，还有的动物生活在海洋里。请你们将这些动物送回家。

4. 玩游戏“木头人”结束活动

引导幼儿玩“木头人”的游戏，变成自己最喜欢（最想成为）的动物。

单元测试

（一）单选题

1. 幼儿园谈话活动的特点是（　　）。

A. 话题的中心性和趣味性　　B. 信息交流单向性

C. 气氛相对严肃　　D. 幼儿只与同伴交谈

2. 谈话活动中，幼儿主要运用的是（　　）。

A. 独白语言　　B. 对话语言

C. 叙事性语言　　D. 说明性语言

3. 在幼儿的日常交谈中，应以（　　）调动其交谈的兴趣。

A. 教师喜欢的内容　　B. 教师熟悉的内容

C. 幼儿喜欢的内容　　D. 家长喜欢的内容

4. 在谈话活动中，为了有利于幼儿模仿学习，教师的语言应有良好的（　　）作用。

A. 示范　　B. 激励　　C. 引导　　D. 鼓励

（二）简答题

1. 幼儿园谈话活动的目标是什么？

2. 幼儿园集体谈话活动话题选择有哪些要求？

3. 教师在准备幼儿园谈话活动材料时应注意哪些问题？

参考答案

（一）单选题

1. A　2. B　3. C　4. A

（二）简答题

1.（1）幼儿有与人交谈的愿望，乐意用语言表达自己的想法，体验用语言表达自己想法的快乐。

（2）幼儿能围绕主题，运用自己的生活经验，有中心、有顺序地表达，会用多种方式提出自己的问题，提高语言交往水平。

（3）幼儿能积极倾听，学会运用语言进行交谈的基本规则，具有文明的语言习惯。

2.（1）选择有趣的、有一定新鲜感的话题——幼儿愿意说。

（2）选择幼儿熟悉的、有一定经验基础的话题——幼儿有话可说。

3.（1）材料要紧紧围绕目标，并体现层次性。

（2）从幼儿的经验和兴趣出发，激发幼儿表达和交流的愿望。

单元三
学前儿童文学作品活动

学习目标

- 了解学前儿童文学作品活动的特点、类型。
- 理解学前儿童文学作品活动的目标。
- 掌握学前儿童故事、诗歌及散文活动的设计与组织要点。
- 设计学前儿童文学作品活动方案并进行模拟教学。

基础理论

学前儿童文学作品活动是学前儿童语言教育活动的重要组成部分，它是以0—6岁儿童为对象，围绕学前儿童文学作品而开展的、适合学前儿童认知特点和接受能力的系列语言教育活动。学前儿童文学作品活动是儿童喜闻乐见的学习活动，儿童在成人的引导下，通过丰富多彩的活动，产生欣赏文学作品的兴趣，提升幼儿的语言感受能力和审美能力，激发表达热情，培养良好的倾听习惯，学习使用规范的恰当的语言和表达方式与他人交流沟通，获得全面的语言学习机会，进而促进语言的全面发展。因此，学前儿童文学作品活动有着巨大的教育价值。

一 学前儿童文学作品活动的特点

（一）围绕文学作品开展系列活动

学前儿童文学作品活动是围绕文学作品开展的活动，侧重于对儿童审美能力、文学理解能力、想象力方面的培养，是一个引导幼儿理解美、欣赏美、表现美及表达自己对文学作品理解和想象的多层次的系列活动，因此，文学作品的学习并非是通过一次或一种活动就能完成的。例如，童话故事《漂亮的颜色》是一个非常优美的适合学前儿童语言教育的作品，它运用拟人化的手法和优美的语言向幼儿展示了一个色彩缤纷的大千世界，活动配合童话的主旨展开。活动一，通过观察小实验“会变化的颜色”，引导幼儿发现色彩是会变的；活动二，经验讲述“我认识的颜色”，鼓励幼儿用流畅的语言表述自己喜欢的颜色；活动三，欣赏童话故事《漂亮的颜色》，教师启发提问，帮助儿童理解童话故事的内容，并通过欣赏多媒体课件“多姿多彩的世界”，引导幼儿感受色彩斑斓的大千世界。在延伸活动中欣赏歌曲《调皮的色彩宝宝》。通过这一系列活动让儿童领略了各种颜色的魅力，培养了儿童对美的感受力及文学素养，还拓展了儿童想象和创造的空间。

（二）提供多种与文学作品相互作用的途径

儿童发展是通过个体与外界环境交互作用而建构起来的，并且需要儿童通过自身的操作活动与外界环境进行交互作用。因此，在学前儿童文学作品活动中，应当着重引导儿童与文学作品进行积极的交互作用。在这一过程中，通过操作途径让儿童获得亲身体验，即调动视觉、听觉、触觉等多种感官参与到活动中，使幼儿在动口、动手、动脑、动眼、动耳等多种途径的学习中获得对作品的感受和理解。如在小班儿歌活动“虫虫飞”的设计与组织中，教师布置四个场景，让全体幼儿扮演小虫虫，模仿虫虫飞的动作，使幼儿在游戏情境中自然而然地、饶有兴趣地理解和朗读儿歌。

虫虫飞

虫虫虫虫飞飞飞，
飞到草地喝露水。
虫虫虫虫飞飞飞，
飞到花园踢踢腿。
虫虫虫虫飞飞飞，
飞到天空排成队。
虫虫虫虫飞飞飞，
飞到树上睡一睡。

（三）整合相关领域的学习内容

学前儿童文学作品活动从文学作品教学出发，整合其他领域相关内容，渗透于生活、游戏及其他教育活动中。学前儿童文学作品活动强调语言知识、语言技能、语言运用的整体性，有助于幼儿对作品的感知和理解，促进幼儿多元智力的发展。如在故事活动“雪孩子”中融入“水的三态”科学教育的内容，让幼儿全面准确地理解作品的内容。

二 学前儿童文学作品活动的目标

学前儿童文学作品活动通过让幼儿感知大量优秀的儿童文学作品，培养幼儿对文学作品的兴趣，提高幼儿的审美能力；通过对故事、诗歌、散文等文学作品的感受，激发幼儿文学创作的兴趣，使幼儿喜欢仿编和创编活动；通过文学作品的熏陶，满足幼儿多方面的精神需求。学前儿童文学作品活动目标的制定应该与本班幼儿的实际水平和发展特点相适应，并且结合具体活动的教材，对于情感态度和价值观目标、能力或技能目标、认知目标应分清主次先后。学前儿童文学作品活动的目标包括以下几方面。

（一）使幼儿学会欣赏文学作品，感受文学作品语言美、情感美、形式美

学前儿童文学作品活动是通过欣赏文学作品来学习语言的教育活动类型。文学作品的题材和体裁多样，语言具有丰富性和多样性的特点，幼儿通过体验文学作品语言与日常生活语言的不同，来感受文学作品的语言美，培养他们对艺术语言的敏感性。在日常生活和集体教育活动中，教师应该经常给幼儿朗读优秀的儿童文学作品，使幼儿在倾听的过程中充分感受到语言的优美，体验文学作品中人物的真善美，欣赏文学作品中优美的词句。

（二）让幼儿学习准确、生动、优美的文学语言表达，扩展词汇量和句型量

学前儿童文学作品活动可以使幼儿积累文学语言，提高语言感受能力，准确、生动、优美的文学语言使幼儿既丰富了语汇，又丰富了句型。文学作品活动使幼儿运用不同的词语和句型表达自己对文学作品的理解和感受。例如，大班故事《野猫的城市》中有这样的描述："动物们围着小野猫七嘴八舌，问长问短。"五岁多的孩子原来可能没有听过"七嘴八舌""问长问短"这两个词语，但在故事的具体情境中，经过教师的引导，便能迅速地掌握这两个词语的意思。

姜老师在讲故事《小铃铛》时，引导小朋友们学会了"圆溜溜""亮晶晶"等优美的形容词，然后启发提问。

教师：小花狗为什么想戴小铃铛呢？

幼儿：小铃铛圆溜溜，多好玩！

教师：小白兔为什么想戴小铃铛呢？

幼儿：小铃铛亮晶晶，多好看！

教师：小山羊为什么想戴小铃铛呢？

幼儿：小铃铛会丁零丁零响，多好听！

教师：我们就可以这样说："因为小铃铛圆溜溜多好玩，所以小花狗想戴一下。"那谁还会用"因为……所以……"说一句话呢？

幼儿：因为小铃铛亮晶晶多好看，所以小白兔想戴一下。

幼儿：因为小铃铛会丁零丁零响多好听，所以小山羊想戴一下。

教师：用"因为……所以……"还可以说说生活中的事，比如，"因为我会画画，

所以我给妈妈画了张贺年卡”。谁还会用“因为……所以……”说说呢?

幼儿:因为我爱吃饺子,所以我妈妈最会包饺子。

幼儿:因为我会自己系纽扣,所以我姥姥说我手可巧了。

教师:小花猫为什么不给小花狗、小山羊、小白兔戴小铃铛呢?

幼儿:因为怕它们弄丢了。

教师:你们喜欢这只小花猫吗? 为什么?

幼儿:“不喜欢!”“因为它太小气,太抠门,所以不喜欢!”

这节课,小朋友们不仅懂得了有好东西要和小朋友一起分享,而且掌握了好几个优美的形容词,还学会用“因为……所以……”练习说句子呢。

[资料来源:姜晓燕.学前儿童语言与数学教育活动指导(语言教育指导分册).哈尔滨:黑龙江科学技术出版社,2007]

(三) 培养幼儿善于倾听的技能

在个体语言的发展过程中,学习做一个乐于倾听并善于倾听的人,是幼儿运用语言进行交往的重要方面。幼儿园文学作品活动的第一步就是引导幼儿积极主动地倾听作品,它为幼儿提供了有意识的、评析性的、欣赏性的倾听机会,在实践中培养了幼儿的倾听技能。

(四) 鼓励幼儿创造性地运用语言,提高幼儿灵活运用语言的能力

语言是幼儿在与人、环境的交互作用中创造性地习得的。幼儿在倾听文学作品的过程中,学会理解文学作品的情节内容或画面的情节,理解和掌握了一些词汇、句子和语言句式。在此基础上,结合文学作品提供的语言信息,教师应鼓励幼儿进行创造性想象,在文学作品原有的基础上进行扩展想象,并学会用自己的语言表达经验和认识,大胆续编故事、仿编诗歌,学会用语言或非语言的表现方式表达自己对文学作品的理解,创造性地运用语言、动作、绘画等形式,积极主动地表达对作品的理解。

三 学前儿童文学作品活动的类型

学前儿童文学作品活动主要包括故事活动、诗歌和散文活动。

1. 故事活动

故事活动中的故事可以分为童话故事和生活故事。婴幼儿童话是有着浓厚幻想色彩的虚构的故事,也是儿童文学最基本最重要的题材之一。如《三只想生病的小狗》是一篇结构简单、生活气息浓厚的童话,整篇童话生动地描写了小狗的可爱、淘气、任性、无知,抒发了纯真美好的感情。再如,《没有牙齿的大老虎》情节有趣,贴近日常生活,易于儿童理解。

故事活动中,教师“精”讲故事的要求

生活故事取材于学前儿童的现实生活,以叙述事件为主,反映幼儿熟悉的生活,向幼儿讲述经过提炼概括或虚构的人物和事件,贴近幼儿的生活。如《圆圆和方方》可以让幼儿了解生活中圆形物体和方形物体的特性;《珍珍唱歌》让幼儿敢于表现自我,培养良好的心态;《瓜瓜吃瓜》让幼儿懂得乱扔垃圾是坏习惯。

2. 诗歌和散文活动

学前儿童文学作品中的诗歌包括儿歌、儿童诗、绕口令、谜语及一些浅显易懂的古诗。

儿歌语言直白、朗朗上口，趣味性强，朗诵儿歌能增添幼儿的生活情趣，陶冶幼儿的性情，开启幼儿的心智，促进其语言的发展，如《小刺猬去理发》用诙谐、幽默的语言告诉幼儿要养成勤理发、讲卫生的好习惯。

儿童诗是适合幼儿欣赏诵读的自由体短诗，它注重情感的抒发、意境的创造和表达的含蓄，如《摇篮》这首儿童诗想象奇特，形象逼真，符合幼儿的思维，有利于培养幼儿的创造力及想象力。

绕口令是利用一些读音相近的字词形成的语音拗口的儿歌，结构巧妙，短小活泼，幽默风趣，深受幼儿的喜爱。绕口令能够提高幼儿的思维敏捷性，训练幼儿的发音能力，如绕口令《高高山上一条藤》，主要训练幼儿发准“藤”“铜铃”“停”等几个字的语音。

谜语以儿歌的形式作为谜面，猜谜语是富有游戏趣味的文化活动，有助于幼儿认识事物，提高分辨能力及联想能力。

古诗用词精辟、语句凝练，在语言的韵律和节奏上比现代诗要求更高，如《咏鹅》《春晓》《悯农》《一望二三里》等内容浅显易懂，便于幼儿理解并使幼儿懂得欣赏古诗的语言艺术。

婴幼儿散文是一种真实地抒发作者的心灵感受和生命体验、意境优美、便于幼儿吟诵的文学作品形式。欣赏婴幼儿散文的活动主要适合幼儿园中、大班儿童。如楼飞甫的散文《春雨的色彩》就是非常好的大班散文活动教材。

四 学前儿童文学作品活动的设计与组织

学前儿童文学作品活动的开展首先应依据《纲要》中语言领域的目标，从学前儿童的发展水平出发，遵循学前儿童的年龄特点，选取具有趣味性、教育性、艺术性的文学作品作为教育教学内容，设计完整的教育教学活动方案，确保活动的顺利开展和实施。学前儿童文学作品活动的设计与组织具体包括以下三个层面。

（一）引导幼儿通过多种方式感知文学作品

以文学作品为学习内容的文学作品活动，首先要让幼儿感知作品，这是学习任何一个文学作品不可缺少的重要环节。根据作品的难易程度，教师可采用不同的方式组织教学。如有感情地朗诵或讲述文学作品，或运用多媒体手段完整演示文学作品，或使用挂图，或配以桌面教具，或结合情境表演辅助进行作品的示范。引导幼儿欣赏文学作品，使幼儿对文学作品有一个整体印象，然后再通过多种角度的提问，帮助幼儿初步理解文学作品内容。

1. 导入活动的方式

导入的目的是为了吸引幼儿注意，激发他们的学习兴趣，了解幼儿原有经验，为学习新知识做准备。它在整个教学活动中非常重要，不可或缺，有着渲染气氛、吸引注意力、渗透主题的作用。在文学作品教学中，教师通常可以采用以下方式导入。

方式一：提问导入。教师可以结合幼儿的生活经验和文学作品的具体内容，提出几个幼儿感兴趣的问题，引导幼儿讨论，从而激发幼儿欣赏文学作品的兴趣。例如，中班诗歌活动“伞”的导入语：（出示小伞）“小朋友们，这是什么呀？它有什么用呢？下雨的时候，你们都有自己的伞，可是小动物们怎么办呢？想一想，它们会用什么当伞呢？”

方式二：观察图片导入。教师出示故事或诗歌图片让幼儿观察，也可利用幻灯片让幼儿分析对比不同的画面，感知、理解内容，进一步激发幼儿欣赏文学作品的兴趣。例如，中班诗歌活动“家”的导入：教师出示一幅背景图，图上有蓝天、大树、小溪、花朵等，让幼儿观察图上有什么，再进一步思考有哪些动物朋友会喜欢这个地方。

方式三：游戏导入。教师可以结合教具，以生动有趣的游戏导入活动。游戏能够充分调动幼儿的积极性，使幼儿处于愉悦的情绪中，有利于他们进一步倾听、理解文学作品。例如，小班儿歌活动“拍皮球”，教师可先让幼儿玩皮球，感知皮球的特性，体验拍皮球的快乐，进而理解诗歌的内容。

导入像戏剧的“序幕”，应从幼儿的兴趣出发，吸引幼儿的注意力，激发幼儿参与文学活动的兴趣。因此，教师在组织教学活动时，要精心设计导入，用较短的时间来吸引幼儿的兴趣，鼓励幼儿参与活动，使幼儿以良好的状态投入学习活动中去。但是，导入只是整个文学作品活动的第一个环节，时间安排以1~3分钟为宜，切勿喧宾夺主。

2. 提问的设计

在幼儿倾听完文学作品后，教师可以运用提问的方式组织幼儿讨论，帮助幼儿理解文学作品的语言、情节、人物形象和情感。依据提问的指向，教师的提问可以分为以下几种类型。

（1）针对幼儿生活经验的提问　教师依据幼儿已有的生活经验进行的提问，幼儿经过理解、记忆、归纳、分析，最后进行回答，从而提高幼儿的思维想象能力和语言运用能力。例如，散文活动“冬爷爷的大扇子”中的提问：“冬天是什么样的？你喜欢在冬天做什么？”教师可采用假设性提问，引导幼儿进行感知、理解和想象，并与作品展开全方位的相互作用。

（2）针对作品情节的提问　这类提问多以描述性提问为主，引导幼儿回忆文学作品的情节，关注情节的发生与发展。教师可以通过分层次、有针对性的细节提问来启发幼儿将问题展开，进而培养幼儿完整讲述作品的能力。如故事活动“学本领”中的提问：“画眉鸟的窝是什么样的？像什么？它漂亮吗？”

（3）针对作品主题的提问　这类提问便于幼儿从整体上把握作品的思想内容，对于不同年龄阶段的幼儿应有不同的侧重，如小班幼儿可以运用操作性的经验或自我中心的方式回答；中、大班幼儿可以运用情境或非情境的、比较客观的、具有社会意义的方式回答。如在故事活动“红灯和绿灯”中，教师可提问：“故事中的红灯和绿灯哪一个认为自己更受人们的尊敬？为什么？红灯的观点是什么？

当只有绿灯工作时路面会出现怎样的状况?”再如,在故事活动“大象和小樱桃”中,可以提问幼儿:“你最喜欢谁?为什么?如果是你,你会怎样做?”

(4)针对作品中语言的提问 文学语言的学习是文学作品欣赏活动重要的活动目标之一。此类提问可以让儿童理解语句的构造,丰富幼儿的词汇。教师可在活动中让幼儿把作品中自己喜欢的词找出来并进行造句。如故事《金色的房子》中有“红的墙,绿的窗,金色的屋顶亮堂堂”这样优美的语言,可以让幼儿在学说语句的过程中理解词汇的含义,并用语言描述生活中还有什么是亮堂堂的。

教师在课堂上对于提问方式的运用,直接影响幼儿参与活动的积极性及理解文学作品的效果。因此,教师应把握作品的主线,有侧重点地提问。教师在提问的时候还应特别注意用“开放式提问”,即没有固定答案,幼儿可以根据自己的理解和思考来回答,以此来引发幼儿对作品的思考,进而进行完整的表述。例如,“你觉得他用的这个办法好不好?为什么?”“如果是你,你会怎么做?”“你喜欢他吗?”

3. 文学活动中教学材料的运用

在幼儿园文学作品活动的各个环节里,根据活动内容的需要,很多环节里都要运用到操作材料。文学作品活动的环境和材料与活动的目标、内容有着必然的联系。在活动中为幼儿创设适宜的活动环境能够促使幼儿主动学习,在活动过程中提供丰富多样的操作材料能够充分地激发幼儿的兴趣,使幼儿体验到参与文学活动的乐趣,并运用操作材料愉快地表达。所以,应注重文学活动中操作材料的运用,为幼儿间的情感交流及情感沟通创设机会和条件,具体包括以下几个方面。

第一,文学作品活动中材料的选择与设计应该体现活动目标,并与活动内容相适应。例如,在故事活动“龟兔赛跑”中,教师可以选择故事中有代表性的情节,制作成图片,加深幼儿视觉上的刺激,帮助幼儿理解故事内容。又如,在故事活动“乌鸦喝水”中,教师可为幼儿准备容器、水和不同的填充材料,让幼儿在操作的过程中进行对比,通过亲身体验明白其中的奥秘。

第二,文学作品活动中材料的选择与设计要适合幼儿的实际需要和能力。所选择的材料不仅要安全无毒、无副反应,而且要易于幼儿操作,材料的大小也要适中。在实际教学中,教师也可利用身边的材料,制作形象生动、色彩鲜艳的教学辅助教具及图片。

第三,文学作品活动中的材料或道具要适合于活动的展开,并能在活动中得到充分利用。如提供的材料和道具应有一定的艺术性和表现性,能够在数量上和质量上有所保证,从而提高幼儿动手操作的能力和参与活动的积极性。

第四,在文学作品活动材料的选择与设计方面,应最大限度地利用身边的资源,就地取材,如可运用一些废旧的材料,通过教师的引导使材料与幼儿产生交互作用。

(二)引导幼儿通过操作体验、理解文学作品,迁移经验

教师依据文学作品的内容让幼儿进行文学作品讲述、作品表演、模仿作品形象及游戏等,使幼儿通过亲身体验的过程,进一步理解文学作品的内容和主题思

想；通过绘画、歌曲、舞蹈等方式，帮助幼儿迁移生活经验，借助幼儿原有的生活经验，使幼儿真正理解作品内容。

幼儿的操作体验活动应是一个包含感受美、理解美、表现美及表达自己对文学作品的理解和想象的多层次的系列活动。由于文学作品呈现的是书面的语言信息，幼儿需要通过聆听、诵读、阅读图画、观看动画等方式理解文学作品所传递出的信息。因此，教师应引导幼儿积极地与文学作品发生交互作用，通过多种操作途径让幼儿得到发展，将书面语言信息转化为口头语言信息，让幼儿真正理解文学作品中承载的信息。如以诗歌为中心开展欣赏、朗读、表演、绘画、音乐活动。教师以音乐为背景，与游戏、情境表演相结合，同时根据文学作品的内容，通过美术作品和儿童美术表现的方式表达出对文学作品的感受和理解，使幼儿进一步理解作品、深入体验作品。

诗歌朗诵活动的实施

朗诵和表演是儿童进一步感受文学作品语言美、节奏美、韵律美，并用语言和身体动作大胆表达和表现的过程。文学作品中鲜活而有趣的角色是儿童爱模仿的对象，因此，表演是幼儿园文学作品活动中出现频率最高、幼儿喜欢程度较高的一种活动方式。虽然其语言简单、重复、动作零碎，儿童却乐此不疲。教师可引导幼儿进行分角色朗诵和表演，体会作品的内涵。例如，故事活动“小蝌蚪找妈妈”可让幼儿观察小蝌蚪演变成青蛙的过程，在理解故事的基础上复述、表演故事《小蝌蚪找妈妈》。大班幼儿进行全文复述，中班幼儿进行细节复述，小班幼儿进行句子复述；采用配乐朗诵，童话剧表演等形式，用肢体语言表现作品，从而提高幼儿的口语表达能力。

此外，教师还可以让幼儿根据故事的情节进行故事绘画活动，拓展认知。如《云彩与风儿》是一篇既有童趣又优美的散文诗，它从幼儿的视角出发去观察周围的事物，让幼儿感受云彩神奇的变化，体验散文的优美。在教学活动中，教师首先从幼儿记录的图表开始，让幼儿分享记录，感知风的特性；其次，让幼儿欣赏作品《云彩与风儿》，感知风吹云彩的变化；最后，进行吹画活动，将语言和美术较好地融合在一起，既满足了幼儿的兴趣，又与文学作品本身所包含的内容特性融合在一起，让幼儿有了想象和表达的空间。

（三）引导幼儿围绕文学作品进行创造性语言表述

在幼儿对文学作品学习、理解和体验的基础上，教师可为幼儿提供创编机会，拓展幼儿的想象，引导幼儿运用语言表达自己的想象，挖掘幼儿语言的潜力。在这一层次的活动中，教师可以让幼儿续编故事，也可以让幼儿仿编诗歌和散文，还可以让幼儿围绕作品内容进行想象讲述。例如，大班文学作品活动“小猴的出租车”可以围绕“小猴的出租车”还会到一些什么地方，遇到谁，发生一些什么有趣的事情，让幼儿续编故事。

总之，学前儿童文学作品活动既包括教师主动的引导和教学，也包括幼儿主动探索和操作的过程。教师在实施中应注意以下几个问题：首先，学前儿童文学作品活动的选材内容应与儿童文学教育目标相一致，符合幼儿的认知发展水平，活动内容的选择要具有趣味性、审美性和艺术性，使幼儿在美的陶冶中获得教育和发展；其次，教师可以适当地采用集体活动、小组活动及个别活动等形式，在活动过程中因材施教；再次，活动方法的选择要顾及幼儿的年龄特点和水平，体现幼儿的自主性和主体性，并与活动目标和内容相适应，同时要注意动静交替；最后，创设与内容相适应的环境，关注操作材料的运用，形成幼儿与环境之间的互动，促进幼儿全方位的发展。

此外，教师要有效利用一日生活的各个环节，进行日常生活中的文学作品欣赏。在日常生活中，可以利用晨间谈话、自由活动、区域活动、离园活动及午睡前的时间，引导幼儿积极参与听觉欣赏活动，让幼儿倾听教师朗诵文学作品（诗歌、散文、故事），或边欣赏故事录音边阅读图书，让幼儿在反复倾听中不断体验和品味作品，在感受音乐美、语言美、画面美的过程中培养审美情趣，激发想象力。

五 几种特殊形式的文学作品活动的设计与组织

创编活动是在幼儿对作品的认识、理解的基础上，进行迁移、再造的活动。儿童文学作品创编大致可以分为三种类型：扩编和续编，仿编，独立完整编构。让幼儿创造性地开展文学作品活动，使作品与幼儿的各种经验有机地结合，能够有效地提高幼儿的想象力及分析事物的能力，使幼儿体验到成功的喜悦。创编活动应贯彻从理解到表达的原则，服从文学作品活动的整体要求。如在仿编诗歌的过程中，教师引导幼儿懂得不同的内容可通过同一种语言结构表达出来，鼓励幼儿大胆想象，勇于表达。

（一）诗歌、散文仿编活动的设计与组织

诗歌仿编活动的实施

仿编活动是幼儿在欣赏、理解文学作品内容及结构的基础上的一种创造性的学习活动。幼儿在欣赏文学作品活动的基础上，感知、理解作品中一句话或一段话的结构特点，调动自己的生活经验，想象构思出新的内容，以借用原作品的结构，通过替代一个词或几个词甚至是几个句子的方式完成仿编活动。例如，在学习和理解了诗歌《家》后，幼儿根据自己的生活经验大胆想象“还有哪些地方是谁的家”，编出“深深的地下是石油的家，宽宽的马路是汽车的家，蓝色的大海是船儿的家”等。幼儿在仿编的过程中体会到创造性地运用语言的快乐，并从自己仿编的句子中获得成就感，大大地增强了学习语言的信心。

幼儿园诗歌、散文仿编活动的组织，具体步骤如下。

1. 做好仿编活动前的准备工作

幼儿要熟悉和理解所仿照的作品，认识仿编作品的内容和形式，还要有一定的知识经验，具有一定的想象力和语言表达能力。

2. 组织幼儿进行讨论和示范

教师要引导幼儿讨论仿编中比较关键的问题。例如，在仿编《家》（蓝蓝的天空是白云的家，绿绿的大树是小鸟的家，宽宽的小河是鱼儿的家，红红的花朵是蝴蝶的家）时，教师可引导幼儿讨论：为什么大树是小鸟的家呢？大树除了是小鸟的家，还可以是谁的家呢？在引导幼儿讨论完后，教师可以进行仿编示范，例如，教

师可以编出“绿绿的大树是毛毛虫的家”。

3. 启发幼儿想象仿编

幼儿想象仿编需要借助于一些形象直观的教具，如图片、幻灯片或者实物等。例如，仿编《家》时，教师运用幻灯片分别向幼儿展示大海、草地、田野等图片，引导幼儿观察想象：这些地方可能是谁的家呢？当幼儿熟悉了仿编的格式后，教师应鼓励幼儿脱离图片自由联想仿编。

4. 教师对幼儿仿编的内容进行串联和总结

教师在幼儿仿编时，应认真记下幼儿仿编的内容，以便在仿编结束时进行串联和总结。教师可以引导幼儿朗读自己仿编的诗歌，也可以将幼儿仿编的内容加在原诗歌的后面。

需要教师注意的是，不同年龄班诗歌、散文仿编的重点会有所不同。小班仿编活动的重点是要求幼儿在原有画面的基础上更换某一个词汇，通过更换词汇来体现文学作品画面的变化；中班仿编活动的重点是要求幼儿通过更换一个词汇而构成句子的变化；大班仿编活动的重点是要求幼儿对原来的文学作品的结构进行部分变动，也可以根据幼儿已有的知识经验仅向幼儿提供一个开头作为仿编的线索，引导幼儿自己独立完成文学作品的仿编活动。大班幼儿的仿编在结构上的限制相对少一些，允许幼儿大胆想象进行再创造。仿编完成后，教师与幼儿进行整理，理解新的作品。

（二）故事创编活动的设计与组织

故事创编是在理解故事、积累相关知识经验的基础上，尝试运用语言编出符合结构规则的故事的一种活动。故事创编是一种创造性的语言活动，有利于训练幼儿创新思维能力，扩展幼儿的想象空间。幼儿进行故事创编活动需要具备两个必要条件：一是经验和语言准备；二是创编动机。教师可根据幼儿感兴趣的事确立题目或主题，引导幼儿进行创编，并及时把握幼儿的构思和灵感，因势利导，进行故事创编活动。在故事创编活动中，教师要注意创设宽松愉悦的氛围，启发幼儿大胆想象，鼓励幼儿积极讲述。由于幼儿编构故事需要具有一定的生活经验，并且有较强的语言表达能力。因此，不同年龄班的故事创编有不同的要求。小班可创编故事结局，中班可编构高潮或结局部分，大班可进行完整故事的创编。在创编故事活动中，教师要把握以下几方面指导要点。

（1）教师应帮助幼儿理解故事作品的构成要素　包括故事的时间、地点、人物、情节等。

（2）丰富幼儿的知识与经验　教师要鼓励幼儿多观察周围的事物，了解一些粗浅的自然科学现象，如人与自然的关系，动植物与自然的关系。通过这些直接经验和间接经验的积累，为幼儿创编故事提供内容上的准备。

（3）丰富幼儿的词汇，提高其语言表达能力　教师应创设一些情境让幼儿运用词汇说一句或一段话；另外，引导幼儿学习一些故事、童话中优美的词汇、句式，并感受、理解故事作品的语言表达方式。采用替代的方式，增强幼儿对句式的理解和认知。

（4）在创编活动中应该注重故事的教育性和启发性。

（三）猜谜、编谜活动的设计与组织

猜谜和编谜是启迪幼儿智慧的趣味游戏，通过猜谜、编谜活动可以巩固幼儿的社会认知，提高幼儿的思维敏捷性及概括能力。因此，此类教学活动应在幼儿具有一定生活经验及分析事物能力的基础上进行。由于小班幼儿的认知能力有限，所以猜谜、编谜活动较适合在中、大班进行。幼儿猜谜活动的谜面应浅显易懂，谜底多为幼儿生活中常见的事物。如谜面：上边毛，下边毛，中间一粒黑葡萄；谜底：眼睛。再如，谜面：耳朵大大像扇子，鼻子弯弯像钩子，腿儿粗粗像柱子，尾巴细细像绳子；谜底：大象。

适合幼儿语言教育活动的谜语

1. 猜谜活动的组织

（1）教师应创设情境，引发幼儿兴趣　教师可以利用实物、动作、语言游戏等，引发幼儿参与的兴趣。

（2）教师介绍谜语的构成并示范讲解猜谜的方法　教师通过讲解，使幼儿知道谜语由谜面、谜目和谜底三部分构成，幼儿需将谜面的每一句进行分析、理解，找出其特征并进行综合判断。教师可结合图片、幻灯片等，引导幼儿观察谜面事物的特征。比如，教师出示大象的图片，让幼儿观察其耳朵、鼻子、腿、尾巴等部分，描述其特征。

古老又年轻的谜语

（3）教师引导幼儿猜谜　首先，教师朗读谜面，幼儿倾听；其次，教师引导幼儿逐字逐句进行分析，引发幼儿思考、判断和讨论；最后，出示谜底，师幼进行核对。教师可利用实物或图片、模型进行对照，分析谜面。

（4）幼儿识记谜语儿歌，理解、记忆并朗诵谜语儿歌。

2. 编谜活动的组织与指导

编谜语需要幼儿具有猜谜的生活知识经验，因此，编谜语一般在猜谜活动的基础上进行。中、大班幼儿思维十分活跃，已具备初步的抽象思维能力，有十分强烈的探索欲望和表现欲，进行编谜活动能够促进幼儿语言概括能力和逻辑思维能力的发展。编谜活动的组织一般包括以下环节。

（1）教师通过剖析谜语引导幼儿认识谜语的特点和基本结构，即谜语由谜面、谜目和谜底构成，谜面中不能说出谜底，但谜面中的每一句话描述的都是和谜底有关的内容。

（2）教师示范编谜语　教师向幼儿说明编谜语的要求，让幼儿明确编谜的规则，通过示范，让幼儿明白编谜可从事物的本质特征入手，如形状、颜色、用途、生活习性等，要求编出的谜面语言工整，短小精炼。

（3）教师引导幼儿仿编谜语　教师通过启发提问，引导幼儿仿编谜语，并进行指导，帮助修改。

（4）整理谜面，幼儿背诵自编谜语。

谜语活动：猜猜我是谁（大班）

活动目标

（1）喜欢猜谜，喜欢动物，体验猜谜成功的喜悦。

(2) 掌握猜谜的方法,会按谜面表述的特征猜出谜语。
(3) 能够朗诵谜面,会玩猜谜的游戏。

活动准备

(1) 有关动物的谜语。
(2) 幼儿已有猜谜的经验,并知道1~2个有关动物的谜语。

活动过程

1. 以动物朋友来做客的情境引发猜谜兴趣
(1) 学猜公鸡的谜语。
教师朗诵谜面:头戴红红帽,身穿花花衣,尾巴高高翘,叫人早早起。
(2) 幼儿猜谜,并说出理由。
(3) 教师出示公鸡的图片,与幼儿共同分析谜面,并核对谜底。
2. 学习朗诵谜面
结合图片,引导幼儿在理解的基础上朗诵谜面。
3. 猜猜、说说
(1) 教师出谜语,幼儿学猜、学说。
(2) 幼儿相互猜谜,教师表扬猜对的幼儿。

活动延伸

联系生活,引导幼儿观察物体特征,进行猜谜游戏。
[资料来源:根据网络资料整理]

(四) 绕口令活动的设计与组织

绕口令结构巧妙,短小活泼,语言直白,生动有趣,深受幼儿喜爱。进行绕口令的语言游戏,可以训练幼儿口齿清晰、辨音咬字准确,提高幼儿的口语表达能力,使幼儿说话敏捷,发音准确。在进行绕口令教学时,教师应根据各年龄班幼儿发音特点和本班幼儿的发音实际水平,来选择难易不同的绕口令,进行不同发音内容的练习。小班重点练习正确发音;中、大班可进行相似音、绕口音的绕口令练习,加强语速训练,训练快速反应能力。

绕口令活动的具体活动步骤如下。

(1) 创设情境,激发幼儿朗诵绕口令的兴趣。

幼儿爱说、会说绕口令的方法

(2) 教师示范朗诵绕口令,让幼儿对绕口令有一个完整的认知。教师应注意发准相似音,吐字咬字清晰。

(3) 教师结合直观教具引导幼儿发准相似音、绕口音。

(4) 教师引导幼儿理解学习朗诵绕口令。可通过讲解、分析、归纳等多种手段帮助幼儿理解绕口令。

教师可以采用多种形式的朗读,如分句朗诵、小组朗诵、幼儿跟读等,加深幼儿的记忆。教师及时纠正幼儿不正确的发音,使幼儿掌握正确的发音方法。

（5）教师示范快速朗诵绕口令并引导幼儿快速朗诵绕口令比赛，训练幼儿快速发音的能力。

绕口令活动的指导要点如下。

（1）教师应熟练掌握绕口令的内容。

（2）教师示范朗诵时应用正常的语速，发准相似音。注重纠正幼儿的发音，帮助幼儿纠正唇、齿、舌、喉等发音部位和口型，掌握发音的技巧。

（3）教师可以通过形象生动的情境帮助幼儿感知、理解绕口令的内容，加深幼儿对绕口令的理解和记忆。

绕口令活动：鸡吃米（大班）

活动目标

（1）正确使用礼貌用语，懂得不应随意损坏别人物品。

（2）能够正确理解绕口令的内容并学习朗诵，掌握“鸡”“米”“奇”“李”“气”“嘻”“起”等的发音。

活动准备

操作木偶一套，与绕口令内容相关的指偶每人一套。

活动过程

1. 教师用木偶进行表演，通过提问帮助幼儿理解绕口令的内容

（1）教师出示人物、动物，逐一介绍并读准发音。

（2）木偶表演。边表演边朗诵绕口令。

（3）提问：齐家地上有什么？李家的小鸡干什么？齐小喜生气了，他是怎样做的？李小丽说了什么齐小喜就不生气了？

2. 幼儿再次观看木偶表演

3. 幼儿每人一套指偶，边念绕口令边操作指偶表演

教师引导幼儿进一步理解绕口令，着重训练相似音，纠正幼儿发音。

4. 比赛：看谁念得又准又快

5. 主题讨论

齐小喜和李小丽为什么没有打架？请幼儿结合身边的例子进行讲述。

活动延伸

教师和幼儿将绕口令编成音乐游戏一起玩。

活动拓展

（1）把绕口令编成故事讲给幼儿听。

（2）在活动区提供多种图文并茂的绕口令供幼儿阅读。

（3）表演游戏。利用自选活动时间请幼儿学讲礼貌用语，看谁说得最多。

附:绕口令

鸡吃米

齐家晒了一盆米。
李家的鸡吃了齐家的米。
齐小喜一生气,
要去打李家的鸡。
李小丽忙把鸡关起,
连说:“对不起!对不起!”
齐小喜听了笑嘻嘻,
忙说:“没关系,没关系。”

[资料来源:袁爱玲. 幼儿园全语言活动设计与实施指导(中班). 南京:南京师范大学出版社,2008]

延伸阅读

对话式儿童文学作品教学初探

儿童文学作品教学是通过欣赏文学作品来学习语言的一种活动,是对儿童进行语言教育的重要内容,通常包括儿童诗歌、童话、生活故事、儿童散文等几个方面的学习。反思实践中的儿童文学作品教学,笔者发现存在着诸多令我们无法回避和否认的问题。概括起来主要有:一是“教师传授、儿童接受”的现象相当严重。表现在教师作为传授者,闻道在先,术业专攻,对儿童而言是“先知先觉者”,儿童则成了被动地接受知识的容器,师说生听、师问生答几成定律,即使是在一些让儿童讨论的“场景”中,其内容、方式也大多是由教师框定的,出现了儿童主动“说”的缺失,课堂的高度集权使儿童无法获取主体地位,所以这种文学作品教学实际上就是教学内容的授受活动。二是出现了文学作品中心主义的倾向。表现在课堂中,教师仅仅关注文学作品的主题,关注作品所要向儿童传达的德育价值,因此,主题诠释成为文学作品教学中一个至为重要的环节,甚至可以说是教学的必然归宿。于是,许多教师在“主题诠释”上投放了大量的时间和精力,表现为认识尺度上过分求同,漠视了儿童理解作品的个性差异,忽略了作品所蕴含的丰富内涵。上述两种情况存在着一个共同的特点,即对话的渠道被堵塞了,包括师生之间、生生之间和师生与儿童文学作品之间三个方面,使儿童文学作品的教学活动缺乏互动,实际上是忽视了“人”的教育,我们可以说这是一种“传话式的文学作品教学”,这与新《纲要》中语言教育的内容是不相符的。鉴于此,笔者尝试着提出了对话式儿童文学作品教学这一新的教学模式。

一、什么是对话式儿童文学作品教学

(一)什么是对话

什么是对话?用苏联思想家巴赫金的话说,“是同意或反对的关系,肯定与补充的关系,问和答的关系”。他认为:“对话性是具有同等价值的不同意识之间相互作用的特殊形式”“对话是人的存在方式”“存在就意味着进行对话的交往。对话结束之时也就是一切终结之日。因此，实际上对话不可能、也不应该结束。”如果从哲学的角度来看，对话就是对话者双方相互理解的过程，是一个自我认识、自我反思的过程，也是人类和平共处的基本方式。当然，这里所讲的对话，绝不是我们平常意义上的说话，也不限于纯粹的言语形式，而是师生基于相互尊重、信任和平等的立场，通过言谈和倾听而进行双向沟通、共同学习的方式。在这种对话里，如哲学家马丁所强调的，是“从一个开放心灵者看到另一个开放心灵者之话语”，是师生双方精神敞开的互动交流，是一种“我—你”关系，而非“我—他”关系。正因为如此，通过对话教学，儿童不仅获得了活的知识，更重要的是获得了对话理性，并在启发式的、探索式的对话中获得了主体性的发展，是“以人为本”的充分体现，是新形势下所倡导的一种学习理念。

（二）儿童文学作品教学是一种对话活动

被誉为“拉丁美洲的杜威”的世界著名巴西教育家保罗·弗莱雷在《被压迫者教育学》一书中指出，教育具有对话性，教学即对话，对话是一种创造活动。文学作品的教学面对的是广泛而深邃的言语世界，其目的就是要提高儿童的语言能力，这一特点决定了文学作品教学必须是一种“沟通”，是一种“对话”，儿童学习文学作品的过程就是与文章作者“对话”的过程，是师生互动、合作的教学。因此，笔者认为，对话性儿童文学作品教学是指教师、儿童、文本在平等地位上产生的一种以提高儿童语言为本体，以文本言语为中介而展开的认知、情感、精神领域的多向交流，包括师与生、生与生、师与文、生与文之间的互动，最终促使儿童产生个性化的感悟，积淀语感，促进言语和精神的同构共生，达到对儿童进行教育的动态过程。

对话性儿童文学作品教学实际上是教师、儿童、作者（文本）三方耦合的信息系统，因此，与之相应的理想教学模式必然是教师、儿童、作者（文本）的三维互动。也就是说，包括三个方面：① 师幼对话：指的是教师与儿童间展开的有关文学作品的交流，是师生在平等、自由的氛围中进行情感的交流、精神的融通、境界的提升，实现自我的精神超越。② 儿童与儿童间的对话：教学过程中儿童与儿童之间的交流，通常包括同桌的交流、小组间的交流和全班交流等几种对话模式。在对话性儿童文学作品中，教师真正彻底地摒弃了自己唱主角、几个优秀儿童当配角、大多数儿童当群众演员甚至当听众的状况，让所有儿童动起来。③ 儿童与文学作品之间的对话：儿童与文学作品之间的对话多是以多媒体为中介的。因为计算机能够对各种类型的信息进行集成处理，将文本、数字、图形、视频、动画、声响融为一体，多媒体的运用符合儿童思维的具体形象性的特点，通过生动的画面，能够帮助儿童进一步理解文学作品的内涵。

二、对话式儿童文学作品教学的操作策略

（一）营造一种亲切的对话氛围，为对话式儿童文学作品教学提供服务

有学者强调，要建立起平等“对话”的师生关系，就必须化解师生之间、生生之间森严的壁垒，因为对话的现代意义绝不仅仅是狭隘的语言交流，而是师生双方各自向对方敞开心灵和彼此接纳。对话式儿童文学作品教学是儿童、教师、文本之间互动对话的过程，教师与儿童、儿童与儿童、儿童与文本之间是一种民主、平等的双向交流关系，教师与儿童的态度都必须是真诚的，这也是开展对话式儿童文学作品教学的一个前提。怎样做到这一点？多元智力理论指出，

每个人的智慧类型不一样，他们的思考方式、学习需要、学习优势、学习风格也不一样，也就是说，每个人的具体学习方式是不同的。因此，教师要放下高高在上的架子，与儿童平等对话，尊重每个儿童的独特个性和具体情况，尊重儿童的独特感受和体验，为每个儿童富有个性的发展创造空间。

（二）帮助儿童深入文本，最大限度地实现主体的自由表现

儿童文学作品，不受时空限制，极为形象地描述事物的演变过程和事物之间的关系。儿童学习文学作品活动主要是依靠个体的知识储备、情感体验、社会阅历来完成的，其本身又是一种个性化的行为，它带有个体浓重的思想倾向。文本的意义是儿童在学习过程中自行发现、自行建构起来的，往往是仁者见仁，智者见智。英国教育家洛克说：“每个人的心灵都像他们的脸一样各不相同。正是他们无时无刻地表现自己的个性，才使得今天这个世界如此多彩。”正所谓“有一千个读者，就有一千个哈姆雷特”。应该注意的是，儿童有着与成人不同的看待周围世界的方式，有着自己独特的思考问题的方法，有着一个属于他们自己的完整的世界，成人虽无法置身于其中，但却应更好地了解和保护好这个世界，而不是把自己的意志强加于这个世界，绝不能取代儿童在文学作品中的感受和主体地位。

因此，在对话式儿童文学作品教学中，教师应努力理解儿童的想法与感受，及时支持鼓励儿童大胆探索与表达。不仅要注重生生间的互动、合作、交流、分享，同时也要以儿童的自读、自讲、自演、自悟为重点，让他们用讲述、绘画、表演等方式表达自己的感受；激发儿童能够全神贯注地去体验文本，通过对话去理解文本、发展文本。至于结论，最好像苏格拉底所说的那样，让儿童自己去体悟，自己去表现，教师绝不要包办代替。

（三）为儿童的独立思考创造条件，进而达到“创造性学习”的良好境界

苏霍姆林斯基说：“在儿童的脑力劳动中，摆在第一的并不是背书，不是记住别人的思想，而是让学生本人进行思考，也就是说，进行生动地创造。”儿童文学作品教学的过程是教师通过教学活动，促进儿童走进文本，通过自己的思维活动，与文本产生碰撞、整合、内化，然后走出文本的过程，进而实现“创造性学习”的良好境界。体现对话式儿童文学作品教学中的创新，需要教师多角度多元化地解读文章的主题。要有挑剔的、批判的眼光，有大胆尝试、标新立异的精神，鼓励儿童善于求异思维，突破定式思维的束缚，允许儿童独树一帜，允许儿童出错，儿童只要言之有理即可，切不可用一个标准去随意扼杀儿童的创造力，而应激励他们求知的欲望，这样使每一节课都成为儿童施展才华的舞台、展示才能的天地。

儿童文学作品教学是一种对话，一种交流。有人断言，新世纪的教育是关爱儿童生命发展、弘扬儿童灵性的教育。新时期的儿童文学作品，应当为儿童创设放飞灵性翅膀的机会。教师应该为儿童的对话交流提供服务，为对话营造一种合适的氛围，为对话内容的由浅入深提供一个个的话题，激发儿童对话的积极性，切实体现出儿童是学习的主人的理念。

[资料来源：张文娟.对话式文学作品教学初探.教育导刊，2004(6)]

案例评析

案例一　故事活动:会动的房子(中班)

活动意图

夏天到了,大自然变得五彩斑斓、美丽多姿,还有丰富的声响像音乐合奏着自然的交响。《会动的房子》故事中,优美的语汇、有趣的情节,能带给中班幼儿美的享受,同时还能发展他们的思维与想象能力。

活动目标

(1) 感受作品中优美的画面与丰富的声响,激发热爱大自然的情感。
(2) 理解故事内容,丰富词汇:"腻了""手舞足蹈""驮""惭愧"。
(3) 能初步使用象声词描述生活中与自然界中的风声、水声等声响。

活动重难点

活动重点:理解故事中有趣的情节、感受优美的自然风光及两个动物形象的特点。
活动难点:理解故事中小松鼠房子的位置及会动的原因。

活动方法

讲解法、谈话法、表演法。

活动准备

(1) 小松鼠指偶、乌龟手偶各一个。
(2) 活动背景图一幅,依次是"大树下""山脚下""大海边""大草原"等四个场景。
(3) 风声、海浪声、马蹄声及自然界其他美妙声音的音频文件各一个。

活动过程

1. 出示两幅房子相同而背景不同的对比图片,激发幼儿参与活动的兴趣

小朋友们,大树下的这座房子是小松鼠的家。不知怎么回事,这么稳固的房子却移动到了山脚下。你们见过会动的房子吗? 小松鼠也很好奇:"咦? 房子为什么会动呢?"

2. 运用手偶和指偶有感情地讲述故事,先讲到"手舞足蹈"这部分

提问:(1) 故事叫什么名字?

(2) 小松鼠为什么要在地面上再建造一座房子?(学习"腻了"。)

(3) 小松鼠住在会动的房子里都到了哪些地方? 听到了什么? 看到了什么?(感受并理解"手舞足蹈"。)

3. 结合挂图再次讲述故事到"手舞足蹈",引导幼儿理解"手舞足蹈"的意思

教师播放"风声、海浪声、马蹄声",让幼儿感受各种声音和相应的象声词,帮助幼儿用语言描述:如小松鼠在山脚下听到"呼呼呼"的风声。

小朋友们,大自然里的声音是多么美妙,你们还听过什么好听的声音呢?教师播放生活中与自然界的各种声音,让幼儿自由感受和讲述相应的象声词。

4. 结合手偶和指偶的演示讲述故事的结尾

(1)为什么房子会动呢?(学习新词"驮"。)

(2)当小松鼠知道那硬硬的大石头是乌龟的背的时候,它是什么样的表情?(学习新词"惭愧"。)

5. 活动结束

原来小松鼠把房子盖在了小乌龟的背上,它们一起做伴走过了许多地方,它们还有可能去哪些地方呢?大家大胆地猜想一下,并把你的猜想讲给其他小朋友听。

活动延伸

1. 延伸至表演区,小朋友利用手偶和其他物品表演故事,体验表演的快乐。
2. 把猜想到小松鼠和小乌龟还有可能去的地方画下来贴到美工角。

活动评析

活动目标、重难点评价:本次活动紧紧围绕活动目标展开,重点与难点定位较为准确,尤其是通过手偶和指偶直观形象的演示,解决了难点。

活动准备的评价:活动准备充分,内容丰富、恰当且富有实效,通过手偶和指偶直观地表现出小松鼠和乌龟之间形象的差距,挂图更好地反映出小松鼠和乌龟走过的地方,而自然界和生活中声音的音频文件为更好地实现能力目标打下基础。

活动过程与方法的评价:活动过程设计层次清晰,活动开始,以题质疑,激趣导入;活动结尾具有很强的开放性,在故事结尾明了后再给幼儿以更大的想象和创造的空间,让幼儿大胆地猜想小松鼠在小乌龟的背上还有可能一起做伴去哪些地方。活动方法恰当灵活,生动形象的故事讲述吸引了幼儿的注意,层次深入的师幼互动谈话更激发了幼儿探究房子会动的原因。

附:故事

会动的房子

小松鼠在树顶上住腻了,于是决定在地面上再建造一座房子。

在大树下,它发现了一块大石头。这块石头由7块小石头拼成,很硬,也很光滑。小松鼠说:"嘿,就在这上面造一座房子!"

房子终于造好了,忙了一天的小松鼠也累了,在新家里睡着了。

"呼呼呼!"这是什么声音?小松鼠被吵醒了。推开窗一看,呀,自己是在美丽的山脚下,微风奏起了动听的山歌。真奇怪,昨天还在大树下,今天却来到了山脚下。可小松鼠又一想:没关系,山脚下挺好的,有动听的山歌做伴。

第二天，又传来“哗哗哗”的声音。小松鼠推开窗一看，呀，又来到了大海边，浪花唱起了欢乐的歌。小松鼠这下可乐了：“我的房子会动，我的房子会动！”现在小松鼠又有浪花声做伴。

第三天，小松鼠想，今天我来到哪儿啦？推开窗一看，呀，眼前是一片大草原，马儿在奔跑，小松鼠禁不住在房子里手舞足蹈。

突然，传来一个声音，“小松鼠呀，快别乱动。”咦，是谁呢？是这块硬硬的大石头？“小松鼠你真粗心，把房子盖在我的背上，我驮着你走过了许多地方。”小松鼠低头一看，原来是乌龟，那硬硬的大石头竟然是乌龟的背。小松鼠惭愧得脸都红了，赶紧说：“你，你累坏了吧？”乌龟说：“不，这下我们俩可以做伴了。”

[资料来源：浙江省台州椒江幼儿艺术教育集团总园　陈雪丽设计]

案例二　儿童诗活动：摇篮（大班）

活动意图

随着生活经验的增长，大班幼儿对美的事物有了更丰富、更深刻的体验。《摇篮》这首儿童诗里生动的语言、大胆的比喻及优美的意境，都能激发起幼儿感受美、理解美、欣赏美和创造美的兴趣和愿望。

活动目标

第一次活动——诗歌朗诵活动目标：感受诗歌中优美的意境，感受妈妈对孩子深沉美好的爱。理解诗歌内容，学习词汇“摇篮”“摇”。能够有感情地朗诵诗歌。

第二次活动——诗歌仿编活动目标：深入感受诗歌优美的意境，感受创造美的快乐。初步掌握诗歌的语句结构和句式结构。能进行初步的诗歌仿编。

活动重难点

第一次活动：重点是感受儿童诗中优美的意境并学会有感情地朗诵诗歌。难点是初步理解比喻的含义就是“把什么比做什么”“什么好像是什么”的意思。

第二次活动：重点是掌握诗歌的结构和诗句的句式，难点是仿编诗歌。

活动方法

音乐法、示范法、谈话法、讲解法。

活动准备

第一次活动：婴儿用摇篮实物 1 个，挂图 4 幅，分别体现“天空”“大海”“花园”和“妈妈的手”。完整的勃拉姆斯的《摇篮曲》的纯音乐的音频。

第二次活动：按诗歌结构和句式结构分行排列的图文结合挂图 1 幅，以及替换用的图样“天空”“星宝宝”“白云”“大海”“浪花”“鱼宝宝”“花园”“微风”“花宝宝”“妈妈的手”“歌谱旋律”“小宝宝”各 1 个，以及仿照天空颜色、大海颜色、花园颜色和妈妈手的形状的摇篮图样 4 个。与上次相同的完整的勃拉姆斯的《摇篮曲》的纯音乐的音频。

活动过程

第一次活动过程设计——诗歌朗诵活动

1. 导入，播放背景音乐勃拉姆斯的《摇篮曲》，教师指图轻声提问

嘘——小朋友们看——星宝宝、鱼宝宝、花宝宝、小宝宝都睡着了，它们睡在温暖的摇篮里，多幸福啊！可是，它们睡的摇篮和我们小时候睡的摇篮（出示摇篮实物），是不一样的哦，有什么不同呢？你们想知道吗？听完这首非常优美的诗歌——《摇篮》，你们就知道了。

2. 指图配乐示范朗诵

提问：

(1) 这首诗歌叫什么名字？（学习词汇“摇篮”。）

(2) 星宝宝的摇篮是什么？

(3) 鱼宝宝的摇篮是什么？

(4) 花宝宝的摇篮是什么？

(5) 小宝宝的摇篮是什么？

(6) 它们睡的摇篮和我们的有什么不同？

3. 再次配乐示范朗诵

提问：

(1) 天空是星宝宝的摇篮，星宝宝是怎么睡着的？（学习词汇“摇着”，感受“天空”这个“摇篮”在摇着“星宝宝”入睡、“白云轻轻飘动”在哄着“星宝宝”入睡的情境，体味诗句所表现出来的优美的意境。）

同步学习朗诵“天空是摇篮”这一节的4句诗。

(2) 大海是鱼宝宝的摇篮，鱼宝宝是怎么睡着的？（初步理解“比喻”就是“把什么比做什么”“什么好像是什么”的意思，如“天空”好像是“星宝宝”的“摇篮”，“大海”好像是“鱼宝宝”的“摇篮”等。）

同步学习朗诵“大海是摇篮”这一节的4句诗。

(3) 花园是花宝宝的摇篮，花宝宝是怎么睡着的？

同步学习朗诵“花园是摇篮”这一节的4句诗。

(4) 妈妈的手是小宝宝的摇篮，小宝宝是怎么睡着的？（感受妈妈对宝宝的爱。）

同步学习朗诵“妈妈的手是摇篮”这一节的4句诗。

4. 第三次进行完整的配乐示范朗诵《摇篮》

5. 在《摇篮曲》的背景音乐中指着挂图尝试朗诵

6. 在《摇篮曲》的背景音乐中进行朗诵练习，强调轻柔优美的语气语调

结束：小朋友们，我们今天学习了一首特别优美的诗歌，你们最喜欢哪一段，请随着优美的音乐再朗诵一遍，记得回去把它朗诵给亲爱的妈妈听。

活动延伸一

延伸至美工角，画出自己的妈妈或者是动手折叠1个“摇篮”送给妈妈。

第二次活动过程设计——诗歌仿编活动

导入：

小朋友们，上节课我们学习朗诵了一首非常优美的诗歌《摇篮》，现在我们一起再复习朗诵一遍，师幼共同进行配乐诗朗诵。

1. 出示图文结合的挂图，了解诗歌结构和句式结构

2. 教师依次在挂图上进行“天空”“大海”“花园”和“妈妈的手”的图样替换并引导幼儿伴随替换内容的变化进行相应诗句的朗诵

3. 教师依次在挂图上进行星宝宝、鱼宝宝、花宝宝和小宝宝的图样替换并引导幼儿伴随替换内容的变化进行相应诗句的朗诵

4. 教师依次在挂图上进行“白云飘”“浪花翻”“风儿吹”“歌儿唱”图样替换并引导幼儿伴随替换内容的变化进行相应诗句的朗诵

5. 教师模仿诗歌中的结构和句式结构进行仿编示范

小朋友们，我们每个人也都是一位小诗人，现在老师来编一段“草原是摇篮/摇着羊宝宝/风儿轻轻吹/羊宝宝睡着了。”你们还想到了什么像摇篮？谁是它要摇着入睡的小宝宝？还有谁在一旁哄着它入睡？怎样哄它入睡？

6. 幼儿之间互相讨论，进行大胆想象和仿编尝试

7. 幼儿朗诵自己仿编的诗句

结束：循环播放勃拉姆斯的《摇篮曲》，幼儿依次站起来朗诵自己仿编的诗句。

活动延伸二

延伸到表演角，幼儿随着《摇篮曲》的旋律自由舞动。

延伸至美工角，幼儿将自己仿编的诗句场景画出来。

活动评析

活动目标、重难点评析：结合大班幼儿特点设计活动目标，两次活动目标明确，第一次活动目标主要在于感受诗歌意境和学会有感情地朗诵，第二次目标是在初步掌握诗歌结构的基础上进行大胆地仿编，难度逐级递增，两次活动设计重点突出、难点逐级缓坡突破，为取得良好的活动效果打下基础。

活动准备评析：活动准备非常充分、内容丰富，尤其是第二次活动中图文结合的挂图和替换用的图样，更有利于幼儿掌握诗歌的结构。活动准备的图文结构的挂图以图为主、文字适量，文字只有“天空是摇篮”“大海是摇篮”“花园是摇篮”“妈妈的手是摇篮”的“是”字，这样很好。一定要防止图文结合的挂图中图少文多，教师把握不当就可能会变成“识字课”，防止出现幼儿园教育小学化的倾向。

活动过程、内容与方法评析：活动过程紧紧围绕感受诗歌的语言美、韵律美和意境美，以及朗诵和仿编这两个活动目标展开。两次活动内容设计由浅入深、丰富有趣，方法丰富灵活、恰当有效，音乐法的使用大胆而且有效，反复出现的《摇篮曲》为幼儿更好地理解诗歌内容和意境及学习有感情地朗诵这两个活动目标起到了积极的推动作用。

附:儿童诗

摇　篮

天空是摇篮,摇着星宝宝。
白云轻轻飘,星宝宝睡着了。

大海是摇篮,摇着鱼宝宝。
浪花轻轻翻,鱼宝宝睡着了。

花园是摇篮,摇着花宝宝。
风儿轻轻吹,花宝宝睡着了。

妈妈的手是摇篮,摇着小宝宝。
歌儿轻轻唱,小宝宝睡着了。

[资料来源:黑龙江省哈尔滨市学府汇嘉幼儿园　郭宏设计]

案例三　谜语创编活动:我来编,你来猜(大班)

活动目标

(1) 了解编谜的方法。
(2) 能够仿编谜面并完整朗诵。
(3) 喜欢动脑筋猜谜和编谜。

活动准备

长颈鹿、青蛙、袋鼠、公鸡等动物的模型玩具。

活动过程

1. 导入
今天,老师带来很多条谜语,你们想不想展示一下你们猜谜的本领,看看谁最聪明。
2. 基本部分
(1) 猜谜
大眼睛,阔嘴巴,咕呱咕呱爱说话,捉虫能手就是它。(青蛙。)
有只动物真稀奇,长得像架起重机,够树梢,不费力,吃着嫩叶甜如蜜。(长颈鹿。)
有个妈妈真奇怪,身上带个大口袋,不放萝卜不放菜,里面放着小乖乖。(袋鼠。)

(2) 请幼儿说一说猜谜思路　你们猜得真是又快又对!真是猜谜的高手!你们到底是怎样猜的?说说你们的猜谜方法。

(3) 教师示范讲解编谜　猜谜真好玩,还可以让我们变得更聪明。不如我们自己学会编谜,编出各种各样的谜,不仅可以做游戏,还可以考一考爸爸妈妈,好不好?

介绍编谜要领:猜谜时,别人说出来的是谜面,让你猜的是谜底。编谜就是用打比方的方法说出一种事物的特点,但是千万不能说出这种事物的名称。谜面的特点是:句子要短、整齐、押韵,像说儿歌一样好听。

以青蛙为例分析谜面特征。

(4) 引导儿童尝试编谜　先出示公鸡的模型玩具。请幼儿思考公鸡的特征和本领。

(5) 朗诵自编谜语　其实编谜不难,你们创编的谜语就很棒。只要你们用简练的话说出事物的特点,说得顺口一些,就是谜语。

然后,教师出示黑公鸡、母鸡玩具,请幼儿编谜。

(6) 分组活动,继续编谜　将幼儿分为五组,出示五个动物图片或玩具,请幼儿编谜。此环节可长可短,视活动时间而定。

3. 结束部分

总结幼儿表现,肯定成绩,鼓励幼儿积极大胆地仿编和创编。

活动延伸

延伸至科学领域,了解小动物们的外貌特点、主要食物及生活习性。

[资料来源:根据网络资料整理]

活动评析

1. 活动选材分析

教师以幼儿喜欢的动物青蛙、长颈鹿和袋鼠入手进行猜谜活动,然后又选择公鸡作为编谜对象,四者都是幼儿熟悉且喜欢的动物,易引起幼儿的参与兴趣。

2. 活动目标达成分析

本次活动目标从认知和能力两个维度进行设置,有利于发展幼儿的创造想象和创新思维。

3. 活动材料与环境创设分析

长颈鹿、青蛙、袋鼠、公鸡等模型玩具或图片,在生活中随处可见,便于引发幼儿相关的经验,并拓展幼儿的思维和想象。

4. 活动组织形式和方法分析

活动开始时以幼儿感兴趣的语言激发幼儿的猜谜兴趣,然后又利用幼儿的好奇心与好胜心——与大人比赛,激发幼儿编谜的兴趣。在活动过程中通过讲解使幼儿明白谜语的结构和特点,便于幼儿语言操作创编谜语。

5. 儿童体验与发展分析

在整个活动过程中,幼儿能积极主动地参与,充分体验到了创编的乐趣,发展了逻辑思维能力,培养了语言表达能力。

岗位对接

主题活动一:春天来了(中班)

(一) 素材

1. 诗歌

春天的秘密

春天来了，春天来了，春天在哪儿呢？
小河里的冰融化了，河水淅淅沥沥地流着，
小声地说："春天在这儿！春天在这儿！"

春天来了，春天来了，春天在哪儿呢？
垂柳换上嫩绿的新装，在微风中轻轻地飘扬，
小声地说："春天在这儿！春天在这儿！"

春天来了，春天来了，春天在哪儿呢？
桃花红着脸，抿着小嘴，
微笑着说："春天在这儿！春天在这儿！"

春天来了，春天来了，春天在哪儿呢？
绿油油的麦苗，使劲地从泥土里往上钻，
小声地说："春天在这儿！春天在这儿！"

春天来了，春天来了，春天在哪儿呢？
农民伯伯忙着播种，牛羊在草地上嚷：
"春天在这儿！春天在这儿！"

哈哈！春天真的来了！春天真的来了！
我看见了春天的秘密，
我要把它牢牢记在心里。

2. 散文

春雨的色彩

（作者：楼飞甫）

春雨，像春姑娘纺出的线，轻轻地落到地上，沙沙沙，沙沙沙……

田野里，一群小鸟正在争论一个有趣的问题：春雨到底是什么颜色的？

小燕子说："春雨是绿色的。你们瞧，春雨落到草地上，草就绿了。春雨淋在柳树上，柳枝也绿了。"

麻雀说："不对，春雨是红色的。你们瞧，春雨洒在桃树上，桃花红了。春雨滴在杜鹃丛中，杜鹃花也红了。"

小黄莺说："不对，不对，春雨是黄色的。你们看，春雨落在油菜地里，油菜花黄了。春雨落在蒲公英上，蒲公英花也黄了。"

春雨听了大家的争论，下得更欢了，沙沙沙，沙沙沙……

3. 故事

春天在哪里

（作者：葛翠琳）

呼呼呼北风吹，大地光秃秃。小公鸡到处都听说春天美丽。春天在哪儿呢？他决定去找春天。

他来到小兔家。“我是小公鸡。小白兔,你知道春天在哪儿吗?”小公鸡问道。“春天在青草丛里。美丽的春天,大地一片绿。小公鸡,请进来吃点馅饼吧。”小白兔回答说。“谢谢小白兔,我要去找春天,再见!”小公鸡边走边说。

他来到小蜜蜂家。“我是小公鸡。小蜜蜂,你知道春天在哪儿吗?”小公鸡问道。“春天在鲜花丛里。春天花儿遍地开放。小公鸡请进来吃点蜜糕吧。”小蜜蜂回答说。“谢谢小蜜蜂,我要去找春天。再见!”小公鸡边走边说。

他来到小青蛙家。“我是小公鸡。小青蛙,你知道春天在哪儿吗?”小公鸡问道。“春天在快活的小河里。在那里,鱼儿游,浪花跳,小公鸡请进来坐会儿吧。”小青蛙回答说。“谢谢小青蛙,我要去找春天,再见!”小公鸡边走边说。

他来到小鸟家。“我是小公鸡。小鸟,你知道春天在哪儿吗?”小公鸡问道。“春天在茂密的树丛里,大树小树都穿上新衣。小公鸡请进来歇一歇吧。”“谢谢小鸟,我要去找春天,再见!”小公鸡边走边说。

一阵温暖的风吹过,小公鸡听见草芽儿细声细气地说着话:“我在这里为春天准备绿色的地毯。”小公鸡看见小兔子在绿色的地毯上来来回回打着滚。一阵温暖的风吹过,小公鸡听见枝头上的花芽儿慢声慢语地说:“我在这里为春天准备芳香的花朵。”小公鸡看见蜜蜂和蝴蝶在花丛间飞舞。一阵温暖的风吹过,小公鸡听见树上的嫩芽儿愣头愣脑地喊:“我在这里为春天撒下可爱的绿荫。”小公鸡看见小鸟在绿荫里飞来飞去,唱着动听的歌。一阵温暖的风吹过,小公鸡听见冰下的小河发出清脆的像吹奏快乐的短笛声:“我在这里为春天准备温暖的河水。”小公鸡看见小青蛙和鱼儿在比赛游泳。

大家都来问小公鸡为春天准备什么。小公鸡说:“我为春天捉害虫,让春天更美丽。”

大家又问:“还有呢?”小公鸡想了想说:“我会唱春天的歌,赞美春天更美丽。”说完伸长了脖子,喔喔喔地唱了起来。

（二）素材分析

《纲要》指出:幼儿语言的发展与其情感、经验、思维、社会交往能力等其他方面的发展密切相关。因此,发展幼儿语言的重要途径是通过互相渗透的各领域的教育,在丰富多彩的活动中去扩展幼儿的经验,提供促进语言发展的条件。

春回大地,万物复苏,春天是一年四季的开始,孕育着生机,充满着希望。春天来了,每个幼儿都能感受到季节的变化。在他们的眼中,春天就在大自然的景物中,也在人们的生活活动中。同时,他们喜欢亲近大自然,喜欢观察和探索春天中大自然的各种秘密,在与大自然的亲密接触中,感受季节的不同,乐意运用多种形式表达和表现自己对春天的感受和感想。幼儿通过文学作品欣赏活动感受文学作品的语言美、韵律美和意境美,吸收语言“养料”,得到熏陶和感染;通过仿编诗歌,感受大自然的变化;通过续编故事,在丰富想象及创造过程中发展语言表达能力。此外,结合观察、谈话、绘画等多种活动形式,能够丰富幼儿已有的知识经验,引导幼儿感受文学作品的美,发展幼儿的想象力和创造力。

（三）活动设计

1. 活动内容符合幼儿的年龄特点,结合《指南》《纲要》要求选取。

2. 活动方案流程完整,具体包括:活动名称、活动目标、活动准备、活动过程、活动延伸。教师要以幼儿为主体设计适宜的活动目标,活动目标要全面,包括知识目标、能力目标、情感态度目标;活动方案格式书写完整规范,活动目标书写的主语要一致,要突出主要内容,要语言精练、条理清楚。

3. 活动准备要充分,包括物质准备和知识准备两个方面,起到为教学服务的作用。

4. 活动过程设计针对活动目标合理可行,重难点突出,层层递进,同时活动内容符合幼儿的认知特点和身心发展规律。

5. 活动延伸体现活动的连续性及与实践的联系性。

参考教案

儿童诗活动:春天的秘密(中班)

活动目标

1. 理解诗歌内容,感受春天的生机勃勃和大自然的美好和奥秘,掌握词语“融化”“嫩绿”“播种”。

2. 学习用连贯的语言大胆讲述自己发现的春天的秘密,同时能仿编诗歌。

3. 感受春天的美好,萌发热爱春天的情感。

活动准备

1. 知识经验准备

(1) 知道一年有四个季节。

(2) 在日常户外活动中感知春天。

2. 物质准备

(1) 视频:《春天的景象》。

(2) 图片:《春天的秘密》。

(3) 与《春天的秘密》相应的图片和头饰、画笔、画纸。

活动过程

1. 导入活动:观看视频《春天的景象》,激发兴趣

提问:小朋友们,春天来了,你们从视频里,在我们的生活中,发现周围环境有什么变化?(请大家自由讲述春天身边环境的变化。)你们喜欢春天吗? 为什么?

2. 结合图片,欣赏教师朗诵诗歌,发现诗歌中春天的秘密。

提问:你们听到诗歌中哪些春天的秘密?

3. 观察图片,回忆诗歌内容,并回答教师提问。

4. 再次欣赏教师分段朗诵诗歌。

提问:

(1) 春天来了,小河里的冰有什么变化?(学习词语“融化”。)

(2) 垂柳、桃花有什么变化?(学习词语“嫩绿”。)

(3) 谁飞回来了? 地里长出了什么?

(4) 农民伯伯开始干什么?(学习词语:“播种”。)

5. 结合相应的图片,学习朗诵诗歌内容。

6. 运用头饰等道具分角色表演诗歌内容。

(1) 教师出示桃花、燕子、麦苗等头饰,激发表演诗歌的兴趣。

(2) 幼儿自行选择头饰,扮演不同的角色,边朗诵诗歌边进行表演。

7. 尝试仿编诗歌内容,发现身边更多的春天的秘密。

(1) 激发幼儿创作的愿望:在我们身边还有哪些春天的秘密呢? 我们也把它们编到诗歌里面朗诵一下吧!

(2) 结合生活中的春天景色,发挥想象,大胆仿编。

(3) 表演自己仿编的诗歌。

活动延伸

画出春天的秘密:春姑娘把我们的生活打扮得这么漂亮,我们应该怎么感谢她呢? 我们就把自己看到的春天的景色用画笔画出来当礼物送给春姑娘吧!

(四) 说课练习

1. 理论功底扎实,充分体现现代学前教育的要求。

2. 仪表庄重,行为大方,举止文雅,表情自然、丰富,有想象力。

3. 口齿清晰,语言规范,条理清楚,逻辑性强,表达流畅,有感染力。

说课参考样例

语言活动说课稿:春天的秘密(中班)

1. 说教材

《春天的秘密》是一首意境优美的儿童诗,通过优美的语言为孩子们呈现了一幅幅色彩斑斓的画面:淅沥淅沥的小河,啁啾啁啾的燕子,随风飘扬的垂柳,辛苦耕种的农民伯伯。诗歌赞美了春天的美丽,自然的神奇,给人以美的陶冶和享受。为了让幼儿感受和了解春天的美,教师通过简洁优美的语言体现相应的春天情景,启发幼儿在欣赏中观察,在欣赏中模仿和创造,发现自然界的变化,感知春的意韵,并尝试运用多种方法把对春天的理解表现出来,以此来表达自己的情感体验。

2. 说活动目标及重难点

(1) 说活动目标 《纲要》在语言领域中提出:“发展幼儿语言的关键是创设一个能使他们想说、敢说、喜欢说、有机会说并能得到积极应答的环境”,以及要“鼓励幼儿大胆、清楚地表达自己的想法和感受”“发展语言表达能力和思维能力”。根据这一“内容与要求”,结合中班幼儿年龄特点和语言发展水平,我为本次儿童诗活动“春天的秘密”制定了如下三个维度的活动目标。

认知目标:理解诗歌内容,感受春天的生机勃勃和大自然的美好和奥秘,掌握词语“融化”“嫩绿”“播种”。

能力目标:学习用连贯的语言大胆讲述自己发现的春天的秘密,同时能仿编诗歌。

情感目标:感受春天的美好,萌发热爱春天的情感。

(2) 说活动重难点 根据活动目标,我把活动重点确定为能在理解诗歌内容的基础上有感情地朗诵诗歌;活动难点是能在大胆想象并清楚地讲述春天的秘密的基础上仿编诗歌。

3. 说活动准备

根据幼儿认识事物的特点和语言本身特点来看,在幼儿园语言教育中贯彻直观性原则非常重要。为了更好地服务于活动目标,让幼儿在活动中都能积极参与尝试和大胆发现,我以看图片、看视频的形式直接作用于幼儿的视听器官，使教学更加生动活泼，激发幼儿学习的兴趣。为此，我做了以下准备。

在知识经验准备方面：① 知道一年有四个季节。② 在日常户外活动中感知春天。

在物质准备方面：① 视频：《春天的景象》。② 图片：《春天的秘密》。③ 与《春天的秘密》相应的图片和头饰、画笔、画纸。

4. 说教法与学法

（1）说教法　根据幼儿思维具有形象性的特点，本次活动中我主要采用的教法有：示范法、讲解法、谈话法、表演法等。

（2）说学法　根据幼儿的认知特点，我采用的学法有：视听讲相结合法、操作法、尝试法、体验法等。

5. 说活动过程

为了有效达成本次活动的目标，我结合幼儿园教育工作原则，将活动过程分为四个环节。

第一个环节：导入活动。首先，我播放视频《春天的景象》，引导幼儿观看。采用谈话导入，激发幼儿活动兴趣。"小朋友们，春天来了，你们发现周围环境有什么变化？"让幼儿自由回答，讲述春天来了，身边的环境变化。当幼儿回答后，我会积极肯定幼儿："小朋友们观察得真仔细，发现有小草长出来了，树叶变绿了，花朵开放了……""你们喜欢春天吗？为什么？"让幼儿自由讲述对春天的情感。

第二个环节：结合图片，组织幼儿欣赏诗歌内容，发现诗歌中春天的秘密。

首先，我出示图片并完整示范朗诵诗歌，请幼儿倾听并感知整首诗歌。然后提出问题："在《春天的秘密》这首诗歌中，你发现了哪些春天的秘密？"引导幼儿回忆诗歌内容。

其次，我利用与诗歌内容相应的图片，分段朗诵诗歌，幼儿在倾听中发现诗歌的句式，在具体的语言环境里学习新词，积累语汇：融化、嫩绿、抿着小嘴、飞翔、使劲、播种。如春天来了，河面上的冰有什么变化？（学习词语：融化。）

然后，我出示相应的图片内容，引导幼儿分段和整首学习朗诵诗歌。

最后在理解诗歌的基础上，组织幼儿尝试分角色表演诗歌内容，加深对诗歌的理解。我为幼儿进行简单的场景布置并提供给幼儿头饰，请幼儿自己选择扮演的角色，引导鼓励幼儿能够自己边朗诵诗歌边进行表演。

此环节主要让幼儿练习角色的对话及表演相应的动作。这一环节能充分满足幼儿的活动愿望，让幼儿在轻松的氛围中学习诗句，表达自己的理解，给幼儿提供表现和说话的机会，将整个活动推向高潮，在愉快的表演活动中实现活动目标。

第三个环节：引导幼儿发现身边更多的春天的秘密，并尝试仿编诗歌。

此环节主要是进一步激发幼儿创作和表达的愿望：在我们身边还有哪些春天的秘密呢？我们也做小诗人，把它们编到诗歌里，有感情地朗诵吧！发挥幼儿的想象力，使幼儿能大胆结合生活中更多春天的景色，依据诗歌的句式进行仿编。请幼儿大胆地朗诵自己仿编的诗句，边朗诵边表演。

第四个环节：活动的结束环节。春姑娘把我们的生活打扮得这么漂亮，我们应该怎么表示感谢呢？让我们把自己看到的春天的景色用画笔画出来当礼物送给春姑娘吧！

6. 说活动延伸

在活动延伸中，我为幼儿在美工区域准备纸笔，幼儿自由绘画春天。此外，依据家园共育的原则，请幼儿家长带领幼儿进行郊游，让幼儿进一步感受春天大自然的变化。

（五）活动实施

1. 备课要认真全面，教具材料要准备充分。

2. 仪表庄重，活泼开朗，行为大方。教师着装符合幼儿园教师的特点。

3. 活动中要仔细观察，积极引导。

4. 口齿清晰，语言规范，与幼儿沟通要亲切自然。

（六）活动评价

整个活动的设计能紧扣幼儿的年龄特点与《纲要》《指南》的相关要求与规定，内容紧贴幼儿生活实际；目标的确立可行性强；活动材料准备充分，辅助性强；教法的选择能立足于幼儿身心发展的特点，体现幼儿的主体地位；教学过程思路清晰，活动步骤环环相扣，能做到由浅入深，重难点突出，能较好地实现活动目标。

主题活动二：新房子周围（大班）

（一）素材

1. 儿歌

房　子

我的房子要有一扇窗，看见小猫爬树上；
我的房子要有一扇门，欢迎朋友来拜访；
我的房子要有一张床，香香甜甜入梦乡；
我的房子要有一双脚，自由自在走四方。

2. 故事

新房子周围

小猴造了一幢新房子，四周还有许多空地，应该怎样利用呢？他考虑了好几天，总是拿不定主意。小猴想：还是去参观一下别人的新房子吧！

小猴来到小兔家，小兔家新房子周围种满了鲜花。小兔说："还是种花好，五颜六色，很香很香，一年四季都那么漂亮。"小猴说："让我考虑考虑。"

小猴来到小白鹅家，小白鹅家新房子周围全是水池，小白鹅说："还是水池好，夏天可以游泳，冬天可以滑冰，还能养鱼呢！"小猴说："让我考虑考虑。"

小猴来到小黄狗家，小黄狗家新房子周围开辟成了运动场。小黄狗说："运动场好。可以跑步，可以打球，锻炼身体！"小猴小声地说："让我考虑考虑。"

小猴回到自己家，觉得小兔、小白鹅、小黄狗的家都很漂亮，该学谁呢？还是学学大家好的地方吧。于是，小猴在房子的两边种上了花，屋后建了一个水池，屋前建了个运动场。建好以后，大家都说：小猴的新房子周围最漂亮。

（二）素材分析

拥有一个美丽的家园，是每个人的梦想，不管是成人还是孩子，都希望把自己的家园打扮得既实用又漂亮。《新房子周围》这个故事讲了小动物根据自己的喜好在自己的新房子周围进行了装修，小猴通过参观别人的新房子，学习别人的长处，自己动手创造了一个美丽家园的故事。大班幼儿在复述故事的时候要求比较连贯流畅，能运用自己学过的词汇来丰富自己的复述内容，能用恰当的语言表达自己的所见。《新房子周围》这个故事的内容贴近幼儿的生活，故事中动物间的对话有重复句，也有不同，适合大班幼儿进行续编故事活动。

（三）活动设计

1. 活动内容的选择符合幼儿的年龄特点，结合《指南》《纲要》要求选取。

2. 活动方案流程完整，具体包括：活动名称、活动目标、活动准备、活动过程、活动延伸。教师要以幼儿为主体设计适宜的活动目标，活动目标要全面，包括知识目标、能力目标、情感态度目标；活动方案格式书写完整规范，目标书写的主语要一致，要突出主要内容，要语言精练、条理清楚。

3. 活动准备要充分，包括物质准备和知识准备两个方面，起到为教学服务的作用。

4. 活动过程设计针对活动目标合理可行，重难点突出，层层递进，同时内容符合幼儿的认知特点和身心发展规律。

5. 活动延伸体现活动的连续性及与实践的联系性。

参考教案

故事活动：新房子周围（大班）

活动目标

1. 理解故事内容，掌握新词“考虑”。

2. 能够复述故事，根据已有生活经验，大胆想象并续编故事。

3. 懂得“只有吸取了别人的长处，才会更好”的道理，体会创造的快乐。

活动准备

反映故事内容的图片 4 幅，绘画所用的纸和笔。

活动过程

1. 出示小猴及小猴的新房子引出主题，激发兴趣。

小朋友们，小猴造了一幢新房子，四周还有许多空地。应该怎样利用呢？小猴考虑了好几天，总也拿不定主意。小猴想：还是去参观一下别人的新房子吧，也许会想到好办法。小朋友们，想不想跟小猴一起去参观一下别人的新房子呀？

2. 结合图片，听教师讲述故事。

提问：

（1）小猴先来到谁的家？看到房子周围有些什么？他们是怎么交谈的？

（2）小猴又来到谁的家？看到房子周围有些什么？他们是怎么交谈的？

（3）小猴最后又来到谁的家？看到房子周围有些什么？他们是怎么交谈的？

（4）每个小动物的房子的优点是什么？

3. 想一想，每间房子的优点是什么？展开想象，创编故事。

提问：

（1）小猴回到自己的家，觉得小兔、小鹅、小狗的家都很漂亮。它会怎样来打扮自己的新房子呢？为什么会这么打扮？

(2) 结合图片，我们看到了小猴最后是怎么做的呢？你觉得现在小猴的新房子漂亮吗？小猴是怎么会想到这么做的呢？

(3) 从小猴的做法上，你懂得了什么道理？

小结：只有学会吸收别人的长处，自己才会变得更好。

4. 结合图片完整地复述故事。

活动延伸

1. 看，老师也有一幢新房子，应该怎么样来打扮新房子周围呢？请小朋友们帮帮忙。

2. 小朋友还有好的方法就请在区域活动的时候画一画，说一说。

(四) 活动实施

1. 备课要认真全面，教具材料要准备充分。

2. 活泼开朗，仪表庄重，行为大方。教师着装符合幼儿园教师的特点。

3. 活动中要仔细观察，积极引导。

4. 口齿清晰，语言规范，与幼儿沟通要亲切自然。

(五) 活动评价

整个活动的设计能紧扣幼儿的年龄特点与《指南》的相关要求与规定，内容紧贴幼儿生活实际；活动目标的确立可行性强；活动材料准备充分，辅助性强；教法的选择能立足于幼儿身心发展的特点，体现幼儿的主体地位；教学过程思路清晰，活动注意对幼儿的引导，能做到由浅入深，重难点突出，能较好地实现活动目标。

国考聚焦

真题分析

1. 活动设计题：围绕儿歌《夏夜》这一内容，设计学前儿童儿歌教育活动。

夏　夜

露珠在荷叶上睡觉，
星星在天空中睡觉，
宝宝在小床上睡觉。
露珠的梦是绿的，
星星的梦是亮的，
宝宝的梦是甜的。

参考教案

儿歌活动:夏夜(中班)

活动目标

1. 认知目标:理解儿歌的内容,知道儿歌中对应的事物关系。
2. 能力目标:能正确区分白天、黑夜,敢于在集体面前朗诵儿歌。
3. 情感目标:体验创编动作的乐趣,体会其中所描绘夏夜的意境。

活动重难点

1. 活动重点:理解儿歌的内容,体会其中所描绘夏夜的意境。
2. 活动难点:完整朗诵儿歌,根据自己的想象创编动作。

活动准备

儿歌配图(夏夜、露珠、荷叶、星星、天空、宝宝、小床、糖果等的图片),舒缓的轻音乐,白天、黑夜的图片。

活动过程

一、活动导入——图片导入

教师出示的图片,引导幼儿感知白天、黑夜的区别,引出活动主题。

小朋友们,夏天到了,白天和黑夜有很大的不同,你有什么样的感觉呢?白天我们都会做什么呢?你身上的感觉是怎么样的呢?那晚上我们会做什么呢?

二、基本部分

1. 欣赏教师有感情地朗诵儿歌,初步感知儿歌内容

提问:这首儿歌叫什么?儿歌里面都有谁?他们分别在做什么?

2. 观察教师所配合的图片,深入理解儿歌内容

提问:

(1) 这是什么?荷叶生长在哪里呢?那你会在什么地方看见露珠呢?

(2) 观察星星和天空图片,猜一猜,谁在什么地方睡觉?它的梦又会是什么样的?

(3) 观察宝宝和小床的图片,小宝宝会在什么地方睡觉?它的梦又会是什么样的?

3. 结合图片和音乐,学习有感情地朗诵儿歌。

4. 找出教师出示的卡片上面,谁在哪里睡觉,它的梦是什么样的。

三、结束部分

1. 幼儿自由创编动作,教师巡回指导。

2. 教师请幼儿进行表演,并鼓励幼儿用不同的动作表现儿歌内容。

活动延伸

1. 请幼儿到美工区画一画美丽的夏夜图。

2. 家园合作：请幼儿家长带领幼儿夜晚观察夜色。

2. 答辩题：你认为诗歌最能发展幼儿的什么能力？

参考答案

诗歌属于语言领域活动，首先，它可以发展幼儿语言表达和倾听能力。幼儿通过朗诵诗歌，可以练习文字的发音，增强语感；在教师朗诵诗歌的过程中，也能够锻炼幼儿的倾听能力，幼儿通过倾听了解诗歌的内容。其次，诗歌具有韵文性，能够发展幼儿的审美能力。诗歌韵文性的特点能够让幼儿感受文学作品的风格；诗歌也具有一定的意境，通过有感情的朗诵再配上画面情境，能够让幼儿体验诗歌的意境美和诗歌所表达的内在情感。最后，诗歌还可以发展幼儿的仿编、创编能力。幼儿期正是想象最活跃的时期，在教学活动中，教师可以让幼儿根据诗歌的内容、结构、句式，结合幼儿丰富的想象进行相应的仿编和创编。

模拟练习

1. 活动设计题

故事活动：涂果酱的小房子

基本要求：

（1）设计故事活动，模拟对幼儿讲故事，表现出正在对幼儿讲故事。

（2）普通话标准，口齿清晰，语言适宜，有感染力。

附：故事

涂果酱的小房子

一天，熊哥哥在路过树林的时候，看到一座红色的小房子，这座小房子散发出很好闻的果酱的香味。

“这房子里一定装着好多果酱。”熊哥哥一边猜想着，一边停下来，用力吸着鼻子。它最喜欢果酱，“多馋人啊，让我好好闻闻这果酱味儿。”于是熊哥哥走进小房子，果酱味儿越来越浓，越来越馋人了。熊哥哥走到门口，这才发现：门开着，房子里空空的。果酱在哪儿呢？这儿既没有一个桶，也没有一个罐子。熊哥哥正想把脑袋伸进门去仔细瞧瞧，忽然发觉它那只扶在屋墙上的手掌被粘住了。

熊哥哥很惊慌地大叫起来：“小房子的主人，放了我吧！我什么东西都没拿，如果这儿有东西的话，我只不过闻了一点……它一边叫着，一边拼命挣扎，总算将手从屋墙上挣脱下来。

熊哥哥觉得这只手掌黏糊糊的，用舌头一舔，咦，甜甜的，是果酱的那种甜味！熊哥哥这才明白：原来果酱都涂在小房子的墙上。

熊哥哥咂咂嘴：真甜啊，它忍不住又往屋墙上舔了一口。这一舔起来可没完没了了。熊哥哥把屋子外面涂着的果酱全都舔完了，它太爱吃果酱了。它又走到房子里面，把里面墙上的果酱也舔了个干净，它太爱吃果酱了。

舔完了果酱，熊哥哥感到很快乐，但快乐过后，它又不安起来，它想：“果酱好吃，但这果酱不是我的，是小房子的主人的，我把人家辛辛苦苦涂在墙上的果酱吃了，把本来红艳艳的小房子弄得这么难看，真不应该啊。”可是，果酱已经吃完了，既不能吐出来，又不能变出来，怎么办呢？

熊哥哥发了一会儿愁,突然看到自己带来的那罐蜂蜜,他笑了:“我真笨,我可以把这罐蜂蜜涂到墙上!”

于是,熊哥哥就屋里屋外地忙开了,等它离开时,小房子已被涂成漂亮的金黄色,亮光光的,散发着蜂蜜的甜味儿!

参考教案

故事活动:涂果酱的小房子(中班)

活动目标

1. 认知目标:理解故事内容,感受故事中房子的不同变化。
2. 能力目标:尝试用连贯的语言复述故事内容,并大胆续编故事。
3. 情感目标:遇到问题能够积极面对,喜欢与同伴一起续编故事,感受讲故事活动的快乐。

活动重难点

1. 活动重点:在理解故事的基础上,感受故事中房子变化的趣味,尝试续编故事。
2. 活动难点:能大胆想象,连贯、完整地表达自己的想法,喜欢参与语言活动。

活动准备

《涂果酱的小房子》多媒体课件、教学挂图、小房子涂卡、蜡笔(幼儿人手一份)。

活动过程

一、开始部分——图片导入

出示图片“小房子”,激发幼儿学习兴趣。

提问:小朋友们,这是什么? 房子在我们周围到处都有,可是这座房子什么地方给你的印象最深,让你觉得有趣? 这是熊哥哥在树林里发现的一幢有趣的房子,让我们一起去看看吧。

二、基本部分

1. 整体感知故事内容,幼儿听故事,感知故事情节。

2. 出示教学挂图,教师边讲述边提问。

(1) 小房子里发出的可能是什么香味?

(2) 熊哥哥做了什么事情? 心里为什么不安? 它会怎么做?

(3) 熊哥哥自己很喜欢吃蜂蜜,为什么还要把蜂蜜涂在墙上呢?

3. 幼儿分组讨论故事内容,进一步理解故事情节。

(1) 将幼儿分成几个小组,四人一组。

(2) 围绕“熊哥哥发现的房子与我们平时看到的房子有什么不一样?”展开讨论。

4. 完整复述故事内容。

(1) 播放《涂果酱的小房子》多媒体课件,幼儿看图讲故事。

(2) 教师提问:熊弟弟可能会去树林里看看会变的房子吗? 如果你是熊弟弟,你会怎么做? 接下来会发生什么事呢?

5. 幼儿尝试续编故事，大胆说出不同的故事结局。

（1）出示小房子涂卡，让幼儿想想小房子可能会变成什么颜色，进行涂色。

（2）幼儿续编故事结尾：引导幼儿根据自己涂的颜色续编故事。

（3）鼓励幼儿大胆、连贯、完整地表达自己的想法。

三、结束部分

教师组织幼儿，根据续编内容进行表演，在其乐融融的氛围中，自然结束活动。

活动延伸

1. 美工角：请小朋友画出四种不同颜色的果酱小房子，说说不同颜色的果酱会是什么味道，能把什么动物吸引来小房子。

2. 家园合作：幼儿进行制作果酱活动，提高幼儿动手操作的能力。

2. 答辩题

（1）在讲故事过程中，你认为幼儿最易感兴趣、最容易兴奋和最难以理解的内容是什么？为什么？

（2）针对四五岁的孩子开展一个表演游戏，你应该怎样组织？

参考答案

（1）讲故事的过程中，幼儿最易感兴趣、最容易感到兴奋的应该是教师在原有故事的基础上，对故事稍做加工，增加丰富的情节对话，利用形象的语言和肢体动作表达故事内容。教师要利用不同的声音表现不同的动物形象，用不同的肢体动作帮助幼儿理解故事内容。幼儿喜欢夸张的表演，声情并茂的讲述，这有助于幼儿注意的维持。而在故事当中，最难理解的，应该是故事背后所反映的思想内容。幼儿所接触的各种文学形式，无论是童话，还是寓言故事等，背后都要向幼儿传递一些内容，而透过故事本身，懂得故事中心思想是大多数幼儿学习故事的难点。

（2）中班幼儿表演游戏的特点是：

① 能独立进行角色分配但进入游戏过程较慢。

② 在进行表演时，嬉戏性强，目的性弱。

③ 在故事表演时一般以表现为主，以动作为主要表现手段。

作为教师，我会这样做：

① 为幼儿准备封闭或半封闭的空间，且最好在一定时间内是固定的。

② 保证幼儿有不少于 30 分钟的游戏时间。

③ 最初开展阶段帮助幼儿做好分组工作，讲解角色更换原则，不急于示范，耐心等待幼儿协商、讨论，提醒其坚持游戏主题。

④ 在游戏展开阶段，应提高幼儿的角色表现意识，同时也可参与游戏，为幼儿提供适当的示范。

⑤ 在幼儿游戏过程中，提醒幼儿及时更换角色，不可让同一幼儿长时间扮演负面角色。

⑥ 在游戏结束后，引导幼儿进行总结，帮助幼儿发展愉悦的情绪。

单元测试

(一) 简答题

1. 学前儿童文学作品活动的价值是什么? 围绕学前儿童文学作品可以开展哪些活动?

2. 学前儿童文学作品活动的目标有哪些?

(二) 分析题

你讲故事的时候,孩子说想换个故事,你该怎么做?

(三) 设计题

1. 题目

诗歌:《晚上》

2. 内容

(1) 模拟对幼儿朗诵诗歌。(诗歌略)

(2) 模拟组织幼儿开展诗歌活动。

3. 基本要求

(1) 表演诗歌:普通话标准,语气、语调、动作、表情符合诗歌内容,有感染力。

(2) 模拟组织 5—6 岁幼儿开展诗歌活动:教学语言有利于幼儿熟悉、理解、朗读诗歌。教学方法有趣,能引导幼儿参与。

4. 评分说明

(1) 朗诵诗歌的方法比较适合幼儿的特点,如能运用适当夸张的动作、表情、语气、语调吸引幼儿,有一定的感染力,也可以用图片、绘画或配乐等手段辅助教学。

(2) 考生组织教学的语言逻辑清楚,易于幼儿理解,教学方法有利于幼儿理解诗歌内容,符合幼儿年龄特点,如采用接龙方式念诗歌。

参考答案

(一) 简答题

1. 学前儿童文学作品活动的价值:学前儿童文学作品活动是儿童喜闻乐见的学习活动,儿童在成人的引导下,通过丰富多彩的活动,产生欣赏文学作品的兴趣,提升语言感受能力和审美能力,激发表达热情,培养良好的倾听习惯,学习使用规范的、恰当的语言和表达方式与他人交流沟通,获得全面的语言学习机会,进而促进语言的全面发展。因此,学前儿童文学作品活动有着巨大的教育价值。

围绕学前儿童文学作品可以开展散文欣赏、故事表演、诗歌朗诵、续编故事、仿编诗歌、猜谜编迷等活动。

2. 学前儿童文学作品的活动目标有认知目标、情感态度目标和技能目标。

(1) 学前儿童文学作品活动的认知目标:① 丰富与作品相关的社会知识。② 知道文学作品有童话、诗歌、散文等体裁,了解语言的丰富性和多样性。③ 理解文学作品的内容,学会标准发音，扩展词汇，了解各种语言句式的表达。

（2）学前儿童文学作品活动的情感态度目标：① 对书面语言有浓厚的兴趣，喜欢文学作品，积极参加文学作品活动，乐意欣赏文学作品。② 体验文学作品中人物的真善美，感受文学作品的情感脉络和语言美，发展艺术想象力和审美能力。

（3）学前儿童文学作品活动的能力目标：① 学会倾听，提高语言的理解能力。② 会说普通话，说好普通话。③ 感知文学作品语言和结构的艺术表现特点，能创造性地运用语言，扩展个人经验和想象，尝试运用艺术性结构语言。

（二）分析题

在教学活动过程中，幼儿容易被其他的一些事物分散注意力，幼儿的年龄特点也决定了其注意具有不稳定性，所以在教师讲故事的时候孩子想换其他故事听，这种情况是教育活动中比较常见的现象，我们应该理解幼儿的想法和行为。但是教师在组织活动时，有自己的计划性，教师所选择的活动内容更有利于幼儿系统地学习知识。教师作为幼儿学习活动的支持者、合作者和引导者，应该尊重幼儿的意愿并引导幼儿探索、学习，但这并不意味着教师要被幼儿“牵着鼻子走”，一切都听从幼儿的安排。

幼儿园的教育活动既有教师的“预设”，也有活动过程中的“生成”，教师应该正确看待两者间的关系，做到“预设”和“生成”的平衡。如果幼儿想听的故事符合大多数孩子的兴趣爱好且具有一定的教育价值，我会把孩子喜欢的故事放到下次活动进行，并用更新颖的活动方式吸引孩子把注意力集中到本次活动中来。

（三）设计题

略。

单元四 学前儿童讲述活动

学习目标

- 了解学前儿童讲述活动的基本特征及类型。
- 理解各种类型的学前儿童讲述活动的特点。
- 掌握各种类型的学前儿童讲述活动的组织与指导方法。
- 设计学前儿童讲述活动方案并进行试教。

基础理论

讲述是发展学前儿童口语表达能力的重要形式。幼儿园的讲述活动是一种有目的、有计划地培养幼儿独白语言能力的教育活动。独白语言是比谈话更为复杂、更为周密的一种口头语言的表达形式。它的特点是要用比较恰当、完整、连贯的语言表达自己的想法，讲述自己经历过的事情，使听讲人都能明白讲述的内容。《指南》中指出："应为幼儿创设自由、宽松的语言交往环境，鼓励和支持幼儿与成人、同伴交流，让幼儿想说、敢说、喜欢说并能得到积极回应。"讲述活动以促进幼儿语言表述行为的发展为主，需要儿童积极参与命题的讲述实践，帮助幼儿逐步获得独立构思和表述的语言经验。因此，幼儿园讲述活动需要幼儿有良好的记忆力，能更加准确地运用词汇和句型，这在语言的内容、形式和思维的逻辑性方面，都比对话要求更高。

一 学前儿童讲述活动的特点

学前儿童讲述活动与谈话活动都是锻炼儿童口语表达的活动，但二者的活动目的、活动对象、活动形式等都有较为明显的不同。谈话活动主要是引导幼儿善于倾听并乐意与人交谈。在围绕话题交谈时能够“想说、敢说、喜欢说”，对“说”的程度和形式不做过多的强调。而讲述活动是培养幼儿独白语言的教育活动，要求教师在引导幼儿讲述时尽量做到用词恰当、语法规范、语义完整、语流连贯。讲述活动以培养幼儿独立构思和表述一定内容的语言能力为基本目的，以促进幼儿语言表述能力的发展为主。讲述活动具有以下四个特征。

（一）讲述活动有一定的凭借物

成人对一件事或一个物体的描述，可以凭借当时的实物、情境进行，也可以凭借记忆进行。幼儿的生活经验贫乏，头脑中积累的表象经验不足，讲述时不能像成人一样凭借记忆顺利地组织语言和准确地表述内容。这就需要教师给幼儿提供一定的素材，将讲述的中心和内容确定下来，让幼儿围绕这个素材，按照一定的顺序，有目的、有条理地进行讲述，使讲述具有明显的指向性。这个素材就是讲述的凭借物，包括教师为幼儿开展讲述活动而准备的或让幼儿参与准备的图片、实物、玩具、情境或多媒体课件等。教师通过提供讲述活动的凭借物，给幼儿划定讲述的中心内容，使他们的讲述语言具有明显的指向性。例如，教师提供图片，让小班幼儿讲述“谁是最懂礼貌的客人”，通过对三张图片的观察及教师的引导，幼儿可以根据图片内容，用短句来叙述小动物们准备怎样进小兔的房间。可以说，在讲述活动中，一定的凭借物往往是幼儿讲述的客体，对幼儿的讲述起着重要的作用。

幼儿的讲述需要一定的凭借物，这是幼儿园讲述活动的独特之处。凭借物在讲述活动中的出现，主要是基于两个方面的需要。

第一，学前儿童学习讲述的需要。学前儿童缺乏生活经验，大脑中积累的关于客观事物的表象不足，他们的思维带有具体形象性，长时记忆的能力也有限，很难完全凭借记忆进行连贯的讲述。因此，儿童的讲述需要有一定的凭借物。

第二，幼儿园讲述活动是一种集体参与的活动，无论这个活动有多少人参与，幼儿都要在集体面前进行讲述。因此，教师组织的讲述活动需要有一种集体的指向，要求幼儿就相同的内容进行构思并表述个人的见解，讲述活动的凭借物就为幼儿确定了讲述的中心内容。

（二）着重锻炼幼儿的独白语言

幼儿要学习的讲述是一种独白语言。独白语言不是自言自语，而是在一定情境影响下对某件事情进行表达的一种言语方式。学前儿童的独白语言更多地表现为复述、讲故事等。讲述与谈话不同：幼儿在谈话活动中的语言交流是双向或多向的，交谈的对象是明确的，交谈的话语是简洁的且上下是连贯紧扣的；而在讲述活动中，幼儿的语言交流对象是不明确的，可以是讲给一个人听，也可以是讲给多人听，说的话语相对较长，句子成分比较完整，而且每段话相对独立，各成章节。讲述活动的独白是要求幼儿在教师的启发、引导和提示下，独自完成一段完整话语的过程，即幼儿凭借所提供的材料和相关的语境，经过自己大脑的独立构思，组建语言，按照自己的理解将所见所闻进行加工、整理，然后选用恰当的词句连贯而有条理

看图讲述活动中提示的技巧

地叙述出来。因此，教师的启发、引导和适时恰当的提示，就显得至关重要。

例如，小班看图讲述“谁是最懂礼貌的客人”，教师依次提出一组问题，让幼儿观察图片思考：图上有哪些小动物？它们要干什么去？小猫准备怎样进房间？小羊准备怎样进房间？小鸭准备怎样进房间？最后谁想出了什么办法进了房间？怎样做才是有礼貌的好孩子？教师应帮助幼儿确定先说什么，后说什么，让幼儿按照图片顺序在集体面前清楚地讲述出来。因此，讲述活动对语言的要求比谈话活动对语言的要求高。讲述语言是建立在一般交谈的语言基础上的，它要求幼儿独立构思与独立表达对某一内容的完整认识。讲述活动是培养、锻炼幼儿独白语言的特别途径，其有别于其他各类语言教育活动，有着独特的语言教育价值。

（三）讲述活动的语境较为正式

语言是表达思想、传递信息的交际工具，语言的表达要受到具体情境的支配，不同情境下所使用的语言不同。与其他语言教育活动相比，幼儿园讲述活动为幼儿提供的是一种学习和运用比较正式的语言的场合，幼儿要使用组织较为严密、比较正规的语言来表达自己对人、事、物的认识，在讲述时不能东拉西扯，随意性太大。所谓正式的语境，就是要求幼儿根据讲述的凭借物，经过较完善的构思，从头到尾说出一段完整的话语。讲述中的遣词造句要准确，讲述的语言要合乎语法规则。

例如，同样是谈论与秋天有关的内容，在谈话活动中幼儿可以随意地谈论“我看到树叶变黄了，小草也变黄了，天有点冷了”；而在讲述活动中，幼儿则应根据图片内容说“秋天来了，树叶开始变黄了，微风一吹，有的树叶纷纷落下……，天气也变得有点冷了”。因此，讲述活动必须根据语言环境的要求，针对具体的语言凭借物的实际，组织口语表达的内容和方式。运用正规的语言风格说话，这是讲述活动的一个重要特点。

（四）培养儿童的多种能力

由于幼儿园讲述活动是在幼儿的生活经验范围内，围绕一个主题，要求幼儿用比较完整和连贯的语言表达思想、叙述事物的一种教学活动，所以它对幼儿多种能力的培养也具有重要影响。

1. 促进幼儿认知能力的发展

学前儿童在利用凭借物讲述时，必须先认识所要讲的凭借物，清楚所要讲的事物的名称、形状、材质、用途等基本特征，清楚讲述的顺序（如时间、地点、人物、事件等），在大脑中用准确的词汇对其进行概括，从而使自己的讲述可以给听的人一个完整、清晰的印象。在这个过程中，不仅可以使幼儿直接认识事物，还能使幼儿间接地、概括地认识不能直接感知的事物，从而提高幼儿的语言概括能力，促进幼儿认知能力的发展。

2. 培养幼儿的口语表达能力

《纲要》将语言领域的目标确定为：“能清楚地说出自己想说的事”。其目的就是要培养幼儿的讲述能力，鼓励幼儿用流畅的语言表达出自己的意愿。

在讲述活动中，幼儿需要独立构思讲述的内容、顺序、重点，考虑怎样让别人理解自己的话等。例如，在中班讲述活动“我最喜欢的季节”中，幼儿讲述前需要思考讲述哪一个季节，先讲什么，再讲什么，重点讲述喜欢这个季节的原因，用什么句子来描述这个季节等。因此，讲述活动能够帮助幼儿掌握讲述的方法，使幼儿连贯、完整、清楚地讲述某一事物，说出自己想说的事。在这个过程中，幼儿的语言表达能力逐步得到发展。

3. 发展幼儿的思维能力和想象力

讲述活动中，幼儿需要观察和分析事物的特征、事件发生的原因和顺序，领会人物在不同状态下的思想感情。如在看图讲述时，图片中的人物、事物之间都有一定的因果关系或者存在前后顺序，幼儿要经过一定的分析、推理、判断，才能了解自己所要讲述的内容，然后再组织语言，连贯地表述出来。此外，在看图讲述中，幼儿要对画面以外的事物展开丰富联想，这也有助于培养幼儿的想象力和创造性思维能力。

二 学前儿童讲述活动的目标

（一）培养幼儿的感知和理解能力

幼儿不仅需要学会表达自己的想法，而且要学会按照主题要求去构思和说话。这就需要幼儿懂得积极地感知和理解“要求说”的内容，讲述活动就是提高这方面能力的良好途径。

讲述活动要求幼儿不仅要听懂指示，还要观察讲述对象——凭借物，然后通过运用多种思维形式的活动，得出一定的认识，并通过同伴间的相互交流进一步扩大和丰富对讲述对象的认识。因此，这个过程对幼儿感知、理解能力的发展起到了极大的促进作用。例如，中班讲述活动“我带来一把美丽的扇子”，教师请幼儿分别展示自己带来的扇子，让幼儿观察扇子的外形和结构、扇面的材质和颜色、扇把的材质等，然后让幼儿分组观察，交流自己的扇子的特点、用处及不同形状扇子的使用方法。在这个相互交流的过程中，幼儿从不同角度加深了对扇子的感知和理解。

（二）培养幼儿独立构思与清楚、完整表达的能力

幼儿讲述活动的能力目标

讲述活动为幼儿提供了独立构思和清楚、完整表述的机会，幼儿在教师的引导下，按照一定的问题有目的、有顺序地去思考。例如，大班讲述活动“我的家”，幼儿就必须独立思考：我家的地址，主要家庭成员的姓名、工作单位、爱好，我为什么爱我的家，等等，然后将这些构思通过小结讲述完整、清楚地在集体面前表达出来。因此，这种有中心、有顺序、有重点的讲述活动提高了幼儿在集体场合自然、大方地讲话的能力，提高了幼儿正确使用语言内容和形式的水平。

（三）培养幼儿语言交流的信息调节能力

幼儿园讲述活动，不仅要培养幼儿独立构思和表述的能力，还要求幼儿在活

动中要善于倾听别人的讲述是否与自己相同,是否与讲述内容一致,要求幼儿根据材料和环境的变化来调节语言表达方式,以保证交流信息的清晰度。例如,大班生活经验讲述活动"夸夸我的好妈妈",由于每个孩子妈妈的外貌、衣着、职业、行为等特征各不相同,因而在讲述时幼儿就需要注意倾听别人的讲述,在别人讲述的基础上不断调节自己的信息,抓住自己妈妈的主要特征来进行讲述。这样通过幼儿相互之间运用不同的语言交流信息,帮助幼儿成为积极的语言运用者,使他们可以觉察自己所说的话是否有遗漏及信息被接受的程度,并能按要求进行修补,从而培养幼儿根据听者所发出的反馈而及时调整交流内容和方式的能力。

(四)培养幼儿积极的情感态度

除上述目标外,幼儿园讲述活动还可以培养幼儿积极的情感态度和社会行为,对于提高其社会化水平具有重要的意义。在大班生活经验讲述活动"夸夸我的好妈妈"中,幼儿向同伴描述自己妈妈的优点,一方面表达出自己对妈妈的热爱之情,另一方面也知道了该如何回报妈妈的爱。在中班讲述活动"我最喜欢的季节"中,幼儿用自己的语言描述自己喜欢的季节,有助于培养幼儿积极的生活态度。

延伸阅读

学前儿童讲述活动各年龄阶段具体目标(小、中、大班)

小班:

(1) 乐意运用各种感官,按照要求去感知讲述内容。

(2) 能基本理解内容简单、特征鲜明的实物、图片和情境。

(3) 愿意在集体面前讲述,能准确说出讲述内容的主要特征或事件。

(4) 能安静地听他人讲述,并用眼睛注视讲述者。

中班:

(1) 养成先仔细观察,后语言讲述的习惯。

(2) 逐步学会理解图片和情境中展示的事件顺序。

(3) 能主动地在集体面前完整讲述且声音响亮,学习按照一定的顺序讲述实物、图片和情境的内容。

(4) 能积极地倾听他人的讲述内容,发现异同,并从中学习好的讲述方法。

大班:

(1) 通过观察,理解图片和情境中蕴含的主要人物关系和思想感情倾向。

(2) 能有重点地讲述实物、图片和情境,突出讲述的画面。

(3) 在集体面前自然、大方地讲话。

(4) 讲述时语言表达连贯、流畅,且用词、用句较为准确。

[资料来源:选自人力资源和社会保障部教材办公室组编的《幼儿语言教育活动设计与指导》,2009 年版,有改动]

三 学前儿童讲述活动的类型

在讲述活动中使用什么凭借物，实质上也是运用什么教育手段的问题。依据凭借物的特点可以将学前儿童讲述活动分为看图讲述、生活经验讲述、情境讲述、续编故事、排图讲述、构图讲述、写信等类型。幼儿园常用的讲述形式有看图讲述、生活经验讲述、情境讲述、续编故事、构图讲述等。

（一）看图讲述

看图讲述不等于简单的"看图说话"

看图讲述是指幼儿在教师的启发和引导下观察图片、理解图意，并运用恰当的语句完整、流畅地表述图意的语言教育活动。它是幼儿园常见的、重要的讲述活动。讲述活动中使用的单幅画或连环画形象生动、色彩鲜艳、情节简单，能引起幼儿的共鸣，符合幼儿思维和想象发展的特点。在这类活动中，教师提供的图片可以是印刷品，也可以是教师自己绘制的图片；可以是边讲边勾画的半成品图片，也可以是幼儿画成的图片。但是这些图片同时兼具三个功能：既是语言教育活动的教材，也是教具，更是幼儿学说话的依据，因此，对图片的质量要求较高。看图讲述的凭借物都是静止具象的画面，在指导幼儿讲述时，教师需要帮助他们联想静止画面之外的活动的形象和连接的情节，讲出事物的发展和因果关系，从而有力地促进幼儿观察、思维和口语表达能力的发展。

比如，中班看图（图 4-1）讲述"我是乖宝宝"，教师应指导幼儿观察图片中的宝宝给爷爷奶奶做了哪些事，为什么说他是乖宝宝，你在家应该怎么做等，教育幼儿要尊敬和爱戴长辈。

图 4-1 我是乖宝宝

延伸阅读

看图讲述:大象救兔子(大班)

活动目标

1. 懂得在遇到困难的紧急时刻要动脑筋想办法。

2. 了解看图讲述活动的特点,学习新词“猛扑”“撒开”“飞快”。

3. 能够按照一定的顺序观察图片并用恰当词句完整、连贯地讲述图意。

活动准备

图片三幅,音频课件(课前录好表演小兔、大象及老虎的音乐)。

活动过程

导语,激发小朋友的学习兴趣和参与看图片讲故事的意愿。

1. 出示图一,启发提问

(1) 从图片上看,这是在什么地方? 图上都有谁?

(2) 三只小兔子在树林里干什么? 突然发生了什么事?

(3) 老虎是怎样向小兔子扑过去的? (学习新词“猛扑”。)

(4) 三只小兔子又是怎么做的? (学习新词“撒开”“飞快”。)

小结:刚才,我们看了图片,知道图片里说了些什么。现在让我们学习看着这一张图片,编出故事的开头。就这张图片来说,我们可以先从小兔子,也可以先从大象,还可以先从老虎编起。现在老师请大家听音乐,听听,这是谁出来了。故事就可以从它开始编起。

2. 听音乐,编出故事的开头

(1) 听音乐——小兔。提问:

听,这是谁来了? 你们怎么知道它是小兔? 谁会先从小兔编起? (讲述前教师注意提示:一天,三只小兔到什么地方去,干什么。突然,它听到了什么,又看到了什么,它心里是怎么想的,又是怎么做的。)

(2) 听音乐——大象。提问:

听,这又是谁来了? 你们怎么知道它是大象? 谁会先从大象编起? (讲述前教师注意提示:一天,大象来到什么地方,正在干什么。突然,它听到了什么,又看到了什么,大象心里是怎么想的,又是怎么做的。)

(3) 听音乐——老虎。提问(略)

小结:刚才,我们学会了观察这张图片,并用连贯完整的语言编出不同的故事开头,有的从小兔子编起,有的从大象编起,还有的从老虎编起,大家编得很好。现在,我们来看看,后来又发生了什么事?

3. 出示图二、图三,启发提问

后来,大象想出了什么办法救小兔子? 又是怎么对待老虎的? 谁能用完整连贯的语言把两幅图片发生的事情连起来说一说。(讲述前教师注意提示:大象怎么帮小兔子过河,它的样子像什么。)

4. 请小朋友结合图一、图二、图三完整地讲述故事
(讲述前注意用小朋友能理解的方式设计提问,以便让其讲清故事的起因、经过和结果。)
5. 请小朋友为图片取名
活动延伸
延伸至表演角,让小朋友分别扮演不同的角色,把故事表演出来。
[资料来源:王君琦等.幼儿语言教学法.北京:人民教育出版社,1987(选入时有改动)]

(二)生活经验讲述

生活经验讲述是指幼儿在教师的启发和引导下利用凭借物,围绕一个主题流畅、完整地讲述生活经验的教学活动。这种讲述活动的重要作用在于,它不仅能训练幼儿按照主题要求完整、连贯地说话,还可以激发幼儿的观察热情和认真对待生活的态度,有利于培养幼儿积极的生活态度和良好的性格,形成良好的社会行为。

生活经验讲述有一定的难度。这种讲述需要幼儿有较为丰富的生活经验,能够根据自己的理解,对自己的经历进行思考、加工,最后用恰当的词句将其完整、连贯地讲述出来。这对幼儿思维的抽象概括能力要求较高,比较适合中、大班幼儿。

比如,大班生活经验讲述"走进菜市场",通过带孩子到幼儿园附近的菜市场进行实地参观,使幼儿知道菜市场里有各种蔬菜、水果和其他商品。让幼儿观察成人通过买卖进行交往的方法和过程,帮助幼儿积累相关的生活经验。同时让幼儿在菜市场用 1 元钱购买自己喜欢的菜,体验买菜的过程(图 4-2)。这样,课堂上就可以鼓励幼儿将买菜的过程和体验用恰当的语言讲述出来。

图 4-2 走进菜市场

（三）情境讲述

情境讲述是指幼儿在教师的启发和引导下观看情境表演并完整、流畅地讲述情境表演内容的教学活动。

情境讲述主要依靠情境表演。情境表演是由教师或幼儿扮演角色来现场表演一系列动作，在此过程中发展情节，从而表现连续性的事件。情境表演包括真人表演、木偶表演及真人与木偶共同表演等。此外，放录像展示一段情境事件，也属于情境表演，因为这种方式也体现出“角色表演”和“连续活动”的特点，也在向幼儿展示可供讲述的内容。情境表演包括场景、人物、情节，表演过程中有动作、表情，有时还有对话，使幼儿看得见，听得着，摸得到，富有强烈的直观性。情境讲述让幼儿处在真实的活动内容之中，有利于幼儿理解情节，能诱发幼儿的观察兴趣和讲述愿望，深受幼儿的喜爱，在小、中、大班都可以开展。

比如，小班情境讲述“爸爸妈妈真爱我”，教师先请幼儿观看大班幼儿表演的情景剧“爸爸妈妈真爱我”，然后提出问题：这是什么地方？有谁？发生了一件什么事？剧中的小东突然怎么了？他的爸爸妈妈在做什么？引导小班幼儿把剧中的内容用语言表述出来，并进一步引导幼儿关心、热爱自己的爸爸妈妈。

（四）续编故事

续编故事是一种有利于培养幼儿创造思维能力和创造想象能力的讲述活动。它是指教师先把故事发生的地点、时间、主要人物和部分情节告诉幼儿，故事的转折部分或其他关键部分（比如故事的中间或结尾）由幼儿根据自己的理解把它续编完整的一种教育活动。续编故事也有一定的难度，教师虽然为幼儿提供了一些已知条件，但续编的部分需要幼儿借助自己的知识和生活经验，对已知条件进行分析、整理，借助自己的思维与想象活动，合理地组织语言将故事补充完整。所以，这种讲述活动只适合在中、大班开展。

比如，中班续编故事“憨象波波”，先让幼儿理解故事的开始情节，然后让幼儿根据已有部分编出故事的结尾。

附：故事

憨象波波

一天，小灰鼠在大树旁生炉子，它拿了一把很大的扇子扇炉子。炉子直冒烟，不见火。小灰鼠使劲地扇啊扇，累得汗珠“吧嗒、吧嗒”往下落。小象波波看见了，说：“小灰鼠，我来帮你扇。”小灰鼠高兴地说：“谢谢你！”

波波接过扇子扇了起来。炉子还是不见火，烟却越来越浓、越来越大，熏得小灰鼠直揉眼睛，“波波，烟怎么越来越大了啊？”

波波更加使劲地扇，烟更浓更大了，熏得波波也受不了了。它着急起来，一边扭过头去揉眼睛，一边使出全身的力气，猛地扇了几下，“呼呼呼”，扇出一阵大风。哎呀，不好！小灰鼠和炉子都被扇了起来，小灰鼠四脚朝天，“哇哇”直叫！

波波扭过头来，咦！小灰鼠和炉子怎么都挂在大树上了？

（五）排图讲述

排图讲述是一种有利于培养幼儿创造思维能力的讲述活动，是指教师向幼儿提供若干单个物体（人物、动物、植物和生活用品等）图片，或者给幼儿提供带情节的单幅图画，启发幼儿根据自己的理解将上述材料组成有情节的画面，最后用完整、连贯的语言将其讲述出来的教育活动。

在排图讲述中，教师提供的物体图片是单个的，也是不按情节发展顺序排列的，每幅图具有相对的完整性，图与图之间又有一定的内在联系，并有多种排列的可能，而且这些内容必须是幼儿熟悉的。在讲述中要求幼儿根据自己的理解，将图片按生活逻辑排好顺序，然后进行讲述。

比如，大班的排图讲述“拔河比赛”，教师分别给幼儿呈现顺序被打乱了的四幅图片，让幼儿仔细观察每幅图片，描述画面内容，然后组织幼儿分组讨论，让幼儿根据自己的理解重新排列图片，最后用连贯的语言将图片内容有序地讲出来。

（六）构图讲述

构图讲述是指教师不直接提供讲述的对象，而是向幼儿提供各种构图材料，让幼儿根据一定的主题自由构思，通过绘画、粘贴、拼凑等方式将材料组合成各种各样的画面，然后根据画面讲述故事情节或一段完整话的语言教育活动。用于讲述的构图材料包括不同几何形状的积塑片，用吹塑纸做的各种图像、卡片，磁铁教具，绘画材料等。构图讲述有多种类型，常见的有拼图讲述、绘画（或粘贴）讲述、选图讲述等。

拼图讲述是指教师为幼儿提供各种拼图材料如雪花片、积塑、积木、磁性教具等，其中还包括能构成背景的各种物体或背景图，让幼儿根据一定的主题自由构思，先拼出各种画面，再展开想象，用清楚、连贯的语言完整地表达出画面的意思，或编出一个完整的故事。

绘画（或粘贴）讲述是指教师让幼儿根据已有的知识和经验，构思、绘制（或粘贴）出一幅或多幅具有一定情节内容的图画，然后用准确、连贯、生动的语言讲述出画面所表现的内容。绘画（或粘贴）讲述一般用两个课时完成，第一课时用于绘画（或粘贴），第二课时用于讲述。幼儿讲述自己构思、绘制（或粘贴）出来的图画，因而其参与活动的积极性较高。相比而言，绘图（或粘贴）讲述的难度较小，对提高幼儿的绘画、粘贴和讲述能力都有积极的作用。

选图讲述是指根据幼儿的知识和生活经验，引导幼儿认真观察教师事先准备好的若干单个物体的图样（不同形态的人物、小动物、花草树木或图片背景）或有情节的小图，让幼儿按照自己的构思，自行选择合适的图样，组成不同内容的画面，然后用准确、连贯的语言讲述画面内容，编出一段故事情节或一个完整的小故事。这对发展幼儿想象力、活跃幼儿思维、调动幼儿讲述的积极性具有很大作用。

上述构图讲述的不同形式有一个共同的特点，那就是将认识空间形式、美术构图和讲述训练融为一体。在平时的教育活动中，教师要从构图和讲述两个方面对幼儿进行一些必要的基本技能训练。例如，对幼儿进行绘画、拼图、粘贴等技能训练，进行复述、描述等训练，丰富幼儿的生活内容，拓展幼儿的词汇，培养幼儿的语言能力，使幼儿有话可说、有话想说、有话能说，为构图讲述奠定扎实的技能基础。

构图讲述是一种综合性的教学活动，其主要任务是发展幼儿的语言能力。在设计和组织教学的过程中，教师应始终把发展幼儿的讲述能力放在首要地位。幼儿的构图，只要线条简单、画面清楚、人物活动突出、布局一般合理就可以了，那些与故事情节无关的其他背景、物体等，可以省略。

（七）写信

写信是指在教师指导下幼儿讲述个人或集体生活中的事，由教师记录、整理后寄给收信人的一种教育活动。幼儿也可以用绘画的方式写信，表达自己的体验和希望。写信可以培养幼儿关心同伴、教师及其他所熟悉的人的情感，也可以使幼儿了解邮局工作人员劳动的意义。写信也是一种提高幼儿讲述技能的方法。

教幼儿写信，应在幼儿已经参观过邮局，并且对写信和寄信有了初步认识的基础上进行。写信时需要将口头语言转换成书面语言，因此，幼儿写信应具备一定的知识、经验和口语表达能力，要求比较高，比较适合大班幼儿。

比如，在新年来临之际，可以组织大班幼儿用“图+文”的形式给自己的父母写信，表达自己的祝福和感恩之情（图 4-3）。

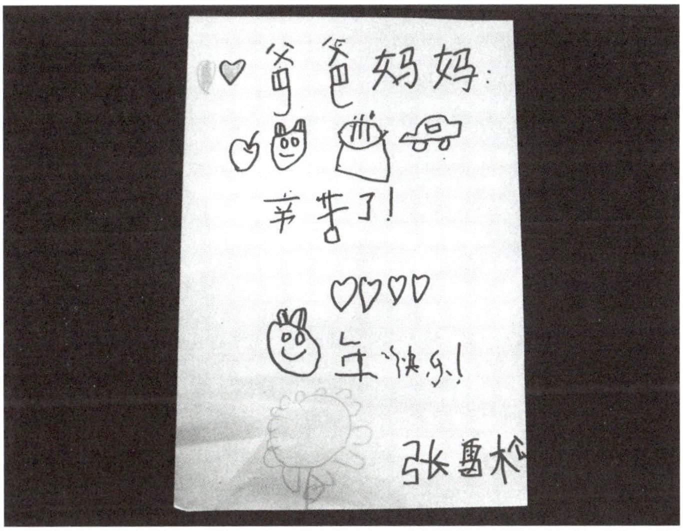

图 4-3　新年快乐

四　学前儿童讲述活动的设计与组织

学前儿童的讲述活动是幼儿语言教育活动的主要内容之一，在幼儿语言教育活动中发挥着不可替代的作用。它通过实物、图片、情境与现实生活密切联系，而且涉及科学、社会、健康、艺术等几大教育活动领域，并与它们密不可分，互相结合,互相影响,共同促进幼儿的全面发展。幼儿教师应该生动活泼地开展此类活动,采用多样的教育形式,充分发展幼儿的语言表达能力。

幼儿教师掌握讲述活动的程序步骤是开展好此类活动的重要基础,也是幼儿教师应具备的基本技能。

(一)看图讲述的设计与组织

看图讲述之前的准备工作做得充分与否,直接关系到看图讲述活动的质量。因此,教师要做好充分的准备工作。

1. 选择图片

看图讲述所使用的凭借物主要是图片,这里的图片同时兼具三个功能:教材、教具和幼儿说话的依据。图片内容和质量对幼儿讲述能力的发展和讲述水平的提高有着直接的影响,因此在选择图片时应注意以下四方面要求:第一,选择主题健康、符合时代要求、有利于培养幼儿积极情感和发展社会性的内容。如小班的《这是你丢的吗》、中班的《窗外的垃圾》、大班的《明亮的玻璃窗》等都是内容较好的教材。第二,选择主题明确、形象突出、色彩鲜艳协调、线条清晰的图片。第三,选择有利于培养幼儿观察力、想象力和创造思维能力的内容。在教师的指导下,幼儿能用完整、连贯、有条理的语言进行讲述,发展幼儿的讲述能力。第四,不同的年龄班要选择不同的图片。由于年龄差异,适合不同年龄班幼儿的图片是不同的。为小班幼儿选择的图片画面要大,以单幅画为主,主题要单一,人物角色要少,角色的动作、表情要明显;画面的背景简单或没有背景,使幼儿易于观察画面的主要内容。为中班幼儿选择的图片主要是不超过 4 幅的连环画,画与画之间要有一定的情节联系,画面的主题要鲜明,情节较为复杂,要能反映人物的表情和动作,使幼儿能从图片中看出人物的内心活动。为大班幼儿选择的图片主要是连环画,最多不超过 6 幅,各画面的内容应有逻辑联系,能为幼儿提供更多的想象空间,帮助幼儿理解并讲述出画面中人物的主要关系。

2. 分析图片的内容

选择好图片后,教师要仔细观察和熟悉图片内容,并认真分析,思考如何帮助幼儿准确地把握图片大意。

(1) 帮助幼儿理解图意　看图讲述需要幼儿在理解图意的基础上进行。教师在组织教学中,可以事先遮挡图片的某些部分,让幼儿观察画面,了解事件发生的时间、地点等信息。比如,在大班看图讲述活动“大象救兔子”中,教师可以先把第一幅图中的主要角色遮住,让幼儿观察事件发生的时间(树梢上面的天空中挂着一轮小小的弯月);然后根据情节和角色的动态发展,引导幼儿想象角色、事物(人与人、人与事、人与环境)之间的关系,它们会说些什么话,想些什么事,它们的表情如何,动作是怎样的,为什么是这种表情和动作;最后在此基础上引导幼儿理解图意。

(2) 找出重点图片和难点图片　在指导幼儿讲述时,教师应分析重点图片和难点图片。对于难点图片,要指导幼儿观察细节并发现图片之间的逻辑关系,明确讲述主题。对于重点图片,应引导幼儿抓住图片的主题和主要情节,帮助他们讲深、讲透。对于次要图片，要确定应该讲述的内容和可以一笔带过的内容，再根据主次关系给每幅图片分配相应的讲述时间，以更好地突出重点。比如，大班看图讲述“大象救兔子”，一共有三幅图，重点内容集中在后面两幅图。第二幅图讲的是兔子们被大老虎追赶到了河边，无路可逃，而远处有一头大象。第三幅图讲的是大象用身体和鼻子当小桥，让兔子过了河，大老虎气得嗷嗷大叫。教师应引导幼儿结合自己的生活经验，借助想象和推理完成对故事的理解。

（3）确定幼儿应该掌握的词句　在组织幼儿进行看图讲述时，教师还要确定幼儿应该掌握的词句，丰富幼儿的语言经验。因此，教师应事先分析讲述活动中幼儿可以掌握的词句，确定对幼儿语言表达的新要求。如大班看图讲述“大象救兔子”中，兔子们被大老虎追赶时的“惊慌失措”、大老虎看到大象救了兔子们之后的“又气又急”等词汇就可以适时地教给幼儿。

3. 精心设计提问

看图讲述的关键是教师能采用启发提问的方式引导幼儿积极思维，帮助幼儿理解图片，并学习使用恰当的词句表达图意。教师提问的质量将影响幼儿讲述的质量。因此，在分析完图意之后，教师应精心设计提问，并在活动计划中写明所提的问题，借助优质的提问引导幼儿的讲述。教师在设计提问时要考虑以下几方面。

（1）问题的中心性　设计的提问应突出图片的重点，能反映图片的关键环节或主要情节，与主题无关的问题应抛弃。有时应直接提出与主题有关的时间、地点、人物、环境等方面的问题，有时则可以提出与人物动作、神态等有关的问题。

（2）问题的顺序性　为了保证幼儿讲述的逻辑性，教师在设计问题时应根据图片所提供的线索确定问题的顺序。根据画面人物出现的先后顺序或事件发生的前后顺序来设计问题的顺序，可以帮助幼儿有序地观察，有助于提高幼儿观察图片的效果。教师设计的问题要按照从整体到个别、由近及远、先具体后抽象的原则排序，问题和问题之间要有必要的逻辑关系，后一问题应是前一问题的发展或延伸。

（3）问题的启发性　在组织幼儿看图讲述时，教师不应将答案直接抛给幼儿，而应通过启发性的问题，让幼儿自己在积极思维中找到问题的答案。因此，教师设计的问题应带有启发性，能充分调动幼儿积极思考，引导幼儿发现图片内容的内在联系，以确保幼儿讲述的质量。在提问中要尽量避免选择性的、带有暗示性的问题，它不利于培养幼儿的思维能力和语言能力。

（4）问题的针对性　问题的设计应该考虑幼儿的年龄特点。小班幼儿的思维以直观行动思维为主，教师所提的问题应具体、明确，直指图片所反映的内容，便于幼儿看了图片就能回答。比如，图片上有谁之类的问题就很适合小班幼儿。中班幼儿的思维主要以具体形象思维为主，教师设计问题时应适当增加难度。比如，设计一些要求幼儿对图片内容进行描述的问题，如“这是什么样的”“它们该怎样做”等，以帮助幼儿弄清楚图片中人物之间的关系。大班幼儿开始有了抽象逻辑思维的萌芽，教师可以设计一些概括性的问题。比如，“它们在想什么呢”“为什么会这样呢”。还可以把几个问题连在一起提问，或者提出一些图片上没有直接反映出来但与图片内容有必然联系的问题，以此提高幼儿的思维能力。

（二）生活经验讲述的设计与组织

1. 预成讲述的主题

生活经验讲述离不开幼儿已有的生活经验。在组织讲述时，教师必须先了解幼儿的已有经验，然后为幼儿的讲述准备合适的主题，如“我最喜欢的玩具”“我喜欢的图书”“快乐的假期”“我喜欢的妈妈”等。

同时，教师还应走进幼儿的生活，留意幼儿喜欢什么样的事物或主题，从而帮助幼儿生成讲述的主题。这种方式生成的主题更能激发幼儿的讲述兴趣，充分调动幼儿讲述的积极性和主动性。比如，幼儿经常谈论的动画片、爱玩的游戏、喜欢的表情等，都可以生成为幼儿讲述的主题。这就需要教师具有敏锐的观察力和收集信息的能力，能在幼儿的平时生活中随时发现幼儿感兴趣的主题，并能主动为幼儿的讲述做好各种准备。例如，在幼儿谈论各种各样的汽车时，教师可以根据他们的兴趣点提供各种汽车图片、玩具和光盘资料等，帮助幼儿充分认识汽车，探索汽车的奥秘；然后，再组织“各种各样的汽车”的讲述活动。由于这一主题是幼儿感兴趣的，所以，幼儿讲述的积极性很高，能够促进幼儿语言表达能力的发展。

2. 确定讲述的主题

丰富的生活经验是幼儿讲述的基础，适合幼儿讲述的主题应是特定的，涉及的内容是有限的。因此，供幼儿讲述的主题应比较具体，如“我最喜欢的动物”“我最喜欢的玩具”等。

生活经验讲述的主题必须是与幼儿的生活经验相联系的、幼儿熟悉并有深刻印象的。只有幼儿感兴趣的主题才能触动他们的情感，才能让幼儿识记、保持和再现。参观游览、日常生活中的观察、教育活动、游戏、电影或电视等皆可成为幼儿积累丰富生活素材的途径。生活素材越丰富、越完整，幼儿的讲述就越生动、越形象。教师要通过观察、交谈等方式了解幼儿的生活范围，知道他们经历过什么事、喜欢做什么，及时根据幼儿的兴趣和关注点生成讲述的中心话题。

生活经验讲述活动的实施

生活经验讲述的主题可以是教师建议、幼儿讨论或幼儿和教师共同协商的结果。一般要注意以下几方面：① 选择幼儿熟悉的、日常生活中喜闻乐见的内容。② 所选主题应具有新鲜感，能引起幼儿的兴趣，能调动幼儿参与讲述的积极性。③ 要与幼儿在生活中共同关心的内容有关，能引发幼儿的共鸣和讲述的愿望，可以是幼儿共同经历过的事情或个人生活中有趣的事情。④ 讲述的主题要具体。一般是围绕某些事、某个人、某项活动进行。如“快乐的‘六一’”“我的妈妈”等。

3. 了解幼儿的讲述经验

学前儿童以形象记忆和形象思维为主，大脑中储备的知识和生活经验相对较少。因此，他们在讲述时不能完全凭借语词记忆来完成，还需要借助一定的凭借物和教师的引导，才能围绕确定的主题，有条理地进行讲述。

在进行讲述活动前，教师可以把题目告诉幼儿，让幼儿做好讲述的准备，并以平等的身份和幼儿进行各种形式的谈话，了解幼儿对所选主题的生活经验和词语积累情况及对主题的看法和态度，并帮助幼儿选好要讲述的内容。同时要根据本班幼儿发展的不同水平，预约 1～2 个幼儿发言。如语言表达能力强或生活经验与众不同的幼儿可先预约；而语言能力较弱、胆小的幼儿，要给予指导和鼓励，帮助他们消除紧张感，建立自信心。需特别指出的是，教师事先的了解和帮助必须是让幼儿讲自己的话，切不可教孩子背诵教师或家长代为准备的发言。

（三）情境讲述的设计与组织

情境讲述要求幼儿通过回忆情境表演中角色的动作、神态、语言等内容，按照表演的顺序来组织语言，用自己的话把表演讲述出来。所以，情境讲述对幼儿的有意注意、有意识记、有意想象等有目的的心理活动有积极的促进作用。

1. 活动的准备

（1）确定主题　情境表演的内容应符合幼儿的年龄特点，确定的主题应动作性较强、情节简单、具有直观性，使幼儿通过观看表演就能理解角色的动作、神态、对话和心理活动。给中班和大班幼儿观看的情境表演中可以适当增加一些哑剧成分，让幼儿根据表演者的动作、神态和道具来理解情节大意，进行讲述。

（2）排练表演内容　确定好主题后，教师就可以组织幼儿进行排练。表演者可以是本班幼儿，也可以是高年级幼儿，还可以是教师。在排练中，应该重点关注角色的动作、神态和对话，表演的质量将直接影响讲述的结果。

（3）准备道具　幼儿以形象思维为主，所以情境表演时离不开道具。为了增加情境表演的直观性，在组织表演前，教师应事先准备好表演所需的各种道具，包括场景布置、人物装扮等方面的道具，而且要力求使道具展现的事物生动形象、引人入胜。如给“奶奶”戴一副自制的老花眼镜，给“爷爷”的嘴边贴一些棉花做的白胡子等。

（4）制订活动计划　完成上述准备工作后，教师还应制订一份活动计划，重点在提问的设计。情境讲述的提问也应体现问题的中心性、启发性、顺序性和针对性。

2. 活动的展开

（1）引导幼儿感知、理解讲述对象　首先，介绍角色、场景，引起幼儿的兴趣。情境讲述开始时，教师用富有表情和吸引力的语言揭示内容，介绍场景、角色和主演者，以引起幼儿观察表演的兴趣，并提醒幼儿仔细观看表演者的表情、动作，记住表演内容，以便在观看后进行讲述。其次，观看表演。为了使全体幼儿都能看清楚表演，表演者要面向全体，表演的进行速度适中。可以完整表演，也可以分段表演。教师还要根据表演进行启发性提问，帮助幼儿理解表演内容。提问要有顺序，一般依次按地点、角色、事件及结果进行提问，也可以从角色的动作、对话及心理活动变化的角度提问，还可以从情节的发展方面提问。

（2）引导幼儿运用已有经验进行讲述　教师可以采用提问的方式引导幼儿围绕表演内容，运用已有讲述经验进行讲述。幼儿要根据观察到的动作和表演的顺序来组织讲述内容，这样的讲述既易于幼儿接受，又可以让幼儿的逻辑思维能力得到训练。

（3）帮助幼儿建立新的讲述经验　在上述环节中，幼儿进行了自由讲述。然后，教师可以根据幼儿讲述的情况，围绕表演情节再提出一些线索性问题，启发幼儿思考和想象,丰富并完善幼儿讲述的内容。教师也可以进行完整连贯的示范讲述,帮助幼儿建立新的讲述经验。

(4) 帮助幼儿巩固和迁移新的讲述经验　在本环节中,教师可以变换情境表演中的角色、场景或角色的对话、动作、神态等,让幼儿重新观看表演,然后引导幼儿再用上述类似的讲述经验进行迁移讲述,从而提高幼儿思维的灵活性。如果幼儿的生活经验比较丰富,还可以让幼儿根据自己的理解自编自演,进一步发展幼儿的讲述能力和表演能力。

(四) 续编故事的设计与组织

续编故事活动的开展是为了锻炼幼儿的分析、推理等思维能力及想象力和编构故事的能力。续编故事不局限于让幼儿只编故事的结尾部分,可以让幼儿分析、推理故事的前因后果或想象、补充事件过程中的任何缺失部分。

1. 活动的准备

续编故事的选材很重要,所选教材内容应是幼儿熟悉的、生动有趣的,并符合事物发展一般逻辑的。教师讲述的故事部分要交代清楚时间、地点、主要人物及事件,为幼儿多方面发展情节提供线索或埋下伏笔,使幼儿有充分想象的余地,使幼儿编出的情节不尽相同。

2. 活动的展开

(1) 引导幼儿感知、理解讲述对象　教师组织教学时,首先应让幼儿明白本次活动的目的是教师要和小朋友们一起讲故事,教师先讲故事的一部分,小朋友们接着讲故事的剩余部分,以此激发幼儿续编故事的积极性。

教师在讲述故事的某个部分时,应注意将语速放慢,语言要清晰、连贯、生动、有感情,故事的关键部分应突出,以便给幼儿留下深刻的印象,为幼儿的续编故事埋下伏笔。

(2) 引导幼儿运用已有经验进行讲述　在讲述过程中,为了引起幼儿的注意,教师可以在故事情节发展的重点部分中断讲述,插入一个有关联的问题,引发幼儿思考,组织幼儿进行自由讲述。

(3) 引导幼儿加入新的讲述经验　续编故事对幼儿思维能力和语言组织能力的要求较高,教师在活动中应加强指导。重点启发幼儿分析教师讲述部分提供的事件发生的线索,找到解决问题的方法,鼓励幼儿从多个角度续编故事,提高幼儿的独立思考能力和创新能力。在幼儿续编故事时,教师要成为忠实的听众,对幼儿的讲述表现出极大的兴趣,以此提高幼儿讲述的积极性。在幼儿讲述结束后,教师应及时做出评价,使幼儿明白哪些地方讲得好,哪些地方需要改进。

(4) 帮助幼儿巩固和迁移新的讲述经验　针对本班幼儿续编故事的实际情况,教师可以鼓励讲得较好的幼儿将故事完整、连贯地讲一遍;对于续编故事不理想的幼儿,教师可以引导他们学习同伴讲述中的优点。教师也可以将幼儿中讲述得好的故事完整地示范给幼儿,帮助他们巩固讲述经验。

（五）排图讲述的设计与组织

1. 图片的准备

教师为排图讲述活动给幼儿提供的图片，应当是幼儿在生活中可以接触到的内容。幼儿是根据自己的意愿排列图序的，所以每幅图应保持相对的完整性和独立性，而画与画之间还要有一定的内在联系，并有多种排列的可能，以便于发挥幼儿的自主性和创造力。

2. 活动的组织

（1）开始部分　在开始部分，教师可以通过设问、出示教具、出示图样等方式，激发幼儿参与讲述活动的兴趣和愿望，提出活动的任务和要求。比如，教师可以给幼儿出示一组打乱顺序的且有关联的图片，告诉幼儿可以根据自己的意愿自由排列组合，可以讲出一个和别人不一样的故事。

（2）基本部分　这一环节是活动计划的关键部分，指导的重点是让幼儿理解排图和讲述的要求及相关问题的内容。通过提问，启发幼儿的想象与思维，帮助幼儿理解图片的角色动态和角色的心理活动。同时，鼓励幼儿从不同方面排列图片顺序，从多角度展开讲述，提高幼儿的推理能力和创新能力。

（3）结束部分　可以请排图讲述好的幼儿在班级中进行示范讲述，也可以由教师集中全体幼儿的讲述优点进行总结性讲述，帮助幼儿形成对该讲述的完整认识。

（六）构图讲述的设计与组织

构图讲述主要分为拼图讲述和绘画讲述，下面分别介绍这两种讲述活动的设计与指导。

1. 拼图讲述的设计与指导

拼图讲述需要幼儿先拼出画面，再根据画面进行讲述，所以教师在组织活动时应注意利用多种途径，引导幼儿关心周围事物，弄清楚各种事物之间的相互关系，丰富幼儿的生活经验。

教师应给每个幼儿准备相应的拼图材料。为了提高幼儿的讲述兴趣，教师可以让幼儿欣赏用雪花片、卡片等材料拼出的有趣画面，激发幼儿的拼摆兴趣，然后向幼儿交代拼图讲述的要求。在这个过程中，教师可以给幼儿进行示范（包括拼图和讲述的示范），帮助幼儿尽快掌握拼图讲述的要领，以利于幼儿后期的自由讲述。

在初次拼图讲述中，可以由教师给幼儿确定讲述主题，引导幼儿按照故事的模式进行讲述。当幼儿已学会按教师选定的主题编故事后，教师可以鼓励幼儿自由拼图，自选角色进行讲述，逐步提高幼儿拼图讲述的能力。

在拼图讲述中，教师应注意发现讲述中富有独特想象力的幼儿，及时对这些幼儿进行鼓励和赞赏，组织他们在班级中进行示范讲述，提高幼儿讲述的积极性。

2. 绘画讲述的设计与指导

在指导幼儿进行绘图讲述的过程中，教师应首先借助观察、谈话等方法了解幼儿的兴趣和需要,根据幼儿的兴趣生成绘画讲述的主题。通过讨论活跃幼儿的想象,激发幼儿创造的愿望,启发幼儿独立思考绘画的内容,并提出要求。例如,确定了“我长大了做什么”的主题后,组织幼儿讨论:我们长大了想做什么?为什么?怎么做呢?然后教师提出要求:你们愿意把自己想做的事画成一幅画,再把它编成完整的一段话说出来吗?

绘画讲述的过程需要幼儿的自由创作。因此,教师必须了解幼儿绘画的想法,帮助幼儿调动已有经验,预想需要哪些材料,和幼儿一起讨论、共同准备相应的操作材料,然后以分组的方式投放材料,并吸引幼儿参与活动。

(七)写信的设计与组织

写信可以培养幼儿关心同伴、老师及其他熟悉的人们的情感,也可以使幼儿了解邮局工作人员劳动的意义。写信也是一种提高幼儿讲述技能的方法。

1. 活动的准备

在写信之前,应组织幼儿参观邮局,了解写信和寄信的基本知识。在此基础上指导幼儿选择收信人。收信人必须是幼儿熟悉、喜欢和怀念的个体或群体,这样更有利于调动幼儿的积极情绪,保证幼儿写信时有话可说。为激发幼儿写信的主动性,教师可以事先和收信人联系,以求得收信人的回信。

2. 活动的展开

活动开始时可以利用多种形式激发幼儿写信的愿望,如播放收信人的谈话录音等。

在第一次写信时,教师应先带幼儿认识写信的用具,懂得写信的格式。比如,知道信纸上应写清楚收信人的姓名、称谓和问候语,然后在正文部分写下自己想表达的内容,结束时要向收信人致敬,写上自己的名字和写信的时间等。

在组织幼儿写信时(特别是幼儿讲述、教师整理的信件),教师应给幼儿提出一些启发性问题,提醒他们讲话时注意条理性和完整性。教师在做记录时,应尽可能地保持幼儿讲述的原话。如果其中有很多词句是雷同的,可以指导幼儿进行比较分析,最终选择合适的语句来表达。

幼儿讲述结束后,教师应迅速整理好其所讲内容,并在全班幼儿面前有感情地朗读写好的信,让幼儿想象收信人收到这封信之后的感受,激起幼儿再一次写信的愿望。

如果幼儿是以绘画的方式写信,教师应指导幼儿先确定绘画主题,尽可能选择他们熟悉的、有意义的事件,然后确定要告知收信人的内容,再指导幼儿按写信格式用绘画方式表现出来。幼儿完成绘画后,教师可以请部分幼儿把自己所画的画面内容用完整、有条理的语言表达出来。

无论采用何种方式写信,在结束时都应让幼儿看到把信装入信封,要呈现在信封上写明收信人的地址、姓名和发信人的地址,贴上邮票等全过程。课后教师可以带领幼儿去附近的邮局把信寄出。

由于写信这种讲述形式对幼儿的生活经验和语言表达能力的要求较高,所以,这种教学形式比较适合大班幼儿。

延伸阅读

幼儿讲述活动与幼儿谈话活动的异同

讲述活动是以培养幼儿语言表达能力为主的活动，其目的在于让幼儿积极参与命题性质的讲述活动，帮助幼儿逐步获得独立构思和完整表述的语言能力。而谈话活动是引导幼儿在一定范围内运用语言与他人进行交流，在培养幼儿的倾听行为和表述行为方面具有重要的作用。

讲述活动的教育作用与谈话活动的教育作用大致相同，它们的不同之处如下。

1. 从活动目标上看，讲述活动侧重幼儿清楚、连贯地表述某一事、某一物的能力，而谈话活动注重幼儿运用语言与他人进行交流。

2. 从活动内容上看，讲述活动针对某一幼儿需认识的凭借物（如图片、玩具等）进行讲述，而谈话活动往往围绕幼儿已有经验的话题进行交谈。

3. 从幼儿的语言方式来看，同样是口头语言的表达，但讲述是一种独白，要求使用类似正式场合下的语言，要求规范、清晰而有条理地表达相对完整的观点。而谈话的语言却属于对话范畴，正如人们一般交谈那样，不需要使用正式场合下的规范严谨的语言，而是使用宽松自由、不拘形式的语言，以说明白自己的想法为主。

［资料来源：人力资源和社会保障部教材组.学前儿童语言教育活动设计与指导.北京：中国劳动社会保障出版社，2009，有改动］

案例评析

案例一　看图讲述：消气吧（中班）

活动意图

中班宝宝虽比小班时更适应幼儿园生活，但调控情绪的能力仍然较弱。生气时，他们往往采取摔东西、大哭大叫等消极行为来发泄不满。同样，当他们发现同伴生气时也常常不懂得采用恰当的方法帮助其消气。看图讲述《消气吧》富有童趣的故事画面，可让幼儿根据画面大胆地想象，并根据想象去讲述故事，既能使中班宝宝提高看图讲述能力，还能使他们学会如何自我消气和助人消气，提高调控情绪的能力。

活动目标

（1）培养开朗的性格和乐观的生活态度。

（2）在按顺序观察图片的基础上理解图意，掌握新词“消气”和短句“不要生气啦”。

（3）能够在观察图片、理解图意的基础上，较为准确地、完整地讲述图片内容。

活动重难点

重点是引导幼儿在认真观察图片的基础上较为准确地讲述小动物们生气时的表情、姿态和心情，难点是引导幼儿在大胆想象的基础上尝试讲述使小动物们消气的方法。

活动方法

谈话法、讲解法。

活动准备

(1) 故事《消气吧》的大挂图三幅。

(2) 歌曲《娃哈哈》音频。

(3) “消气吧”场景布置，店名“消气吧”纸质牌匾一个，消气的游戏材料。

活动过程

1. 歌曲《娃哈哈》导入，激发幼儿参与活动的兴趣。

小朋友们，大家听，好欢快的歌曲啊！这是我们都喜欢的《娃哈哈》，我们一起拍手唱吧！咦？这是什么地方？哦——原来这里有一家小店，这家店叫什么名字？它是做什么的？会有谁来到店里？让我们一起随着音乐去看看吧……

2. 音乐渐停，出示图一——小河马来到“消气吧”里（遮住图片上“消气吧”三个字和小河马的形象），幼儿观察图片、讲述图意。

提问：

(1) 店里来了动物朋友，是谁来了？（移开遮挡露出“小河马”。）

(2) 小河马怎么了？

(3) 从哪里看出小河马生气了？

(4) 请你仔细观察图片，如果你是这个“消气吧”店主，你有什么好办法让小河马不生气呢？（学习新词“消气”和短句“不要生气啦”。）

(5) 还有什么好办法可以让小河马消气呢？（引导幼儿想出其他使人消气的新办法。）

来到我们这个快乐的店里，小河马不再生气了，这个神奇的店到底叫什么名字呢？（移开遮挡露出“消气吧”三个字，结合小河马生气的样子，理解“消气”与“吧”的含义。）

教师和幼儿共同进行小结讲述：小河马来到“消气吧”里，它竖着眉毛、瞪着眼睛，从鼻孔和嘴巴往外喘着粗气，脸上还贴了两条创可贴，小河马生气啦！看到小河马这么生气，我就对它说：不要生气啦！消消气吧！喝点清凉的饮料，看看美丽的花朵，你就会开心的！

（鼓励幼儿把想出的使人消气的好办法也放进小结讲述里，如“你还可以和我一起聊聊天、唱唱歌、跳跳舞，你就会消气，变得开心起来的！”）

3. 出示图二——小猪来到“消气吧”门外，幼儿观察图片、讲述图意。

提问：

(1) 谁又来到了“消气吧”？

(2) 小猪怎么了？

(3) 从哪里看出小猪生气了？

（4）作为“消气吧”的店主，你有什么好办法帮助小猪消气呢？（再次巩固新词“消气”和短句“不要生气啦”，并引导幼儿再想出新的使人消气的好办法。）

（5）还有什么好办法可以让小猪消气呢？（引导幼儿想出除了前面讲述过的使人消气的新办法。）

引导幼儿尝试独立地对第二幅图进行小结讲述：小猪迈着大步从路上走到“消气吧”的门口。它竖着眉毛，瞪着眼睛，张大鼻孔，张着嘴巴，喘着粗气，脸红红的，它把衣服扣子都打开了，一边走一边说：气死我啦，真生气！当它看见“消气吧”的门口有一个圆圆的笑脸，就想：“消气吧”一定会让我开心起来的。看到小猪这么生气，我就说，欢迎来到“消气吧”！不要生气啦！消消气，喝点清凉的饮料，看看美丽的花朵，你就会开心的！

（鼓励幼儿把展开想象想出的使人消气的办法也放在这幅图片的小结讲述里，例如，“你还可以吃些美味的点心、甜甜的糖果，你就会消气，变得开心起来的！”）

4. 出示图三——两只小老鼠争吵着来到“消气吧”里，幼儿观察图片、讲述图意。

提问：

（1）又有谁来到了“消气吧”？

（2）它们在做什么？

（3）从哪里看出两只小老鼠生气了？

（4）你有什么好办法帮助两只小老鼠消气吗？（巩固新词“消气”和短句“不要生气啦”，并引导幼儿再想出新的使人消气的好办法。）

（5）还有什么好办法可以让两只小老鼠消气呢？（引导幼儿想出除了前面讲述过的使人消气的新办法。）

引导幼儿尝试独立地对第三幅图进行小结讲述：两只小老鼠争吵着来到“消气吧”，左边的小老鼠两手叉腰站在那儿，它竖着眉毛，瞪着眼睛，撅着胡子，嘴巴往外喘着粗气，脸蛋气得红红的；右边的小老鼠两只胳膊交叉抱在胸前，它竖着眉毛，瞪着眼睛，撅着胡子，嘴巴往外喘着粗气，脸蛋气得红红的。我看到两只小老鼠这么生气，我就对它们说：你们两个不要争吵啦！不要生气啦！消消气吧！喝点清凉的饮料，看看美丽的花朵，你们就会开心的！

（鼓励幼儿把展开想象力想出的使人消气的新办法也放在这幅图片的小结讲述里，例如，“你们还可以玩玩游戏、做做运动，就会消气，变得开心起来的！”）

5. 引导幼儿将三幅图连起来进行完整的小结讲述。

6. 结束活动。

小朋友们，当别人生气的时候，我们应该怎么劝说他们消气呢？（巩固新词“消气”和短句“不要生气啦”。）

我们还可以用什么办法使他们消气呢？（聊聊天、吃点心、喝饮料、唱歌跳舞、玩游戏、做运动……）

如果我们自己生气了，我们应该怎样使自己消气呢？这些办法一样管用，还可以深呼吸、和爸爸妈妈一起逛逛公园、散散步、看看电影。

你们喜欢总爱生气的小朋友，还是喜欢笑哈哈的小朋友？（笑哈哈。）既然大家都喜欢开心快乐的小朋友，那么我们就一起随着《娃哈哈》的乐曲跳起来吧。

活动延伸

（1）延伸至表演角，幼儿可以戴上小河马、小猪和小老鼠的头饰边表演边讲述故事。
（2）创设“消气吧”区角，请幼儿轮流“经营”，帮助需要消气的小朋友。

活动评析

活动目标评析：此案例结合幼儿已有生活经验展开，活动目标具体明确，具有很强的针对性和适应性。

活动准备评析：活动准备恰当丰富，为实现活动目标打下了良好的物质基础。

活动过程与方法评析：活动过程紧紧围绕目标展开，通过反复出现“消气”“不要生气啦”的引导讲述，很好地实现了情感态度和价值观目标，同时也很好地实现了认知目标。能力目标的设计有梯度、有层次，先是教师引导幼儿与其共同进行小结讲述，然后是引导幼儿独立进行小结讲述，很好地实现了看图讲述活动的能力目标。活动重点突出、难点突破。导语、结语设计首尾呼应，由拍手歌唱《娃哈哈》导入，到共同跳起《娃哈哈》舞蹈结束，自然巧妙，浑然一体，欢快的氛围也更好地体现了情感目标“培养幼儿开朗的性格和乐观的生活态度”。活动环节设计层次分明，难度由浅入深，注重幼儿能力的培养，使幼儿既发展了语言，又培养了良好的生活态度与行为品质。

活动方法主要采用了谈话法，通过设计富有启发性和中心性的提问，有效地引导幼儿按一定顺序观察图片和完整、准确地讲述图意。

活动延伸评析：本次活动延伸至表演角和“消气吧”区角，使活动延伸更具有实际意义。

附：看图讲述《消气吧》图片

图片选自黑龙江少年儿童出版社《幼儿园主题活动（教师指导用书）》（中班·上），2011年版

［资料来源：黑龙江省农垦九三管理局局直第一幼儿园孙丽英、刘美虹设计］

案例二　生活经验讲述：我最喜欢的玩具（小班）

活动目标

（1）了解讲述生活中自己的故事的方法。
（2）感受拥有最喜欢的玩具所带来的快乐、自信与自豪。
（3）能用比较恰当的语言清楚地讲述自己最喜欢的玩具的特征和自己喜欢的理由。

活动准备

(1) 摸底预约两个表达能力程度不同的幼儿进行示范讲述。

(2) 幼儿园的玩具,幼儿从家里带来的最喜欢的玩具,大玩具架两个,音频《玩具进行曲》。

活动过程

小朋友们,今天大家都带来了自己最喜欢的玩具,好多好玩的玩具啊!你们想玩吗?玩具王国有两个约定:一个约定是,哪个宝宝最爱护玩具,玩具就愿意和哪个宝宝玩。另一个约定是,哪个宝宝能在大家面前又大方又清楚地介绍自己最喜欢的玩具,哪个宝宝就可以和自己最喜欢的玩具一起跳舞做游戏。小朋友们,你们都是爱护玩具的宝宝吗?既然大家都是爱护玩具的宝宝,那我们都完成了第一个约定,下面来挑战一下玩具王国和我们的第二个约定,大家又大方又清楚地介绍自己最喜欢的玩具吧!怎样的介绍才又大方又清楚呢?

1. 清楚地说出自己"最喜欢的玩具"的样子和玩法

(1) 拿着自己的玩具,看着大家,用"我最喜欢的玩具是……"开头来说话,一定要说清楚我最喜欢的玩具叫什么名字?它的样子和玩法,比如,它是什么颜色、什么形状、什么声音、摸上去是什么感觉,怎么玩这个玩具。

(2) 预约幼儿带着玩具按照前面的要求在集体面前介绍"我最喜欢的玩具"。

(3) 另请两个幼儿在集体前描述自己"最喜欢的玩具",教师要做好讲述前的提示。

(4) 在《玩具进行曲》乐曲中,幼儿用刚学会的方法互相介绍自己最喜欢的玩具。

2. 增加讲述内容,清楚地说出自己"最喜欢的玩具"喜欢的原因和玩玩具的心情

(1) 小朋友们都介绍了自己最喜欢的玩具的样子和玩法,玩具都很好玩,我们为什么最喜欢这个玩具呢?喜欢的理由是什么呢?用"因为……所以……"来说,玩玩具的心情是什么样的?

(2) 预约幼儿带着玩具在集体面前介绍"我最喜欢的玩具"。

(3) 另请两个幼儿在集体前描述自己"最喜欢"的理由、玩这个玩具的心情,教师要做好讲述前的提示。

(4) 伴随着《玩具进行曲》,小朋友们轮流上台找到玩具后和旁边的小朋友用新学会的方法继续互相介绍自己最喜欢的玩具的原因、玩玩具的心情。

3. 大方清楚完整地讲述"我最喜欢的玩具"

(1) 请两名小朋友清楚完整地讲述。讲述前提示:要说清楚我最喜欢的玩具是什么?什么样?怎么玩?为什么最喜欢?玩玩具的心情怎么样?

(2) 伴随着《玩具进行曲》,小朋友们轮流上台找到玩具,和前面的小朋友互相完整地介绍自己最喜欢的玩具。

4. 玩具总动员

幼儿观察本班小朋友带来的玩具,说说今天最喜欢谁的玩具。互相分享,交换玩具。从今天其他小朋友带来的玩具里面,找出自己最喜欢的玩具,拿着它说一说,自己最喜欢的玩具是什么、什么样的、怎么玩、为什么喜欢及玩这个新玩具的心情。

5. 我和玩具王国有个约定

小朋友们都非常喜欢自己的玩具,请记得我和玩具王国有个约定:我们应该怎么爱护它们呢?我们应该怎么清楚大方地介绍自己最喜欢的玩具呢?

6. 我和玩具跳支舞

小朋友们拿着自己最喜欢的玩具，并抱着它伴随着《玩具进行曲》的音乐一起跳舞，抒发自己对玩具的喜爱和玩玩具的快乐之情。

活动延伸

请爸爸妈妈为小朋友们拍一张和最喜欢的玩具的合影，小朋友们和教师一起布置主题墙："我最喜欢的玩具"。

活动评析

1. 活动目标评析

本次活动目标明确，紧紧围绕提高幼儿生活经验讲述这一独白语言发展目标，认知目标、能力目标的实现循序渐进，逐级达成，情感态度和价值观目标的实现，通过"我和玩具王国有个约定"——拿着最喜欢的玩具介绍与"我和玩具跳支舞"两种方式来达成，润物无声，水到渠成。

2. 活动内容与方法评析

讲述的主题非常适合小班幼儿，从与玩具王国的约定，以及与最喜欢的玩具一起舞蹈游戏的向往，到《玩具进行曲》欢快的旋律，以及"玩具总动员""我和玩具跳支舞"等活动的安排，丰富有趣，活动内容难度逐级提高。讲解法、示范法、练习法，层层递进的讲述练习使幼儿在独白语言能力方面得到更大的锻炼和发展。

3. 活动材料与环境创设评析

教师提前布置任务，幼儿选好自己最喜欢的一个玩具并带到幼儿园中，为后面讲述活动的展开和目标的实现打下了基础，活动延伸至布置班级主题墙，还可以使幼儿在集体语言教育活动结束后，继续在潜移默化的环境和愉快的氛围中进行"我最喜欢的玩具"的讲述练习。

4. 幼儿主体性表现评析

幼儿从带来"最喜欢的玩具"到讲述"最喜欢的玩具""与最喜欢的玩具共舞"，极大地激发了幼儿活动的主动性、积极性和创造性，让幼儿参与创设主题墙，幼儿真正成为环境的主人、活动的主体。

［资料来源：浙江省江山市城北幼儿园　毛恩泽设计］

案例三　情境讲述：吃饭（小班）

活动目标

（1）了解观看表演、讲述表演内容的方法。

（2）培养良好的进餐习惯，知道吃饭时要坐端正，手扶碗，专心地一口接一口地吃。

（3）能认真地观看表演并用恰当的语句连贯、完整地讲述表演内容。

活动准备

准备木偶兔子、木偶鸭子各一个，饭碗、勺子各两个。

活动过程

1. 让幼儿观看情境表演并引导幼儿讨论

(1) 观看情境表演一。

教师提问:你们看,我的两位小客人吃饭时的坐姿怎么样?(引导幼儿说小兔吃饭时坐得很端正。)

(2) 观看情境表演二。

教师提问:谁把碗打翻了?为什么会翻?小兔是怎么样的?(引导幼儿说出一手拿勺,另一手扶碗,就不会打翻了。)

(3) 观看情境表演三。

教师提问:我们来看看,小兔、小鸭它们的桌面上怎么样?为什么小兔的桌面上干干净净,而小鸭的桌面上很脏?

2. 小结

刚才你们看到小兔、小鸭是怎么样吃饭的,你们要学习谁呢?

3. 复习儿歌《吃饭》,巩固对良好的进餐习惯的认识

小兔吃饭吃得好是因为它是照儿歌上的话去做的,大家再复习朗诵儿歌吧。

活动评析

1. 活动目标达成分析

由于活动主体是刚入园的小班孩子,所以本次活动的重点主要是让幼儿养成良好的进餐习惯,知道应该坐端正,手扶碗,专心地一口接一口地吃饭。教师在设计本次活动时,以三段情境表演引导幼儿讨论应该怎样吃饭,再通过教师的总结,加强幼儿的印象。最后以儿歌的方式结束,既点明了主题,同时还活跃了气氛。

2. 活动材料与环境创设分析

由于本次活动是针对小班幼儿的,所以选用了简单、形象的木偶作为道具进行情境表演,让幼儿通过直观的方式理解情节内容,进行讲述,同时由于内容与幼儿的生活相联系,所以幼儿接受起来比较容易。

3. 幼儿参与活动程度分析

由于讲述内容是和幼儿的生活紧密联系的,所以情境表演中幼儿有一种比较真实的生活体验,参与的积极性也较高。

附:儿歌

吃　饭

吃饭时,坐端正,右手拿调羹,左手扶着碗。细细嚼,慢慢咽,不剩饭,不挑菜,自己吃饭真能干。

情境表演(一)

木偶小兔、小鸭到老师家来做客,敲门道:老师好!

老师：今天你们来做客，我准备了你们爱吃的饭菜请你们吃。（在小兔、小鸭面前各放一只碗和一把勺。）

小兔坐得端正，吃得认真；小鸭坐得不好，东张西望。

情境表演（二）

小兔、小鸭继续吃饭。小兔一手拿勺，另一手扶碗，一口一口认真地吃；小鸭不扶碗，把碗弄翻了。

情境表演（三）

小兔、小鸭继续吃饭，小兔吃得很干净，而小鸭说：这个我不爱吃（还用手将这个食物抓出来）。

［资料来源：根据网络资料整理］

案例四　续编、扩编故事：小花园（大班）

活动目标

（1）理解故事内容，了解续编故事的方法。

（2）懂得互相帮助。

（3）练习续编故事，能够在集体面前清楚、连贯地讲述续编的故事。

（4）尝试扮演角色，并与同伴合作表演。

活动方式、方法

8人一组进行活动，采用讲述法、讨论法、表演法。

活动准备

浇花用的勺和水桶各一个。

早晨，活动区角中教师讲述了《小花园》的故事后，孩子们与教师一起使用废旧的酸奶盒、快餐面盒、皱纹纸、花边纸等物品，共同制作故事中提到红色的月季花、白色的茉莉花、粉色的喇叭花等盆栽和孩子们想象的花园里可能出现的植物，以及熊猫奶奶的头饰、老花镜的眼镜框和围裙等物品。

活动过程

1. 在小花园场景中回忆故事

今天早晨我们听了《小花园》这个故事，又一起动手做了熊猫奶奶的头饰等用品，还布置了一个漂亮的小花园。大家说一说：熊猫奶奶的小花园里种了哪些漂亮的花？这里有浇花用的勺和水桶，大家演一演：熊猫奶奶每天照料它们的样子。

2. 在小花园场景中再次听故事

我们又听了一遍故事，大家说一说：熊猫奶奶突然生病住院了，她在病床上着急地想着什么？为什么？熊猫奶奶出院后，吃惊地发现了什么？

3. 在小组活动中大胆地续编故事

熊猫奶奶出院后，吃惊地发现，地里的花儿全开了，比以前更美丽了。为什么花儿会开得更美丽了呢？请你来猜一猜：是谁照料了这些花儿？是怎么照料这些花儿的？把你的猜想说给大家听，说的时候要像讲故事一样说得又清楚又好听（鼓励孩子们大胆地续编故事，用“这个理由很充分”“很有这个可能”“不错呀，我都没想到”“讲得又清楚又好听”等语句来对孩子们续编故事中讲述出的各种可能给予肯定。）

4. 讨论“什么帮助？你是否帮助过别人或得到过别人的帮助？各是怎么帮助的？”

5. 使用早晨在活动区制作的道具、布置的场景来表演故事开头和自己续编的故事，由孩子们自选角色，分组扮演。

活动延伸

1. 在接下来的区角活动中，可以再制作孩子们自己续编故事中的角色头饰或其他道具，把它们都放到表演角中让大家自由地使用。

2. 把自己帮助别人或得到别人帮助的事情用绘画的方式记录下来。

［资料来源：黑龙江省哈尔滨市尚志幼儿园邵冰设计］

活动评析

活动目标评价：确定的以练习、体验为主的活动目标，非常贴近幼儿实际，而且真正把幼儿当成了活动的主体。

活动准备评价：材料的准备环节放在了区角中，让幼儿动手参与，给幼儿提供了学习的时间和机会，也激发了幼儿的创造力和想象力。

活动过程与方法评价：活动环节紧紧围绕续编故事这个能力目标，同时兼顾到情感和态度的培养，多种方法的综合使用符合幼儿认知特点和本次续编活动的需要。

幼儿参与程度评价：在活动过程中，幼儿轮流参与、人人参与，并且没有过多幼儿等待的环节。

活动效果评价：能够保护幼儿的表达需要、尊重幼儿的想法。没有将答案预设成唯一，这一点非常重要，即允许幼儿有多种猜测和不同结果，这就是开放的教育。

附：故事

小 花 园

熊猫奶奶在林子里新开了一块地，种了许多许多的花儿，有红红的月季花、粉红的喇叭花，还有洁白的茉莉花，可漂亮了！

熊猫奶奶每天一早就起来到林子里给花儿浇水，哗，哗，哗，又清又凉的水一勺一勺浇到地里头。喝足了水，花儿开得很美丽。

有一天，熊猫奶奶突然生病住进了医院，在病床上，她着急地想：“我不在，花儿怎么办？它们一定会渴死的！”

几天后，熊猫奶奶终于出院了，她急急忙忙去看心爱的花儿，“咦？”熊猫奶奶吃惊地发现，地里的花儿全开了，比以前更美丽了。

这是怎么回事？熊猫奶奶惊讶极了，是谁照料了这些花儿呢？

案例五 拼图讲述:小动物的家(中班)

活动意图

幼儿此前已认识了不少小动物,了解了一些关于小动物的生活习性的知识,但这些知识是零碎的,幼儿的语言表达缺乏完整性、连贯性。教师可以让幼儿动手拼图并把拼图内容讲述出来,使幼儿在做中玩,在玩中学,激发幼儿动口讲述的兴趣。这样,一方面可以使幼儿的语言表达得到训练,另一方面也可以使幼儿对已有知识加深了解,同时学到一些新的科学知识。

活动目标

(1) 了解拼图讲述的方法。

(2) 能结合背景图和已有生活经验拼出一幅有情节的画面,并能用一段完整、连贯的语句将画面的主要内容有顺序地表达出来;丰富词汇"美丽""静静的""可爱的""五颜六色"及使用"有的……有的……还有的……"等句式。

(3) 能大胆地在集体或小组中讲述并评价他人的讲述。

活动准备

(1) 多媒体教学设备,大背景图2张、小背景图12张,立体动物图片若干。

(2) 动物生活场所的科教片。

活动过程

1. 开始部分

出示大背景图和小背景图,图上有小河、森林、房子、花草树木等场景。教师引导幼儿有条理地观察,并说:"美丽的大森林里,住着一些小动物。"教师告诉幼儿,一放音乐,这些小动物就纷纷回家了,让幼儿跟着音乐想象,把这些小动物找出来放在背景图上。

播放音乐,乐曲中有轻快、活泼的乐段,有恐怖的乐段,还有平稳、舒缓的乐段。幼儿每两人一组,根据想象将小动物放在自己面前的小背景图上。

提问:这些小动物的家在哪儿?家的旁边有什么?它们的邻居是谁?请小朋友们自己先讲讲。

2. 中间部分

(1) 幼儿分组讲述。幼儿自由地讲述自己摆放的"小动物的家",教师巡回指导,倾听幼儿的讲述,引导幼儿围绕着前面所提出的问题完整、连贯地讲述。

(2) 引导幼儿学习新的讲述经验。教师根据幼儿自由讲述的情况,有重点地示范讲述"小动物的家"。

教师应注意讲述的顺序,从背景图的上方开始讲,逐渐过渡到图的中间,最后讲图的下方。

教师讲述时应注意词汇的丰富性,如"有的动物生活在池塘里,有的动物生活在草丛里,还有的动物生活在大树上"。又如"小兔子住在美丽的小河边,那儿开着五颜六色的花朵。小兔子的邻居小鹦鹉住在高高的大树上,它每天都要准时将小兔子叫醒"。

(3) 集中倾听讲述。幼儿再次摆放动物并自由讲述,教师提醒幼儿运用新学的讲述经验。

每组请一名幼儿到集体前面讲述,并评议他们讲得出色的地方,鼓励其他幼儿向他们学习。

(4) 巩固和再实践。每组两名幼儿相互讲述,或两名幼儿合作讲述“小动物的家”。教师提醒幼儿讲述时要运用想象力,讲述的内容要与众不同,词汇要更加丰富,句子要更完整、连贯。

3. 结束部分

教师评议幼儿的活动情况,对有进步的幼儿给予表扬。

活动延伸

将背景图移至“娃娃家”。幼儿可以讲述“娃娃家”里的小动物,如小动物的家在什么地方?也可以发挥想象力,自由讲述“美丽的大森林”及如何保护小动物。

活动评析

1. 活动目标达成分析

本次活动主要有两方面的目标,一是引导幼儿结合背景图和已有生活经验拼出一幅有情节的画面;二是能用一段完整、连贯的语句将画面的主要内容有顺序地表达出来。本次活动充分考虑了幼儿的年龄特点,采用他们喜欢的拼图游戏的方式,使幼儿在做中玩,在玩中学,激起幼儿动口讲述的兴趣,从而达到对幼儿进行语言训练的目的。同时通过多种方式的讲述活动,鼓励幼儿在集体中大胆表达,并初步学习对他人的讲述进行评价。活动延伸部分还通过活动拓展的方式让幼儿的讲述能力得到巩固。

2. 活动材料与环境创设分析

本次活动准备的材料特别丰富,不同特点的音乐使幼儿可以充分展开想象的翅膀。幼儿将教师提供的立体动物图片摆放在相应的背景图上,然后自由地讲述自己摆放的“小动物的家”。播放的动物生活场所的科教片又让幼儿在活动中增加了相应的科学知识,调动了他们活动的积极性。

3. 幼儿参与活动程度分析

由于拼图游戏本身就是幼儿非常感兴趣的,加上又播放了动物生活场所的科教片,所以幼儿参与活动的积极性很高,活动体现了以幼儿为主体的教育理念。活动的延伸部分将背景图移至“娃娃家”,让幼儿在平时也可以通过所喜欢的游戏进行相应的语言训练。

[资料来源:根据网络资料整理]

案例六 排图讲述:醉狐狸(大班)

活动目标

(1) 了解排图讲故事的方法。

(2) 懂得“害人终害己”的道理。

(3) 能根据图片的内容思考故事情节发生的顺序并正确排列图片,根据自己排列的图片,有序、连贯地讲述故事内容。

活动准备

让幼儿了解什么是米酒;准备供幼儿讲述用的图片。

活动过程

1. 提问导入

有一只狐狸醉了,你们猜猜它是怎么醉的?狐狸醉了以后又会发生什么事情呢?

2. 打乱图片顺序,逐一出示图片,引导幼儿观察并讲述

(1) 出示图一。提问:这只狐狸手里拿的是什么?你们猜猜它在干什么?它为什么要这么做?

在幼儿观察后,请2~3名幼儿讲述,教师进行简单的评价。

(2) 出示图四。提问:发生了什么事?狐狸是怎样被猎人抓住的?让幼儿充分想象,并与同伴说一说。

(3) 出示图二和图三。在幼儿观察后,请1~2名幼儿讲述狐狸到底是怎样被抓住的,是否与自己刚才的想法一致。

3. 幼儿分组自由排列图片,完整讲述

(1) 幼儿自由分组。

(2) 教师交代各小组的活动任务。

(3) 幼儿分组讨论讲述,教师参与其中,鼓励幼儿大胆想象。

(4) 每组派代表讲述故事,教师引导幼儿进行自评和互评。

4. 教师生动地讲述自己编排的故事,帮助幼儿引进新的讲述经验

5. 幼儿再次排列图片,自由讲述故事

活动评析

1. 活动目标达成分析

排图讲述的任务也是两方面,一是先将教师打乱了的图片按自己的理解排成有序的图片,二是根据自己排好的图片进行讲述。对于大班幼儿而言,将被打乱了的图片排序对他们是一种挑战,而且他们也很喜欢这种挑战,大班幼儿会克服困难以达成本次活动的目标。

2. 活动材料与环境创设分析

排图讲述需要相应的图片,本次活动为幼儿提供了四张绘有不同内容的图片。教师打乱图片顺序,让幼儿在理解了几张图片的内容后,按照自己的理解排序。图片的准备与排序活跃了幼儿的思维,调动了幼儿的积极性。

3. 幼儿参与活动程度分析

由于排图和上述的拼图一样,在幼儿眼中是一种带有挑战性的游戏。幼儿在排图过程中找到了自信,所以能积极参与活动。

[资料来源:根据网络资料整理]

岗位对接

主题活动：不一样的我（大班）

（一）素材

1. 儿歌

男生和女生不一样

男生和女生不一样，上厕所要看清头像；
你千万不能走错了，不然就会变成小迷糊。
男生和女生不一样，要穿不同的衣裳；
男生喜欢穿裤装，女生穿裙子更漂亮。

2. 儿歌

自　己　来

自己来，自己来，自己起床坐起来。
自己衣服自己穿，自己帽儿自己戴，
自己被子自己叠，自己玩具自己摆，
自己刷得牙儿净，自己洗得脸儿白……
自己的事情自己做，都夸勤快的小乖乖！

3. 歌曲

我　自　己

这是我的眉毛，弯弯的；
这是我的眼睛，大大的；
这是我的嘴巴，小小的；
这就是我呀 我叫×××。

4. 歌曲

《祝你生日快乐》歌词略。

（二）素材分析

幼儿期是自我意识形成与发展的最初阶段，而自我意识正是自信心、自制力、自我评价能力等重要的心理品质和能力形成的基础。对于即将进入小学的大班幼儿来说，非常需要正确地认识自我、评价自我，从而充满自信地去迎接以学习为主要活动的人生新阶段。

“不一样的我”这个主题对于帮助大班幼儿形成自我意识具有重要作用。现在的幼儿不管物质上还是精神上都有优越性和特殊性，他们在体能和智力方面发育较好，但是也会因为被过分溺爱和过度保护，形成对成人的极度依赖，不少幼儿身上出现懒惰、缺乏自制力、缺乏独立性、畏难等不良品质，他们在遇到困难时要么直接找大人帮忙，要么就哇哇大哭。为了让幼儿能清楚地认识自己，教师可以引导幼儿从自己的外形入手，知道自己是区别于任何人的独特个体，形成独立意识，进而尝试用各种方式来表现自己在外形、名字、个性、能力、兴趣、愿望等方面的独特性，并借助社会评价来完善自己的角色形象。此外，大班幼儿即将迈进小学的大门，教师要给幼儿提供大胆表述内心想法的机会，为他们入小学做好心理准备。

（三）活动设计

1. 活动方案完整（活动名称、活动目标、活动重难点、活动准备、活动过程、活动延伸），选题要符合幼儿发展特点，要结合《指南》与《纲要》要求选取。

2. 活动目标书写完整（知识目标、能力目标、情感态度目标），活动目标表述的角度要一致，活动目标设计要符合幼儿的年龄特点，活动目标设计要具体、有可操作性。

3. 活动准备分物质准备和知识准备。

4. 活动过程要层次分明，重难点突出，体现自主性、合作性、探究性、体验式的学习方式，体现师幼互动。

5. 活动延伸（不需要延伸的，可以不写这个环节）体现活动的连续性及与实践的联系性，说明向哪里延伸、做什么和怎么做。

参考教案

生活经验讲述：生日愿望（大班）

活动目标

1. 引导幼儿用连贯的语句大胆地在集体面前讲述。
2. 鼓励幼儿讲述自己的生日愿望，并能用绘画的形式表现出来。
3. 引导幼儿说一些祝福朋友的话。
4. 让幼儿体验过集体生日的乐趣。

活动准备

（1）环境布置：一块空白的墙面，作为幼儿的许愿墙。
（2）经验准备：课前让幼儿了解自己的生日。
（3）物质准备：生日蛋糕一盒，《祝你生日快乐》音频，照相机，白纸，油画棒。

活动过程

1. 播放歌曲《祝你生日快乐》，引出主题

这首歌叫什么名字？我们一般会在什么时候唱这首歌？

2. 幼儿讲述过生日的情境

你知道自己的生日吗？你是什么时候过生日的？你和谁一起过生日？在哪里过的？是怎样过的？心情怎么样？

请幼儿和旁边的小朋友说说：你收到过哪些生日礼物？这些礼物是什么样的？是谁送的？你最喜欢谁送的生日礼物？为什么？

3. 幼儿讲述生日愿望

你希望下一个生日邀请谁和你一起过？怎么过？请和你旁边的小朋友说说。请你给全体小朋友说说自己的生日有什么愿望。

4. 幼儿许愿

你希望实现你自己的生日愿望吗？让我们到许愿墙旁来许个愿吧！

刚才你许了什么愿呢？能告诉我们吗？

5. 画生日愿望

我们把这些愿望画下来，然后贴在许愿墙上，让所有知道的人都来祝愿我们早日实现这些愿望，好吗？

幼儿画生日愿望，教师指导。并请先画好的小朋友与身边的好朋友交流一下自己的生日愿望。

请小朋友讲讲自己画的是什么生日愿望。我们把自己的生日愿望画贴在许愿墙上。想看看老师的生日愿望吗？（出示教师的愿望卡）我画了一颗心，衷心地祝愿小朋友们都能实现自己的生日愿望。

6. 过集体生日，体验集体生日的快乐

你们知道吗？这个月我们班有个小朋友要过生日，他是谁呢？请这个小朋友上来，今天我们一起为××小朋友过生日，好吗？

出示蛋糕，点蜡烛。我们应该对××说些什么祝福的话呢？（教师引导）××心情怎么样？让我们把这开心一刻永远保留下来吧！（师幼拍照留念。）

师幼齐唱《祝你生日快乐》，共同分享生日蛋糕，结束活动。

［资料来源：根据网络资料整理］

（四）说课练习

1. 理论功底扎实，体现科学的儿童观、教育观。

2. 仪表端庄，行为大方，举止文雅，表情自然、丰富，有感染力。

3. 口齿清晰，语言规范，条理清楚，逻辑性强，紧凑连贯，简练准确。

说课参考样例

生活经验讲述：生日愿望（大班）

1. 说设计意图

过生日是幼儿生活中非常熟悉、非常期盼的一件事情，这个活动可以让幼儿了解和认识自己，发展人际交往能力，获得愉悦的情感。同时，对生日的认识也是幼儿自我意识发展中的重要内容，《指南》中指出：“幼儿在运用语言进行交流的同时，也在发展着人际交往能力、理解他人和判断交往情境的能力、组织自己思想的能力。通过语言获取信息，幼儿的学习逐步超越个体的直接感知。”因此，教师应“鼓励幼儿大胆、清楚地表达自己的想法和感受，尝试说明、描述简单的事物或过程，发展语言表达能力和思维能力。”

2. 说活动目标

《纲要》中指出，五大领域的内容要“相互渗透，从不同的角度促进幼儿情感、态度、能力、知识、技能等方面的发展。”因此，根据本班幼儿的年龄特点和实际状况，我确立了认知、能力、情感方面的目标。

(1) 引导幼儿用连贯的语句大胆地在集体面前讲述。

(2) 鼓励幼儿讲述自己的生日愿望,并能用绘画的形式表现出来。

(3) 引导幼儿说一些祝福朋友的话。

(4) 让幼儿体验过集体生日的乐趣。

3. 说活动重难点

根据活动目标和幼儿的实际情况,我把活动重难点确定如下。

(1) 活动重点 能用连贯的语句大胆地在集体面前讲述自己的生日愿望。

(2) 活动难点 能对其他小朋友说一些祝福的话。

4. 说活动准备

为顺利达成既定目标,我做了以下准备。

(1) 环境布置 一块空白的墙面,作为幼儿的许愿墙。

(2) 经验准备 提前让幼儿了解自己的生日。

(3) 物质准备 生日蛋糕一盒,《祝你生日快乐》的音频,照相机,白纸、油画棒。

5. 说教法与学法

(1) 说教法 本次活动中主要采用的教法有:演示法、提问法、谈话法、直观法等。

(2) 说学法 本次活动中采用的学法有:视、听、讲相结合的方法,操作法,尝试法,体验法等。

6. 说活动过程

为达成上述目标,我把本次活动设计为以下四个环节。

第一环节:创设情境,引出主题。

播放《祝你生日快乐》歌曲,师幼同唱,提问:"这首歌叫什么名字?我们一般会在什么时候唱这首歌?"

本环节通过视、听、讲相结合的方法,唤起幼儿的回忆,激发幼儿的活动兴趣。

第二环节:回忆已有经验,并大胆讲述。

本环节采取提问法和谈话法等教学方法,调动幼儿的已有经验,鼓励幼儿大胆讲述。

问题:你知道自己的生日吗?你是什么时候过生日的?你和谁一起过生日?在哪里过的?是怎样过的?心情怎么样?你收到过哪些生日礼物?这些礼物是什么样的(要求幼儿描述)?是谁送的?你最喜欢谁送的生日礼物?为什么?

引导幼儿用连贯的语句大胆地在集体面前讲述。

第三环节:讲述生日愿望并用绘画形式表达。

本环节是本次活动的重点所在,主要通过操作法、尝试法、体验法等突出重点。

第一步,问:你希望下一个生日邀请谁和你一起过?怎么过?你下一次过生日有什么愿望?(组织幼儿到许愿墙旁去许愿并自愿给大家分享。)

第二步,画:我们把这些愿望画下来,然后贴在许愿墙上,让所有知道的人都来祝愿我们早日实现这些愿望,好吗?

第三步,讲:请小朋友讲讲自己画的是什么生日愿望。

通过"问、画、讲"三步骤,发展幼儿组织自己思想的能力和语言表达能力。

第四环节:感受集体生日的氛围,并体验过集体生日的乐趣。

问题：你们知道吗？这个月我们班有个小朋友要过生日，他是谁呢？请这个小朋友上来，今天我们一起为××小朋友过生日，好吗？

出示蛋糕，点蜡烛。问题：我们应该对××小朋友说些什么祝福的话呢？（本环节是本次活动的难点所在，主要通过演示法、操作法、体验法等突破难点。教师引导幼儿说出不同的祝福语，积累新经验。）

××心情怎么样？让我们把这开心一刻永远保留下来吧！（师幼拍照留念。）师幼齐唱《祝你生日快乐》。

师幼一同分享蛋糕，并对本次活动进行小结。（让孩子体验到过集体生日的乐趣，并知道在别人过生日时可以说哪些祝福语，以此丰富生活经验。）

（五）活动实施

1. 备课要认真全面，做好情境预设，教具材料要准备充分。

2. 仪表端庄，活泼开朗，行为大方。教师着装符合幼儿园教师的特点，具有活动性。

3. 提问要具体明确，善于倾听幼儿的回答并引导幼儿积极地思考与表达。

4. 口齿清晰，语言规范，与幼儿沟通要亲切自然。

（六）活动评价

整个活动的设计能紧扣幼儿的年龄特点与《指南》的相关要求与规定，内容紧贴幼儿生活实际；活动目标的确立可行性强；活动材料准备充分，辅助性强；教法的选择能立足于幼儿的身心发展特点，体现幼儿的主体地位；活动过程思路清晰，活动步骤环环相扣，能做到由浅入深，重难点突出，能较好地实现活动目标。

国考聚焦

真题分析

单选题

以下表述中不属于学前儿童语言讲述活动特征的是（　　）。

A. 讲述活动拥有一定的凭借物

B. 讲述活动具有相对正式的语言情境

C. 讲述活动中需要调动儿童的多种能力

D. 讲述活动的语言是对话式语言

【答案】 D

解析：学前儿童语言讲述活动是让幼儿凭借一定的讲述对象，在相对正式的语言环境中独自完成的语言表达活动，它要求使用类似正式场合下的语言，规范、清晰而有条理地表达相对完整的观点。所以，讲述的语言不属于对话式语言。

模拟练习

请设计一个完整的中班看图讲述活动“送小鸟回家”。

参考教案

看图讲述:送小鸟回家(中班)

活动目标

1. 了解“从整体到局部”进行观察的方法。掌握“可是”“接着”等连接词和“伤心”“开心”“高兴”“快乐”等形容词。

2. 喜欢看图讲述活动,体验帮助他人的快乐。

3. 能比较连贯地讲述图片内容。

活动准备

讲述图片 PPT,每人一份图片,“小鸟的叫声”音频,手偶。

活动过程

1. 播放音频“小鸟的叫声”,引出活动主题

指导语:小朋友听谁来了?今天我们一起来看图讲一个关于小鸟的故事。

2. 出示图片一,引导幼儿学习观察,并简单讲述单张图片的基本内容

提问:图上有谁?在什么地方?发生了什么事情?它的心情怎么样?

指导重点:引导幼儿观察动物表情和周围环境,提醒幼儿用完整句讲述图片一的基本内容。

3. 幼儿分组讲述

引导幼儿学习按图片顺序观察,连贯地讲述三张图片的主要内容。

（1）幼儿两人一组，自由讲述。

指导语：谁来帮助小鸟？它们是怎么帮助小鸟的？老师又带来两张图片，请小朋友两人一组按图片顺序用完整语句连贯讲述三张图片的内容。

指导重点：引导幼儿仔细观察图片，按图片顺序用完整语句连贯讲述三张图片的内容。引导幼儿想象小动物们的内心和神情，并学习运用“伤心”“开心”“高兴”“快乐”等形容词讲述故事。

（2）每组派代表讲述。

指导语：请小朋友仔细听，听听小朋友是否按照图片的顺序连贯地讲述图片内容，听听他的故事里用到了哪些你喜欢的词。

指导重点：引导幼儿初步学会倾听同伴讲述，并挑选出好的句子和词语让幼儿学习，丰富幼儿的讲述经验。

4. 教师示范讲述

引导幼儿学习运用“可是”“接着”等连接词比较连贯地讲述图片内容。

指导语：老师也来讲一个好听的故事，请小朋友注意听老师用了哪些好听的词语把故事连接起来。

指导重点：引导幼儿按图片顺序，学习用“可是”“接着”等连接词连贯地讲述图片内容。

5. 幼儿分组讲述，手偶表演

引导幼儿运用“可是”“接着”等连接词连贯地讲述图片内容。

（1）幼儿四人一组，操作手偶自由讲述。

指导语：请小朋友选择喜欢的手偶戴上，运用“可是”“接着”等连接词，完整地讲述一个好听的故事。

指导重点：引导幼儿操作手偶，学习运用“可是”“接着”等连接词，边表演边连贯完整地讲述图片内容。

（2）请个别幼儿讲述、表演。

指导语：请××小朋友把自己编的好听的故事边讲边表演给其他小朋友听，听听他们讲的故事里，你最喜欢他们说的哪句完整的句子和哪些好听的词语？

指导重点：引导幼儿倾听同伴讲述，学习新的句子和词语，丰富幼儿的讲述经验。

活动延伸

把图片投放在语言区让幼儿大胆地发挥想象去创编新的故事。

[摘自 www.baby611.com，选入时有改动]

单元测试

（一）单选题

1. 幼儿园语言教育总目标可以划分为四个大方面，即（　　）。

A. 倾听、表述、欣赏文学作品和早期阅读

B. 倾听、表述、欣赏文学作品和早期写作

C. 对话、表述、欣赏文学作品和早期阅读

D. 对话、表述、欣赏文学作品和早期写作

2. 下列属于幼儿园语言教育目标的是(　　)。

A. 能认读拼音字母　　B. 能清楚地说出自己想说的事

C. 能认读一定量的汉字　　D. 能正确书写常用汉字

3. 根据凭借物的不同,幼儿园的讲述活动可以分为看图讲述、构图讲述、情境讲述和(　　)。

A. 叙事性讲述　B. 描述性讲述　C. 生活经验讲述　D. 议论性讲述

4. 讲述活动中,感知理解讲述对象的观察主要是(　　)。

A. 通过触摸觉的途径进行　　B. 通过听觉的途径进行

C. 通过视觉的途径进行　　D. 通过味觉的途径进行

5. 幼儿园通常开展的讲述活动一般应具备的主要特征不包括(　　)。

A. 有一定的凭借物　　B. 有相对正式的语境

C. 旨在锻炼幼儿的独白语言　　D. 提高幼儿学习书面语言的兴趣

(二)多选题

1. 学前儿童讲述活动的目标有(　　)。

A. 培养幼儿的感知和理解能力

B. 培养幼儿独立构思与清楚、完整表达的能力

C. 培养幼儿语言交流的信息调节能力

D. 培养幼儿积极的情感态度

2. 学前儿童讲述活动和谈话活动的不同之处在于(　　)。

A. 活动内容不同　　B. 活动目标不同

C. 语言环境不同　　D. 语言表达方式不同

3. 学前儿童讲述活动的设计与组织的基本结构包括(　　)。

A. 感知理解讲述对象　　B. 运用已有经验讲述

C. 引进新的讲述经验　　D. 巩固和迁移新的讲述经验

4. 幼儿园讲述活动的特点是(　　)。

A. 有一个具体而有趣的中心话题　　B. 有一定的凭借物

C. 语境随意、自由　　D. 主要使用独白语言

5. 教师在设计看图讲述的问题时要注意(　　)。

A. 问题的中心性　　B. 问题的顺序性

C. 问题的启发性　　D. 问题的针对性

(三)判断题(正确的画"√",错误的画"×")

1. 讲述活动的语言情境一般不需要很正式。(　　)

2. 拼图讲述是看图讲述的一种。(　　)

3. 讲述活动主要是培养幼儿的倾听能力。(　　)

4. 幼儿是从使用独白语言过渡到使用对话语言的。(　　)

5. 讲述活动总是需要针对一些凭借物来开展。(　　)

6. 讲述活动的语言是独白语言。(　　)
7. 讲述活动与谈话活动无本质区别,都是语言教育活动的重要组织形式。(　　)
8. 生活经验讲述适合所有年龄班的幼儿。(　　)
9. 写信对幼儿的要求较高,所以比较适合大班幼儿。(　　)
10. 分小组讲述常常是一对一的讲述。(　　)

(四) 论述题

1. 讲述活动与谈话活动的区别是什么?
2. 教师在设计看图讲述的提问时应考虑哪些因素?

参考答案

(一) 单项选择题

1. A　2. B　3. C　4. C　5. D

(二) 多项选择题

1. ABCD　2. ABD　3. ABCD　4. ABD　5. ABCD

(三) 判断题

1. ×　2. √　3. ×　4. ×　5. √　6. √　7. ×　8. ×　9. √　10. ×

(四) 论述题

1. 讲述活动是以培养幼儿语言表达能力为主的活动,其目的在于要求幼儿积极参与命题性质的讲述活动,帮助幼儿逐步获得独立构思和完整表述的语言能力。而谈话活动是培养幼儿学习在一定范围内运用语言与他人进行交流的活动,它在培养幼儿的倾听行为和表述行为方面具有重要的作用。

讲述活动的教育作用与谈话活动的教育作用大致相同,它们的不同之处在于以下几点。

第一,从活动目标上看,讲述活动侧重于幼儿清楚连贯地表述某一事某一物的能力,而谈话活动注重幼儿运用语言与他人进行交流。

第二,从活动内容上看,讲述活动针对某一幼儿需认识的凭借物(如图片、玩具等)进行讲述,而谈话活动往往围绕幼儿已有经验的话题进行交谈。

第三,从活动中幼儿的语言方式来看,同样是口头语言的表达,讲述是一种独白,要求使用类似正式场合的语言,要求能规范清晰而有条理地表达相对完整的观点。而谈话的语言属于对话范畴,正如人们一般交谈那样,不需要使用正式场合的规范严谨的语言,而是使用宽松自由、不拘形式的语言,以说明白自己的想法为准。

2. 设计提问时要注意以下几点。

第一,问题的中心性。提问设计应突出图片的重点,能反映图片的关键环节或主要情节,与主题无关的问题应抛弃。教师针对一些图片应直接提和主题有关的时间、地点、人物、环境等问题,针对另一些图片则可以设计与人物动作、神态等有关的问题。

第二,问题的顺序性。为了保证幼儿讲述的逻辑顺序,教师在设计问题时应根据图片所提供的线索,确定问题的顺序。比如,根据画面人物出现的先后顺序或事件发生的前后顺序等设计问题的顺序,帮助幼儿有序地观察,提高观察效果。

第三,问题的启发性。教师在组织幼儿看图讲述时,不是将答案直接抛给幼儿,而是通过启发性的问题,让幼儿在积极思维中自己找到问题的答案。所以教师设计的问题应带有启发性,能充分调动幼儿思维的积极性，帮助幼儿发现图片内容的内在联系，保证讲述质量。教师在提问中尽量避免提选择性问题，这种问题幼儿不用思考就可以回答，不利于培养幼儿的思维能力和语言能力。

第四，问题的针对性。问题的设计应该要考虑幼儿的年龄特点，比如，小班幼儿的思维以直观行动思维为主，提的问题应具体明确，问题直指图片所反映出来的内容，便于幼儿看了图片就能回答（如图片上有谁）。中班幼儿的思维主要以具体形象思维为主，问题的设计可以增加一定的难度，比如，设计一些要求幼儿对图片内容进行描述的问题（如这是什么样的，他们该怎样做），帮助幼儿弄清楚图片中人物之间的关系。大班幼儿开始有了抽象逻辑思维的萌芽，所以可以设计一些概括性的问题，比如，他们在想什么呢？为什么会这样呢？还可以把几个问题连在一起提，或者提一些图片上没有直接反映出来但和图片内容有必然联系的问题，提高幼儿的思维能力。

单元五
学前儿童早期阅读活动

学习目标

- 了解早期阅读的含义和早期阅读教育的基本特征。
- 理解早期阅读教育的目标、内容和形式。
- 掌握幼儿园早期阅读活动设计的基本环节与指导要点。
- 能够设计早期阅读教育活动方案并组织实施。

基础理论

阅读是个体认识世界的重要途径，阅读能力在很大程度上决定着一个人的学业成绩与工作成就，早期阅读是终身学习的基础。20 世纪 90 年代以来，早期阅读教育越来越受到人们的重视。

一 早期阅读与早期阅读教育

（一）早期阅读的含义

阅读是人们通过对书面语言和其他书面符号的辨认、感知与理解，从中获取信息、获得意义的心理活动过程。就像人每天都要吃饭吸收营养一样，阅读也是一种吸收，人们要在阅读中吸收各种精神养料，逐步提高自身的文化素养。早期阅读是指学前儿童凭借变化的色彩、图像、文字或通过成人形象地读、讲来理解读物的活动过程。对于学前儿童来讲，只要是与阅读活动有关的行为都可以看作是阅读。例如，儿童用手翻开书页，将几幅画面的内容串联起来理解故事的情节，用自己的语言讲述画面内容，听教师读图书上的文字。学前儿童的早期阅读活动不只是单纯的视觉辨别活动,还包括听觉活动、触觉活动等。比如,孩子可以通过倾听成人的讲解来理解读物,也可以通过视觉、触觉活动与读物进行互动,从而理解读物内容。

阅读是学习的基础,阅读能力是一个人学业成就的主要表现,也是一个人未来成功从事各项工作的基本条件。研究表明,喜欢阅读是早慧儿童的共同特点。美国心理学家推孟发现,44%的男孩和46%的女孩之所以能成为天才儿童,是因为他们在5岁之前就形成了良好的阅读习惯。此外,童年早期的阅读状况对儿童未来的阅读能力和学业成就具有预测作用。如果在小学三年级末,儿童的阅读能力还不能达到一般化的程度,那么他将很难完成中学阶段的学业。对于学前儿童来说,早期阅读不仅是他们成为成功阅读者的基础,而且是他们成为终身学习者的开端。早期阅读有利于学前儿童观察力、想象力、思维能力和语言表达能力的发展。尤为重要的是,早期阅读可以培养学前儿童浓厚的学习兴趣和良好的学习习惯,使其更容易在学业上取得成功。因此,早期阅读及良好阅读习惯的形成对儿童一生的发展至关重要。

学前期是儿童口头语言迅速发展的时期,也是儿童开始接触各种符号的时期。这一时期的儿童可以认识符号、语言声音与语言意义的关联性,学习如何认识文字符号和印刷形式,例如,感知报纸上通栏标题和正文文字的差异,分辨餐馆菜单和图书的不同。儿童还可以学着阅读图画书,联系自己的生活经验解读图画书的内容,尝试用自己所学的语言来解释生活中的见闻。虽然学前儿童认识的字有限,模仿写字只是一些涂涂画画,但正是在这样的学习活动中,儿童有可能成为热爱阅读、不依赖成人的自主阅读者。唯有成为自主阅读者,儿童才算真正具备了基本的阅读能力。

阅读既是学习的过程也是学习的结果。这种学习涉及两方面的内容:一是获得阅读能力的学习,二是通过阅读获取信息的方法技能的学习。研究发现,3—8岁是儿童获得基本阅读能力的关键期。目前,人们比较一致的观点是:对于8岁之前的儿童来说,阅读学习的重点是获得基本的阅读能力,其核心是形成自主阅读的意识与技能。

对于学说汉语的儿童来讲,早期自主阅读的核心能力有三个方面:一是口头语言与书面语言相对应的能力。儿童要调动自己原有的语音经验和口语语法经验,将口语经验与文字符号对应起来,并理解文字符号的意义。二是书面语言的感知辨别能力。儿童对汉字特征及汉字构成规律要有敏感性,要了解文字的作用,对文字符号产生兴趣并有探究的愿望,要能将文字与其他符号、汉语文字与其他文字区分开来。三是阅读的策略预备能力。要成为一个流畅的阅读者,需要各个方面的准备,其中最为重要的是整合阅读内容的策略准备,这是学前儿童必须学习的技能。在阅读学习中,儿童要能思考故事中的人物及发生的事情,例如,"这个故事中的人物是这样的吗?这件事情先是怎样的?后来怎么样了?"在对这些问题进行思考的过程中,儿童要能结合自己的阅读经验,对故事的发展趋势做出推测,进而思考"这个人为什么会这样做""这件事情为什么会发生""假如换一个条件或场景,故事中的人或动物及事情会朝着什么方向发展"等问题。通过对上述问题的思考，儿童将学会对阅读内容进行反思、预期、质疑、假设，并逐步掌握这些策略预备技能，不断提高自主阅读能力。

儿童的自主阅读能力并非生来就有，它有一个形成与发展的过程，需要得到教师和家长的正确引导。现代观点认为，早期阅读应当从0岁开始，儿童从出生时起就可以开始阅读。这里说的阅读，主要是指给孩子提供良好的阅读环境和条件，让他们接触书本，接触书面语言，形成对书本和文字的兴趣，知道怎样去看书。需要强调的是："早期阅读"不等于"早期识字"。早期识字曾经是我国儿童早期教育的代名词，很早就存在于我国古代的儿童教育实践中，形成了《三字经》等一些经典的识字教材，强调儿童对这些教材内容的阅读、朗诵与记忆。如今，早期阅读"既不同于早期识字，也不同于诵读古文"已成为学前教育科学研究工作者的共识。早期阅读所指向的不是大量地识字，而是对书面阅读的兴趣和能力的培养，其目标是让学前儿童了解一些有关书面语言的信息，懂得书面语言的重要性，让儿童享受阅读的过程，获得一些阅读的技巧，进而对阅读活动充满热情，并能够进行有效的阅读。而早期识字重视的是对字的结构、偏旁、意义的认识，能识字不代表喜欢阅读、会阅读。

（二）早期阅读教育的目标

《纲要》中明确指出：要"引导幼儿接触优秀的儿童文学作品，使之感受语言的丰富和优美，并通过多种活动帮助幼儿加深对作品的体验和理解"，要"利用图书、绘画和其他多种形式，引发幼儿对阅读和书写的兴趣，培养前阅读和前书写的技能"。在《指南》中，从阅读兴趣与习惯、初步阅读理解能力及早期书写行为等方面，描述了3—4岁、4—5岁、5—6岁儿童应达到的水平。作为幼儿园语言教育的重要内容，早期阅读教育是指在学前教育阶段，通过有计划、有目的的情境创设与活动设计，引导儿童运用视觉、听觉、触觉、口语、身体动作等综合手段来理解色彩、图像、声音、文字等多种符号的教育活动过程。其主要目的是为学前儿童从口头语言向书面语言的过渡提供前期阅读准备，具体包括：激发儿童对书籍、阅读和书写的兴趣；培养儿童对书面语言学习的敏感性；掌握一定的阅读和书写的准备技能，从而为学前儿童提供阅读图书、早期识字和早期书写的经验，为他们进入小学后正式学习书面语言奠定良好的基础。

1. 形成良好的阅读态度和习惯

激发儿童浓厚的阅读兴趣，帮助儿童形成自觉的阅读态度和良好的阅读习惯是早期阅读教育的重点目标。阅读的兴趣、态度和习惯是影响早期阅读教育活动成败的重要因素。广泛而持久的阅读兴趣是儿童求知的开端，自觉的阅读态度是儿童主体意识发展的表现，良好的阅读习惯可以为儿童的终身学习奠定扎实的基础。

小图书的发放与收回

首先，要引导学前儿童热爱书籍、养成自觉阅读图书的习惯。书籍是书面语言的实际载体，也是人类知识的宝库。在早期阅读活动中，儿童可以大量接触图书。图文并茂、生动形象的图书对儿童具有极大的吸引力。他们可以在阅读图书中理解故事内容，体验愉快的情绪，并与教师、同伴分享阅读的乐趣。教

幼儿园卫生间的文字符号

幼儿园寝室的文字符号

师要帮助儿童学会爱护图书，如不撕书、不乱扔书、看一本书取一本书、看完书后要放回原处等，引导儿童逐步形成良好的阅读习惯，形成自觉阅读的积极态度。

其次，要引导学前儿童观察各种符号，使其对文字产生好奇和探索的愿望。文字是符号体系中含义最丰富、容量最大的符号。早期阅读的目标之一就是激发儿童对各种符号的敏感性，引发他们探索文字符号的积极性。儿童的生活中有各种各样的符号，如手势语、标识等。儿童对生活中的各种符号都会表现出极大的好奇心，适当的引导可以激发其探索文字的兴趣，帮助其建立主动学习文字的态度，有利于儿童成为自主学习、掌握文字的人。

延伸阅读

如何形成良好的阅读习惯

为了帮助幼儿形成良好的阅读习惯，可以借鉴成人图书馆的“借书卡”制度，引导幼儿学习有序借阅、物归原处。中、大班的幼儿已经有了一定的规则意识，可以先组织一系列的亲子活动，让爸爸妈妈带着孩子参观成人图书馆，了解借书卡的作用和使用方法。当幼儿有了初期经验之后，再把“借书卡”制度引入阅览室。要求幼儿在取走一本图书的同时，将自己的借书卡放在相应的位置上，这样幼儿就不会弄乱图书摆放的顺序，也不会一次拿好几本图书，而且读完后还会把图书放回原处。此外，还可以使用一些图片、标识向幼儿提示阅览室的规则。在阅览室的墙上贴一些提示幼儿安静阅读的图片，如竖放在唇中的食指、睡觉的小娃娃等；在阅览室地毯周围的地板上贴上小脚印，提示幼儿走上地毯时要脱鞋；在书角破了的书上贴上书宝宝哭泣的小图片，使幼儿一看就知道要轻轻翻书。这些看似不起眼的提示其实是最好的老师，可以帮助幼儿逐渐养成良好的阅读习惯。

［资料来源：龚亮，顾立群.有吸引力的阅览室.幼儿教育，2008，(19)］

2. 掌握正确的阅读方法和技能

早期阅读教育的基本目标是使学前儿童掌握阅读的方法和技能，最终具备基本的阅读能力，为进入小学后的学习打下坚实的基础。

应当让儿童掌握的阅读方法有：拿书、翻书的方法，指读、浏览的方法，根据目录找到相应书页的方法，预测阅读内容的方法，自我调适的技能等。例如，当儿童阅读图书时，看到故事的开头，就能够预测这类故事的过程和结局。这种预测能力可以有效地帮助儿童理解具体的阅读内容，并不断拓展儿童的阅读经验。再如，儿童在叙述图画书的内容时，发现自己所使用的语言不符合书面语言的格式习惯，随即予以调整，这就需要自我调适能力。这种能力由儿童自己发现误差及主动纠正误差的策略机制决定，它要求儿童能敏锐地发现错误并及时进行自我纠正。这种不靠外部纠正而随时敏感地自省领悟的能力，对幼儿学习书面语言十分重要。

3. 初步建立口头语言与书面语言的对应关系

人类语言的两大形式是口头语言和书面语言，这两种语言对人们的生活都有重要作用。学前期是儿童口头语言发展的关键期。在进入小学之前,他们将基本完成口语学习的任务。为使幼儿更好地学习口语,并为下一阶段集中学习书面语言做好准备,在学前期有必要帮助儿童初步感知、认识书面语言,理解口头语言与书面语言的对应关系,感知这两种语言符号系统的差异,明确书面语言与口头语言具有同等的重要性。

在早期阅读活动中,可以引导儿童获得三方面的认识:第一,懂得书面语言与口头语言都可以储存信息,但书面语言用文字的方式记录储存,具有可视的特点。第二,懂得书面语言与口头语言都可以用来表达思想。口头语言是直接说出来的,书面语言是用文字写出来的。第三,书面语言和口头语言都是人们交际的工具,但是交际的方式不同。书面语言可以不受空间和时间的限制。

延伸阅读

《指南》中关于"早期阅读"的目标及教育建议

目标 1　喜欢听故事,看图书

3—4 岁	4—5 岁	5—6 岁
1. 主动要求成人讲故事、读图书 2. 喜欢跟读韵律感强的儿歌、童谣 3. 爱护图书,不乱撕、不乱扔图书	1. 反复看自己喜欢的图书 2. 喜欢把听过的故事或看过的图书讲给别人听 3. 对生活中常见的标识、符号感兴趣,知道它们表示一定的意义	1. 专注地阅读图书 2. 喜欢与他人一起谈论图书和故事的有关内容 3. 对图书和生活情境中的文字符号感兴趣,知道文字表示一定的意义

教育建议:

1. 为幼儿提供良好的阅读环境和条件。例如:

- 提供一定数量、符合幼儿年龄特点、富有童趣的图画书。
- 提供相对安静的环境,尽量减少干扰,保证幼儿自主阅读。

2. 激发幼儿的阅读兴趣,培养阅读习惯。例如:

- 经常抽时间与幼儿一起看图书、讲故事。
- 提供童谣、故事和诗歌等不同体裁的儿童文学作品,让幼儿自主选择和阅读。
- 当幼儿遇到感兴趣的事物或问题时,和他一起查阅图书资料,让他感受图书的作用,体会通过阅读获取信息的乐趣。

3. 引导幼儿体会标识、文字符号的用途。例如:

- 向幼儿介绍医院、公用电话等生活中的常见标识,让他知道标识可以代表具体事物。
- 结合生活实际,帮助幼儿体会文字的用途。如买来新玩具时,把说明书上的文字念给幼儿听,了解玩具的玩法。

目标 2 具有初步的阅读理解能力

3—4 岁	4—5 岁	5—6 岁
1. 能听懂短小的儿歌或故事 2. 会看画面,能根据画面说出图中有什么,发生了什么事等 3. 能理解图书上的文字是和画面对应的,是用来表达画面意义的	1. 能大体讲出所听故事的主要内容 2. 能根据连续画面提供的信息,大致说出故事的情节 3. 能随着作品的展开产生喜悦、担忧等相应的情绪反应,体会作品所表达的情绪情感	1. 能说出所阅读的幼儿文学作品的主要内容 2. 能根据故事的部分情节或图书画面的线索猜想故事情节的发展,或续编、创编故事 3. 对看过的图书、听过的故事能说出自己的看法 4. 能初步感受文学语言的美

教育建议:

1. 经常和幼儿一起阅读,引导他以自己的经验为基础理解图书的内容。例如:

- 引导幼儿仔细观察画面,结合画面讨论故事内容,学习建立画面与故事内容的联系。
- 和幼儿一起讨论或回忆书中的故事情节,引导其有条理地说出故事的大致内容。
- 在给幼儿读书或讲故事时,可以先不告诉名字,让幼儿听完后自己命名,并说出这样命名的理由。
- 鼓励幼儿自主阅读,并与他人讨论自己在阅读中的发现、体会和想法。

2. 在阅读中发展幼儿的想象力和创造能力。例如:

- 鼓励幼儿依据画面线索讲述故事,大胆推测、想象故事情节的发展,改编故事部分情节或续编故事结尾。
- 鼓励幼儿用故事表演、绘画等不同的方式表达自己对图书和故事的理解。
- 鼓励和支持幼儿自编故事,并为自编的故事配上图画,制成图画书。

3. 引导幼儿感受文学作品的美。例如:

- 有意识地引导幼儿欣赏或模仿文学作品的语言节奏和韵律。
- 给幼儿读书时,通过表情、动作和抑扬顿挫的声音传达书中的情绪情感,让幼儿体会作品的感染力和表现力。

目标 3 具有书面表达的愿望和初步技能

3—4 岁	4—5 岁	5—6 岁
喜欢用涂涂画画表达一定的意思	1. 愿意用图画和符号表达自己的愿望和想法 2. 在成人提醒下,写写画画时姿势正确	1. 愿意用图画和符号表现事物或故事 2. 会正确书写自己的名字 3. 写画时姿势正确

教育建议:

1. 让幼儿在写写画画的过程中体验文字符号的功能,培养书写兴趣。例如:

● 准备供幼儿随时取放的纸、笔等材料，也可利用沙地、树枝等自然材料，满足幼儿自由涂画的需要。

● 鼓励幼儿将自己感兴趣的事情或故事画下来并讲给别人听，让幼儿体会写写画画的方式可以表达自己的想法和情感。

● 把幼儿讲过的事情用文字记录下来，并念给他听，使幼儿知道说的话可以用文字记录下来，从中体会文字的用途。

2. 在绘画和游戏中做必要的书写准备，例如：

● 通过把虚线画出的图形轮廓连成实线等游戏，促进手眼协调，同时帮助幼儿学习由上至下、由左至右的运笔技能。

● 鼓励幼儿学习书写自己的名字。

● 提醒幼儿写画时保持正确姿势。

［资料来源：教育部. 3—6岁儿童学习与发展指南，2012年9月］

（三）早期阅读教育的特征

1. 丰富的阅读环境

为学前儿童提供多种阅读经验是早期阅读教育的重点，这就需要为学前儿童提供含有较多信息的丰富的阅读环境，主要包括精神环境和物质环境两个方面。

精神环境是指教师为儿童创设的宽松自由的阅读氛围，它有助于儿童全身心地投入阅读活动中，在其中获得无穷的乐趣。为此，教师要对儿童的阅读行为表示关注、支持和欣赏，要以积极的态度为儿童提供适当的支持与指导。如保证儿童每天都有一定的阅读时间，启发儿童认识和理解书中的内容，及时肯定儿童的进步，促进儿童形成良好的阅读习惯等。教师要鼓励儿童与图书、文字进行创造性的互动，如指导儿童通过复述、推测、假设结果、分享人物的观点、讨论图画内容等方式与书的作者进行“对话”，引导儿童成为主动的阅读者；教师要引导儿童用口述、扮演角色等方式创编和讲述自己的故事。教师还可以通过制作图书、玩文字游戏、写便条、写通知、写信及给熟悉的物品做标签等途径，指导儿童学会创造性地使用各种符号，使他们成为图书和其他文字材料的创造者。

物质环境主要是指为儿童提供的阅读时间、阅读空间和阅读材料。首先，应当保证儿童有一定的时间用于阅读。阅读时间既可固定也可不固定，可以充分利用幼儿园一日生活中的各个过渡环节。如在晨间来园时、盥洗与饮水时、午睡起床时、晚间离园时，教师都可以安排儿童读书活动，引导儿童独自读书，使儿童逐步养成主动阅读的习惯。其次，应当为儿童提供相应的阅读空间和阅读材料。幼儿园里常见的阅读场所是图书室、阅读区、语言角，阅读区的环境布置要色彩鲜艳、富有童趣、光线充足、宽敞舒适，还要有与儿童身高相配的、耐用美观的桌椅。阅读区内要放置丰富多样、数量充足的图书，以满足儿童自主阅读、获得相关信息的需要。此外，可以将整个活动室看作是一个大的阅读场所，在各种家具、玩具上贴上文字、拼音等，一方面可以丰富环境中的书面语言信息量，另一方面可以使儿童在与环境的对话中逐步建立文字概念，认识一些常见的文字。

2. 与讲述活动紧密相连

早期阅读活动为儿童提供了许多具体、形象、生动有趣的阅读内容。早期阅读教育的一个主要目标是，让儿童在理解的基础上用口语表达的方式来讲述图书的主要内容。儿童的阅读活动与讲述活动是紧密相连的，他们可以边看边说，也可以在看完之后把图书的大概意思讲述出来。讲述图书内容的方式是多种多样的，可以是在全班或小组中讲述，也可以是儿童独自进行的个别讲述。通过讲述可以使儿童深入了解图书内容，发展其口语表达能力和综合概括能力。

有关"讲述故事"环节解析

早期阅读活动不等于看图讲述活动，二者的教育目标是有区别的。看图讲述活动侧重于发展儿童的独白语言，要求儿童用正式规范的语言完整、连贯地讲述图片的内容。早期阅读教育的重点在于让儿童理解各画面之间、画面与故事之间的关系，从而把握图书的基本结构，理解故事情节的发展。在充分理解的基础上，再用口语表述图书的主要内容。早期阅读活动是先理解、后讲述，其中虽包含讲述的内容，但不同于看图讲述。

3. 具有整合性

早期阅读并非完整意义上的学习书面语言的活动。早期阅读是一种整合性教育活动，它与幼儿园的其他教育活动是联系在一起的。比如，在儿童读完一本书后，可以指导他们模仿图书的结构制作自己的图书，也可以让他们制作书中人物的头饰进行故事表演，或者让他们将图书的主要内容讲给父母听。这种整合性还体现为早期阅读是书面语言与口头语言的结合。阅读活动必定会促进儿童口语表达能力的发展，同时也会使儿童认识一些文字，了解书面语言的特点，获得有关书面语言的初步知识。因此，在早期阅读活动中，可以适当地进行一些书面语言的学习，但要谨慎对待这种学习。应当把重点放在培养儿童良好的阅读习惯、正确的阅读方法和必要的阅读技能上，认识文字和文字的结构是次要方面，不能把早期阅读活动等同于识字活动。

延伸阅读

早期阅读教育的观念及模式

1. 多元阅读教育观念

多元阅读教育就是为儿童创设多元阅读的情境，提供多元阅读的引导，帮助儿童成为一个可以独立自主阅读的人。

(1) 创设多元阅读的情境　把儿童引入阅读世界的第一步是营造一种轻松自由的阅读情境，激发儿童的阅读兴趣。适合儿童阅读的场所是多样的，家里的书房、客厅，幼儿园的教室、图书室，公共场所的儿童图书馆、文化中心等都可以成为孩子阅读的场所。我们提倡把书放在儿童触手可及的地方，儿童摸得到书，就会多一个拿起书的机会，多一个与书籍建立感情的机会。

(2) 建立多元阅读的互动关系　学前儿童的多元阅读是通过成人的参与实现的。教师要时刻注意引导儿童与书对话。在每个可能的阅读环境中，都应当引导儿童选书、看书、读书，引导他们提问、讨论、思考，进而将自己的生命体验融入阅读中。成人可以运用多种方法引导儿童读故事、讲故事、玩故事、编故事、演故事，可以通过复述故事、推测结局、分享对书中人物的看法、讨论图画内容等方式，让儿童体会到阅读不仅仅是听故事，而且还可以自己尝试。

(3) 选择多元阅读的材料　要采取多样化的方式来帮助儿童选择阅读的材料。在题材上，从儿童生活到科学知识、从环境问题到生命教育，各种不同的题材都可以让儿童接触。在文体上，童谣、诗歌、故事、传记、散文和知识性图书都可以成为儿童的读物。在形式上，从纸质图书到能操作的立体书、玩具书、塑料书和布书，都可以给儿童阅读。多样化的内容和题材可以为儿童提供多元的知识，让儿童体验多元的情感，感受不同语言的风貌，使儿童逐步形成运用语言的能力，进而培养儿童的自主阅读能力。

(4) 丰富多元阅读的途径　学前儿童阅读的途径是多元的。儿童可以自己读书，阅读各种不同形式的图书，如能操作的立体书、玩具书、塑料书、布书等；还可以听故事、看演出，甚至观察人的表情行为。生活里处处都有儿童阅读的机会和阅读的内容。

2. 创意阅读教育观念

创意阅读教育的含义有两方面：首先，儿童阅读的内容本身具有很强的创意。通过书籍的创意来激发儿童阅读的兴趣，让儿童在阅读中发现和感悟作者的创意，获得阅读的快乐并产生持续阅读的动机和愿望。其次，儿童的阅读过程充满创意。应当把一般的读书学习变为富有创造意义的活动过程，引导儿童在阅读中充分想象和创造，最终使儿童成为能够自主阅读、具有创造精神的人。创意阅读对儿童学习的价值在于，让儿童在富有创意的阅读中学会阅读、学会想象、学会创造。

在为儿童选择阅读材料时，应关注以下几方面。

(1) 有创意的内容　优秀的图画书需要有创意的内容，图画书中拟人的动物形象、富有特色的画面都可能激发儿童的好奇心。

(2) 有创意的哲理　情思好的图画书会在看似简单的图画中富含生活哲理和人间真情，用温暖、爱和智慧来塑造儿童。

(3) 有创意的艺术表现形式　图画书是文字与艺术综合的产物，有创意的艺术表现形式可使图画书具有鲜明的特点，更加符合创造阅读的需要。当儿童面对这样的图画书时，他们的思维会更活跃，想象会更丰富，他们可以在创意阅读中更好地锻炼自己的创造力。

3. 游戏阅读教育观念

在早期阅读教育中，可以充分利用游戏环境中的阅读资料来激发儿童的阅读兴趣，培养儿童良好的阅读习惯，提高儿童的阅读能力。游戏阅读教育有两方面的含义：首先，可以把阅读活动当作游戏。利用儿童喜欢游戏的特点来激发他们对阅读的兴趣，让儿童在游戏中产生阅读的动机和愿望，在自发阅读的过程中获得阅读的快乐。其次，可以引导儿童在游戏中进行阅读。在儿童的游戏中，教师把自己的指导行为转变为支持性行为，通过为儿童的游戏环境布置丰富的语言文字资料，引导儿童在游戏过程中学习阅读。在这里，游戏不是为了识字，而是发展儿童阅读能力的载体，游戏依然保持其注重过程和愉悦体验的本质。将阅读与游戏结合起来，是游戏阅读教育区别于游戏识字的根本特征。

(1) 游戏和阅读的有机结合离不开环境的因素。游戏阅读环境有如下特征。

游戏环境中有丰富的与游戏主题有关的阅读资料　如书、标记、菜单、日历、铅笔、彩笔、纸张、记事本、银行票据;再如,图画书、各种奖品、图卡、字卡、幼儿画报、儿童自己书写制作的故事书等,只要是日常生活中出现的、有利于儿童在游戏中引发阅读行为的物品,都可以作为阅读资料放置到活动室里。

教师在游戏阅读中具有"鹰架"作用　教师是游戏阅读环境中的人际环境之一,教师直接参与到儿童的游戏中,可以帮助儿童开展那些他们自己无法完成的阅读活动。教师的帮助对于儿童而言是一种"鹰架",这种鹰架支撑反过来能够促进儿童的阅读知识和技能发展。

同伴在游戏中提供另一种"鹰架"支撑　同伴是游戏阅读中另一种重要的人际环境。这种平行的人际关系有助于儿童共同建构关于语言文字的知识,同伴合作也起到"鹰架"的作用。这种同伴鹰架支撑作用比教师的鹰架支撑作用更加自然,起到一种共同建构的作用。

(2) 游戏阅读教育的主要途径有:

为儿童提供与图画书有关的玩具或替代品　与图画书相关的玩具或替代品可以帮助儿童在图画书和已有经验之间建立联系。玩具或替代品还可以成为儿童未来游戏的"引子",他们可以在把玩相关玩具的过程中使故事阅读由抽象变为具体,减轻对图书中有关抽象内容认知方面的负担。

鼓励儿童以游戏的方式对阅读内容加以回应　当阅读活动引起儿童强烈的情感共鸣时,角色扮演或身体动作就成为儿童对图画书内容加以回应的一种表现方式,这种多感官参与的表现方式为儿童理解故事内容或故事角色提供了帮助。在游戏中,儿童可以"放慢"故事阅读的进程,"重游"自己在故事阅读时有疑问的地方,还可以借此了解其他人对阅读内容的理解。

鼓励儿童把阅读内容以合适的形式表现出来　戏剧表演、讲故事、棋盘游戏,还有故事续编、仿编和创编等,因其游戏性的互动而吸引儿童的参与,从而促进儿童的阅读。

[资料来源:周兢. 早期阅读发展与教育研究. 北京:教育科学出版社,2007]

二 早期阅读教育的内容与形式

(一) 早期阅读教育的内容

《纲要》将早期阅读定位在接触书面语言的学习阶段。尽管学前儿童还难以掌握书面语言,但他们对接触到的文字和其他有关书面语言的信息具有浓厚的兴趣。早期阅读是学前儿童开始接触书面语言的途径,因此,早期阅读的内容应当包括一切与书面语言学习有关的内容。

根据幼儿园早期阅读活动的目标,为幼儿提供的早期阅读内容包含三个方面的阅读经验,即前阅读经验、前识字经验和前书写经验。用"前"字来标示阅读经验,是为了强调这些经验与儿童进入小学后将要进行的正式书面语言学习有着根本区别。

1. 向儿童提供前阅读经验

图书阅读能力是儿童早期阅读能力中的一个重要方面。图书是书面语言的载体，是学前儿童阅读能力发展的重要媒介。研究表明：在语言刺激丰富的环境中长大的儿童，阅读能力比较强，早期的图书阅读能够带领他们超越其原有的语言形态。中国台湾学者杨怡婷对汉语儿童的图画书阅读行为发展进行了研究，将汉语儿童的图画书阅读行为发展分成三个阶段：第一，看图画，未形成故事。儿童从跳跃性翻页，说出物品名称，到用手指着图画述说画面中人物的行为，逐步形成用口语说出图画内容的能力，但此阶段还没有形成完整的故事。第二，看图画，形成故事。这个阶段的儿童能够从图画中看出故事的连贯性，开始用口头语言说出与书中部分情节内容相似的故事。第三，试着看文字。这一阶段的儿童开始注意到书上的文字，他们最初是部分阅读，然后是不平衡策略读，进一步发展到独立地读，最后学习独立而且完全地阅读。

学前儿童要学会阅读图书，需要获得相应的行为经验，主要包括：第一，翻阅图书的经验。儿童要掌握翻阅图书的一般规则与方式。第二，读懂图书内容的经验。儿童要会看画面，能从画面中发现人物的表情、动作和背景，同时将看到的内容串联起来，从而理解故事情节。第三，知道图书画面、文字与口语具有对应关系。会用口语讲出画面内容，听教师读图书上的文字时，知道是在讲故事的内容。第四，图书制作的经验。知道图书上所说的故事是由作家用文字写出来、画家用画表现出来的，然后印刷、装订成书。

2. 向儿童提供前识字经验

学前儿童的阅读不是以大量、集中、快速识字为学习任务的，而是要通过有目的、有计划的早期阅读活动帮助儿童获得前识字经验，提高他们对语言文字的敏感程度。

一般而言，学前儿童识字主要是对字形的再认，通常不包括对字形的再现。前识字能力的发展与学前儿童形象视觉发展的特点是密切联系的。研究表明，学前儿童已经具有模式识别的能力，他们能够把观察到的各种图案或面孔的印象原封不动地输入大脑，并作为模式保存下来。当面对新刺激信息时，儿童就会把新信息与大脑中原有的模式进行比对，如果新信息与原有模式相匹配，那么儿童就能辨认出已经认识过的模式。学前儿童掌握字形与具体实物的联系比掌握语音与具体实物的联系更容易，他们往往把一个字或由多个字组成的词作为一个整体的模式来感知。因此，与其说学前儿童是在识字，不如说他们是在辨认图谱。

前识字能力的发展可以分为三个阶段：第一，萌发阶段。儿童能够有兴趣地捧着书看，注意周围生活环境中的文字，会给书中的图画命名，能改编书中熟悉的故事内容，能辨认自己的名字，开始辨认某些字，喜欢重复儿歌和童谣。第二，初期阶段。儿童开始了解文字是有意义的，改编故事时会注意原作品的文字，愿意念书给别人听，能够在各种情况下辨认熟悉的文字。第三，流畅阶段。儿童能够自动处理文字的细节，能够独立阅读各种文字的形式，如诗歌、散文或菜单等，会以适合文字形式风格的语速和语音、语调阅读。研究发现，学前儿童的阅读行为发展主要处于萌发阶段和初期阶段，他们以自己的独特方式探索文字，逐步扩展处理多种文字材料的能力。

早期阅读教育要向学前儿童提供六个方面的前识字经验：第一，知道文字有具体的意义,可以念出声来,可以把文字、口语与概念对应起来。第二,理解文字功能与作用的经验。如知道想说的话可以写成文字、写成信,可以寄到别人的手中,然后再转化成口头语言,别人会明白写信人的具体意思。第三,粗晓文字来源的经验,初步了解文字是怎样产生的,又是如何演变成今天的样子的。第四,知道文字是一种符号,并与其他符号系统可以转化的经验。如认识各种交通图形标识,知道各种标识代表一定的意思,可以用语言文字表现出来。第五,知道语言和文字的多样性经验,知道世界上有各种各样的语言和文字,同样一句话,可以用不同的语言和文字表达,不同的语言和文字可以互译。第六,了解识字规律的经验。在前识字学习中让儿童明白文字有一定的构成规律,掌握这些规律就可以更好地识字。如"木"字旁的汉字大多与木有关,如森林、树木等。把握这种内在规则,会增加幼儿识字兴趣,有利于儿童自己探索、认识一些常见的字。

延伸阅读

多样化的早期阅读识字方法

生活感受法:通过日常生活中常见的事、物、活动等,让幼儿充分感受、体验,在获得生活经验的基础上通过阅读识字,启发幼儿在生活中大胆迁移、合理运用。这是早期阅读识字的基本方法,适用于各个年龄班的幼儿。

图文对应法:汉字是一种形、音、义相结合的象形文字,由图形演化而来。根据幼儿大脑图像记忆的特点,可以将汉字符号转化为幼儿的视觉语言。如将各种与事物对应的图文卡片呈现给幼儿,让幼儿自己发现、感受其中的对应关系,通过图来认字,通过字来观察图,可以将幼儿的两种信号系统的活动结合起来。这种方法比较适合小班和中班幼儿。

肢体表现法:在幼儿理解文字意思的基础上,让幼儿用肢体语言来表现对文字的理解,此方法适用于小班、中班幼儿;或者通过观察肢体动作来猜测、理解文字的意思,此方法适用于中班、大班幼儿。

比较认读法:通过对画面、文字、字义、结构的比较观察,了解其间的异同点,从而辨清字义、字形结构和发音等。此方法适用于中班、大班幼儿。

组词游戏法:在认识理解单个字的基础上,让幼儿依据自己的生活经验自主尝试扩字组词。此方法适用于中班、大班幼儿。

结构归类法:在阅读识字时,可以将一些字形结构、偏旁等加以形象的分析,帮助幼儿理解字义,了解字形,发现文字间的异同点,学习归类。此方法适用于大班幼儿。

[资料来源:张明红.给幼儿园教师的101条建议(语言教育).南京:南京师范大学出版社,2007]

3. 向儿童提供前书写经验

尽管学前教育阶段不要求儿童学习写字,但是通过游戏化的前书写活动帮助他们获得一些有关汉字书写的信息仍然是必要的,这有助于为儿童进入小学后正式学习书写做好准备。随着年龄的增长,学前儿童在早期阅读中逐渐产生了读写的兴趣和能力,逐步具备了接受书写教育的条件,因此可以对大班幼儿开展早期书写教育。

学前儿童书写与小学生的书写是不同的。这里的“写”不是写字,也不是写作,而是有关写字方面的各种前期准备,包括空间知觉、方位知觉、字形辨别、书写姿势的学习和培养等。学前期的“写”常是随心所欲的涂鸦,利用简单的线条绘画等,它表达的是儿童的内心世界。学前儿童正是在写写画画中掌握了书写的技能,产生了书写的兴趣。

学前儿童学习书写的方式与学习阅读和识字的方式相似,都要有一个尝试和探索的过程。最初,儿童因为好奇、好玩而在纸上涂涂画画,逐渐了解写字的各种形式。然后开始试着写出类似“字”的东西。在知道了写字的用途之后,儿童才开始真正学习并逐步写出一些文字。学前儿童前书写能力的发展有一个过程:了解书面语言是有意义的;认识到写字是一再重复使用少数几个笔画的过程;发现汉字笔画有许多变化的形式,进而认识到汉字笔画的变化是有限度的;发现写字次序和方位的规则。

早期阅读活动为学前儿童提供了解和积累有关汉语言文字构成和书写技能的学习机会。前书写经验的学习内容包括:认识汉字的独特书写风格,知道汉字的基本间架结构,如汉字有上下、左右结构等;了解书写的初步规则,尝试用有趣的方式练习基本笔画;知道书写汉字的工具,了解使用铅笔、钢笔、圆珠笔、毛笔的不同要求;学会用正确的书写姿势写字,包括坐姿、握笔姿势等。

(二)早期阅读教育的形式

早期阅读教育有多种形式,根据不同的标准可以分为不同类型。教师应根据学前儿童的具体情况选择合适的早期阅读教育形式。

1. 从阅读的组织形式上,可以分为儿童自由阅读和师幼共读

在早期阅读活动中,教师在简单介绍图书的封面内容和名称后,就可以让儿童自己翻看图书、自由阅读。儿童可以自由选择学习内容,观察自己选择的认识对象,获得有关的信息。他们可以边看边小声讲述,也可以看完后再讲述。在儿童自由阅读时,教师应给予适当的指导,如提出一些具有启发性的问题,引导儿童带着问题边思考边阅读,帮助他们理解图书内容中的重点和难点。教师还要注意观察每个儿童的表现,做出有针对性的指导。如鼓励读得快的儿童关注图书的细节部分。对读得慢的儿童要分析原因,了解其所读图书的难度是否适合,适当调整,以使其顺利进入后续的学习活动中。

师幼共读虽然是教师与儿童共同进行的阅读活动,但实际上是在儿童自己观察、认识、接触书面语言信息的基础上,由教师带领儿童进一步学习这些书面语言信息。在这种活动中,教师的任务不是要告诉儿童什么,而是要与儿童共同阅读,在共读的过程中对儿童进行必要的指导。

2. 从阅读的指导方式上,可以分为专门阅读活动和以阅读为主的综合活动

(1) 专门阅读活动　专门阅读活动即有目的、有计划地安排的早期阅读活动。这种活动可以使儿童形成积极的阅读态度,养成良好的阅读习惯,获得阅

读的基本技能。根据阅读材料的不同，专门的阅读活动又可以分为以下 3 种形式。

大图书阅读。大图书是指将小图书按一定的比例放大，制作成大尺寸的图书，以便全班或小组儿童有机会一起阅读书上的图画和文字，可以弥补标准尺寸的图书只能供少数儿童一起阅读的不足。大图书阅读是指教师根据儿童的年龄特点、阅读教育的目标和内容自制大型图画故事书，并利用这种故事书帮助儿童掌握按顺序观察画面，将前后画页联系起来阅读的活动。

小图书阅读。小图书阅读是指同一内容的图书每人一册，教师指导儿童逐步学会翻书的方法，儿童进行独立阅读并在翻看图书的过程中自己感受、体会，获得阅读经验的活动。

听赏活动。这是指以倾听、欣赏图画故事为主要内容的活动，让儿童反复倾听教师的讲述，不断体会与品味，养成良好的倾听习惯，增强阅读的兴趣。

（2）以阅读为主的综合活动主要分为以下几种形式。

自编图画故事书活动、诗配画活动。在教师的指导下，儿童运用已有的阅读经验和绘画技能，将自编的故事、诗歌配上相应的画面。这种阅读活动可以培养儿童将语言符号转化为画面的能力，还可以发展儿童的思维能力。

听音乐编故事。这是阅读经验与音乐感受相结合的活动。儿童通过感受、理解音乐，将其转化成语言符号，进行故事讲述活动。

结合阅读进行表演。在儿童阅读完一篇故事或儿歌后，教师可以指导他们分角色表演，以增强他们的阅读兴趣，加深对故事、儿歌等作品的理解。

3. 与日常生活和与幼儿园其他领域的教育活动有机结合的阅读活动

早期阅读活动不仅仅局限于对书面材料的阅读。学前儿童生活中常见的各种符号、标识、文字都可以成为他们阅读的材料，如各种广告牌、交通标识、商店名称，各种影像、录像、多媒体软件等，都可供儿童去阅读和欣赏。教师应当引导儿童进行“生活阅读”，有意识地指导儿童关注自然环境和人文环境中的各种信息，学会观察生活、阅读生活。

早期阅读活动还可以与幼儿园其他领域的教育活动相结合，其中阅读活动与科学领域活动和艺术领域活动的结合更为紧密，它可以让儿童在欣赏各种科学故事、艺术作品时了解它们的文化背景和内涵，培养学前儿童的阅读能力和欣赏能力。

三 早期阅读教育活动的设计与组织

（一）早期阅读活动的条件创设

1. 提供支持性的阅读环境

（1）宁静舒适　可供学前儿童阅读的场所主要有幼儿园活动室里的图书角和专设的阅览室等。这些场所的采光要好，整体色调应有助于营造宁静舒适的阅读氛围。例如，粉红色给人温柔舒适感，能减少肾上腺素的分泌，从而稳定人的情绪;绿色具有镇静神经、降低眼压、解除视疲劳的作用;浅蓝、浅黄、橙色也是儿童喜欢的颜色,可以适当运用到阅读环境的布置中。当然,颜色的种类不宜过多,在确定了主色系后,其他的装饰色应小面积出现。

(2) 宽松自由　在图书角、阅览室里可以为儿童设计不同式样的座位,如沙发、垫子、地毯等。它们的色彩、造型、材质、软硬程度、大小应各不相同。儿童可以舒适地坐在沙发上,也可以拿一块小地毯坐在自己喜欢的地方,还可以和伙伴们一起坐在大地毯上,更可以将几个垫子叠起来做成小书桌和好朋友一起阅读,在自由惬意的环境中尽情享受阅读的快乐。

(3) 开放与封闭相结合　在创设阅读环境时要充分考虑到不同年龄儿童的阅读特点,采用不同的空间分隔方式来满足他们的阅读需要。通常来说,阅读场所应设在封闭、相对安静的区域。但这种封闭的环境不太合适小班幼儿。小班幼儿普遍喜欢的阅读方式是边看边说,较为开放的阅读环境更适合他们。对于中、大班的幼儿来说,相对封闭的空间更有利于培养他们静心阅读的好习惯。因此,可以将阅览室分为开放、半开放和封闭三个区域。在开放的区域中陈列大书,既可以供小班幼儿看看讲讲,也可以在这里开展集体阅读活动;在半开放的区域中可以陈列各种故事书、图片、手偶,幼儿可以边看边讲,也可以自取图书进行阅读。而封闭的区域更适合大班幼儿,这里的图书摆放有序,幼儿可以根据自己的喜好选择不同类别的图书来阅读。

(4) 充满童趣　阅读场所中充满童趣的情境装饰,尤其是儿童熟悉的童话场景,可以激发儿童的阅读兴趣。例如,《白雪公主》是儿童百听不厌的童话故事,可以用白雪公主和七个小矮人的塑像及果树、灌木丛等将阅览室布置成一个美妙的童话世界,使阅览室充满童趣,将儿童吸引到阅读活动中。

延伸阅读

图书的陈列方式

在阅览室里,针对不同年龄段的幼儿,可以有不同的图书陈列方式。一般而言,适合小年龄幼儿的图书放得较低,适合大年龄幼儿的图书放得较高,使每个幼儿都能很容易地找到和拿到自己想看的图书。小班幼儿取阅图书的随意性较强,可以将适合他们看的图书平铺放置,让儿童一眼就能看到书的封面,了解书里可能会是什么内容,从而学着有意识地选择图书。中班幼儿已经会根据自己的喜好选择图书,可以把书分类叠放,幼儿可以从自己喜欢的类别中挑选。在向小学过渡的时期,很多幼儿已经认识一些简单的文字,可以采用成人图书馆常用的插放图书的方式,幼儿可以根据书脊上的文字来查找自己想要的图书。为了满足不同年龄段幼儿的需要,还可以设计多功能书架,在书架上贴上图书分类的标签,以使幼儿按需取阅。

[资料来源:龚亮,顾立群.有吸引力的阅览室.幼儿教育,2008,(19)]

2. 提供适宜的阅读材料

适宜的阅读材料可以使幼儿园的早期阅读教育落到实处。好的阅读材料不但能受到儿童的喜爱,也能激发教师的热情,使教师能最大限度地去发掘阅读材料的文学价值之外的教育意义,培养有益于学前儿童终身发展的阅读能力。好的阅读材料应当符合以下标准。

(1) 丰富多样　供学前儿童阅读的材料不限于书籍。在教师的有效利用下,儿童生活中的许多事物都可以成为早期阅读的材料。如日常生活中随处可见的物品包装盒就可以成为供儿童阅读的材料。教师可以引导儿童将包装盒上熟悉的图画、物品与文字建立对应关系,使儿童了解文字的用途,对书面语言产生兴趣,在此过程中培养儿童的生活技能。

(2) 健康向上　早期阅读的材料应当能引起儿童积极的情感体验,促进儿童良好态度的形成;应当有助于培养儿童独立、合作、专注、自制等优良品质,对他们的成长起到引导、支持作用;应当严禁选用包含暴力、色情等不良倾向内容的读物。此外,阅读材料的印刷、装帧质量也必须符合标准,应确保阅读材料对儿童的身体健康不会造成伤害,如书页的边角不能划伤儿童。

(3) 图文并茂　供学前儿童阅读的材料应当包含图画与文字两种符号系统。儿童思维的具体形象性特点决定了他们在阅读时会首先注意图画。只有当儿童积累了一定的文字经验,又能得到成人的有效指导时,他们才会逐渐注意文字。儿童读物的图画需要精心设计与绘制。一般而言,学前儿童喜欢画面夸张、人物表情丰富、色彩鲜艳的图画。书中的图画还要和文字密切对应。语言与图画融为一体,可以使儿童进入特定的语言情境中,将口头语言与书面语言对应起来,体验阅读的乐趣,习得相应的文字。

(4) 富有童趣　早期阅读材料的内容可以涉及古今中外的作品,可以反映学前儿童的生活,也可以反映儿童周围的社会生活。只有符合儿童生活经验和心理特点的作品才能使他们喜欢阅读并产生共鸣,才能使他们在阅读中体会故事的精彩,产生自己的想法和观点。

阅读材料的选择要考虑不同年龄段儿童身心发展的特点。调查发现,小班幼儿比较喜欢生活类的阅读材料,如食品、玩具、衣服等与其日常生活经验密切相关的直观的材料都能引起他们的阅读兴趣。中班幼儿比较偏好认知类、社会类的阅读材料,如有关动植物、季节变化、自然现象的阅读材料,他们还特别喜欢动画类、卡通类等易于操作和理解的材料。大班幼儿比较喜欢社会类、生成性的阅读材料,如生活中常见的标识牌、广告语、重大新闻及图书、图片等有文字的材料都能引起他们的阅读兴趣。在组织早期阅读教育活动时,教师既要充分考虑不同年龄儿童的喜好,又要考虑各年龄段的教育需要。

3. 提供充足的阅读时间

在安静优美、宽敞明亮、有一定文学氛围的阅读环境中,学前儿童很容易被生动形象的图书所吸引,会很自然、也很自觉地到阅读区看书。为了帮助儿童形成良好的读书习惯,应在幼儿园的一日生活中安排足够的阅读时间。一般而言,每天至少要有 15 分钟的纯阅读时间。这个时间要相对固定,每到阅读时间,教师都要和孩子们一起安静地看书(图 5-1)。

图 5-1　在阅读区看书

(二) 早期阅读活动的基本环节

早期阅读活动是有目的、有计划地发展儿童的阅读能力,培养儿童良好的阅读态度和阅读习惯的活动。整个阅读活动过程主要包含以下四个基本环节。

1. 准备性活动

学前儿童理解一本图书不是单靠一次活动就能完成的。而且,当儿童对图书的情节不够熟悉或难以理解时,他们就无法很好地回答教师提出的问题。因此,如果阅读内容是儿童不熟悉的,教师就应先让儿童阅读一下图书,为正式的阅读活动打好基础。

指导这一阶段的活动时,教师应注意:第一,阅读前的准备性活动只是为正式阅读做好铺垫,它不能代替正式的阅读活动。只要儿童对阅读内容有一个大概了解就可以了,否则,儿童在正式阅读时就会对图书失去兴趣。第二,在准备性阅读中,可以让儿童从头到尾翻看图书 1~2 遍,或让他们边看边讲述图书的内容。此时,教师应重点关注儿童的阅读方法是否正确,阅读习惯是否良好。可以让儿童充分地按照自己的理解将图书内容讲述出来,对于他们讲述的内容是否准确一般不过多的干涉。第三,对儿童理解不正确的地方,教师可以给予提示,但不要将正确的答案直接告诉他们,要给他们提供思考的机会,同时将其共同的无法理解的画面记录下来,作为正式活动时的重点、难点问题加以解决。

2. 儿童自由阅读

儿童自由阅读是正式阅读活动的第一个阶段。早期阅读活动更适合采用个别化教学的方式,因此每次参与阅读活动的儿童人数不宜过多。教师在简单介绍完图书名称和封面内容之后,就要提供机会让儿童自由阅读,使儿童重新回忆曾经看过的重要情节,在此基础上加深对图书内容的理解。应当允许儿童边翻阅图书边小声讲述,儿童也可以在翻阅完图书后再讲述。此时,儿童主要是独自讲述,一般不与同伴产生语言上的交流。

在指导儿童自由阅读时,教师应注意:第一,可以借助提问引导儿童的阅读思路。教师可以通过具有启发性的问题,引导儿童带着问题边阅读边思考,从而促使儿童深入地理解图书的内容。第二,教师要注意观察每个儿童的表现,进行分类指导。对阅读速度较快的儿童,要鼓励他们反复阅读图书中的细节部分,深入了解故事情节的发展线索,更好地理解故事内容。对阅读速度较慢的儿童,教师应重点观察,全面了解儿童在阅读中遇到了哪些困难,图书中的哪些内容是儿童难以理解的。在充分了解儿童阅读情况的基础上,教师再给予有针对性的指导。

3. 师幼共同阅读

师幼共同阅读是早期阅读活动中最能体现教师指导作用的环节,主要有以下三个活动步骤。

(1) 引导儿童理解图书的大致内容　通过前面两个环节的活动,儿童对图书的主要内容和情节已比较熟悉。在师幼共读环节中,教师首先要引导儿童理解图书的大致内容。常见的引导方式是提问,教师所提问题的数量不要太多,但一个问题应涵盖多个画面的内容,儿童只有在理解 1~2 个画面的基础上才能对问题作出回答。

(2) 围绕重点、难点开展阅读活动　每个阅读活动都有各自的重点和难点问题,对此,教师要做到心中有数,组织阅读活动时要注意突出重点,突破难点。由于图书具有前后联系、连续性强的特点,如果儿童对某个重点或难点画面没能正确理解,那么就难以把握整本图书的内容,对于小班和中班前期的儿童来说更是如此。因此,教师一定要在观察、了解儿童实际困难的基础上,结合图书的重点和难点问题,对儿童进行必要的指导,使儿童能将图书的细节与内容相结合,进而深入地理解图书的主要内容,并能体会图书中人物的内心感受。

(3) 引导儿童归纳图书的主要内容　当儿童对图书内容有比较深入的理解后,教师要鼓励儿童用自己的话总结图书的主要内容,以此来消化和巩固所学内容。归纳图书内容有三种方式:第一种方式是一段话归纳法,要求儿童用一段话来概述故事的主要内容。这种方法对儿童的要求不高,只要儿童能将图书的主要内容讲述出来即可,适合在小班后期和中班前期使用。如在阅读《小鸡和小鸭》一书时,中班儿童这样归纳图书的内容:"有一天,小鸡和小鸭去河边玩。小鸡一不小心掉到河里,小鸭将小鸡救了上来。中午,它们的肚子都饿了,小鸡帮小鸭找食物,小鸡用自己尖尖的嘴巴叼起一条小虫喂给小鸭。小鸡和小鸭真是一对好朋友。"第二种方式是一句话归纳法,要求儿童用一句话概述图书的主要内容。如大班儿童这样归纳《小白兔上公园》一书的内容:"这本图书讲的是小白兔和它的朋友上公园时爱护环境、不乱扔垃圾的故事。"第三种方式是图书命名法,要求儿童用简练的词或短句给图书命名,也就是让儿童归纳图书的主题。第二种和第三种归纳图书内容的方式对儿童的要求比较高,儿童要在理解图书内容的基础上,用简短的语句准确地概括图书的主要内容,图书命名法还要求儿童具有丰富的想象力和一定的创造性思维能力。后两种方式一般适合在中班后期使用。

早期阅读活动中的重点就是师幼共读。在指导过程中,教师应注意两个问题:第一,避免一问一答式的提问。师幼共读的主要目的是让儿童深入理解图书的主要内容,在这一环节中最常用的引导方式是提问。如果教师没有慎重考虑提问的角度、内容及问题的呈现方式,那么,很容易使师幼共读的活动变成机械的问答过程。教师所提出的问题应当能引导儿童倾听、促进儿童思考,应当能激起儿童进行讨论和讲述的愿望,从而使儿童能够多通道地接受信息,全面深入地理解图书的主要内容。第二,对不同年龄段的儿童进行有针对性的指导。在小班,应指导儿童从前往后一页一页地理解单页单幅画面的内容,并能用一段话归纳图书的主要内容;在中班,应让儿童知道图书下方页码的作用,使儿童在教师所提问题的引导下理解 2~3 张页面的单幅画面或 1 张页面的多幅画面的主要内容,并学习为图书命名;在大班,应帮助儿童将一本情节复杂、内容丰富的图书按情节的发展线索分成不同部分,并学习用一句话归纳图书内容、预测故事情节的发展。

4. 儿童讲述图书内容

早期阅读活动中有一个不可缺少的环节,就是要求儿童用口头语言讲述图书的主要内容,常见的讲述形式有小组讲述、集体讲述和同伴间合作讲述。在指导儿童讲述时,教师应注意两方面的问题:第一,既要引导儿童讲述主要内容,又要鼓励儿童大胆想象。一方面要引导儿童围绕图书的重点内容尽可能生动详细地讲述主要情节,另一方面要鼓励儿童大胆想象,将与情节有关的人物、人物的动作、对话和内心体验等讲述出来。第二,要关注儿童的个别差异。儿童的语言能力强弱不等,语言表达水平也参差不齐。因此,教师一定要对不同情况的儿童进行有针对性的指导。如让语言能力较弱的儿童选择较简单的阅读内容进行讲述,从而使这部分儿童也能从讲述中获取乐趣、提高自信。

(三) 早期阅读活动的指导要点

1. 对幼儿园阅读活动的指导

幼儿园阅读活动的指导既要符合学前儿童的学习规律,又要避免用同一个模式、同一种方法来面对不同的幼儿,指导不同的活动。应该在重视实践活动,重视师幼互动、亲子互动及幼幼互动的大前提下,把握幼儿园阅读活动的指导要点。

(1) 尊重差异,为儿童提供适宜的阅读环境　教师可以根据儿童的不同需要和阅读特点,为他们提供适宜的阅读环境,激发他们的阅读兴趣和求知欲,引导儿童在丰富多彩的阅读环境中,通过自己的感官活动去主动阅读。例如,儿童可以到班级图书馆或阅览区角去读书,可以利用“问题箱”、图片、卡片或拼图等多种材料进行阅读。在丰富、适宜的阅读环境中,儿童可以按照自己的意愿和方法去阅读、去探索。

(2) 激发兴趣,让儿童体验阅读的乐趣　激发儿童的阅读兴趣是早期阅读活动最重要、最有效的指导方法之一。应当利用不同情境来激发儿童的阅读兴趣,如问题情境、材料情境、故事情境、场地情境等。教师可采用情境教学法,根据教育目标和内容,设置或选择一定的情境,利用情境感染儿童,提出问题,引导儿童对问题进行思考,激发其学习兴趣。还可以采用图文对照法,把文字与图片对应起来,依字配图,图文并茂。另外,还可以采用竞赛、演示等方法提高学前儿童的阅读兴趣。

(3) 促进交流,使儿童专注于阅读活动 阅读能力的提高是在不断的交流和交往活动中完成的。这样的活动包括教师引读、师幼共读、幼儿自读、幼幼共读、亲子阅读等。例如,在教师引读、师幼共读活动中,教师可采用讨论等方法进行引导,儿童根据教师提出的问题,在集体中交流个人的看法,相互启发、相互学习。应使儿童能积极参加教育活动。教育活动以小组为宜,以便每个幼儿都有表现的机会。

(4) 鼓励应用,让儿童在应用中提高 早期阅读过程实际上是一个积累的过程,它积累的是生活经验,运用的是阅读综合技能,发展的是终身学习的能力。教师可以引导儿童在日常生活中进行广泛的阅读,如带儿童去春游、野炊时,可引导他们根据自己的观察和理解,给草木挂上自己设计、制作的提示人们爱护植物的环保标识。

延伸阅读

幼儿园日常生活中的早期阅读活动形式

1. 教师发起、幼儿参与的早期阅读活动

每天公布幼儿提出的有趣的问题以及每周幼儿所学的内容,并和幼儿一起阅读和讨论;在教室悬挂文字或绘画的艺术品,鼓励幼儿通过思考和讨论解释其中的含义;在教室里设置一个独立的空间或放置留言板、留言簿,鼓励幼儿将自己的想法说出来、画出来或写出来;装饰教室的墙壁,布置区角,制作天气预报板,鼓励幼儿和教师一起设计、布置。

2. 教师和幼儿共同发起、共同参与的早期阅读活动

每周在家长联系栏或消息公布栏上公布一次信息,需要公布的信息内容由教师和幼儿共同讨论确定,然后由教师写,也可以鼓励幼儿抄写部分内容;讲(读)故事,幼儿在教师的帮助下向同伴介绍图书或报纸上的内容,讲述自己的绘画或观察记录上的主要内容,教师鼓励幼儿凭记忆或想象讲述自己熟悉或创编的故事;写(这里的写更多的是画或抄写,下同)或读信件、发言稿、宣传册等;读或写购物单、节目单、家长开放日或联欢会节目单、玩具使用说明书等;给周围物品做标识,为室外大型玩具注明注意事项;写日常观察记录,教师和幼儿一起通过绘画、幼儿说教师写,以及共同制作图画加文字的图书等方式记录植物生长、城市或街道的变化。

3. 幼儿独立进行的早期阅读活动

在入园签到时,从最初只是摆放自己的照片、姓名卡,逐渐过渡到盖自己的印章、写自己的名字等;复述新闻、别人的话、看过的电影或电视等;解说广告词、通知、公告等,用绘画、动作表演等形式再现内容情节;补充完整故事的某一情节(开始、中间、结尾或一个词、句)或标题;与同伴交换图书阅读,并就某一本大家共同关心的图书内容展开自由讨论。

[资料来源:余珍有.日常生活中的早期阅读指导.学前教育研究,2005,(5)]

2. 对家庭亲子阅读活动的指导

早期阅读教育是一项社会系统工程,家长对儿童自主阅读能力的发展有重要的影响。亲子阅读是指父母和孩子围绕图画书展开讨论、交流的一种分享性的、个别化的阅读活动。亲子阅读是培养儿童基本阅读能力的重要途径,不仅可以开拓儿童的视野、增长知识,培养丰富的想象力、创造力等,而且可以促进亲子之间的情感交流。

(1) 对家庭亲子阅读的要求　创设充满阅读信息的环境,让孩子在生活中有更多的机会接触书面语言信息;给孩子购买有趣、有益的图画书和其他阅读材料,让孩子不断被图书吸引,产生良好的阅读动机;家长和孩子一起阅读图画书,建立良好的阅读规范;在阅读过程中给予孩子恰当的指导,帮助孩子逐渐学会阅读图书。

(2) 家庭亲子阅读的类型

平行式亲子阅读。父母与孩子一起阅读时,基本不谈论或者很少谈论图画书的内容,通常是照着书念,或者用自己的话复述图画书内容。父母不太关注孩子对图画书的反应,不太关注孩子对阅读的反馈。

偏离式亲子阅读。父母和孩子无视或忽略书中文字的作用,误读画面内容,过度注意细枝末节,随意地、过多地无意联想,或表面上是围绕图画书在交流,实际上已经游离于故事情境之外。例如,随意翻到某一页,看到图画说出画面事物的名称或者描述出画面人物的动作,或者抓住图画故事书的一个细节,想方设法引导孩子联系实际生活经验等。

合作式亲子阅读。父母与孩子围绕图画书故事展开有效交流的亲子阅读。父母或孩子通常会先把图画书拿出来放到桌面上,双方指着图画书的封面,就书名、作者及画面稍做谈论。然后打开图画书,父母与幼儿一起看书。在阅读过程中,父母会根据孩子的反应,如表情或肢体动作,判断他对故事的理解,并及时调整讲故事的语气和语调,或改变讲故事的方式。当相同的语言反复出现时,父母通常会尝试让孩子预测即将发生的事。在阅读过程中,父母偶尔会提问以了解孩子对故事的理解。在看完图画书后,父母一般会通过提问帮助孩子回忆故事内容(角色、情境、问题、解决办法等),并鼓励孩子表达自己对故事的感受及想法,让孩子将故事所讲述的事件与自己的生活联系起来。

(3) 教师对家庭亲子阅读的指导

直接指导。采用家长座谈会、专题讲座等形式,面向家长宣传早期阅读教育的目标、途径、内容和方法,使家长明确早期阅读对儿童发展的重要性;针对亲子阅读中普遍存在的问题,利用家长接送孩子的时间进行小组辅导;根据实际需要,阶段性地展示儿童的阅读材料,让家长了解孩子在园的阅读情况,拓宽家长对孩子进行阅读教育的思路;组织家长进行家庭早期阅读教育的经验交流,丰富家长教育孩子的方法。

间接指导。利用家园联系栏、家长信箱或家长开放日、印发阅读资料等方法帮助家长了解和学习家庭早期阅读教育的内容和方法。

个别指导。由于儿童的阅读态度、兴趣、习惯和能力各有差异,为了使每个儿童均能得到发展,教师还要针对不同家庭的亲子阅读情况进行具体的辅导。如教给家长观察孩子的方法，使家长能针对自己孩子的情况采取相应的方法；指导家长制作亲子活动材料，以供亲子阅读使用。

案例评析

案例一 早期阅读活动：啪啦啪啦——砰（小班）

活动意图

绘本故事《啪啦啪啦——砰》中的小鼹鼠和幼儿一样，好模仿、爱探索。在探索大自然的过程中，小鼹鼠富有刺激性的探险活动，深深吸引了好奇的小班幼儿。同时，该绘本中蕴藏着丰富的教育信息：有幼儿喜欢的酸甜苦辣各种味道的食物，有发出“嘶嘶”响声的奇怪动物，还有遇到好朋友时的惊奇与喜悦……这一切，无不让幼儿回味无穷。

活动目标

（1）能够通过观察画面中鼹鼠姿态、表情的变化去尝试猜测故事中的有趣情节。
（2）理解词语“啪啦啪啦”。
（3）乐意和同伴一起阅读绘本故事，感受阅读的快乐。

活动重点与难点

重点是理解故事有趣的情节，感受鼹鼠不同的情绪体验。难点是幼儿能根据故事画面的前期铺垫，大胆推测、想象故事情节的发展。

活动方法

讲解法、游戏法、表演法。

活动准备

（1）幼儿每人一册绘本《啪啦啪啦——砰》。
（2）绘本《啪啦啪啦——砰》的 PPT 课件。
（3）“鼹鼠找食”的视频。
（4）幼儿每人一个小鼹鼠胸贴。背景图一张（内容为鼹鼠生活的地下场景），萝卜、红薯、蚯蚓、蛇、小鼹鼠卡片各一张，黑板、磁铁等。实物红薯一个。

活动过程

1. 观看“鼹鼠找食”的视频，激发幼儿对阅读活动的兴趣
今天，老师给你们带来一位小客人，大家看看它是谁？（播放视频）
这个小动物在干什么？它叫什么名字？鼹鼠生活在地下，喜欢挖洞。今天，鼹鼠又要挖洞

了,会发生什么事呢?发生的事情都在这本图书里了。我们先来看看图书的封面,封面上的鼹鼠在干什么?(介绍绘本的名称,解释“啪啦啪啦”的意思。)

2. 观看绘本PPT,初步猜想、理解故事内容

(1) 播放绘本PPT,请幼儿猜一猜:发生了什么事。

教师播放绘本PPT,引导幼儿理解“鼹鼠挖洞”“碰到红薯”“吃红薯”的情境。

教师出示实物红薯,丰富幼儿对红薯的认知经验。

(2) 幼儿模仿鼹鼠挖洞,并讲述“啪啦啪啦——砰”。

教师出示“鼹鼠碰到萝卜”的PPT页面。引导幼儿讨论:

① 小朋友们想一想,鼹鼠挖洞的时候又碰到了什么?

② 萝卜是什么味道的?鼹鼠吃了萝卜后有什么感觉?

(3) 教师依次播放“鼹鼠挖洞碰见蚯蚓、蛇”的PPT页面,了解鼹鼠接下来挖洞时发生的事情。

① 鼹鼠继续挖洞,“啪啦啪啦”“扑通”“哎呀”一声,发生了什么事情?

② 鼹鼠摔了一跤,碰见了自己最喜欢吃的蚯蚓,它会怎么办呢?

③ 蚯蚓躲起来了,鼹鼠没有找到,它又听到了“嘶嘶”的声音。小朋友猜猜,鼹鼠会遇到谁呢?

播放PPT页面,验证幼儿的推测,感受鼹鼠遇到蛇时惊慌的心情。

④ 教师播放鼹鼠逃跑后听到“啪啦啪啦”声的PPT页面,引导幼儿推测故事情节。鼹鼠在逃跑时听到了前面有“啪啦啪啦”的声音,你们觉得这次鼹鼠会遇到谁呢?

3. 阅读绘本,进一步理解故事内容,验证自己的推测结果

(1) 小鼹鼠到底遇见谁了呢,答案都在书里,请小朋友自己阅读《啪啦啪啦——砰》这本书,看看自己想的和书里描绘的是不是一样?

(2) 幼儿阅读图书,教师与幼儿交流:鼹鼠遇到了谁?它的心情怎样?

4. 游戏:“啪啦啪啦——砰”,帮助幼儿进一步理解故事内容

《啪啦啪啦——砰》这个故事好听吗?你们想扮演小鼹鼠吗?下面,我们来玩一个游戏,名字就叫“啪啦啪啦——砰”。

(1) 教师出示游戏材料,介绍游戏玩法。每个小朋友取一个小鼹鼠胸贴,贴在身上,变成“小鼹鼠”来挖洞,当大家说到“砰”时,请大家说说鼹鼠碰到了谁,它是怎么做的(出示黑板背景图)。这是鼹鼠挖洞的地方,黑板的后面有鼹鼠挖洞时遇到的好吃的食物,还有小动物。老师会让“小鼹鼠”到黑板的后面取出卡片贴在鼹鼠挖的洞里。

(2) 开始游戏,幼儿扮演鼹鼠挖洞,分别讲述鼹鼠遇到了谁,它做了什么事。教师请幼儿找、贴相应的卡片,进一步理解故事内容。

5. 活动结束

小鼹鼠在挖洞的时候遇到了自己的好朋友,你们找到自己的好朋友了吗?好朋友们手拉手,我们一起出去做游戏吧!

活动延伸

1. 在阅读区增加绘本《啪啦啪啦——砰》,鼓励幼儿自主阅读,理解故事内容。

2. 将游戏材料延伸到表演区,小朋友继续扮演鼹鼠,体验鼹鼠挖洞时惊险、快乐的过程。

活动评析

1. 以绘本为载体，引起幼儿对绘本故事的兴趣

小班幼儿注意力集中的时间较短，对于新奇、夸张的画面较为敏感，绘本《啪啦啪啦——砰》的封面恰恰符合幼儿的注意特点。“小鼹鼠在干什么？”“发现了什么？”幼儿随着故事的画面，带着这些问题与教师一起阅读绘本。

2. 在设疑中理解绘本的内容

小鼹鼠在地下不停地挖洞，当“啪啦啪啦——砰”的声音落地，幼儿忍不住猜测：它会遇到什么事情呢？在猜测、期待中理解故事内容，既惊险又有喜悦的体验。

3. 幼儿在游戏中表达对故事的理解

在活动的后半部分，教师设计了游戏“啪啦啪啦——砰”，让幼儿扮演小鼹鼠，当自己说出“砰”时就讲述相应的故事情节。幼儿很喜欢自己“变”成小鼹鼠，在挖洞中“探险”，进一步理解了故事内容，也充分体验了游戏的乐趣。

附：绘本故事

啪啦啪啦——砰

啪啦啪啦，啪啦啪啦……小鼹鼠在找什么呢？砰——“好疼呀”。“嘿，是个香喷喷的红薯呀，尝一口吧，咔嚓，真甜哪。”

啪啦啪啦，啪啦啪啦……砰——“好疼呀！”“呦，是个大大的萝卜呀！”咬一口吧，啊呜，“好辣，呸呸！”

啪啦啪啦，啪啦啪啦……扑通，“哎呀！”“哈，是我喜欢吃的蚯蚓啊！”啪啦啪啦，啪啦啪啦……咦，蚯蚓躲到哪儿去了？

嘶嘶，嘶嘶……这个声音真奇怪。“哎呀，是条大蛇呀！快逃！快逃！”

啪啦啪啦……“咦，谁在挖洞？”

你好，你好……

[资料来源：江苏省连云港市六一幼儿园陈红霞设计]

案例二 早期阅读活动：先有（中班）

活动意图

美国绘本故事《先有》描述了蛋变成鸡、小蝌蚪变成青蛙、种子变成花朵、毛毛虫变成蝴蝶的现象。《先有》不仅仅是一个故事，还蕴含了对“生命起源和变化”的审美感知。通过学习绘本，教师有意识地引导幼儿联系前后页讲述动植物或事物的变化过程，同时引导幼儿用“先有……然后才有……”的句式将一些简单的科学现象说清楚。

此外，在绘本中隐藏着有趣的洞洞，幼儿会发现图像构成和变化的“秘密”及事物之间的奇妙联系。比如，一个洞洞既是“鸡蛋”又是“小鸡”的身体，既是“毛毛虫”又是“蝴蝶”的一部分。在这些“部分”与“整体”的变化中，幼儿感知了生命的成长和变化，理解了“洞洞”的丰富意义，由

此培养幼儿有意识观察的能力。

活动目标

(1) 感受生命起源和变化的过程。

(2) 学会联系画面的前后页,明白“先有……然后才有……”的道理,并运用这个句式讲述事物的变化过程。

(3) 能够仔细地观察画面、阅读绘本,并通过绘本前后页的画面猜想故事情节。

活动准备

(1) 幼儿每人一本《先有》的小图书绘本。

(2) 在教师使用的绘本封面蛋形的镂空处,制作能转动的环形纸条(纸条上有问号、蛋、小蝌蚪等图样)。

(3) 与绘本画面相同的图片一套。“蛋→小鸡→母鸡→蛋”的循环图一张。

(4) “先有……然后才有……”文字卡片一张。

活动过程

1. 出示绘本,解读故事名称

提问:这本书的名称叫什么?问号代表什么?

引导幼儿懂得“问号代表其中有许多问题和变化,要我们自己去寻找、发现”。同时教师要有意识地将封面上的环形纸条转动到问号处,引导幼儿解读“先有”,让幼儿从一开始就感知到绘本中的内容是会变化的,从而引发幼儿阅读的愿望及好奇心。

2. 引导幼儿自主阅读绘本的第一部分

(1) 阅读前为每人发一本《先有》小图书的绘本,后半部分从字的变化开始用夹子夹住。

提问:请小朋友们仔细阅读,等一会儿告诉大家,你发现了什么有趣的事情?

引导幼儿发现绘本画面前后页的联系,鼓励幼儿运用“先有……然后才有……”的句式讲述动植物变化的过程。

(2) 幼儿自主阅读。

(3) 幼儿交流讲述

① 同伴交流讲述,教师引导阅读和思考方向。幼儿讲到哪幅图,教师就出示相应的图片。如果有幼儿只讲述其中的一幅图片,教师可以追问:“你看看小鸡这页的前一页和后一页上面分别有什么?”引导幼儿将前后页的内容联系起来,特别注意将动物的变化过程呈现在幼儿的面前。

教师引导幼儿阅读观察并思考:阅读时,绘本前后几页的画面内容是有联系的,它们能告诉我们一个有趣的变化过程,然后依次呈现“先有蛋,然后才有母鸡;先有小蝌蚪,然后才有青蛙;先有种子,然后才有花朵;先有毛毛虫,然后才有蝴蝶的变化过程”。在幼儿寻找的时候,还要引导幼儿发现动植物的变化过程,鼓励幼儿运用“先有……,然后才有……”的句式讲述动植物的变化过程,积累相关的科学经验。

② 引导幼儿发现书上的“洞洞”。

提问:大家一起来看看这些“洞洞”,它们一会儿变成了什么?一会儿又变成了什么?教师引导幼儿阅读观察并思考:同一个“洞洞”既是鸡蛋又可以是小鸡的身体;既是毛毛虫又可以是蝴蝶的一部分……在寻找讲述这些“部分”与“整体”的变化过程中，让幼儿感知洞洞变化的乐趣，进一步培养幼儿有意识观察的能力。

3. 阅读绘本的第二部分，引导幼儿讲述不同事物的变化

（1）阅读前猜想故事情节。

提问：刚才我们发现了动物、植物的变化过程，猜猜接着还会出现其他什么有趣的变化？

（2）幼儿自主阅读，边看边讲述第二部分。教师引导幼儿一起边看边讲述绘本画面上面文字、颜色的变化，感受事物的奇妙变化过程，拓宽视野。

（3）感受动植物的循环变化。

提问：原来生命是那么的奇妙，它会发生许多的变化。到底是先有蛋还是先有鸡呢？

① 幼儿讨论。

② 教师贴出“蛋→小鸡→母鸡→蛋”的循环图。

通过讨论，幼儿知道许多事物是循环变化的。

4. 为小故事取名字

启发幼儿思考“每个事物的变化都有一个小故事”并尝试为每个小故事取名字，同时配合抽拉纸条到相应的小故事处。如有关“小蝌蚪”的故事，就拉到纸条上有“小蝌蚪”的地方。幼儿在了解绘本内容的基础上可以根据自己看到的变化取出不同的故事名字。

活动延伸

1. 结合生活经验，讲述自己发现的周围生活中的变化。

2. 在区角活动中将自己发现的变化做成一本洞洞书。

活动评析

1. 绘本活动与科学教育的有机融合

借用绘本故事中有趣的画面，让幼儿在情境性阅读过程中体验故事的多元化和生活化。图文并茂的绘本故事可以激发幼儿的学习兴趣，阅读能帮助幼儿逐渐形成稳定的探究能力。此外，幼儿在阅读的过程中自然而然地了解了一些动植物、事物的变化过程，无形中也提高了幼儿的科学能力。

2. 教学具的巧妙运用能激发幼儿探究的愿望

活动过程中教师巧妙地运用教学具，有意识地将封面上的环形纸条转动到问号处。教师还让幼儿为每个动植物的变化起一个小故事的名字，引导幼儿理解“先有”等生命起源和循环变化，这些都让幼儿从一开始就感知到绘本中的内容是会一直变化的，从而引发他们阅读的愿望及善于提问的好奇心、探究愿望。

3. 关键经验的把握能有效促进幼儿阅读能力的提高

中班幼儿阅读能力的核心经验之一就是要能够看画面的前后页信息，理解故事的内容和情节等。在本次活动中教师有意识地追问：“你看看小鸡这页的前一页和后一页上面分别有什么？”这样幼儿就会将前后页的内容联系起来。而后当幼儿再阅读下一个变化时，他们就会完整地讲出自己所看到的整个变化过程。这样的启发能有效提高幼儿的阅读能力。

［资料来源：根据网络资料整理］

岗位对接

早期阅读活动：我永远爱你（大班）

（一）素材

汉斯·威尔罕（Hans Wilhelm）是美国“终身文学成就奖”的获得者、著名童书作家。他的图画书作品《我永远爱你》讲述了发生在小男孩和狗“阿雅”之间的故事。小男孩和阿雅从小一起长大，互相陪伴，享受着恬静的时光。然而，狗的生命是短暂的，男孩看着阿雅一天天老去，却无法帮忙，他只能每天照顾阿雅，每天对它说“我永远爱你”。最后，阿雅带着小男孩的爱悄悄地去世了。小男孩虽然很悲伤，但因为他及时付出了爱，所以能比较平静地接受阿雅的老去和离去。

［资料来源：根据网络资料整理］

（二）素材分析

幼儿大多喜欢小动物，他们将小动物视为自己最好的朋友。在陪伴、照料小动物的过程中，幼儿可以感受生命成长的快乐，逐步形成对小动物、对自身行为负责的意识。然而，小动物的寿命比较短，碰到心爱的小动物衰老或死亡，幼儿常常揪心难过、不知所措。如何面对生命中不可避免的生、老、病、死？如何宣泄失去心爱之人所带来的负面情绪、调控自己的行为呢？图画书《我永远爱你》通过小男孩与阿雅的故事，给幼儿呈现了处理此类问题的方式，启发幼儿懂得，要及时向所爱的人表达爱的心意，这样当永别来临时就不会因后悔而难过伤心了。

对于心智成熟的大人而言，生、老、病、死始终都是沉重的话题，与幼儿谈论这一话题更是艰难。《我永远爱你》用画面营造出一种真诚、温馨的氛围，引导幼儿在与成人共同阅读的过程中正确看待“衰老”与“死亡”，用及时的爱来克服由死亡带来的分离与悲痛，逐步学会用更加成熟的态度来面对世界。

（三）活动设计

根据图画书《我永远爱你》的内容，设计一个大班早期阅读活动，具体要求如下。

1. 活动方案完整规范

完整的活动方案包括如下内容：活动班级与主题、设计意图、活动目标、活动准备（物质准备、经验准备）、活动过程与活动延伸。

活动方案的设计应符合《纲要》《指南》的要求，并与大班幼儿的年龄特点相符合。

2. 设计意图有据可依

以《纲要》《指南》要求及幼儿身心发展特点为依据，在分析主题内容的基础上，清楚阐述活动的设计意图，说清楚该活动设计的必要性。

3. 活动目标全面适宜

活动目标涵盖情感态度、能力和认知三个维度，统一以“幼儿”作为目标陈述的主语，对三维目标的陈述要明确、具体、可操作。

4. 活动过程有序有效

活动过程设计符合集体早期阅读活动的要求，按照由浅入深的顺序安排各环节的活动，环节过渡自然，教学方法多样，目标达成度高。

5. 活动延伸真实可操作

从区域活动、领域渗透、家园共育等方面设计活动延伸，活动延伸具有可操作性，有利于保持幼儿继续学习的兴趣，并支持幼儿的后续学习活动。

参考教案

早期阅读活动：我永远爱你（大班）

设计意图

幼儿天生喜欢小动物，很容易与小动物建立亲密的情感联系。图画书《我永远爱你》中的阿雅就是一只招人喜爱的宠物狗，它与小男孩一起嬉戏，相互陪伴，共同成长。本班幼儿中有不少人具有照料宠物狗或猫的经验，有的幼儿还有与书中小男孩相似的经历，眼看着自己家的宠物一天天老去，最终离世。根据本班幼儿的实际情况，结合《指南》中的要求，教师设计了本次活动。

活动目标

1. 了解图画书中故事情节的发展线索，懂得阿雅和小男孩的感情。
2. 理解图画书的内容，尝试用语言、动作、表情等方式表达对别人的爱。
3. 愿意与同伴一起谈论图画书中的内容，体会小男孩内心情感的变化。

活动准备

1. 物质准备：每人一本《我永远爱你》图画书，教师用折角的方法把图画书分为不同的部分；《我永远爱你》图画书 PPT；播放 PPT 的多媒体设备。

2. 经验准备：幼儿有自主阅读图画书的经历，知道图画书页码的作用。

活动过程

1. 点读图画书封面上的题目，激发幼儿的阅读兴趣

（1）就封面阅读展开师幼交谈：今天老师请小朋友读一本书。大家一起来看看，这本书的封面上有什么？

提问：你认识哪些字？请你来读一读。

教师根据幼儿的回答，引导幼儿把读出来的字组合起来，变成图画书的题目——《我永远爱你》，并让幼儿集体认读 2 遍。

（2）提问：封面上画着谁？他们在干什么？

小结：封面上画着一只小狗和一个小男孩，这只小狗有个好听的名字叫“阿雅”。他们两个抱在一起，看起来感情很好。

提问：请大家猜一猜，小男孩和阿雅之间发生了怎样的故事？

2. 幼儿自主阅读，了解故事情节的发展

(1) 阅读第一部分(1~7 页)，并就此展开师幼交谈。

提问：请大家打开手里的书，认真地读第 1~7 页，然后说一说小男孩和阿雅在干什么？心情怎么样？

小结：小男孩和阿雅在一起做了许多事情，他们是很好的朋友，他们在一起非常开心。

(2) 阅读第二部分(第 8~12 页)，并就此展开师幼交谈。

提问：接下来请大家读第 8~12 页，说说阿雅喜欢干什么？（阿雅调皮捣蛋，喜欢追松鼠、挖妈妈的花园。）

提问：家里人喜欢阿雅吗？小男孩喜欢阿雅吗？你怎么知道的？和你身边的小朋友讨论一下。

小结：虽然大家都很爱阿雅，但只有小男孩向阿雅表达了自己的爱意。

(3) 阅读第三部分(第 13~22 页)，并就此展开师幼交谈。

提问：后来，阿雅发生了什么样的变化？你从哪里看出来的？

小结：随着时间一天天过去，阿雅变得越来越圆、越来越爱睡觉、越来越不爱出去散步。

提问：阿雅一天天地变老了，小男孩的心情怎么样？他又是怎么做的？

小结：小男孩和家里人非常担心阿雅。小男孩细心地照顾着阿雅，每天睡觉前都对阿雅说“我永远爱你”。

3. 师幼共读(第 23~30 页)，进一步体会小男孩心情的变化

提问：后来，又发生了什么事？先请大家猜一猜。

(1) 我们一起来看这两页(第 23~24 页)，他们为什么哭呢？

提问：因为阿雅去世了。“去世”是什么意思呢？

提问：阿雅太老了，离开了这个世界，它去世了。小男孩和家里人是怎么做的？为什么要这么做？

小结：他们把阿雅埋在土里，插上了鲜花，表达对阿雅的怀念之情。

(2) 重点共读第 26 页，讨论：阿雅去世之后，为什么小男孩一边伤心一边觉得心里好过一些？

小结：小男孩每天都向阿雅说“我永远爱你”，表达出自己对阿雅的喜爱之情。

4. 交流讨论，分享表达爱意的方法

(1) 你养过小动物吗？你喜欢它吗？你用什么方式表达对小动物的喜欢呢？

(2) 在我们班上，你最喜欢和谁一起玩？怎样让好朋友知道你喜欢他呢？

小结：我们可以与好朋友一起分享玩具，可以经常对好朋友说“我永远爱你”，还可以给好朋友一个大大的拥抱。现在，请大家找到自己的好朋友，互相拥抱一下，大声说“我永远爱你”。

教师播放音乐，幼儿找到自己的小伙伴并拥抱。

活动延伸

1. 鼓励幼儿经常对家人、教师、好朋友用语言、表情、动作表达爱意。

2. 将《我永远爱你》的图画书放入图书角的显眼位置，供幼儿反复阅读；在美工角，鼓励幼儿画出自己和小动物游戏的场景，自制“我永远爱你”图画书。

（四）说课练习

1. 说课稿符合规范的要求，能运用学前教育基本理论阐述主题活动的设计依据，层次清晰，具有逻辑性。

2. 说课时的语言表达流畅、有条理、有感染力；语速适中，语音语调符合不同情境的要求。

说课参考样例

早期阅读活动：我永远爱你（大班）

1. 说教材

幼儿天生喜欢小动物，很容易与小动物建立亲密的情感联系。图画书《我永远爱你》中的阿雅是一只招人喜爱的宠物狗，它与小男孩一起嬉戏，相互陪伴，感情深厚。从阿雅小时候到长大、老去、离世，小男孩一直陪伴在它的身边。小男孩不仅接受了阿雅的调皮捣蛋，悉心照料阿雅的生活，而且每天都用"我永远爱你"这句话表达对阿雅的关爱之意。当阿雅离开时，这句话成为小男孩伤心之余最大的安慰。随着时间的流逝，生命都会慢慢老去，要勇敢面对，对自己爱的人要大声把爱说出来。这本书用优美细腻的画面讲述了一个关于衰老与死亡的故事，用符合孩子生活经验的方式讨论这一沉重的话题，引发孩子在阅读中思考。

2. 说活动目标

大班幼儿对文字符号感兴趣，喜欢阅读，也喜欢与同伴交流阅读中的感受。根据《指南》的要求及本班幼儿的特点，我预设了以下三个活动目标。

（1）了解图画书中故事情节的发展线索，懂得阿雅和小男孩的感情。

（2）理解图画书的内容，尝试用语言、动作、表情等方式表达对别人的爱。

（3）愿意与同伴一起谈论图画书中的内容，体会小男孩内心情感的变化。

根据早期阅读活动的特点及要求，我将本次活动的重点定位于"愿意与同伴一起谈论图画书中的内容，体会小男孩内心情感的变化"，活动难点设定为"尝试用语言、动作、表情等多种方式表达对别人的爱"。

3. 说活动准备

物质准备：每人一本《我永远爱你》图画书，教师用折角的方法把图画书分为不同的部分；《我永远爱你》图画书 PPT；播放 PPT 的多媒体设备。

经验准备：幼儿有自主阅读图画书的经历，知道图画书页码的作用。

4. 说教法、学法

（1）启发提问法　早期阅读重在启发幼儿通过不同层次的阅读理解作品内容。在幼儿自主阅读环节，我设计了如下问题："小男孩和阿雅在干什么？心情怎么样？""阿雅喜欢干什么？家里人喜欢阿雅吗？小男孩喜欢阿雅吗？你怎么知道的？""阿雅一天天地变老了，小男孩的心情怎么样？他又是怎么做的？"通过这些问题，引导幼儿理解故事情节的发展，体会小男孩与阿雅之间的感情。

（2）讨论交流法　同伴间的讨论与交流，可以让幼儿了解别人的想法，并在集体面前大胆表达自己的看法，从而建立自尊和自信。如在最后一个环节，组织幼儿讨论"你用什么方式表达对小动物的喜欢呢？""怎样让好朋友知道你喜欢他呢？"将图画书中的内容迁移到幼儿的生活中，引导幼儿学习用不同方式向别人表达自己的关爱之情。

（3）多媒体教学法　将图画书中的部分内容用PPT的形式展示出来，引导幼儿集体阅读。多媒体能够将图书画面放大，为师幼共读提供了便利，这对于活动难点的突破有着至关重要的作用。

5. 说活动过程

为了实现活动目标，我设计了以下4个环节的活动。

（1）点读图画书封面上的题目，激发幼儿的阅读兴趣　大班幼儿喜欢认字，也认识了一些字。因此，活动的开始环节，先让幼儿认读封面上的文字，满足其学习需要。然后，引导幼儿观察封面上的图画，交代故事中的人物，启发幼儿猜想故事情节，激发他们的阅读兴趣。

（2）幼儿自主阅读，了解故事情节的发展　分三次组织幼儿自主阅读。在每次阅读中，首先呈现一组开始性的问题，启发幼儿带着问题去阅读，了解小男孩与阿雅之间发生的故事。然后，通过讨论、交流、小结等方式，加深幼儿对人物之间关系及爱的表达方式的理解，体会小男孩的情感变化过程。在这一环节中，既完成了目标中"了解图画书中故事情节的发展线索，懂得阿雅和小男孩的感情"的学习任务，又突出了"愿意与同伴一起谈论图画书中的内容，体会小男孩内心情感的变化"这一活动重点。

（3）师幼共读，进一步体会小男孩心情的变化　借助多媒体设备分段播放图画书第23～30页的画面。先引导幼儿根据画面上的线索猜测故事情节的发展，然后组织幼儿讨论，使幼儿理解"去世"的意思，启发幼儿明白：衰老和死亡是生命的必经之路。

（4）交流讨论，分享表达爱意的方法　本环节重在迁移幼儿的经验。先引导幼儿说一说自己养的宠物及向宠物表达感情的方法，然后，结合幼儿的生活经验，组织他们交流向自己的好朋友表达爱的情感的方法。同时，用优美的音乐营造一种爱的氛围，让幼儿用语言、动作、表情等多种方式表达自己的情感，从而突破活动的难点。

6. 说活动延伸

（1）鼓励幼儿经常对家人、教师、好朋友用语言、表情、动作表达爱意。

（2）将《我永远爱你》的图画书放入图书角的显眼位置，供幼儿反复阅读；在美工角，鼓励幼儿画出自己和小动物游戏的场景，自制"我永远爱你"的图画书。

（五）活动实施建议

1. 活动方案设计合理，活动目标明确具体，活动准备充分。

2. 教师的着装符合职业特点，端庄大方，举止自然，活泼有度。

3. 教师的语言表达规范准确、简洁明了、思路清晰，对待幼儿亲切和蔼。

（六）活动评价要点

依据《纲要》和《指南》的相关要求，根据各年龄班幼儿的学习兴趣、已有经验和能力水平，设计早期阅读活动方案。

活动目标具有适宜性、可操作性；活动内容贴近幼儿的生活实际；活动材料种类多样，数量充足；活动环节层层递进，由浅入深、由易到难；活动方法的选择立足于幼儿身心发展的特点，体现幼儿的主体地位；活动的重难点突出；活动效果好。

国考聚焦

真题分析

1. 笔试题（单选题）

某幼儿园将识字作为基本活动，该园的做法（　　）。

A. 正确，有助于幼儿学习知识

B. 正确，有助于提高学习质量

C. 不正确，幼儿园不能组织该教学活动

D. 不正确，幼儿园以游戏为基本活动

【答案】 D

解析：2016 版《幼儿园工作规程》中明确指出，幼儿园“以游戏为基本活动，寓教育于各项活动之中”；《幼儿园教育指导纲要（试行）》中要求“利用图书、绘画和其他多种方式，引发幼儿对书籍、阅读和书写的兴趣，培养前阅读和前书写技能”。在幼儿阶段，培养幼儿对阅读的兴趣和良好的阅读习惯是早期阅读活动的重点，不能对幼儿进行专门的识字教育。

2. 面试题

某家长对你抱怨道：“孩子在幼儿园什么都没学到。5 岁了，字也不认识几个。”你怎么办？

参考答案

家长重视对孩子的教育，希望孩子赢在起跑线上的心情可以理解，但是，将幼儿园教育等同于教孩子识字的观点是错误的，这种拔苗助长式的教育违背了幼儿身心发展的规律，严重影响了孩子的健康成长。如果我遇到这样的家长，我会这样处理。

首先，要求自己以良好的情绪状态面对家长，耐心细致地与家长沟通。

其次，采用多种形式与家长沟通，引导家长正确理解幼儿园教育的任务、途径。幼儿园教育要为幼儿一生的发展打好基础，游戏是幼儿园教育的基本途径，幼儿园教育要遵循幼儿身心发展的特点与规律。5 岁幼儿的身心发展还不成熟，尤其是大脑额叶和小手肌肉发育不完善，过早、过多地识字学习，不仅会限制幼儿想象力、创造力的发展，而且沉重的学习负担可能导致幼儿厌学，进而影响幼儿一生的发展。

最后，在教育过程中，幼儿园教师固然应当尊重家长，虚心接受家长的意见，但不能盲目迎合家长不正确的观点，对幼儿进行不适宜的识字教育。幼儿园教师应当积极创设良好的阅读环境和条件，激发幼儿的阅读兴趣，培养幼儿的阅读习惯，引导幼儿体会文字符号的用途，为他们入小学之后的识字学习奠定扎实的基础。

（说明：这一题的重点在于考查考生对幼儿园教育价值、教育任务等方面的职业认知，同时检验考生灵活运用教育理论解决实际问题、与家长沟通等方面的能力。同时，本题也涉及考生对幼儿园早期阅读活动的正确理解。）

模拟练习

1. 笔试题(单选题)

在《指南》中,“反复看自己喜欢的图书”这一目标要求适合于(　　)。

A. 托班幼儿　　B. 小班幼儿　　C. 中班幼儿　　D. 大班幼儿

2. 面试题

有的幼儿家长认为,指导孩子进行早期阅读是幼儿园教师的任务,家长只要管好孩子的吃穿就行了。如果你遇到这样的家长,该怎么办?

参考答案

1. 笔试题(单选题)C

2. 面试题

如果我遇到这样的家长,我将从以下几方面开展工作:第一,采用多种方式与家长沟通,引导家长重视早期阅读对孩子成长的积极作用。比如,通过与家长面对面沟通、给家长推荐关于早期阅读重要性的科普性文章、让家长参与幼儿园的早期阅读活动等,逐渐转变家长的认识。第二,组织亲子阅读活动。根据班级活动主题、幼儿近阶段的阅读兴趣,给家长推荐亲子阅读的书目,要求家长带领孩子读书,让家长体会亲子阅读的快乐。第三,采用直接指导、间接指导、个别指导等多种形式,指导家长掌握亲子阅读的方法,提高亲子阅读的实效性。

单元测试

(一) 单选题

1. 图书内容简单,角色形象可爱,通常是一页一幅图,纸张厚实。这样的图书适合(　　)。

A. 托班幼儿　　B. 小班幼儿　　C. 中班幼儿　　D. 大班幼儿

2. 早期阅读活动的材料涉及(　　)。

A. 变化的色彩　　B. 图像　　C. 文字　　D. ABC 都对

3. 早期阅读活动的内容涉及(　　)。

A. 前阅读经验　　B. 前识字经验

C. 前书写经验　　D. 一切与书面语言学习有关的内容

4. 许多父母在与孩子一起阅读时,通常照着书念,或者用自己的话复述图书内容,不太关注孩子的反应,这种亲子阅读的类型属于(　　)。

A. 平行式　　B. 偏离式　　C. 合作式　　D. ABC 都不对

5. 在早期阅读活动中,最能体现教师主导作用的环节是(　　)。

A. 亲子阅读　　B. 幼儿自主阅读　　C. 师幼共读　　D. 布置阅读区

(二) 简答题

1. 简述早期阅读活动与故事欣赏、看图讲述活动的区别。

2. 简述如何为幼儿创设良好的早期阅读条件。

（三）活动设计

依据图画书《小黑鱼》，为中班幼儿设计一个早期阅读活动的集体教学方案。

［资料来源：根据网络资料整理］

参考答案

一、单选题

1. B　2. D　3. D　4. A　5. C

二、简答题

1. 早期阅读活动重在指导幼儿观察图画书的画面、阅读其中的文字符号，理解画面之间、画面与故事之间的基本结构，进而掌握图画书的结构，理解图画书中故事情节的发展。在阅读过程中，重点培养幼儿积极的阅读态度和良好的阅读习惯，使他们掌握阅读的基本方法，为将来学习书面语言奠定基础。

在故事欣赏活动中，幼儿通过倾听成人讲、读故事，在原有生活经验的基础上，借助自己的思维和想象活动来理解文学作品，感受文学语言的独特魅力，学习准确、生动、优美的文学表达方式。

在看图讲述活动中，教师以图片为凭借物，结合幼儿的生活经验，引导幼儿在观察图片的基础上展开联想与想象，创编故事情节，并用正式规范的语言完整、连贯地讲述出来。这是一种以训练幼儿口语表达能力为主的语言活动方式。

2. 为幼儿创设良好的早期阅读条件有以下途径。① 提供支持性的阅读环境：宁静舒适、宽松自由、开放性与丰富性相结合、充满童趣。② 提供适宜的阅读材料：丰富多样、健康向上、图文并茂、富有童趣。③ 提供充足的阅读时间：每天至少15分钟的纯阅读时间。

三、活动设计

早期阅读活动：小黑鱼（中班）

设计意图

图画书《小黑鱼》是一个关于生存的故事，短短几分钟似乎经历了整个人生。在一群小红鱼中，有一条与众不同的小黑鱼，在同伴被吃掉之后，它既害怕又伤心。孤独的小黑鱼在大海里游来游去，遇见水母、大龙虾、怪鱼、海鳗、海草、海葵，碰见一个又一个奇迹，重新找回了快乐。后来，它带领另一群小红鱼团结合作，吓跑了大鱼。小黑鱼在困境面前不退缩，用智慧和勇气战胜了困难。曲折变化的故事情节，鲜明生动的人物形象深深地吸引着幼儿。通过阅读，幼儿可以观察画面、展开想象，可以跟随故事情节的发展体验小黑鱼的成长过程，得到更多的启迪。

活动目标

1. 观察画面，了解故事的内容，知道勇气与团队协作的重要性。
2. 能根据画面中的线索，大胆猜测故事情节的发展，并有条理地讲出故事的大致内容。
3. 随着故事情节的发展，体会小黑鱼害怕、伤心、孤独、快乐的情绪变化。

活动准备

图画书《小黑鱼》PPT、供幼儿阅读的图画书《小黑鱼》、海浪声的音频、多媒体设备。

活动过程

1. 播放海浪声的音频,激发幼儿的阅读兴趣

提问:请大家仔细听一听,这是什么声音?猜一猜这是什么地方?

2. 师幼共读,了解故事的开始

(1) 播放 PPT,共读封面与第 1 页。

提问:大海里有什么?它们是什么样子的?小黑鱼和其他的鱼有什么不同?(颜色不同,游得很快。)

(2) 播放 PPT,共读第 2~3 页。

提问:小黑鱼和小红鱼遇到了谁?发生了什么事?小黑鱼的心情怎么样?(金枪鱼吃掉了小红鱼,小黑鱼失去了好朋友,感到很害怕,很难过,也很孤单。)

提问:小朋友,你有没有难过、孤单的时候?心情不好的时候你会怎么做?

3. 幼儿自主阅读,说说故事的发展

(1) 幼儿自主阅读第 4~9 页。

提问:失去好朋友的小黑鱼很孤独,很无助,但是它并不退缩,反而勇敢地面对困难。请小朋友把书翻到第 4 页,自己阅读到第 9 页,看看小黑鱼又遇到了谁?它的心情有什么变化?

教师巡回指导,提醒幼儿按照图书页码的顺序阅读,了解幼儿的阅读情况,进行个别指导。

(2) 教师引导幼儿大胆表述。

提问:伤心又孤独的小黑鱼到哪里去了?遇到了谁?它们长什么样?有哪些本领?

提问:在见识过各种海底生命和奇迹之后,小黑鱼的心情又有什么变化呢?为什么会有这样的变化?

4. 师幼共读,猜猜故事的结局

(1) 启发幼儿猜测故事的结局。

提问:重新高兴起来的小黑鱼在大海里游来游去,快乐地生活着。后来,又发生了什么事?请小朋友猜一猜,说一说。

(2) 播放 PPT,共读第 10 页

提问:刚才小朋友猜得对不对呢?让我们一起来读一读吧。

提问:快乐的小黑鱼又遇到了谁?它是怎么说的?小红鱼是怎么回答的?小红鱼为什么不敢出来玩?(开心的小黑鱼邀请小红鱼出来玩,但是小红鱼害怕凶猛的大鱼,不敢出来。)

提问:现在,小黑鱼它们遇到了困难,怎么办呢?让我们一起帮它们想想办法吧。

(3) 播放 PPT,共读第 11~14 页。

提问:小朋友想的办法真好。我们一起来看看小黑鱼它们是怎么做的?

提问:小黑鱼想到了什么好办法?它们又是怎么做的?这个故事的最后结局是什么?

5. 总结提炼,情感升华

提问:最后,小黑鱼带领小红鱼们组成一条大鱼,大家齐心协力,合作吓跑了大鱼,在大海里快乐地生活着。

提问:这本图画书看完了。你觉得小黑鱼是一条什么样的小鱼呢?请说说你的理由。

小结:小黑鱼非常勇敢,遇到困难它没有退缩,而是动脑筋、想办法,带领同伴一起战胜困难。

活动延伸

1. 在阅读角陈列图画书《小黑鱼》,供幼儿进一步阅读。
2. 在表演角准备相关道具,供幼儿在自主游戏时表演《小黑鱼》。

单元六
学前儿童语言游戏活动

学习目标

- 了解学前儿童语言游戏活动的特点及阶段性目标。
- 理解各类型幼儿语言游戏活动的特点及适用范围。
- 掌握学前儿童,语言游戏的组织结构要求和具体指导方法。
- 能够设计并组织实施适合不同年龄班幼儿或解决实际语言问题的游戏。

基础理论

幼儿期是儿童语言发展的一个非常重要的时期。《指南》明确指出“幼儿的学习是以直接经验为基础,在游戏和日常生活中进行的。”游戏是幼儿最喜欢的活动之一,也是幼儿园课程的一种基本形式。幼儿进行游戏的过程是幼儿自我发展的过程,隐含着重要的教育因素,内含多种教育契机,有着不可忽视的教育价值。所以说,游戏是幼儿学习语言的最佳途径之一。而语言游戏这一载体,就是用游戏方式开展的语言教育活动,是一种由教师设计组织、以发展幼儿语言为主要目的的、有规则的游戏活动。这种特殊形式的语言教育活动有明确的教育目标,包含着对幼儿语言的具体要求,在幼儿积极愉快地参与游戏活动时,教师将具体的、带有练习性质的教学任务落实到幼儿能理解接受和愿意尝试掌握的活动过程中去,从而产生事半功倍的教育效果。

一 学前儿童语言游戏活动的特点

(一) 趣味性

学前儿童语言游戏的趣味性是它具有生命力的重要原因。在语言游戏中,有趣的游戏名称、幼儿熟悉和喜欢的角色、简单有趣的情节、形象生动的游戏材料，都会使孩子对语言游戏产生浓厚的兴趣并获得精神的愉悦。这是一种真正意义上的愉悦，是隐含极大教育性和发展性的一种愉悦。这充分体现了尊重幼儿人格、尊重幼儿游戏权和发展权的现代教育观，也体现了语言游戏在培养幼儿健康乐观、积极向上的人格方面的独特价值。

（二）目的性

语言游戏作为游戏活动的一种，具有明确的教育目的。语言游戏的主要目的之一是让幼儿进行听说练习。“听”就是在游戏过程中培养幼儿的几种倾听能力：第一，有意识的倾听，集中注意力的倾听；第二，辨析性倾听，分辨不同内容的倾听；第三，理解性的倾听，掌握倾听的主要内容，联系上下文意思的倾听。“说”主要是指在游戏中让幼儿积极主动地学习正确恰当的口语表达，从语音、语法、语义及语用四个方面掌握语言的表达功能，由简到繁、由短到长地提高幼儿语言表达水平，并用独白、讲述、交谈等方式表现出来。同时，通过语言游戏，还能培养幼儿对前阅读、前识字及前书写活动的学习兴趣，掌握看图画书的基本技能，初步辨认如自己的姓名等常见字，学习基本的书写姿势、书写技能等，为小学阶段的学习打好基础。

（三）丰富性

语言游戏在许多方面都体现出丰富性的特点。语言游戏的内容涉及语音、语汇、语句表达及阅读、识字、书写等多个方面。语言游戏的组织形式可以是集体进行，也可以是小组进行，还可以是个别进行。可以在室内进行，也可以在室外进行。语言游戏设置的情节可以是以幼儿熟悉的生活为题材，如“找朋友”“逛公园”等；也可以用各种动物的活动为题材，如“小鲤鱼跃龙门”“小鸟找食”等；还可以以成人的各种活动为题材，如“开商店”“我是广播员”等。游戏材料可以是实物，也可以是图片；可以是购买的，也可以是自制的；还可以使用一些现代化的多媒体设备等。

（四）整合性

语言游戏常常不只是涉及语言这一个领域，而是把其他各个领域有机地整合在一起，促进幼儿德、智、体、美等方面全面发展。

二 学前儿童语言游戏活动的目标

按照幼儿的年龄特点，学前儿童语言游戏活动的阶段性目标如下。

1. 小班（3—4 岁阶段）

（1）乐于参加游戏活动，在游戏中大胆地说话。

（2）发准某些难发的音，初步掌握方位词及人称代词，学习正确运用动词。

（3）能听懂并理解较简单的语言游戏规则，在游戏中尝试按照规则使用简单句说话。

（4）养成在集体活动中倾听别人讲话的习惯。

2. 中班(4—5 岁阶段)

（1）在游戏中巩固练习发音，正确运用代词、方位词、副词、动词、连词和介词等。

（2）能说简单而完整的合成句。

（3）能听懂并理解多重游戏规则。

（4）学习较为迅速地领悟游戏中的语言规则，并能作出相应的反应。

3. 大班(5—6 岁阶段)

（1）学习正确运用反义词、量词和连词等，并能说出完整的合成句。

（2）养成积极倾听的习惯，迅速把握和理解游戏中较复杂的多重指令。

（3）不断提高幼儿倾听的精确程度，精确掌握和传递有细微差别的信息。

（4）在游戏中按照规则调动个人已有语言经验，迅速进行语言表达。

三 学前儿童语言游戏活动的类型

（一）练习听音与发音的游戏

1. 听音游戏

有趣的听音游戏

在语言发展早期，幼儿常常模仿别人说话时的语调，所以“听得准”是“说得准”的前提。要使幼儿发音正确，必须注意发展幼儿的听觉，让幼儿听得准，能分辨语音的微小差别，特别是区别某些相似音，如 zh、ch、sh 和 z、c、s，为幼儿准确感知语音打好基础。

猜猜我是谁(小班)

目的：锻炼幼儿分辨声音的能力。

玩法及规则：幼儿坐成半圆形，教师面对幼儿。教师面前放一把小椅子，请一个幼儿扮演猜声音的角色，让他坐在椅子上，背对全体幼儿，闭上眼睛。

教师任意指一幼儿说：“小狗小狗请过来！”被点到的幼儿走出来，在猜声音幼儿的背后说：“你好，我是小狗！”说完立即回到自己座位上。教师问猜声音的幼儿：“请你猜一猜，小狗在哪里？”幼儿猜出后，换成刚才扮演小狗的幼儿来猜。为了增加难度，扮小狗的幼儿还可以变换说话的语气、语调来进行。连续三次猜不出来，则罚其表演一个节目，然后游戏继续进行。

2. 发音游戏

练习发音游戏的内容、玩法和规则要根据各年龄班幼儿发音特点来确定。在游戏中，可以让幼儿着重练习他们感到困难或容易发错的语音，也可以让幼儿进行方言干扰音练习、声调练习、发声用气练习等。但每次练习的语音不要过多，难点不要过于集中，以免影响幼儿的学习效果。

运送动物(小班)

目的：练习发准翘舌音 zh 和平舌音 z。

玩法和规则：教师扮演动物园管理员，打电话给小朋友："×××，请你运一只猴子到动物园里来。""×××，请你运一只兔子到动物园里来。"让幼儿把相应的动物图片交给动物园管理员，并要说"我运来了一只猴子""我运来了一只兔子"。其余幼儿一起说："猴子猴子快进来！兔子兔子快进来！"动物园管理员把图片放进动物园，然后游戏继续进行。

一般而言，小班幼儿游戏的重点是进行语音练习，因此可以多运用此类游戏。许多传统游戏的内容，如手指游戏"顶锅盖""小白兔种树"和拍手游戏"你一我一一休哥"等都是练习发音的语言游戏。除此之外，绕口令既是幼儿文学作品活动的内容，也是有趣的语音练习游戏材料。

（二）练习运用词汇的游戏

通过这类游戏可以丰富幼儿的词汇，帮助幼儿进一步理解学过的词，并练习正确运用词汇。在幼儿园里，练习运用词汇的游戏有很多，主要有练习使用名词、动词、形容词、代词、量词、方位词、同义词与反义词、礼貌用语等多种内容。教师要根据各年龄班幼儿掌握词汇的特点，设计目标明确、内容有趣的游戏。此类游戏对各年龄班都适用。

1. 练习正确使用名词的游戏

奇妙的口袋

为不同年龄班制定不同的游戏目标。

小班目标：让幼儿凭触觉判断在口袋里摸到的是什么玩具（3~4 件）。

中班目标：让幼儿凭触觉判断在口袋里摸到的是什么物品（6~8 件），说出其名称和外形特征。

大班目标：除要求正确说出在口袋里摸到的物品名称和外形特征外，还要说出它的用途。

玩法与规则：请单个幼儿用手在口袋里摸，然后教师根据不同年龄班的游戏目标提出相应的问题。摸时不能看，要凭触觉判断。偷看或错判都要受到"惩罚"。

2. 练习正确使用动词的游戏

扫除小帮手（大班）

目标：练习使用"扫""擦""拖""洗""提""拎""抬""扔"等动词。

玩法与规则：今天妈妈准备大扫除。你们能帮妈妈做什么呢？小朋友要边说"我来扫地""我来提水"，边做相应的动作，逐个进行。说错的、做错的幼儿就要被刮一下鼻子。

3. 练习正确使用形容词的游戏

八哥找朋友(中、大班)

目标:练习使用形容词。

玩法与规则:教师出示一张小八哥图片,告诉幼儿:“可爱的小八哥最爱学说话,谁说得好,小八哥就和谁交朋友。”教师说“兔子”,幼儿可以说“可爱的兔子”“聪明的兔子”等。然后,照此方法还可以练习形容“老师”“妈妈”“苹果”等的词语。哪个幼儿的形容词用得准确、恰当、有新意,就奖励他一张小八哥卡片。

4. 练习正确使用量词的游戏

娃娃过生日(中班)

目标:练习正确使用“双”“个”“块”“顶”“件”“本”“辆”等量词。

玩法与规则:教师将小朋友们带到“超市”,请每人给娃娃选一件生日礼物,如“一顶帽子”“一块巧克力”等。然后到娃娃家送给它,并说一句祝福的话,如“送你一顶新帽子,祝你越来越漂亮!”“送你一块巧克力,祝你生活甜蜜蜜!”量词运用准确,表达清楚,大家以掌声鼓励;如果有错误,大家讨论怎么说更好。

5. 练习正确使用代词和礼貌用语的游戏

打电话(小班)

目标:练习使用“我”“你”“他”等代词,并正确使用“谢谢”“你好”“再见”等礼貌用语。

玩法与规则:教师模拟表演几个情境,让幼儿观看后讨论:奶奶生病了,给她打电话应说些什么;想邀请小朋友来自己家玩,应该怎么说。然后两人一组用模拟电话进行练习。教师提出要求:想想还可以给谁打电话,最好能用上“谢谢”“你好”“再见”等词。教师应注意巡回指导。

(三)学习应用句型的游戏

随着幼儿语音逐渐准确,词汇量增加,词类范围扩大,对词义理解逐渐确切、深化,幼儿学习句子的基础逐渐夯实。对于幼儿来说,无论是简单句还是复合句,幼儿要能够理解掌握并熟练运用,都需要经过系统的练习。句型游戏正是以训练幼儿按语法规则组词成句,并正确运用各种句式为目的的游戏,可以使幼儿通过有意识的、集中的练习,迅速把握某一种句型的特点和规律。这类游戏主要在中、大班进行。

春游(中班)

目标:要求幼儿用“一边……一边……”造句。

玩法与规则:先让幼儿理解“一边……一边……”表示同时做的两件事。再根据“春游”的情境用“一边……一边……”说话,例如:

"我一边上车,一边跟妈妈说再见。"

"我们一边唱歌,一边摘野花。"

"我们一边跑,一边捉蝴蝶。"

给说得好的幼儿奖励一朵小红花。

(四) 练习描述性游戏

描述性游戏是在对幼儿进行语言、词汇、句子练习的基础上,训练幼儿用比较连贯的语言对事物进行具体形象描述的游戏。它不仅可以提高幼儿独立、连贯的讲述能力,而且能促使幼儿对事物形成正确的理解和认识,了解各种社会关系,对发展幼儿的求知欲和观察力,扩大他们的知识范围都有积极的作用。这类游戏适合在大班进行。

圆圆找朋友(大班)

目标:让幼儿用语言描述物品的颜色、功能和特征。

玩法与规则:教师出示一个圆形娃娃,告诉幼儿它要到我们班来找朋友。它要找和它形状一样的物品做朋友。请一个小朋友来描述他带来的圆形物品是什么颜色的,有什么用处,或者吃起来是什么味道。如果听了他的描述,大家能猜出物品名称,那么这个小朋友就可以和圆圆做朋友了。如果这个小朋友没有描述而是直接说出物品的名称,那么他就要表演一个小节目。

(五) 早期阅读游戏

作为早期阅读能力发展的一部分,幼儿前识字、前书写能力的发展有助于提高幼儿阅读理解能力,培养幼儿的学习兴趣和学习习惯,为今后上小学打好基础。因此,根据幼儿的年龄特点和认知水平,设计和组织生动有趣的阅读图书活动,认读汉字和拼音的游戏活动,练习书写笔画、汉字和拼音的游戏活动等,对幼儿的语言发展具有非常重要的意义。

1. 认识书籍的游戏

我和图书交朋友(小班)

目标:认识图书的封面、封底、页码等部分,喜欢看图书。

准备:教师手持一本大图书。

玩法与规则:

(1) 先在教师的大图书上认识封面、封底、页码等部分。

(2) 再请 3~4 个幼儿参加游戏,教师和其余幼儿一起朗诵儿歌:兔宝宝,兔宝宝,快快找,快快找,封面封面(封底封底或者页码页码)在哪里?

(3) 参加游戏的幼儿模仿小兔子,从自己的位置跳到教师的大图书前,快速指出封面的位置,找到后,全体小朋友一起说:"兔宝宝,兔宝宝,找到了,封面封面(封底封底或者页码页码)在这里。"

(4) 给指认正确的小朋友鼓掌祝贺。然后,换成其他的小朋友继续游戏。

2. 学习阅读技能的游戏

开火车(小班)

目标:学习正确的翻书、读书方法。

准备:在黑板上挂一本大图书。

玩法与规则:

(1) 告诉小朋友,看图书就像开火车。封面像火车头,要朝上;封底像火车尾,要朝下。书页就像一节一节的车厢,要从前往后轻轻翻。请个别幼儿演示翻书方法,然后让大家评议。

(2) 看看、说说每节车厢里上面有什么,下面有什么,左面有什么,右面有什么。给说得好的幼儿奖励。

3. 认识笔画的游戏

山羊公公的八字胡(大班)

目标:学习书写撇和捺。

准备:山羊公公挂图两张,幼儿练习书写用纸和笔。

玩法与规则:

(1) 观察两幅图上的山羊公公有何不同(一个有胡子,一个没胡子)。

(2) 给山羊公公添画胡子,学习书写撇和捺。

(3) 幼儿在练习纸上书写撇和捺。

(4) 教师扮演山羊公公,检查书写情况,谁写得好,就送给谁一个"爱的抱抱"。

四 学前儿童语言游戏的组织结构

(一) 创设游戏情境

教师在组织语言游戏时,首先要调动幼儿参与游戏的积极性。为此,教师要努力创设生动、有趣的情境,引发幼儿参与游戏的兴趣,为游戏产生良好的效果打下基础。创设游戏情境的方法主要有以下几种。

1. 用实物创设情境

教师用实物创设情境就是利用活动区的布置、墙饰、桌面玩具、实物摆设、图片等向幼儿提供与游戏有关的形象,引起幼儿参与游戏的兴趣,将幼儿带入游戏的情境之中。如练习发准鼻韵母的游戏"找动物",教师可出示森林背景图,让幼儿到"大森林"里把隐藏的动物找出来。在这个游戏情境中,茂密的"大森林"、若隐若现的"大象"等名字带有鼻韵母发音的各种动物,能迅速吸引幼儿的注意力。

2. 用语言创设情境

教师可以用短小的儿歌、故事或提一些问题来唤起幼儿的记忆，调动他们的经验，营造良好的游戏氛围，从而引导幼儿进入角色。如中班语言游戏“改错”，教师一开始就“说错话”：“今天早上，我吃完汤，喝完饭，出门看见太阳落山了。”全体幼儿听后哈哈大笑啊。教师趁机提问：“你们为什么笑啊？我有什么地方说错了吗？应该怎么说？”从而引起幼儿改错的兴趣。

3. 用动作表演创设情境

教师可以用动作表演小兔子、大象或小鸟等，让幼儿想象游戏中的角色，还可以用动作表演开汽车或开飞机，让幼儿想象游戏的内容和进行方式等，目的都在于向幼儿展示游戏的情境，激发幼儿参与游戏的兴趣和愿望。

4. 综合运用多种方法创设情境

在进行语言游戏时，有时不能仅用一种方式来创设情境，还需要将语言、实物等几种方法综合起来运用。这样，形象直观的实物、生动有趣的语言，配合惟妙惟肖的动作表演，幼儿的注意力就会很快集中起来。例如，大班进行扩句练习的游戏“春天来了”，教师先出示有蓝天、云朵、大树、鲜花、小河的背景图，用优美抒情的语调讲故事：“美丽的春天来了，天气变暖和了，天蓝了，水清了，草绿了，花开了，许多小动物也出来了。快看，哪些小动物出来玩了？”教师一边模仿各种小动物的动作一边让幼儿猜。还可以提问：“什么样的小动物喜欢在什么样的地方玩？”多种方法的综合运用有利于调动幼儿多种感官积极参与游戏，为游戏的顺利进行打好基础。

但要注意，在创设情境时要避免出现两种情况：一是避免时间过长，喧宾夺主；二是避免过于花哨，分散幼儿注意力。

（二）讲解游戏的玩法和规则

创设游戏情境，引起幼儿注意后，紧接着教师就要向幼儿讲解游戏的玩法和规则。这一步骤实际上就是通过教师的示范和讲解，引导幼儿理解游戏规则，明确游戏的玩法，保证游戏能顺利进行。例如，小班练习发翘舌音 ch 的游戏“小鸡吃米”，教师提出游戏规则：小鸡要听清鸡妈妈说吃什么。鸡妈妈说的东西小鸡能吃，小鸡就点头说“吃、吃、吃”；鸡妈妈说的东西小鸡不能吃，小鸡要摇头说“不吃不吃”。谁“吃”错了，鸡妈妈就请它回家。

教师在讲解游戏玩法和规则时应注意：第一，语言简明生动。要尽量使用幼儿能听懂的词语、简单的句式和较慢的语速及形象的动作来进行讲解示范，帮助幼儿了解游戏内容，领悟游戏规则。第二，要讲清游戏的规则要点和开展的顺序。语言游戏中的规则要点一般是让幼儿按规范要求说话，让幼儿明白要说什么，怎么说，什么时候说。同时，教师还要让幼儿熟悉游戏进行的顺序，先做什么，后做什么，什么角色做什么等，以便游戏能顺利进行。

（三）教师引导幼儿参与游戏

在教师引导幼儿参与游戏时，教师是游戏的主角，要帮助幼儿熟悉游戏的规则和语言的运用,为幼儿独立进行游戏积累经验。教师可以先和部分能力强的幼儿一起参加游戏,给全体幼儿做示范,再逐步过渡到请全体幼儿参加游戏。教师还可以在讲清规则后,请部分能力强的幼儿尝试游戏,这样既可起到示范作用,又可检查幼儿是否明确了游戏的玩法和规则。一旦发现问题,要及时纠正。在全体幼儿都明确游戏的玩法和规则之后,就可以正式开始游戏了。

(四)幼儿自主游戏

在幼儿自主游戏环节,教师应从游戏的组织者转换为游戏的观察者,不要过多地限制和束缚幼儿,不要怕幼儿出错,更不应该发出指令和要求直接控制幼儿的行为。教师要细心观察幼儿的游戏过程,如发现有不遵守游戏规则的情况,教师应及时分析原因,并以游戏者的身份进行处理:如果幼儿对游戏规则还不清楚,就补充示范和讲解;如果幼儿玩得高兴,忘了规则,就给予提醒;如果幼儿犯规,就用游戏者的口吻对其按规则处罚。

在游戏结束时,教师可根据幼儿年龄特点和具体游戏内容,采用教师讲评或幼儿自评、互评等方法进行总结评价,使幼儿以后能更加积极、主动地参与游戏活动。

五 学前儿童语言游戏活动的设计与组织

《纲要》中明确指出,“幼儿园的教育活动,是教师以多种形式有目的、有计划地引导幼儿生动、活泼、主动活动的教育过程”“教师应成为幼儿学习活动的支持者、合作者、引导者”。由此可见,教师对语言游戏恰当合理的设计和指导是幼儿在语言游戏活动中得到较好发展的关键。

语言游戏的设计可以从角色、情节入手,创编出适合各年龄幼儿发展水平或解决幼儿实际语言问题的游戏。

从情节入手设计语言游戏可以以幼儿熟悉的生活为题材,如“妈妈找宝宝”“逛公园”“捉迷藏”等;也可以用电视、电影、网络、书刊上的童话故事为题材,如“猪八戒吃西瓜”“小鲤鱼跃龙门”“唐老鸭找朋友”等;还可以以成人的各种活动为题材,如“开商店”“小记者”“邮递员送信”等。游戏的情节在具体的游戏中还可以根据幼儿的表现进行调整。如果幼儿对既定的情节已经熟悉或兴趣降低,教师就可以补充情节,增加难度。例如,玩学习量词的游戏“开商店”,游戏进行十多分钟后,“商店”里的商品快卖完了,“售货员”无所事事,“顾客”拿着买到的物品也没什么兴趣了。教师发现后,就和“售货员”商量道:“商店里的东西不多了,我们一起去进些货吧!”这样,以前的“顾客”变成了“供货商”,“售货员”找各个“供货商”又进了“一本书、一篮苹果、一盒卡片”等物品之后,“商店”再次“开业”,游戏继续进行。

角色是语言游戏的重要组成部分。在比较简单的语言游戏中,可以只设计一个角色,在较复杂的语言游戏中,可以安排多个角色。角色可以让幼儿自己承担,即以小朋友为游戏角色;也可以给角色冠以各种名称,如小白兔、大象、老虎等动物名称，爸爸、妈妈、交警、售货员等人物名称，小树叶、小雪花、大卡车等物体名称。

下面我们从游戏前、游戏中和游戏后三个阶段来阐述如何指导游戏。

（一）游戏前的指导

游戏前的指导是相对于整个游戏过程而言的，主要包括以下几方面。

1. 确定游戏的目标、内容和具体步骤

教师可以根据幼儿的兴趣和语言发展需要来确定游戏的目标和内容，也可以根据幼儿语言发展中出现的一些问题来确定游戏的目标和内容。如何在游戏的开始部分就激发幼儿参与游戏的愿望，如何安排游戏开展的步骤、方法，如何讲解游戏的玩法和规则，从哪儿方面进行小结和评价，甚至如何在游戏结束后对活动材料进行归纳与整理，这些都需要教师事先进行认真设计，并熟记于心，以免在游戏活动中因受其他因素的影响而难以完成既定目标，使语言游戏活动流于形式。

2. 准备游戏材料

作为语言游戏活动的一部分，游戏材料往往影响着幼儿对游戏的兴趣、理解程度和游戏的进程。是否需要准备游戏材料，准备哪些游戏材料，要考虑以下三方面的需要。

（1）教育目标和内容的需要　游戏中是否需要使用游戏材料，使用哪些游戏材料，要根据游戏的目标和内容来确定。如大班“词语接龙”游戏，只要有两个或两个以上的幼儿，他们掌握一定的词汇量，不使用任何游戏材料都能进行；中班学习量词的“开商店”游戏就必须有实物或图片，游戏才能进行；小班练习发准 j、ch 音的“母鸡带小鸡”游戏则除了要准备相应的图片、头饰外，还要有足够大的活动场地。

（2）不同发展水平的幼儿的需要　幼儿的语言发展有其规律性和阶段性，而且每个幼儿语言发展的速度和水平也存在差异。所以准备的游戏材料要尽量满足不同幼儿的发展需求，使每个幼儿在语言游戏活动中都能获得发展。如练习运用恰当的形容词描绘事物特征的游戏“看谁说得好”，给能力较强的幼儿提供一些字条，如雪花、祖国、春天等，让幼儿进行描述练习；给能力稍差的幼儿则要提供图片，如小弟弟、大树、花朵、小猴、大公鸡等，让幼儿描述。

（3）幼儿进行游戏的需要　在不同的语言游戏中，幼儿的需要是不同的。教师要在游戏前考虑幼儿进行游戏时可能用到的材料，如固定图片用的胶带、添画用的彩笔等，这些材料都需要提前准备好，以保证游戏顺利进行。

3. 丰富幼儿的相关经验

经验是幼儿语言游戏顺利展开的基础，应利用各种方式和机会丰富幼儿的有关经验，这样才能保证游戏顺利进行。丰富幼儿游戏经验的方法如下。

（1）实地参观　例如，玩“邮递员送信”游戏前，可带幼儿到邮局了解邮递员工作的内容和过程；玩描述性游戏“我是小小设计师”前，可带幼儿到市中心观察各种建筑物的外形、颜色、功能等特征，以丰富幼儿的感性认识。

(2) 观看图片、影像资料　这也是丰富幼儿游戏经验的形式。通过观看图片、影像资料,可以加深幼儿的印象,帮助幼儿在游戏中再现有关内容和情节,使语言游戏顺利深入地展开。

(3) 争取家长的支持与配合　在丰富幼儿的相关经验的过程中,家长的作用不可低估。家长带孩子参与社会生活实践,示范待人接物的方法,准备辅助材料,不仅可以为幼儿进行语言游戏活动奠定基础,而且还可以检验、巩固、练习游戏的内容。

(二) 游戏中的指导

在语言游戏活动中,应该给予幼儿比在一般教学活动中更多的主动权,让幼儿有权以自己的方式进行游戏,但教师的指导也是必不可少的。教师的作用在于给幼儿最多的观察、最大的耐心、最有效的指导。

1. 细心观察,适时指导

观察是了解幼儿最主要的途径,主要是为了真实准确地了解幼儿在游戏中的表现,了解其发展特点和需要,使教师能在指导游戏时做到客观准确,提高教师指导效果,减少指导失误。如果教师不了解幼儿游戏的实际情况,而是按照自己的想法去指导游戏,那么教师的指导就可能成为游戏的干扰。例如,一个小男孩在玩学说礼貌用语的游戏"小熊请客"时,没有像其他幼儿一样戴上教师准备好的动物头饰,而是低着头从活动区找了两个夹子夹在耳朵上。教师看见忙"指导":"呀！耳朵夹得疼吗？快取下来!"孩子看着教师,不情愿地拿了下来,可一会儿又夹上了。教师继续"指导":"你怎么又夹上了？别玩了,快想想你要扮演什么角色?"小男孩小声地说:"我要扮演熊爸爸,这是熊爸爸的耳朵。"多有趣的想象啊!可是它差点"夭折"在教师的"指导"中。

2. 面向全体,重视个体差异

教师在指导游戏中,既要照顾到全体幼儿的兴趣、爱好和现有水平,又要根据每个幼儿的游戏行为和语言运用情况,了解每个幼儿的语言发展水平和存在的问题,提出切实的、有针对性的教育措施。对语言能力较强的幼儿,教师可提出更高的语言要求,使他们的语言更准确、更丰富、更规范、更有创造性;对于胆小、内向的幼儿,教师要充满热情地鼓励他们积极参与游戏,提高他们的语言水平和自信心;对于稳定性差、易受外界干扰的幼儿,教师要引导他们专心游戏,遵守游戏规则;对于只喜欢玩某一类语言游戏的幼儿,教师可通过与他一起玩或引导同伴和他一起玩的方法,激发幼儿对各类游戏的兴趣。

3. 鼓励和肯定是教师指导游戏的基本方法

在游戏中孩子遇到困难和问题时,需要的往往不是答案和解决方法,而是信任、鼓励和支持。尤其是那些语言发展较慢或在游戏中表现不突出的幼儿,教师更应在肯定幼儿的基础上,鼓励幼儿继续进步。一句热情的鼓励,一个关注的眼神,乃至摸摸头、拍拍肩,对孩子来说都是巨大的精神力量。

(三) 游戏后的评价

游戏后的评价,是语言游戏活动的一个重要部分,其目的是为了促进幼儿语言的进一步发展。当幼儿游戏获得成功时,教师的评价能使他们感受到成功的喜悦,增强自信心;当幼儿在游戏中没有达到既定目标时,教师在肯定他们努力的基础上提出希望和建议,使幼儿修改、调整自己的语言,激发幼儿继续学习提高语言水平的愿望,从而促进幼儿语言的发展。

评价可以是教师讲评,也可以是幼儿自评、互评。对于小班幼儿,教师可以用游戏的口吻、游戏者的身份对幼儿在游戏中的表现进行评价,对好的表现予以肯定,使其好上加好;对消极的表现加以转化,使幼儿明确努力的方向。对于中、大班幼儿,一般以幼儿自评和互评为主,讲评时可以发动幼儿进行讨论。通过一次次的讨论,提高幼儿语言的理解能力、分辨能力,发展其口语表达能力。

延伸阅读

让游戏成为幼儿语言发展的加油站

游戏是幼儿喜爱的活动之一,也是幼儿进行相互交往的最好方式。《幼儿园教育指导纲要(试行)》指出:幼儿园的教育应“以游戏为基本活动”。将语言活动与游戏结合起来,可以为幼儿营造宽松的游戏氛围,培养幼儿主动运用语言、主动交往的兴趣。

1. 在“巧巧手”游戏中锻炼幼儿有序讲述的能力

讲述是一种独白语言,要求幼儿能系统、清晰地表达自己的想法,讲述活动为培养孩子这种能力创造了场景,要求幼儿面对大家把自己想讲的内容讲出来。通过“巧巧手”的游戏就可以锻炼幼儿的这种能力。

“食指拇指碰碰,食指中指并拢,做把剪刀剪剪,我是手指魔术师”。这是小朋友们最喜欢看的中央电视台播放的“智慧树”节目中“巧巧手”这一栏目的口号。我们班的孩子就迷上了“巧巧手”这个栏目,也迷上了做手工。因此我们投其所好,在教室里也开设了“巧巧手”活动区,并通过上网查找,把每次“巧巧手”节目中教的手工作品都打印出来,贴在区角内,并用文字提示幼儿做这个作品需要准备什么东西、制作步骤是怎么样的。孩子们虽然上过阅读课,但是认识的汉字还是有限,还不能完全看懂说明,需要在已经知道、理解的基础上加上自己的想象才能把说明看懂。因此,每一次新的作品出现,我们都需要向幼儿解说。但是,有时候我们老师不一定有空看电视,而很多孩子却会看。因此,我们就想到了让孩子来当“巧巧手”里的解说员。孩子们可乐意来当这个解说员了,他们会学着主持人“红果果”“绿泡泡”的样子来告诉大家:“做这个东西,小朋友必须准备好……首先要……然后……第三步……这一步小朋友要注意安全,需要请爸爸妈妈帮忙……”有时候一个孩子讲不清楚或讲错了,便会马上受到大家的反驳,并有其他的幼儿来补充或更正。

为了当好这个“解说员”,孩子们在看电视的时候必须格外地专心,还要用心记住每一样材料、每一个步骤,最难的一点是必须能把制作过程一步一步、清清楚楚、有条理地讲给大家听。通过做“巧巧手”解说员,孩子们的语言表达能力有了进一步的提高,同时也有助于他们养成说话有顺序、有条理的好习惯。

2. 在“小菜场”模拟现实游戏中学习运用人际交往语言

人际交往语言是人们在表达思想感情、与他人沟通和交流中运用的语言。如讲话要文明、有礼貌，不同场合需要用不同的讲话方式等。幼儿学习和运用人际交往语言是掌握交往技能的重要内容，利用“小菜场”这样模拟现实的游戏可以让幼儿学习和运用人际交往语言。

“小菜场”游戏在我们班已经开展了很长时间了，小朋友们都非常喜欢。在“小菜场”这个模拟情境中，孩子们主动而有礼貌地找营业员买东西、问价格、聊天、交流等，如“今天都有些什么菜啊?”“QQ菜太贵了，能不能便宜点?”这样的游戏激发了他们交往的兴趣，使他们逐步学会了交往的方法。之后，我们又把“小菜场”扩大，邀请其他班的小朋友加入我们的“小菜场”，特别是大三班的小朋友和我们共用一个阳台，他们可以在阳台上直接到“小菜场”买东西。用这样的方法扩大幼儿的活动空间，扩大幼儿的交往范围，让幼儿在模拟现实生活的情境中主动地运用语言，学习交往。

经过一定时期的学习，小朋友们已经基本掌握了生活中常用的礼貌用语、商量用语、拒绝用语、请求用语、赞美用语等。这些交往语言的习得，让幼儿在游戏时感受到了交往的快乐，而且这些交往语言也会伴随幼儿终生。

3. 在“小记者”主题游戏中提升幼儿提问的技巧，增强其语言表达能力

提问是记者频繁运用的一种采访方式。为确保采访成功，记者要自始至终围绕采访主题进行发问。通过开展“小记者”主题游戏，可以提升幼儿的提问技巧，增强他们的语言表达能力。

在幼儿的学习和生活中，教师应为幼儿提供各种语言表达的机会。我们先从“说新闻”开始，让他们把自己的所见所闻、所思所想、所感所悟大胆地表述出来，感受说的乐趣，为孩子的语言发展创造条件。接着开展“小记者”主题游戏，结合主题“人们怎样工作”，鼓励幼儿学做小记者，学习运用采访的方法去了解周围人们的工作及他们的工作与人们的关系，并鼓励幼儿像记者播报新闻一样清楚、连贯地讲述自己的采访结果。为了让幼儿了解记者的工作并更好地学习记者的采访与播报本领，我们大班组还特意请来了无锡市教育电视台的记者叔叔，让小朋友与记者叔叔进行面对面的交流，先由记者示范采访小朋友，然后再由小朋友去采访记者叔叔，记者叔叔再给予孩子们一定的指导。孩子们的本领一天比一天进步，一个个相继获得了“小记者证”，成了我们幼儿园里的“小记者”。接下来，我们带“小记者”去参观、采访，如带孩子到食堂帮厨，采访食堂人员，让幼儿认识各种蔬菜，尝试讲述各种蔬菜的生长过程、营养价值、烹制过程等。我们还带孩子们走出幼儿园，去采访理发店的理发师、医院的医生、邮电局工作人员、银行工作人员等，让孩子们与不同的对象交流，拓展采访范围，获得愉快的交往经验。这既丰富了他们的生活，又促进了他们的语言发展。

在采访中，孩子们用自己的方式对被采访者的情况进行记录，他们积极开动脑筋，认真讨论采访的主题，精心设计采访的问题，仔细倾听被采访者的回答，用心汇总采访结果，最后还能大胆地进行“新闻播报”，把采访的内容呈现给大家。幼儿扮演“小记者”，不仅可以丰富幼儿的社交方式，增长见识，培养其敏锐的观察力和挖掘生活素材的能力，而且还能提高幼儿的口语表达能力。

4. 在“击鼓传花”游戏中培养幼儿的主题讲述能力

主题讲述就是教师给幼儿一个固定的主题，要求幼儿围绕主题进行讲述。幼儿无论怎么讲都必须围绕着主题，这就是主题讲述的要求。通过“击鼓传花”游戏，可以锻炼幼儿的这一能力。

“击鼓传花”游戏深受我们班孩子们的喜欢，每次孩子们都争着来表演节目，于是我们就利用这个有趣的游戏来培养幼儿的语言表达能力。我们把这个游戏变了个小花样，把“击鼓传花”改成“击鼓传笑”。我们提出游戏的要求：谁要是接到花谁就给大家说一件自己遇到的开心的、有趣的事情，如果实在没有的话，也可以给大家讲个笑话。

“击鼓传花”除了可以改成“击鼓传笑”外，还可以改成很多其他的“击鼓传×”。这种形式很适合用在幼儿园语言活动中，可以锻炼幼儿围绕主题进行讲述的能力。“击鼓传花”“击鼓传笑”……“一话百说”，这与单一的主题谈话活动相比，更具有趣味性。

5. 游戏偶发事件为幼儿构筑“对话”平台

对话是一种平等、开放、自由、民主、协调、富有情趣和美感、时时激发新意和遐想的交谈。在游戏中，幼儿之间的互动非常频繁，对话占主要内容。

如在一次“娃娃家”的游戏中，“爸爸”从“店”里买回了一盒牛奶，“妈妈”拿起牛奶往碗里倒，结果就有了下面这段对话：

妈妈：“咦，牛奶盒怎么是空的？牛奶让谁偷喝了？”

爸爸：“不会吧，我买回来就放在这里的呀，没喝过啊！”

妈妈：“会不会是老鼠偷喝的？”

爸爸：“可是这里没有老鼠的脚印，也没有老鼠屎啊！”

妈妈：“老鼠喝饱了不会在这里大便的，它肯定是躲到洞里去大便了。”

爸爸：“那我们问问爷爷奶奶晚上这里的门窗有没有关好！”

妈妈：“好吧！”

以上这个情节是在游戏中偶然发生的，虽然只是几句简短的对话，但从中我们也可以看出在这么宽松的对话氛围中幼儿会互相接应话题，善于质疑，大胆否定，主动协商，大胆用语言表达自己的假设。

只要我们教师心中有语言教育目标，只要我们教师充分运用好游戏这一资源，就能在游戏中给孩子们创造更多的语言学习和语言运用的机会，使游戏成为孩子们语言发展的加油站！

［资料来源：根据网络资料整理］

案例评析

案例一　发音游戏：三个木头人（小班）

活动目标

（1）学习发清 s、sh 音，正确读出“三”和“山”。

(2) 认真倾听别人讲话,积极参与游戏,掌握游戏规则。
(3) 体验愉快的游戏气氛。

活动准备

一幅三座山的背景图,三个小木头人。

活动过程

1. 出示小木头人和三座山的背景图,创设游戏情境

教师用生动活泼的语言说:"小朋友们,今天我们要一起去旅行,猜猜我们要去哪里?(出示三座山的背景图)哦,原来我们要去山上玩。几座山?(三座。)山上都有谁?(三个小木头人。)我们和木头人一起玩游戏吧,游戏的名字就叫三个木头人。"

2. 介绍游戏规则及玩法

教师在前,幼儿在后,边走边跟着节奏朗诵儿歌:山山山,山上有个木头人,三三三,三个好玩的木头人,木头人,木头人,不许说话不许动。说到最后一个字时,幼儿不许动并摆定造型,如兔子、奥特曼、飞机等,幼儿若动了就算犯规,轻拍手三下,然后游戏继续进行。

3. 教师以参与者的身份与全体幼儿进行游戏,帮助幼儿理解和掌握游戏规则

(1) 教师在幼儿朗诵儿歌时,要注意提醒幼儿吐字清晰,声音洪亮。
(2) 幼儿在摆造型时,要注意观察别人的造型,不重复别人的动作,要有自己的创意。
(3) 犯规的幼儿轻拍手三下,帮助幼儿建立规则意识。

4. 幼儿自主游戏

幼儿分两组,请能力较强的幼儿当带领者开展游戏,教师观察、指导。

活动评析

(1) 这个语言游戏的目标明确、具体、全面,难度适合小班幼儿的年龄特点和接受水平。

(2) 活动开始时,用语言讲述和实物展示相结合的方法来创设语言游戏情境,吸引了幼儿的注意力,激发了幼儿的兴趣,同时帮助幼儿理解儿歌内容,巩固了 s 和 sh 的发音。这一环节的设置轻松有趣,具体形象地解决了发音问题。

(3) 活动中,教师并没有让幼儿反复练习发"三"和"山"的发音,而是抓住这个游戏的兴趣点,在玩游戏的过程中练习"三"和"山"的发音。在原地不动定造型的环节,幼儿通过观察互相学习,互相交流,在模仿别人动作的同时,也学会了用动作表达自己内心的想法。犯规之后轻拍三下手的小惩罚帮助幼儿建立了规则意识,也增强了游戏的趣味性。

[资料来源:运城幼儿师范高等专科学校附属幼儿园,贾巧珍]

案例二 词汇游戏:变化的苹果(大班)

活动目标

(1) 正确使用量词"个""块""盘""筐""堆"等,能够连贯而完整地说话。

(2) 认真倾听他人讲话，积极参与游戏，掌握游戏规则。

(3) 感受和体验相同的事物在不同情况下可以用不同的量词来形容。

(4) 乐意与同伴分享游戏的快乐。

活动准备

各种动物的图卡及头饰卡(山羊、小猴、小狗、小鸟、小象)；苹果图片(一个苹果、一块苹果、一盘苹果、一筐苹果、一堆苹果)；16开白纸(每人两张)，彩笔若干。

活动过程

1. 教师出示森林果园背景图，创设情境，让幼儿理解量词“个”“块”“盘”“筐”“堆”的含义

教师出示山羊、小猴、小鸟、小象、小狗等图卡形象，并用生动的语言讲述：“森林里的果园丰收了，小动物们纷纷跑来帮山羊公公摘苹果。大家把苹果从树上摘下来放在一起变成一(堆)苹果。小动物们很高兴，一起来分享苹果。小鸟得到了一(块)苹果，小狗得到了一(个)苹果，小猴得到了一(盘)苹果，小象得到了一(筐)苹果。大家吃得很开心，山羊公公说：“谢谢你们！”小朋友，我们也来玩有趣的量词游戏吧！

小结：同样是苹果，在不同情况下可以用不同的量词来表示。

2. 介绍游戏规则及玩法

教师出示动物图卡及苹果图片，幼儿在给“动物”送“苹果”时必须用完整的话来说，如“小鸟，你好！送给你一块苹果。”这样小动物才会接受，其中必须使用“个”“块”“盘”“筐”“堆”这几个量词，并且正确使用礼貌用语。

3. 教师参与游戏，帮助幼儿理解和掌握游戏规则

(1) 教师示范：请一个幼儿扮演小动物，如小鸟，教师双手递送选择好的苹果图片，并说：“小鸟，你好！送给你一块苹果，请吃吧！”“小鸟”说：“谢谢！”教师：“不客气！”提醒幼儿根据动物不同的食量选择苹果图片，用完整、连贯的语言表述。

(2) 教师引导幼儿游戏，特别是个别幼儿参与的游戏，启发幼儿正确使用这几个量词说出完整的句子，及时纠正幼儿的错误说法。

4. 自主游戏

(1) 幼儿在预先备好的白纸上用笔画出想要送的苹果图片，如一个苹果或一盘苹果等。请两个能力强的幼儿来扮演小动物，用肢体模仿动物形态，其余幼儿来送苹果，并完整表述。表述正确，则礼物被收下，否则被退回。

(2) 幼儿有秩序地排队送苹果，教师引导幼儿提前想好要说的话，教师巡回观察、指导。

活动延伸

对同一事物在不同情况下可以使用的量词还有很多种，幼儿在活动结束后，可以选择其他的事物来做游戏，如一盆花、一枝花、一朵花、一束花等，还可以寻找生活中更多的量词来说。在游戏中发现语言的奥秘，体会语言的乐趣。

活动评析

(1) 游戏目标明确、具体,难度适合大班幼儿的年龄特点和认知理解水平。

(2) 活动开始时,运用语言、实物图卡和动作综合设置游戏情境,激发幼儿对游戏的兴趣,调动其参与游戏的热情。活动中,教师将游戏的难点层层展开,先理解,再运用,先示范,再游戏,让幼儿扮演小动物并尝试自由绘画不同分量的苹果图片,增强了自主游戏的趣味性和选择性,从而使幼儿更好地掌握量词的使用,并将其内化成为自己的知识。

(3) 语言游戏承载一定的语言学习任务,本游戏要求幼儿不仅学会说不同的量词,而且还要用完整语言表述,幼儿在进行表述时必须要付出一定努力,才能达到要求,这充分体现了语言训练的要求。

(4) 教师给幼儿创设了一个平等、自由的游戏环境,幼儿在教师指导下,充分体会语言交流的乐趣。另外,教师还注重个别指导,体现了全面发展的教育观,让每个幼儿都有所乐,有所长,在游戏中学会倾听别人讲话,体会积极与人交往的快乐。

[资料来源:运城幼儿师范高等专科学校附属幼儿园,刘凡设计]

案例三　早期阅读游戏:美味在哪里(小班)

活动目标

(1) 学会一页挨着一页翻书的看书方法。

(2) 体验游戏的快乐,激发对阅读的兴趣。

活动准备

各种小动物的图样各一个(小猴子、小狗、小花猫、小山羊、小公鸡、小白兔);书签各一个(桃子、骨头、小鱼、小草、小虫子、胡萝卜);图书一本。

活动过程

1. 创设游戏情境,激发幼儿参与游戏的兴趣

教师头戴白帽,系着围裙,出现在小朋友面前,自我介绍说:“我是动物餐厅的大厨乐乐。今天我要请小动物们来做客。它们都是谁呢?”

(教师依次按顺序摆好小猴子、小狗、小花猫、小山羊、小公鸡、小白兔的图片。幼儿看图片回答。)

“我给小动物们准备了好多食物,都是它们爱吃的美味。你们知道它们都喜欢吃什么吗? 这些美味都藏在哪里呢? 我把它们都放在了一本图书里,我们一起去找找美味在哪里?”

2. 介绍游戏规则及玩法

(1) 教师示范。

教师:“看! 排在第一位的是小猴子,所以我们在图书中要先找到小猴子喜欢的食物。”教师翻开图书的第一页,找到桃子的书签并把它放在小猴子图片下面相应的盘子中,然后依次进行。

(2) 组织幼儿进行游戏,亲身体验一页挨着一页地翻书。

让幼儿一定要按小动物的排列顺序依次给它们找到“美味食物”，不能间隔着找，对能按要求做的小朋友提出表扬。

3. 总结

小朋友不仅帮小动物们找到了美味的食物，还学会了一页挨着一页地翻书。今后小朋友看书时就要这样一页挨着一页来翻书、看书。

活动延伸

在图书角投放图画书，培养小朋友对阅读的热爱，使小朋友感受阅读的乐趣。

活动评析

（1）游戏目标明确，通过游戏的形式让幼儿知道如何一页挨着一页地翻书，符合小班幼儿的认知特点。

（2）游戏开始时，教师利用语言、实物图片、服饰综合创设游戏情境，激发幼儿对游戏的兴趣，调动其参与游戏的积极性，使幼儿在帮小动物找食物的同时轻松地学会了一页挨着一页翻看图书的方法。游戏中，教师先示范，使幼儿容易理解游戏的玩法和规则，内容富有儿童生活情趣，能调动幼儿参与游戏的积极性。

（3）此游戏的重点是让幼儿学会一页挨着一页地翻看书，所以在游戏中不要求幼儿找食物的速度很快，但要求幼儿要按小动物的排列顺序依次给它们找到“美味食物”，不能间隔着找，对能按要求做的小朋友提出表扬。此游戏的设计重点突出，难度适宜，适合小班幼儿初步学习翻看图书时使用。

［资料来源：黑龙江农垦职业学院2008级学前教育（2）班，张璐璐设计］

岗位对接

中班描述游戏：猜莲子

（一）素材

游戏名称：猜莲子

游戏目标：练习幼儿的倾听与表达，侧重于表达方面，主要是练习幼儿的口头描述能力。

游戏玩法和规则：

一个幼儿扮演“种莲子”的人，其他幼儿扮演莲子要种进池塘里的“泥”。扮演“泥”的幼儿先将眼睛闭起来，将手掌打开背到后面。“种莲子”的幼儿围着“泥”走，边走边和扮演“泥”的幼儿一起朗诵儿歌：“种莲子，种莲子，不知莲子种哪家，东一家，西一家，到了明年就开花。”“种莲子”的幼儿需要在儿歌结束前将“莲子”放在一个扮演“泥”的幼儿手里，儿歌结束后，用清楚连贯的语言来描述这个幼儿的外貌、衣着等特征，请大家来猜“莲子”种到“谁”的家。在大家准确猜出

“莲子”种到谁的手里后，被猜出的幼儿要重复说出自己的外貌、衣着等特征。

扮演“泥”的幼儿在儿歌朗诵期间，不能睁开眼睛偷看，扮演“种莲子”的幼儿，要在儿歌结束前完成把莲子“种”进一个幼儿手里的任务，并且能用清楚连贯的语言准确描述被“种”进莲子的那个幼儿的外貌、衣着等特征。同样的“泥”不能反复多次被“种”进莲子，要变换“种莲子”的对象，使更多的“泥”都有机会被“种”进莲子，也有机会扮演“种莲子”的人。

（二）素材分析

《3—6 岁儿童学习与发展指南》中指出，幼儿的语言是在交流和运用的过程中发展起来的。中班幼儿以具体形象思维为主，因此要选取贴近幼儿生活的语言作品作为活动的内容，这样便于幼儿更好地开展游戏，而游戏“种莲子”就符合这一特点，可以让幼儿在视、听、说、做的过程中感受游戏的乐趣，并在游戏的过程中潜移默化地达到发展幼儿倾听和表达能力的目的。

（三）活动设计

请设计一个完整的中班幼儿听说游戏活动“猜莲子”，具体要求如下。

1. 活动目标

活动目标要符合《纲要》的精神，符合幼儿的认知水平和情感需要，以幼儿为行为主体制定目标；目标要具体明确，可操作，可检测；目标数量不宜过多，以 3 条为宜，包括认知目标、能力目标和情感目标，重点呈现新经验和需要重复的重要经验。

2. 活动准备

活动准备包括物质准备和经验准备。物质准备包括围绕教学内容为幼儿提供支持其学习的活动环境、活动材料、必要的教具、玩具、学具等；活动材料不宜过多过杂，要从目标和达成目标的过程、环节和方法的实际需要出发。经验准备根据活动需要制定，包括知识、经验、心理等方面的准备。

3. 活动过程

要根据教学内容和幼儿实际选择有效的教学策略，激发幼儿的学习兴趣，以游戏为主，体现自主性、合作性、探究性、体验式等学习方式；教学过程要层次分明，重点突出，难点突破，充分体现师幼互动。

4. 活动延伸

活动可向区域活动、生活活动及家庭、社区等延伸；包括重复强调和后续拓展两种类型。

活动设计参考

中班听说游戏：猜莲子

活动目标

1. 认知目标：了解描述人的方法，能通过外貌、衣着等外部特征去描述。

2. 能力目标：能运用比较连贯的语句清楚地描述同伴的外貌、衣着等特征，注意倾听同伴的发言，并能根据描述做出正确判断。

3. 情感目标：能遵守游戏规则，感受游戏的快乐。

活动准备

1. 知识经验准备：(1) 通过视频或现场观看了解种莲子的劳动场景。(2) 学会朗诵儿歌《种莲子》:种莲子,种莲子,不知莲子种哪家,东一家,西一家,到了明年就开花。

2. 物质准备:多只新鲜、干净的可以即食的莲蓬。

活动过程

1. 创设游戏情境

出示莲蓬:小朋友们,看,这是什么?这就是莲蓬!(剥出莲子)你们吃过莲子吗?好吃吗?我们在池塘的泥里面种上莲子,明年就能结出莲蓬。既然大家都这么喜欢吃好吃的莲子,今天,老师就请小朋友们扮演池塘里的“泥”,老师将这颗莲子种到池塘的“泥”里,我们一起玩一个好玩的游戏“种莲子”,好吗?

首先,我们一起复习前面学习的儿歌《种莲子》。

2. 交代游戏规则和玩法

(1)扮演“泥”的幼儿一起朗诵儿歌,在朗诵儿歌时必须将眼睛闭起来,不能偷看,等儿歌说完后才能睁开眼睛。

(2)“种莲子”的人在儿歌结束前要将莲子放在一个幼儿的手里,然后用清楚连贯的语言来描述这个幼儿的外貌、衣着特征,请大家来猜。

(3)被猜出的幼儿要重复说出自己的外貌、衣装特征。

3. 教师引导幼儿游戏

幼儿围坐成圆形,闭上眼睛,手背在后面,手掌向上,教师扮演“种莲子”的人,先示范一次游戏的玩法,让幼儿进一步熟悉游戏规则和玩法,当幼儿了解游戏规则和玩法以后,再请其他幼儿根据游戏情境和玩法依次扮演“种莲子”的人,继续游戏,直到幼儿完全掌握游戏规则和玩法,并感受到游戏的快乐。

4. 幼儿自主游戏,探索“种莲子”的新玩法

教师提醒:无论怎样变换玩法,“种莲子”的幼儿都要清楚连贯、声音洪亮地描述同伴的外貌、衣装特征,“种莲子”和拿到莲子以后都要注意保密。

5. 游戏结束:品尝莲子

幼儿剥开莲蓬,品尝莲子,谈谈对“种莲子”游戏的感受和莲子的味道。

活动延伸

请幼儿在表演角和其他同伴继续玩今天的游戏,或者回家和家人一起玩。

(四)说课练习

1. 理论功底扎实,充分体现现代学前教育的要求。

2. 仪表庄重,行为大方,举止文雅,表情自然、丰富。

3. 口齿清晰,语言规范,条理清楚,逻辑性强,表达流畅,有感染力。

说课参考样例

“猜莲子”说课稿

尊敬的各位老师:

大家上午好。今天我说课的题目是中班语言游戏活动“猜莲子”。下面我将从说活动教材、

说学情、说活动方法、说活动准备、说活动过程、说活动延伸六方面展开我的说课。

1. 说活动教材

本次的教材是听说游戏“猜莲子”。听说游戏是用游戏的方式练习幼儿的倾听和表达能力的语言教育活动,有助于培养幼儿的快速反应能力和语言运用能力。结合中班幼儿的年龄特点,制定如下三个方面的活动目标。

认知目标:了解描述人的方法,能通过外貌、衣着等外部特征去描述。

能力目标:能运用比较连贯的语句描述同伴的外貌、衣着等特征,注意倾听同伴的发言,并能根据描述做出正确判断。

情感目标:能遵守游戏规则,感受游戏的快乐。

结合本次活动的主要内容及三维教学目标,确立如下教学重难点。

重点:通过游戏,练习运用比较清楚连贯的语句描述同伴的外貌、衣着等外部特征。

难点:在活动过程中能根据同伴的描述迅速做出正确的判断,并能够很好地遵守游戏规则。

2. 说幼儿情况

在活动中,我们不仅要对教材进行分析,更要对幼儿现有水平有明晰的把握,这样才能做到因材施教。接下来我将对幼儿情况进行简要分析:中班幼儿以具体形象思维为主,因此一定要选取贴近幼儿生活的语言作品作为活动的内容,这样便于幼儿更好地联系实际生活理解文学作品的内容,而《种莲子》就符合这一特点。莲子作为生活中比较常见的食物,很多小朋友都见过,也通过现场感受或从电视上看过种莲子的劳动场景,并且在游戏开始之前,我们已经学过了这首儿歌《种莲子》:“种莲子,种莲子,不知莲子种哪家。东一家,西一家,到了明年就开花。”这首儿歌朗朗上口,富有节奏感,简短易记,幼儿很容易掌握。这样,就为全体幼儿都参与到游戏中,开展集体听说游戏活动打好了基础。

3. 说活动方法

《纲要》指出:教师应成为学习活动的支持者、合作者、引导者。在教学活动中,为了让幼儿真正成为活动的主人,在本次活动中我采用谈话法、游戏法、表演法,让幼儿在视、听、讲、做的练习中感受听说游戏的乐趣。并在玩游戏的过程中,潜移默化地实现发展幼儿倾听与表达能力的教育目标。

4. 说活动准备

中班幼儿正处在具体形象思维阶段,只有借助具体形象的事物并在做中学,才能帮助幼儿更好地开展本次听说游戏。本次活动前期准备了视频,使幼儿了解种莲子的劳动场景。提前学习朗诵准备的游戏儿歌,有助于激发并维持全体幼儿参与听说游戏的兴趣,为顺利开展游戏打下了基础。准备了多只莲蓬,活动开始时可以有效激发幼儿参与游戏的兴趣,活动结束时,再品尝莲子,将游戏的快乐进一步升级。丰富多样的活动准备,为发展幼儿口语表达中的描述能力打下了坚实的基础。

5. 说活动过程

《纲要》中指出:发展幼儿语言的关键,是要创设一个让幼儿想说、敢说、喜欢说、有机会说并能得到积极应答的语言环境,而听说游戏就是一种很好地让幼儿学习倾听与表达的语言活动。接下来我将阐述本次活动过程的设计。

(1) 谈话导入,创设情境

在这个活动的开始,教师和幼儿围坐成圆形,这样就自然地缩短了教师和幼儿之间的距离,幼儿会觉得教师跟自己很亲近，为游戏的进行打好了情感基础。

接着，教师出示莲蓬，剥出莲子：这是什么？这就是莲蓬。我们想要吃莲子，就先要在池塘里种上莲子，明年就能结出莲蓬。今天，请小朋友们扮演池塘里的“泥”，教师把这颗莲子种到池塘的“泥”里，我们一起玩一个种莲子的游戏。这样，幼儿就自然而然地进入游戏情境，同时，这也是有效集中幼儿注意并激发幼儿参与游戏兴趣的方法。

（2）交代游戏规则和玩法

① 扮演“泥”的幼儿一起朗诵儿歌，在朗诵儿歌时必须将眼睛闭起来，不能偷看，等儿歌说完后才能睁开眼睛。

② “种莲子”的人在儿歌结束前要将莲子放在一个幼儿的手里，然后用清楚连贯的语言来描述这个幼儿的外貌、衣着特征，请大家来猜。

③ 被猜出的幼儿必须重复说出自己的外貌、衣着特征。

（3）教师引导幼儿游戏

教师通过浅显简洁的讲解和清晰准确的示范介绍游戏的规则和玩法以后，幼儿围坐成圆形，眼睛闭上，手背在后面，手掌向上，这样就可以接住教师递过来的莲子。大家开始朗诵游戏儿歌《种莲子》：种莲子，种莲子，不知莲子种哪家。东一家，西一家，到了明年就开花。教师边朗诵儿歌边从每个幼儿身后走过，并且把莲子悄悄放入一个幼儿手中。最后走到中央，描述这个幼儿的特征，如“我把莲子种在一个短头发的女孩手里，她穿着黄衣服、蓝裙子和黑皮鞋”，请幼儿都来猜。猜对了，有莲子的那个幼儿就要站起来说“我是短头发的女孩子，我穿的是黄衣服、蓝裙子和黑皮鞋。”然后游戏继续。

在大家一起朗诵“种莲子”儿歌的时候，教师要鼓励幼儿要清楚连贯、声音洪亮地说，提醒幼儿种莲子和拿到莲子以后都要注意保密，为幼儿自主游戏做好铺垫。这一步非常重要。为了保证幼儿下一步能按游戏规则开展游戏，教师可以组织幼儿多玩几遍游戏，直到幼儿完全掌握了游戏规则和玩法。

（4）幼儿自主游戏

在幼儿对游戏规则和内容熟悉后，教师就可以请第一个猜对的幼儿来种莲子，这样会提高幼儿倾听别人发言并能根据言语描述迅速做出正确判断的积极性。

幼儿的自主游戏过程，也是练习按一定规则进行语言表达的过程，教师要尊重幼儿、信任幼儿，放手让幼儿愉快地玩，鼓励他们想出“种莲子”的新玩法。但是，如果幼儿猜不出来，可以鼓励种莲子的幼儿再重新描述一遍，使游戏顺利开展。

游戏最后可以进行一个分享活动：幼儿在愉快的气氛里，放松心情，品尝莲子。这样，围绕着种莲子、说莲子、猜莲子到品尝莲子，幼儿始终投入地玩游戏，活动目标也在不知不觉中实现了。

6. 说活动延伸

好的教育活动是一个长期、持续的过程，要特别重视对幼儿能力、习惯的培养，活动延伸不可缺少。在活动结束后，请幼儿将今天学过的游戏延伸到我们的表演角，和其他幼儿继续玩这个游戏或者回到家里面和爸爸妈妈分享今天学习的内容。

以上就是我说课的全部内容，谢谢各位老师！

（本文素材选自一起考老师 APP。）

国考聚焦

真题分析

1. 论述题

李老师设计了一个“三只蝴蝶”做游戏活动，她选了三个幼儿扮演蝴蝶，又选了若干幼儿扮演花朵，结果幼儿兴趣不高，表现被动，还没等游戏结束，一个幼儿就问李老师：“老师，游戏完了吗？我们可以自己玩了吧？”

对这种现象，请从幼儿游戏特征和游戏指导的角度进行阐述。

答案与解析：

从幼儿游戏特征的角度分析，幼儿游戏应该具有以下四个特征：① 游戏是儿童主动的自愿的活动；② 游戏是在假想的情境中反映周围生活；③ 游戏没有社会的实用价值，不直接创造财富，没有强制性的社会义务；④ 游戏伴随着愉悦的情绪。

从教师对游戏指导的角度：李老师在游戏中是一种导演者的角色，以导演角色介入游戏，告诉儿童在游戏中应该做什么，不应该做什么，完全控制了儿童游戏，就很可能破坏儿童游戏，变成“游戏儿童”而不是“儿童游戏”。

2. 活动设计题

请根据下列素材，设计一个大班的能涉及多个领域的系列活动，要求写出 3 个活动的名称、目标、准备以及主要的活动环节。

大班教室里收集了纸箱、鞋盒、牙膏盒、月饼盒、药品盒等数量众多的盒子。这些大大小小的盒子吸引了幼儿，教师发现很多幼儿利用盒子自发开展了很多活动，涉及各个领域，于是，决定围绕纸箱、纸盒设计出系列活动来满足、推进幼儿的发展。

参考教案

活动一　语言游戏：我的故事盒（大班）

教师和幼儿一起利用大大小小的纸箱、鞋盒、月饼盒进行涂色、绘画、贴纸等包装，制作成“故事盒”。再把破旧图书中漂亮的图案及动物图案剪下，进行自编故事讲述活动，开展“故事大比拼”活动。

游戏目标：

1. 利用故事盒开展语言活动，提高幼儿的口语表达能力。

2. 鼓励幼儿边动手操作故事盒边讲故事。

3. 主动与同伴合作游戏，感受分享与交往的快乐。

游戏材料：

故事盒、故事背景图片、动物卡片（各种材质）。

游戏玩法及规则

玩法：

1. 幼儿自选背景图片与人物自编故事并讲述。

2. 幼儿用"插、贴、摆"等方式进行操作，一边操作一边讲述。

3. 幼儿以小组形式分角色创编故事，体验合作的快乐。

4. 录制"我的故事盒"视频，开展"故事大比拼"活动。

规则：不能争抢图片，损毁图片要及时修补。

活动二 科学活动：有趣的盒子（大班）（略）

活动三 美术活动：纸箱、纸盒大变身（大班）（略）

模拟练习

活动设计题

根据以下素材设计大班主题活动方案，要求写出主题活动名称、主题活动总目标，两个子活动，每个子活动包括：活动名称、活动目标、活动准备和活动主要环节。

周一早晨户外活动时，幼儿被园子里五颜六色的花吸引了，有的在指认花的颜色，红的、黄的、白的、紫的；有的在数花瓣，三瓣的、五瓣的、六瓣的；有的在闻花朵的味道，有的花朵有香味，有的花朵没有香味……户外活动结束了，幼儿还一直很兴奋地谈论着……

参考教案

（略）

单元测试

（一）不定项选择题

1.《幼儿园教育指导纲要（试行）》指出：幼儿园教育应以（　　）为基本活动。

A. 教学活动　　B. 游戏　　C. 户外活动　　D. 日常活动

2. 语言游戏的组织形式主要有（　　）。

A. 集体活动　　B. 小组活动　　C. 个别活动　　D. 以上都对

3. 3—4 岁阶段幼儿初步学习掌握的词汇有（　　）。

A. 方位词　　B. 人称代词　　C. 反义词　　D. 量词

4. 学前儿童语言游戏活动的类型有（　　）。

A. 练习听音和发音的游戏

B. 练习运用词汇的游戏

C. 学习应用句型的游戏

D. 练习描述和早期阅读的游戏

5. 教师讲解游戏规则时应注意(　　)。

A. 语言要简明生动

B. 态度要严肃认真

C. 要讲清游戏的规则要点

D. 要讲清游戏开展的顺序

(二) 论述题

1. 结合具体活动,说说创设语言游戏氛围和情境的方法主要有哪几种?

2. 在语言游戏中,应给予幼儿更多的主动权,让幼儿有权以自己的方式进行活动。那么教师还要进行指导吗?

参考答案

(一) 不定项选择题

1. B　2. D　3. AB　4. ABCD　5. ACD

(二) 论述题

1. 创设语言游戏氛围和情境的方法主要有以下几种。

(1) 用实物创设情境　用实物创设情境就是利用活动区的布置、墙饰、桌面玩具、实物摆设、图片等向幼儿提供与游戏有关的形象,引起幼儿参与游戏的兴趣,将幼儿带入游戏的情境之中。如练习发准鼻韵母的游戏“找动物”,教师可出示森林背景图,让幼儿到大森林里把隐藏的动物找出来。茂密的大森林、若隐若现的“大象”等名称带有鼻韵母发音的各种动物,一下子就吸引了幼儿的注意力。

(2) 用语言创设情境　教师可以用短小的儿歌、故事或提一些问题来唤起幼儿的记忆,调动他们的经验,为幼儿创设良好的游戏氛围,引导幼儿进入角色。如中班语言游戏“改错”,教师一开始就“说错话”:“今天早上,我吃完汤,喝完饭,出门看见太阳落山了。”全体幼儿听后哈哈大笑。教师趁机提问:“你们为什么笑?我什么地方说错了?应该怎么说?”从而引起幼儿改错的兴趣。

(3) 用动作表演创设情境　教师可以用动作表演小兔子、大象或小鸟,让幼儿想象游戏中的角色,还可以用动作表演开汽车或开飞机,让幼儿想象游戏的内容和进行方式等,目的都在于向幼儿展示游戏的情境,激发幼儿参与游戏的兴趣和愿望。

(4) 综合运用多种方法创设情境　在进行语言游戏时,有时不能仅用一种方式来创设情境,而需要综合运用语言、实物等。这样,形象直观的实物、生动有趣的语言,配合惟妙惟肖的动作表演,幼儿的注意力就会很快集中起来。例如,大班进行扩句练习的游戏“春天来了”,教师先出示有蓝天、云朵、大树、鲜花、小河的背景图,一边用优美抒情的语调讲故事“美丽的春天来了,天气变暖和了,天蓝了,水清了,草绿了,花开了。许多小动物也出来了。快看,哪些小动物出来玩了?”一边模仿各种小动物的动作让幼儿猜。然后提问什么样的小动物喜欢在什么样的地方玩?多种方法的综合运用有利于调动幼儿多种感官积极参与游戏,为游戏的顺利进行打好基础。

2. 在语言游戏活动中,应该给予幼儿比在一般教学活动中更多的主动权,让幼儿有权以自己的方式进行游戏,但教师的指导也是必不可少的。教师的作用在于给幼儿最多的观察、最大的耐心、最有效的指导。

(1) 细心观察,适时指导　观察是了解幼儿的最主要途径,主要是为了真实准确地了解幼儿在游戏中的表现，了解其发展特点和需要，使教师能在指导游戏时做到客观准确，提高教师指导效果，减少指导失误。

（2）面向全体，重视个体差异　教师在指导游戏时，既要照顾到全体幼儿的兴趣、爱好和现有水平，又要根据每个幼儿的游戏行为和语言运用情况，了解每个幼儿的语言发展水平和存在的问题，提出切实的、有针对性的教育措施。对语言能力较强的幼儿，教师可提出更高的语言要求，使他们的语言更准确、更丰富、更规范、更有创造性；对于胆小、内向的幼儿，教师要充满热情地鼓励他们积极参与游戏，提高他们的语言水平和自信心；对于稳定性差、易受外界干扰的幼儿，要引导他们专心游戏，遵守游戏规则；对于只喜欢玩某一类语言游戏的幼儿，教师可通过与他一起玩或引导同伴和他一起玩的方法，激发幼儿对各类游戏的兴趣。

（3）鼓励和肯定是教师指导游戏的基本方法　在游戏中幼儿遇到困难和问题时，需要的往往不是答案和解决方法，而是信任、鼓励和支持。尤其是那些语言发展较慢或在游戏中表现不突出的幼儿，教师更应在肯定幼儿的基础上，鼓励幼儿继续进步。一句热情的鼓励，一个关注的眼神，乃至摸摸头、拍拍肩，对幼儿来说都是巨大的精神力量。

单元七
学前儿童语言区角教育活动

学习目标

- 了解学前儿童语言区角教育活动及其特点。
- 理解学前儿童语言区角教育活动对促进幼儿全面发展的重要意义。
- 掌握学前儿童语言区角教育活动材料提供应该注意的事项。
- 能够合理设计学前儿童语言区角教育活动并掌握其组织与指导策略。

基础理论

《纲要》中指出，“发展幼儿语言的关键是创设一个能使他们想说、敢说、喜欢说、有机会说并能得到积极应答的环境”。《指南》中也明确提出要“创设丰富的教育环境，合理安排一日生活，最大限度地支持和满足幼儿通过直接感知、实际操作和亲身体验获取经验的需要，严禁‘拔苗助长’式的超前教育和强化训练”，而幼儿园语言区角教育活动的设置和利用，就是为幼儿创造一个自由、宽松的语言环境，支持、鼓励、吸引幼儿与教师、同伴或其他人交谈，体验语言交流的乐趣。

一 学前儿童语言区角教育活动的概述

（一）学前儿童语言区角教育活动的含义

学前儿童语言区角教育活动就是教育者依据语言教育活动目标、幼儿感兴趣的语言活动材料及活动类型，有目的、有计划地创设语言环境，将活动室的空间相对划分为不同语言区域，促进幼儿与材料、环境、同伴的充分互动，从而使幼儿获得个性化语言学习与发展的区域活动。语言区角教育活动是实现语言教育目标的有效途径，是实施语言教育活动的重要环节，也是落实语言教育任务的具体手段。幼儿园常见的语言区角活动有图书角、故事角、表演角、电话亭、视听角、构图说话角等。

创设语言区角教育活动环境，吸引幼儿积极主动地参加阅读、表演、交流等活动，能愉悦幼儿的情感，开阔幼儿的视野，使幼儿体验成功并获得自信，从而有效地促进幼儿语言的发展。正因为如此，语言区角教育活动越来越受到广大幼儿园的关注。

（二）学前儿童语言区角教育活动的价值

1. 有利于培养幼儿学习语言和运用语言的兴趣

幼儿期是语言发展的重要时期，语言区角活动为幼儿创造了语言表达、交往、运用和学习语言的机会。这种自主、自愿、自由的活动方式，使幼儿在没有压力的环境中说说看看、写写画画、玩玩做做，既可以使幼儿有说话的时间，也可以使幼儿彼此间有话可说、有话想说，极大地调动了幼儿语言学习的积极性，有利于促进幼儿语言能力的发展。内容丰富的语言区角活动材料，也会引起幼儿语言学习的兴趣。例如，符合幼儿特点的图文并茂的图书，教师精心设计的“小动物找家”“构图讲述角”等区角，都以材料本身的好看和好玩吸引着幼儿的兴趣。在区角活动中，幼儿之间愉快情绪的相互感染，也有利于提高幼儿语言学习和运用语言的兴趣和敏感性。

2. 有利于促进幼儿情感的发展

在语言区角活动中，幼儿更容易获得成功的体验，感到愉快和满足。这些积极的情感体验又能促使幼儿更积极地参与到新的活动中去，从而形成良性循环。在活动中，幼儿与幼儿、幼儿与教师之间的情感交流机会也比较多。幼儿之间相互模仿、启发、鼓励是经常性的。来自同伴间的鼓励和赞扬与来自教师的支持和引导，都会使幼儿获得积极的情感体验，促进幼儿情感的发展。

3. 有利于幼儿社会性的发展

《指南》中指出：“幼儿在运用语言进行交流的同时，也在发展着人际交往能力，理解他人和判断交往情境的能力、组织自己思想的能力。通过语言获取信息，幼儿的学习逐步超越个体的直接感知。”在语言区角活动中，幼儿相互交流自己已经获得的语言经验，锻炼了在同伴和成人面前说话的勇气和自信心。此外，在语言区角活动中幼儿会与他人发生接触，这就为幼儿提供了更多的自由交往、自我表达与表现的机会，有助于增进幼儿与同伴之间的相互理解，也有助于幼儿学习交往、合作、沟通等社会生活交往技能。幼儿不断学习社会经验和行为准则，学习如何处理人际关系、扮演各种角色，逐步认识、理解自身的义务和职责，从中体验思想感情，进而使同情心、责任感得到发展，规则意识得到增强，并养成良好的行为品质，从而促进幼儿的社会化过程，为幼儿的终身发展奠定基础。

4. 有利于幼儿动手操作能力的提高

幼儿在语言区角“拼一拼、玩一玩、认一认、说一说”的操作活动中，小肌肉群和手、眼协调性都可以得到发展。有的教师在活动室里设置构图讲述角，为幼儿准备了不同的背景图和多种动物、人物角色及废旧图书、图片，幼儿可以按自己的意愿进行选择、讲述，可以根据情节的发展从废旧图书、图片中剪取图画等所需物品。在这样的活动过程中，幼儿表现出异乎寻常的小心翼翼和全神贯注，在做做、剪剪、说说的故事创编活动中，其语言能力和动手能力都可以得到明显的提高。

（三）学前儿童语言区角教育活动与其他语言教育活动的关系

1. 学前儿童语言区角教育活动与游戏的融合

游戏是幼儿的主导活动，它符合幼儿的心理发展水平，深受幼儿的喜爱。语言区角教育活动可以通过投放幼儿感兴趣的活动材料，并努力让活动富有游戏性和情境性的方式进行，让幼儿在制作与表演的过程中体会到游戏的快乐。语言区角教育活动游戏化、游戏活动区角化是当今幼儿园课程改革的一大趋势。教师在语言区角教育活动中应积极投放活动材料，帮助幼儿拓展游戏内容，尽量将二者融合，以便发挥最大的教育功能。

延伸阅读

角色游戏是最能发展幼儿语言交往能力的活动，因为它是幼儿对现实生活的积极主动地再现，有助于幼儿学习社会性行为，帮助幼儿按自己的愿望和想象自由地发展游戏。我们班的“娃娃家”就是一个角色游戏区域，参加游戏的幼儿都要担任一个角色，通过语言来完成角色与角色之间的交往。有一次，我以客人的身份进入“娃娃家”。我敲门，里面扮演妈妈的小朋友问：“谁呀？”我说：“我是谢老师呀！你欢迎我进去吗？”她打开门笑着对我说：“欢迎，请进。”但当我进去以后，家里的三个小朋友却都各忙各的，没有人来招待我。我对扮演爸爸的小朋友说：“你看，我坐在哪里合适呀？”他拉着我的手走到小椅子前说：“谢老师，你来玩，我真高兴，你坐这儿吧！”给我安排好座位后，他们好像又有些不知所措了。我又说：“我有点渴了，有什么喝的东西吗？”这时扮演孩子的小朋友跑过来对我说：“冰箱里有乐百氏，可好喝了，是甜味的，我请你喝！”说着就给我拿了一瓶。我有滋有味地喝着。她又说：“每天只能喝一瓶，妈妈说这种甜的东西喝多了牙会痛的。”我微笑着点了点头。从游戏中的这些对话不难看出，幼儿在借助语言的交流来丰富和完善游戏，实现对社会生活中人们行为准则的模仿和再现，在与其他家庭成员的交往中他们发展了语言，丰富了词汇，一些生活中常用的礼貌用语也得以建构和运用。

［资料来源：根据网络资料整理］

2. 学前儿童语言区角教育活动与专门的语言教育活动的互补

语言活动区角可以作为语言教育分组教学活动的场所，实现语言区角活动的学习功能。从发挥教师的主导作用和强化幼儿语言学习效果这一角度来看，这样做具有一定的合理性。可以说，语言区角教育活动与专门的语言教育活动互相补充，语言区角教育活动为专门的语言教育活动做了知识、经验上的准备，专门的语言教育活动又使得语言区角教育活动中幼儿的语言经验得以提升。所以，教师可以根据适宜的语言教育内容，使语言区角教育活动与专门的语言教育活动互为补充，以达到最佳的语言教育活动效果。

延伸阅读

在开展语言活动"小蝌蚪找妈妈"之前，教师在语言区为幼儿投放了各种图文并茂的图书、挂图、录音机等。幼儿自由地听录音、学故事，玩根据图片找字或根据文字找图片、连线等游戏。有的幼儿找到了散文中的字，兴奋地大叫："老师，我找到了那些字，我都认识！"有的幼儿刚刚跟录音机学了一遍就迫不及待地向同伴炫耀："我会读了，你听……"爱画画的幼儿到美工区自由发挥想象，把蝌蚪画下来，并说："这是我给小蝌蚪穿的衣服……"这时，教师来到幼儿中间，及时给予他们支持（把幼儿的话记录下来，给每幅图配上相应的文字），同时引导幼儿把图画装订成书并加上封面。教师告诉幼儿："这就是你们自己编的书了，一定要爱惜。"幼儿在老师的帮助下，把写好的句子贴在图画的下面。订好书的幼儿迫不及待地找到听众，并兴致勃勃地讲着。

［资料来源：郑健成.学前教育学.上海：复旦大学出版社，2007］

3. 学前儿童语言区角教育活动与主题教育活动的渗透与整合

（1）语言区角教育活动为主题教学做准备　一些主题教学开始前，需要有意识地在语言区角教育活动中开展准备性活动，让孩子在活动中获得一些主题教学所需要的经验或技能，为主题教育活动的顺利开展做好铺垫。当开展主题教育活动时，因为有了积累的前期经验，孩子们对语言活动的探索会更主动，学习会更自主。

（2）语言区角教育活动为主题教育做延伸　在主题教育活动中，为了促进幼儿主动学习，应当重视幼儿在活动过程中的动手动脑、操作摆弄。但是，由于受材料数量的限制，多个幼儿只能合用一些材料，许多被动型的幼儿就只能被动地观望。此外，幼儿的发展水平不一致，用于主题教育活动的时间有限，有些动作慢的幼儿常常被迫终止探索。还有这样的情况，活动结束时有个别幼儿对探索的内容意犹未尽，还有深入下去的愿望，但却不能在活动中得到满足。这些都成为主题教育中的不足之处，影响了主题教育的效果。为解决这些问题，教师可以将主题教育的有关内容放到相应的活动区角中，让主题教育内容在区角活动中得到延伸，以更好地做到面向全体幼儿，满足幼儿语言个性化发展的需要。如在中班的故事大赛主题活动中，教师发现，每当开展教育活动"龟兔赛跑"时，孩子们对于其中的表演活动非常感兴趣，都争着上来展示自己，但受活动时间的限制，只有一小部分幼儿能够获得表演的机会。为了满足幼儿表现自己的愿望，让他们体验与同伴一起游戏的快乐，进一步感受、理解故事的内容，提高他们的表演能力，教师可以在语言区角教育活动中安排相应的表演内容，让表演在区角活动中进一步得到延伸，使相关的学习内容得以巩固，使幼儿的兴趣、需要得到及时的满足，同时语言也得到相应的发展。

（3）语言区角教育活动可拓展和提升主题教育的内容　主题教育的内容较多地考虑了幼儿一般的年龄特点，有些活动只能是点到为止，不够深入。实际上，教师可以在一个内容点上进一步拓展和提升，不断激发幼儿学习和探索的兴趣。但是，这样的活动在集体教学中并不适合所有幼儿。因此，教师可以尝试在语言区角教育活动中提升幼儿的知识经验，通过不同层次的活动要求，使孩子们在不断的探索中获得更大的收获，以满足不同孩子的发展需要。

（4）通过语言区角教育活动生成新的主题　在语言区角教育活动过程中，幼儿会产生新的问题，教师可以从中选择有价值的部分作为主题活动的新主题。如教师发现图书角里有很多破损的图书，班上存在有部分幼儿不爱护图书的情况。根据这一情况，教师生成了新的主题："小图书笑了"。

二　学前儿童语言区角教育活动的特点

（一）语言学习的互动性

与其他专门性的语言教育活动相比，在语言区角教育活动中，幼儿完全是在与材料、环境、同伴充分互动的过程中获得语言的发展。幼儿置身于语言发展的良好物质环境与随意自在的心理环境中，充分地接触他们感兴趣的材料并与之进行"对话"，与同伴及教师之间进行充分的交流、商讨、合作与分享，这都是语言学习互动性的体现。在互动的过程中，幼儿获取的语言信息量增大，语言信息内容也更丰富。

（二）语言学习的自主性

在语言区角教育活动中，儿童自主选择活动方式，同伴之间自由地组织，积极主动地参与活动。可以说，以语言区角教育活动为手段，培养幼儿的自主性是非常恰当的。幼儿自主学习语言的能力不是由教师直接教授的，而是通过幼儿自由自主的探索学习，通过积极快乐的情感体验逐步培养起来的。语言区角教育活动能提供适当的语言环境刺激，让幼儿有机会在活动中通过自主阅读、操作和思考来发现语言学习中的新问题，逐步积累语言经验。

（三）语言环境的宽松性

语言区角教育活动中的语境是十分宽松自由的，教师不要求幼儿有统一的答案，不要求幼儿有一致的思路，也不特别要求幼儿使用十分规范的语言。无论已有经验如何，幼儿都可以根据自己的意愿和内心感受，自由地表达自己的见解，与大家进行交流与分享。在语言区角教育活动中，幼儿可以借助自然、轻松的语言交流提高语言的敏感度，从而使表述的内容更丰富，语言表达更流畅。

三　学前儿童语言区角教育活动中材料的提供

《纲要》中指出："提供丰富的可操作性材料，为每个幼儿都能运用多种感官、多种方式进行探索提供活动的条件。"材料的投放是决定语言区角教育活动成效的关键。在语言区角教育活动中材料的提供要注意以下几点。

（一）材料的安全卫生性与艺术性

语言区角的环境设置及投放的材料要符合安全卫生要求，要排除潜在的安全隐患，全力保障幼儿的健康和安全。

阅读区光线要适中，符合用眼卫生；区角的设置应动静分开，避免相互干扰；视听角的用电要安全等，这些都是十分重要的安全卫生问题。此外，语言区角教育活动的材料应该符合幼儿心理特点，应色彩鲜艳、形象生动，体现艺术性。

（二）材料的目的性与动态性

教师提供的材料必须紧紧围绕语言教育活动的目标，因为语言区角教育活动材料的投放是实现语言教育目标的手段，是发展幼儿语言的媒介。教师应该首先制定出合理的教育目标，然后根据教育目标去选择材料，这样才能避免材料投放的盲目性。此外，对于语言区角教育活动的材料，要根据教师对幼儿活动的观察，及时、定期地更换与补充，不能一成不变，应体现动态性。

（三）材料的适宜性与层次性

回应不同需要和兴趣的阅读

教师投放的材料要与幼儿的年龄特点、经验和能力相适宜。比如，图书角的设置，供小班幼儿阅读的图书应该色彩艳丽、画面大、情节简单并贴近幼儿生活，书的纸质要结实，相同的图书要多一些；供中、大班幼儿阅读的图书中，故事的人物、情节可以稍复杂一些，书的种类要多一些。图书放置的高度也要适合幼儿自由取放。难度不同的材料能满足不同发展水平的儿童的需要，使每个儿童都能够在其原有水平上获得发展。所以，教师在选择、投放语言区角教育活动材料时，应对所要投放的材料与孩子通过操作该材料可能达到的目标进行预先思考，做到由浅入深、由易到难，体现层次性。

（四）材料的丰富性与探究性

数量充足、丰富多彩的材料可以为幼儿提供充分的活动条件和表现自己的机会，大大激发幼儿的活动兴趣，使其积极地投入到语言区角活动中。反之，过于陈旧、简单、单一的材料，使幼儿很快就会丧失活动兴趣，影响活动效果及语言发展进程。但是，材料并不是越多越好，多则滥，滥则泛，所以材料投放要与主题活动相匹配，要有针对性、科学性及探究性。教师要细心观察和研究材料的数量和种类在什么情况下对幼儿来说是适合的，怎样才能更好地引发幼儿积极地参与活动和主动地探究。

（五）材料的可持续性和自制性

对于活动材料，要运用可持续发展的眼光，学会利用废旧材料，做到循环利用。对于所缺少的材料，要学会自己动手制作，或发挥创造性思维，运用现有的其他材料进行替换，在减少材料成本和费用的同时，培养幼儿的动手操作能力。

四 学前儿童语言区角教育活动的组织与指导

(一) 制定必要的规则

语言区角并不是任意活动的场所,应建立必要的活动规则以保证语言区角活动的顺畅有序。如使用材料要遵循先来后到的原则,用什么拿什么,用完要放回原处;要爱护图书,轻拿轻放,阅读时保持安静;要学习轮换阅读与分享阅读;注意阅读时的坐姿与用眼卫生;活动结束时,要快速地收拾、整理物品,并能将垃圾放入垃圾箱。还可以制定幼儿之间相互交往的规则,包括活动时不影响和干扰别人;爱惜自己和别人的作品;学会协商、谦让、轮流和等待等。规则可以由教师直接讲解,也可以与幼儿一起商讨制定,要让幼儿明白为什么要制定这样的规则,增强幼儿活动的自主性、秩序感与规则意识,以便使幼儿养成良好的活动习惯。

(二) 认真仔细地观察

认真仔细地观察与斟酌是有效指导语言区角教育活动的前提。尽管语言区角教育活动强调幼儿自主性的发挥,但不能因此而否定教师的指导。教师的指导一方面通过环境的创设、材料的提供体现出来,另一方面就是通过语言区角教育活动的现场指导表现出来。语言区角教育活动的现场指导是教师与幼儿开放的、互动的过程,这个过程需要教师认真、仔细地观察和斟酌。教师只有细致地观察幼儿的活动情况,才能判断是否需要教师指导,也才能判断如何介入指导。当然,这种观察也是教师了解幼儿真实发展状态的主要途径,还可以为教师进一步投放材料、选编游戏、开展教学活动奠定良好的基础。

(三) 把握指导的时机

在语言区角教育活动中,应充分体现幼儿活动的自主性,体现幼儿语言的个性化发展。如果时机不当,教师的指导很容易变成干扰。一般来说,出现下面几种情况时,教师必须要介入指导:第一,幼儿活动过程中出现危及自身或他人安全的行为;第二,幼儿主动寻求教师的帮助;第三,幼儿面临挫败,无法继续活动;第四,活动过程出现消极、负面的语言或行为等。当出现上述情况时,教师就应该及时出现并适当地予以指导。在其他情况下,需要教师根据现场具体情况灵活判断是否应介入指导。

(四) 运用正确的方法

在语言区角教育活动中,教师是引导者、合作者、促进者、支持者,教师进行科学、有效的指导,不仅要注意把握时机,做到适时,还要注意适度。所谓“适度”,即教师指导应留有余地,“收”“放”有度,既不完全替代,又不放任自流,真正引导幼儿在语言区角活动中自主学习、自主探索。只有这样适当的指导,才能使幼儿的语言在原有水平上得以提高,真正实现语言区角教育活动的教育目的。在语言区角教育活动中，教师的指导方法要根据活动内容、材料、幼儿语言发展水平及具体活动状况而定。下面介绍几种具体的指导方法。

1. 直接参与

对于做事没有耐心、需要个别指导的儿童，教师可以直接参与到语言区角教育活动中去，提出具体明确的要求，进行适时、适度、适当的指导。如幼儿在表演角区进行《猪八戒吃西瓜》的表演时，不一会儿，就有几个男孩子滚作一团。这时候，教师可以以唐僧的身份介入游戏，阻止幼儿继续混乱下去，并帮助幼儿拓展游戏的内容。

2. 扮演记者

教师扮演记者，以采访的形式记录并指导幼儿的语言区角教育活动，再以新闻发布会的形式进行评价。

延伸阅读

在语言区里，幼儿在玩"夏天的歌"。我拿着话筒、纸和笔对他们说："我是小精灵电视台的记者，今天我要采访你们。请问你们唱的是什么歌呀？你是怎么玩这份材料的？"接着我把话筒交给了幼儿，让他们轮流说说所选材料的玩法，并进行原文朗诵、选图创编、绘画创编。我就像记者一样边记录他们的操作过程边不停地鼓励他们。"采访"完后，我接过话筒说："采访结束了，你们的表现真不错，我写了一篇报道，现在要进行新闻发布了。"然后我将刚才记录的过程用生动的语言讲述了一遍。他们认真地听，当说到谁的事情时，他们还偷偷地笑。在播新闻的环节中，我先评价幼儿好的地方，再根据幼儿掌握诗歌的情况，加上一两句建议，幼儿欣然地接受，并在接下来交换玩的环节中玩得更好。

[资料来源：郑健成.学前教育学.上海：复旦大学出版社，2007]

3. 旁观者

教师以教师的身份介入幼儿的游戏，以语言或非语言的方式指导幼儿区域活动。语言的方式主要是指教师的建议、询问、提示等，非语言的方式主要是指教师运用表情、神态、动作等肢体语言指导幼儿的活动。

对于语言区角教育活动的指导方法，没有统一固定的模式，应该灵活多样，无论采用哪一种方式，教师都要注意避免干预过多，尊重幼儿活动的自主性，鼓励幼儿的创造性。正如《指南》在教育建议中说到"无论幼儿表达如何，都应认真地倾听并给予积极的回应"。

延伸阅读

我们班语言区里的小变化

为了提高我们班孩子的语言能力，促进他们的健康发展，我们班从小班开始就设置了语言区，但是通过一段时间的观察，我发现我们班的孩子们很少光顾这个区域，孩子们在阅读的过程中也存在着各种各样的问题。为了改变我们班语言区的现状，本学期，我们对语言区里做了一些调整和尝试，取得了一定的成效。在此，我将我们的做法与大家共同来分享。

1. 介绍翻书方法

一开始，我们挑选了语言区里的故事讲给孩子们听，当他们听得津津有味时，我们不失时机地介绍图书，有意识地让他们了解一个精彩的故事是由连续画面构成的，画面非常好看，需要一页一页仔细翻看。

(1) 恰当的比喻　运用恰当的比喻帮助幼儿掌握阅读技能，让他们知道每本图书都有封面、封底、页码等。如把封面比作前门，把封底比作后门。看书时先把前门打开，走进小房间，里面有许多好看的故事，看完了就要从后门走出来，再把门关上。运用这种比喻的方法有利于孩子们理解并习得正确的翻书方法。

(2) 儿歌　我还设计了朗朗上口的儿歌：小小图书真有趣，有封面、有封底；里面故事怎么看，一页一页往后翻；从左到右别漏掉，看谁看书最仔细。儿歌配以简单的动作，可以帮助幼儿有序地翻阅图书，掌握阅读的技能。

2. 听录音看书

在从阅读慢慢过渡到让孩子们听着录音看书的过程中，我事先将图书里的故事录在磁带中（速度放慢），让孩子们边听边翻书，并配以简单的提示语，如“请找找‘大红虾，跳跳跳，跳到妈妈嘴里了’是哪幅图片？”这样，让幼儿体验录音跟画面之间的对应关系，巩固有序翻书的经验。最后放手让孩子们独立阅读图书。现在，孩子们普遍对图书产生了浓厚、稳定的兴趣。

3. 墙面的利用

我们在语言区的墙面上贴了一些故事中的背景，如可爱的蘑菇房、大树、小河、草地等，并准备了一些可以操作的常见动物指偶。幼儿可以操作指偶复述表演故事，也可以将增加的故事经验进行迁移，创编故事。孩子们也可以拿着自己喜爱的动物指偶，在丰富多彩的背景前讲述、表演，他们的语言表达能力、迁移故事能力、想象力都有了很大的提高。

4. 其他语言材料

我们不断扩大阅读的外延，映入孩子们眼帘的都是阅读。我们还在语言区里提供了一些语言材料。如排一排，讲一讲，让幼儿根据图意排序；根据中班孩子的特点，我们还鼓励幼儿看着图文并茂的卡片去找相应的汉字宝宝，提高幼儿对汉字的敏感性。

［资料来源：根据网络资料整理］

（五）鼓励幼儿积极参与

在语言区角教育活动中，教师不仅要注意物质环境的创设，还要为幼儿创设良好的、宽松的心理氛围。幼儿只有在语言区角感受到宽松自由，才会在活动中有话想说、有话敢说。幼儿的语言发展速度有快慢之别，教师要抱着一种积极鼓励的态度来增强幼儿的信心。当幼儿在语言区角活动时，教师不要在阅读时间和阅读内容方面做硬性规定，要使阅读成为幼儿喜欢的事情。尤其是对于少言寡语的幼儿，更需要教师和他们交流，给予他们关心和帮助，加强个别指导。教师可以采取语言激励、动作激励、物质激励等方法鼓励幼儿，充分激发幼儿参与语言区角活动的积极性，让幼儿在阅读中体验快乐与成功，从而促进幼儿的语言发展。

延伸阅读

语言阅读区活动规划

主要学习经验	1. 培养阅读兴趣及良好的阅读习惯。 2. 从听故事、说故事或看图说话中，培养倾听及语言表达的能力。 3. 从图画故事中，增长见闻、想象力及鉴赏能力。 4. 从事物与图片对照过程中培养幼儿查资料求证的态度，同时提高幼儿对事物的观察能力。 5. 从熟念儿歌与文字配对中，了解语言与文字的关系。 6. 从图卡与文字配对、事物与抽象符号的辨识中，结合视觉印象，发现与现实生活的关系。 7. 从分享阅读一本书的感觉中，体会和谐气氛，学习彼此尊重与友爱。 8. 学习翻书与整理图书的好习惯。 9. 辨识中、英文字的异同，培养对文字的兴趣。 10. 鼓励幼儿复述故事，提高语词的应用及组织能力。 11. 鼓励幼儿排故事图，发挥想象力。 12. 鼓励幼儿画故事图，发挥想象力。 13. 鼓励幼儿表演故事中的角色，结合语言、歌曲、韵律、艺术等进行综合表演
可提供的材料	1. 适合小朋友取放图书，也适宜摆放图书的书架。 2. 提供各种儿童读物，如童话故事、儿童杂志、字母书、自然科学图画书、民间故事，以及有关动物、植物、人体、生活规范、生理、心理等故事，供幼儿选择。 3. 图书的尖角，最好能修成圆弧以保证安全；对于 2 岁左右的幼儿，可提供一些布书或塑料书、硬皮书。 4. 提供录音机、音频、耳机，供幼儿自行操作听故事。 5. 提供动物、人物或文字印章、印台、便条纸，供幼儿玩盖章、造词、造句活动。 6. 提供订书机、订书针，将幼儿自己盖章的纸张或自己画的画装订成册，成为幼儿自制小书。 7. 投放沙发或几个软靠背垫。 8. 提供多种颜色的铅笔、钢笔、蜡笔、马克笔等供幼儿书写的工具。 9. 相册：内有班级幼儿的相片，他们的家人与邻居的相片，幼儿正在工作与游戏的相片，幼儿进行户外活动或一些特别事件的相片等。 10. 说故事的道具：如手偶、木偶、指偶、自制的场景操作台等。 11. 计算机和各种适合幼儿年龄的软件
规划要点	1. 可紧临美工区，这样幼儿可方便取得他们随时需要的额外书写用品。 2. 应设置在比较不受干扰和光线充足的地方。 3. 可提供图书架 1～2 个，图书架上可加置轮子，轮子加装安全卡锁，方便随时变换位置，也易于固定。 4. 应每周更换几本新书，而不是一次全部换掉。 ● 让幼儿有重复阅读的机会，否则幼儿可能会有失落感。 ● 每隔几天要更换几本新书（可同年级的班级互换，资源共享），使幼儿对该区保持新鲜感。 ● 给 5—6 岁幼儿换书以前，最好向他们征求意见，使他们经由讨论来确定要把哪些书换下来或要换上什么书，如果意见太多，幼儿可以举手表决，以培养民主意识，少数服从多数。 5. 新书买回后即做书名卡，书名卡可贴在书架横条上，幼儿可以配对放回原处。 6. 图书可依内容或大小分类依序放在书架上。 7. 将图书的封面展示在幼儿面前，以吸引幼儿阅读。 8. 教师可以开辟一处好书介绍栏，复印部分图书图画，加以美工装饰，激发幼儿阅读的兴趣。

续表

规划要点	9. 开一处"我的读书心得",请幼儿画出对书的感受(可以很抽象),教师以文字协助其注解。 10. 设置书写用品置放架、书写桌、视听桌,可供一个或一组幼儿书写或利用耳机听故事,不影响他人活动。 11. 规划时可考虑设置一个小舞台,供幼儿进行故事表演。 12. 放几个软的靠背垫,等于环境在告诉幼儿:"快来这里,我会让你好舒服!" 13. 贴几张静音海报,让环境告诉幼儿这里要安静,不宜大声说话。 14. 开辟一处放幼儿假日生活剪影,如幼儿假日的生活照片、娱乐场入场券票根,饭店桌上海报等,整理成册,供同伴分享,成为幼儿假日生活的记录
注意事项	幼儿 1. 从书架上取图书,返回座位看,坐的位置以舒适及不妨碍别人取书为宜。 2. 爱惜图书,避免撕毁。 3. 看完一本后放回原处,才可以再取另一本。 4. 要保持安静,可小声阅读或分享。 5. 翻书时用食指和拇指拿书的下角轻翻及逐页看。 6. 书写时注意坐姿。 7. 书写或表演后能将用具放回原处。 8. 爱惜自己和同伴的书写作品。 9. 遵守活动规则。 教师 1. 在初次进入语言阅读区之前,教师必须先组织幼儿了解该区域的书籍、材料、标识及讨论活动的规则。 2. 教幼儿分辨书本的封面、封底和上下。 3. 注意幼儿阅读时书本和眼睛的距离及坐姿。 4. 以不同形式推介图书,以引发幼儿的阅读兴趣。 5. 适当时进入该区域内,与幼儿一起阅读交流。 6. 适量地放置与教育活动有关的书本。 7. 鼓励幼儿利用故事道具以自己的语言重演或复述故事。 8. 鼓励幼儿用涂鸦、图画及文字式的符号写或记录。 9. 教给幼儿正确使用录音机、耳机及书写工具的方法。 10. 教师可将幼儿根据记忆和图画线索用自己的方式编写的故事用文字记录下来,或者用录音机录制下来,再读给幼儿听或放录音给幼儿听

[资料来源:根据网络资料整理]

案例评析

爱讲故事的娇娇

"今天,我给大家讲一个故事,故事的名字叫《小猫钓鱼》。有一天,猫妈妈带着小猫去河边钓鱼……"

看着娇娇站在大家面前有声有色地讲故事的样子,我为她的进步感到高兴。一个学期前的她可不是这个样子。平时爱说爱笑的娇娇，一到讲故事的时候就往后缩，低着头，红着脸，声音小小的。她奶奶为这事还挺着急，总是说："老师，你多让她锻炼锻炼，她在家给我们讲故事，讲得好着呐。怎么到这里就这样了？真让人着急！"我安慰娇娇的奶奶说："您别着急，这得慢慢来。在家和在集体面前感受不一样，得让她一点儿一点儿地适应，您放心，我会尽量帮助她的。"

此后，我尽量多为娇娇创造机会，让她给大家讲故事，可是并没有多大进展。我发现娇娇讲故事声音虽小，但每次讲的故事都不一样，总有新故事讲。于是我抓住这一点给予鼓励。在一次语言区角游戏时，我和娇娇一边给娃娃换衣服，一边问她："你怎么会讲那么多故事呀？""我跟录音机学的，我天天都在家里听故事。""我听奶奶说你在家里讲故事声音又大又好听，是吗？"娇娇一笑，点点头算是回答。"那为什么到幼儿园讲故事声音就小了呢？"听我这样一问，娇娇低下头，小声说："我不好意思，怕讲不好。"原来她是有心理负担，害怕讲不好。我想，解决问题的关键是要先帮助她减轻心理负担，建立自信，让她知道自己能行。我想她每天回家都听录音故事，能不能利用录音机把她在家讲的故事悄悄录下来，放给大家听呢？在家中她会最自然、最放松，没有压力，能发挥最好的水平。而且，悄悄录音也不会使她紧张，为她创设最宽松的环境。

我和家长就这个想法交换了意见，奶奶很愿意配合。没过几天，奶奶就拿来一盘娇娇讲故事的录音磁带。在语言区角活动时，我从中选出讲得最好的一段放给孩子们听，想让她成功的概率高一些，效果更明显。他们听得可认真了。一段故事还没有讲完，不知是哪个小朋友说了几句："这怎么像娇娇的声音呀？""嘿，就是娇娇讲的，真好听！""哈……""真有意思，娇娇怎么进录音机里了？"点点大声地说着，一脸天真的表情。娇娇也听出是自己的声音，看到大家这么喜欢，她渐渐地得意起来，不自觉地随录音机讲出声来。我见时机已到，不等故事讲完就关上录音机，看着孩子们着急的样子，我问："想知道后来怎么样了吗？咱们请娇娇到前边讲给大家听好不好？""好。"孩子们鼓起掌来，并催促着："娇娇快讲，后来怎么样了？"娇娇的情绪被大家鼓动起来，她站起来，用比平时大得多的声音继续讲起了后边的故事。故事讲完了，娇娇赢得了热烈的掌声。

放学时，娇娇十分兴奋地把这件事告诉了奶奶。奶奶说："嘿，真棒！娇娇有进步了，明天你还给小朋友讲故事听，好不好？"

"好！"娇娇的回答是那么的爽快，那么的自信。

从此，娇娇越来越爱给小朋友讲故事了。每当有了新故事，她来园的第一件事就是和老师预约："老师，今天我想给小朋友讲一个新故事，您第一个请我好吗？"在我们不断地鼓励下，她的胆子越来越大。随着每一次的成功，她的自信心也越来越强了。在"六一"儿童节那天，娇娇已经能当着所有小朋友和爸爸妈妈们的面讲故事了。

在娇娇的带动下，其他小朋友也经常把自己讲故事的录音磁带拿来，放给大家听。后来我又变换不同的形式，如讲自己最喜欢的书，或是把要讲的故事画下来，再讲给大家听等，逐渐增强孩子们的自信心。渐渐地，班里爱讲故事的人越来越多了。为满足孩子们的需求，我们每天都安排半小时讲故事的时间，孩子们都争着讲。最有意思的是袁森，只要和老师在一起，总要说"我给您讲个故事，就四分钟。"然后也不管你同意不同意，自己就滔滔不绝地讲起来，真是乐在其中。

活动评析

1. 选择适宜的场合

面对不敢在集体面前表达的孩子,教师要理解、接纳、鼓励他们。在这个案例中,教师让娇娇在安全的心理环境中讲故事,充分发挥了她的优势。可贵的是教师不仅能站在孩子的角度理解她的心理,而且能做到家园共育。

2. 选择适宜的方式

让娇娇在旁边听自己讲故事的过程中,感受到了成功的喜悦。

3. 选择适宜的时机

让娇娇在成功的喜悦中,试着面对集体讲故事。播放故事录音时有意留下故事结尾,让娇娇在全班孩子的期待中,在教师的鼓励下,在感受成功的喜悦中勇敢地走到了集体面前。娇娇在讲故事、听故事、续讲故事中,促进了语言的发展,同时逐渐树立了自信心。

[资料来源:《提高我国幼儿师资素质的研究》课题组.提高幼儿教师素质的研究与探索.北京:北京师范大学出版社,2002]

岗位对接

主题活动:小图书笑了(小班)

(一) 素材包

1. 儿歌

小图书

小小图书真美丽,
有封面来有封底。
一页一页往后翻,
轻拿轻放不要挤,
看完再把书摆齐。

[资料来源:根据网络资料整理]

2. 儿童歌曲

一本小图书

一本小图书,躺在桌上哭,
呜 呜 呜,呜 呜 呜,哪个小朋友呀，把它脸撕破？
小图书，你别哭，我来给你补。
小图书听了，笑呀笑呵呵。

［资料来源：根据网络资料整理］

3. 故事

小图书笑了

幼儿园小班图书角里的图书可多了，小朋友都喜欢看。有一天，老师走进教室听见“呜呜呜”的哭声，是谁在哭呀？老师找呀找，发现是一本小图书在哭，老师问：“小图书你怎么啦？”小图书说：“呜呜，我好痛。”老师又问：“怎么会痛呢？”小图书说：“刚才是小朋友在看我时把我弄痛的。”毛毛在旁边说：“是点点抢的。”小图书说：“小朋友都喜欢我，可不知道怎样爱护我，这不，点点把我的胳膊拉断了。呜呜呜，好痛啊！”老师说：“对不起，我来给你治病吧。”“谢谢！”“哈哈哈，哈哈哈。”“唉，是谁这么开心呀？”老师问。“是我，小图书。我现在不哭了，因为小朋友都会爱护我，会一页一页轻轻地翻着看，我好高兴呀！”

［资料来源：根据网络资料整理］

4. 图书角观察记录

小班李老师通过仔细观察，发现近期班级图书角很多图书有不同程度的破损，有弄脏了的；有褶皱的；有撕坏了的；有上面被乱写乱画涂鸦的；还有被摆放得杂乱无序的。李老师根据图书角的实际情况，生成了有价值的新主题：故事“小图书笑了”。

5. 书籍的发展

中国是有五千年历史的文明古国。从古老的甲骨刻辞、青铜器铭文、石刻文字，到竹简、帛书和写、印在纸上的书籍，中国书籍历史之悠久，数量之繁多，内容之丰富，为世所罕见。早在1 800多年前，中国就发明了造纸术。纸的发明与改进，促进了书籍的社会生产。大约在 1 300 年前，中国又发明了雕版印刷术。900 多年前，又发明了活字印刷术。这一系列重大发明，不但使书籍的社会生产跨进了一个新的时代，也使人类文明跨进了一个新的时代。这是中华民族为人类文明与进步做出的伟大贡献。

（二）素材分析

在知识经济时代，人们获得知识、信息的基本途径就是阅读，阅读是学习的基础，是一个人必须具备的一种能力。对于生存在终身学习时代的幼儿来说，阅读是将要伴随他一生成长的活动。《纲要》指出：要创造一个自由、宽松的语言交往环境，支持、鼓励、吸引幼儿与教师、同伴或其他人交谈，体验语言交流的乐趣，学习使用适当的、礼貌的语言交往。由此可见，优质的支架式语言环境的创设对于提高幼儿的语言表达能力极为重要。

《纲要》中指出：语言能力是在运用的过程中发展起来的，发展幼儿语言的关键是创设一个能使他们想说、敢说、喜欢说、有机会说并能得到积极应答的环境。幼儿园创设语言区角活动环境，对于幼儿多元智力的发展具有独特的现实价值与积极作用。尤其是图书角在引发幼儿对书籍、阅读、交流的兴趣，愉悦幼儿的情感，开阔视野，使幼儿体验成功并获得自信，培养前阅读经验，有效地促进幼儿语言的发展方面意义重大。

然而在许多幼儿园图书角，摆放的大多是一些图书或者卡片，供幼儿阅读，图书角的环境创设比较单一，缺乏教师有效的观察记录与指导，这种阅读形式很难激发幼儿的兴趣，因此，充实、丰富图书角内容，创设良好的环境，加强教师对图书角细致、有效的观察指导，把在图书角发现的问题与主题活动有效结合，是很有意义的。

素材中，小班图书角图书损坏原因，经过教师仔细观察，发现有如下几个方面：一是小朋友不会一页一页翻书，阅读时用手抓书抓坏的；二是小伙伴抢一本书抢坏的；三是幼儿不懂得爱护图书撕坏的。所以教师根据观察记录，仔细分析后决定在图书角图书投放方面增加同种图书数量，要制定更为详细的规则，并开展一次集体教育活动，教给幼儿阅读技巧，培养幼儿爱护图书的好习惯。

（三）活动设计

1. 活动方案完整（活动名称、活动目标、活动准备、活动过程、活动延伸），选题要符合幼儿发展特点，要结合《指南》与《纲要》要求选取。

2. 活动目标设计科学准确、全面完整（认知目标、能力目标、情感目标），表述角度一致，突出主要内容，语言简洁清晰。

3. 活动准备充分（物质准备、知识准备、心理准备）。

4. 活动过程要循序渐进进行，完成活动目标要求，过渡自然，环节紧凑，突显幼儿活动主体性。

5. 活动延伸体现活动的连续性及与实践的联系性。

参考教案

小图书笑了（小班）

活动目标

1. 认知目标：理解故事内容，知道图书是用纸做的，易皱、易湿、易坏。

2. 能力目标：学会正确的翻书方法，发展观察能力和手眼协调能力。

3. 情感目标：养成轻拿轻放，爱护图书的好习惯。

活动准备

物质准备：图书角，图书（每人一本），哭声音频，故事视频，儿歌《小图书》音频，纸（每人一张），水盆（每组一个），透明胶带，订书器。

知识经验准备：活动前幼儿对图书有初步认识，有翻阅图书的初步经验。

活动过程

1. 听一听，猜一猜

教师播放哭声音频，引发幼儿注意。让幼儿听一听，猜一猜，提问：小朋友听见了什么声音？猜一猜是谁在哭呢？那他又为什么哭呢？

2. 看一看，想一想，说一说

播放视频故事《小图书笑了》，幼儿理解故事。

在幼儿听完故事后教师提问：到底是谁哭了？小图书为什么哭？图书是用什么做的？（知道图书是用纸做的。）后来小图书为什么又笑了？

3. 做一做，玩一玩

动手操作小实验。

（1）教师和幼儿一起将纸握在手里，幼儿发现，用力握纸，纸会皱，稍用力撕纸，纸就会破。教师引导幼儿了解图书是纸做的，容易弄皱弄坏。

（2）幼儿操作：每人一张纸，每组一个水盆。幼儿发现将纸放在水里，纸会被浸湿，湿的纸更容易破。教师引导幼儿了解图书怕水。

4. 看一看，练一练

练习看图书。

（1）教师示范：轻轻地从图书角里拿图书，一页一页轻轻地翻阅，看完后轻轻地放回原处。

（2）幼儿个别进行练习，教师反复播放儿歌《小图书》音频。

（3）全班幼儿练习，教师个别指导。

小结：小朋友要学会正确翻阅图书，养成爱护图书的好习惯。

活动延伸

到图书角修补图书。

（四）说课练习

1. 理论功底扎实，充分体现现代学前教育的要求。

2. 仪表庄重，行为大方，举止文雅，表情自然、丰富，有想象力。

3. 口齿清晰，语言规范，条理清楚，逻辑性强，表达流畅，有感染力。

说课参考样例

故事活动：小图书笑了（小班）

1. 说设计意图

图书是幼儿在日常生活中经常接触并十分喜爱的，但幼儿尤其是小班幼儿缺乏正确的翻书技能，没有养成爱护图书的习惯。小班李老师通过仔细观察，发现近期班级图书角很多图书有不同程度的破损，有弄脏了的；有褶皱的；有撕坏了的；有上面被乱写乱画涂鸦的；还有被摆放得杂乱无序的。李老师根据图书角的实际情况，理性分析原因，生成了有价值的新主题：故事“小图书笑了”。通过这个故事让幼儿认识图书，学会翻书和保护图书，既符合小班幼儿年龄特点，也符合《指南》中提出的“为幼儿提供良好的阅读环境和条件，激发幼儿的阅读兴趣，培养阅读习惯”的教育建议。

2. 说活动目标

活动目标是教学活动的起点和归宿，对教育活动起导向作用。整个活动以幼儿的自主参与为主，教师在活动中起引导者和支持者的作用。教师从认知、能力和情感三方面提出了本次活动的目标。

认知目标：理解故事内容，知道图书是用纸做的，易皱、易湿、易坏。

能力目标：学会正确的翻书方法，发展观察能力和手眼协调能力。

情感目标：养成轻拿轻放，爱护图书的好习惯。

3. 说活动重难点

按照活动目标，依据小班幼儿身心特点，在活动中我把理解故事内容，懂得爱护图书设为活动重点,把学会一页一页正确翻书设为活动难点。

4. 说活动准备

为了使此次活动的组织符合幼儿的学习方式和特点,实现综合性、趣味性和活动性的协调统一,我做了以下两方面的准备。

物质准备:图书角,图书(每人一本),哭声音频,故事视频,儿歌《小图书》音频,纸(每人一张),水盆(每组一个),透明胶带,订书器。

知识经验准备:活动前幼儿对图书有初步认识,有翻阅图书的初步经验。

5. 说学法、教法

根据“循序渐进,层层深入”的教学原则,我先通过让幼儿听哭声来激发幼儿的兴趣,并思考听见了什么?谁在哭?为什么哭?再通过“视听结合,整体感知”“动手操作,加深理解”“模仿练习,锻炼能力”的学法,让幼儿在听听、猜猜、看看、想想、说说、做做、玩玩、练练的过程中实现活动目标。

学法决定教法。教育心理学研究发现,学习者同时开放多个感知通道,比只开放一个感知通道,能更准确有效地掌握学习对象。幼儿是活动的中心,教育活动应基于幼儿的学习兴趣,尤其是幼儿的经验来进行,在教育活动中“教师应成为幼儿学习活动的支持者、合作者、引导者”。根据幼儿的学习情况,本次活动我主要运用了视、听、讲结合法,直观教学法、示范法和讲解法。

6. 说活动过程

(1) 开始部分　教师播放哭声音频,创设情境,让幼儿在听一听,猜一猜过程中激发兴趣,引发注意。教师提问:小朋友听见了什么声音?猜一猜是谁在哭呢?那他又为什么哭呢?

(2) 基本部分　也是活动过程的重要部分。

① 播放视频故事《小图书笑了》,幼儿理解故事。

在幼儿听完故事后教师提问:到底是谁哭了?小图书为什么哭?图书是用什么做的?(知道图书是用纸做的。)后来小图书为什么又笑了?采用视、听、讲结合法让幼儿在看一看,想一想,说一说的过程中理解故事内容,突出活动重点。

② 动手操作小实验

师生同做:教师和幼儿一起将纸握在手里,幼儿发现,用力握纸,纸会皱,稍用力撕纸,纸就会破。教师引导幼儿了解图书是纸做的,容易弄皱弄坏。

幼儿操作:每人一张纸,每组一个水盆。幼儿发现,将纸放在水里,纸会被浸湿,湿的纸更容易破。教师引导幼儿了解图书怕水。

让幼儿在做一做,玩一玩的操作过程中理解图书是纸做的,容易弄坏,图书怕水,要爱护图书。

③ 练习看图书

教师示范:轻轻地从图书角里拿图书,一页一页轻轻地翻阅,看完后轻轻地放回原处。

幼儿个别进行练习,教师反复播放儿歌《小图书》音频。(小小图书真美丽,有封面来有封底。一页一页往后翻,轻拿轻放不要挤,看完再把书摆齐。)

全班幼儿练习,教师个别指导。

此环节通过教师讲解示范、幼儿操作练习的活动,使幼儿在看一看,练一练的过程中突破了活动难点。

(3) 结束部分 教师小结:小朋友要学会正确翻阅图书,养成爱护图书的好习惯。

(五) 活动实施

1. 备好课是上好课的先决条件,备课要认真全面,教具材料要准备充分并注意出示的时机。
2. 仪表庄重,行为大方,活泼开朗。教师着装符合幼儿园教师的特点。
3. 幼儿操作时仔细观察,积极引导。
4. 口齿清晰,语言规范,与幼儿沟通要亲切自然。
5. 教学组织形式灵活多样。

(六) 活动评价

整个活动的设计从幼儿园班级图书角活动的实际情况出发,有针对性地生成了新的主题,教学过程能结合幼儿的年龄特点与《指南》的相关要求与规定,内容紧贴幼儿生活实际;目标明确;活动材料准备充分;教法灵活多样,能激发幼儿活动兴趣,体现幼儿的主体地位;教学过程思路清晰,活动过程环环相扣,能做到由浅入深,重点突出,难点突破;能较好地实现活动目标。

国考聚焦

真题分析

单选题

教师在区角中投放了多种发声玩具,小班幼儿在摆弄这些玩具时(　　)。

A. 能概括不同声音产生的条件

B. 对声音产生兴趣、感受不同的声音

C. 能描述出玩具是怎么发声的

D. 能描述不同玩具的发声特点

【答案】 B

解析:幼儿园科学教育主要是激发幼儿的探索兴趣,不追求知识的灌输。在《指南》中也规定小班幼儿,主要是喜欢接触大自然,对周围的很多事情和现象感兴趣。

单元测试

1. 学前儿童语言区角教育活动的价值是什么?
2. 学前儿童语言区角教育活动与其他语言教育活动有何关系?
3. 学前儿童语言区角教育活动有何特点?
4. 学前儿童语言区角教育活动材料提供注意事项有哪些?
5. 学前儿童语言区角教育活动的组织指导策略有哪些?

参考答案

1. 有利于培养幼儿学习语言和运用语言的兴趣;有利于促进幼儿情感的发展;有利于幼儿社会性的发展;有利于幼儿动手操作能力的提高。

2. 学前儿童语言区角教育活动与游戏融合;学前儿童语言区角教育活动与专门的语言教育活动互补;学前儿童语言区角教育活动与主题教育活动的渗透与整合(为主题教育做准备;为主题教育做延伸;拓展提升主题教育内容;通过语言区角教育活动生成新的主题)。

3. 语言学习的互动性;语言学习的自主性;语言环境的宽松性。

4. 材料的安全卫生性与艺术性;材料的目的性与动态性;材料的适宜性与层次性;材料的丰富性与探究性;材料的可持续性与自制性。

5. 制定必要的规则;认真仔细地观察;把握指导的时机;运用正确的方法;鼓励幼儿积极参与。

参考文献

[1] 中华人民共和国教育部.3—6 岁儿童学习与发展指南.北京:首都师范大学出版社,2012.
[2] 李季湄,冯晓霞.《3—6 岁儿童学习与发展指南》解读.北京:人民教育出版社,2013.
[3] 中华人民共和国教育部.幼儿园教育指导纲要(试行).北京:北京师范大学出版社,2001.
[4] 教育部基础教育司.幼儿园教育指导纲要(试行)解读.南京:江苏教育出版社,2002.
[5] 中华人民共和国教育部考试中心.幼儿园教师资格考试大纲:综合素质考试大纲;保教知识与能力考试大纲.2015
[6] 全国幼师工作协作组.学前儿童语言教育活动指导.北京:北京师范大学出版社,2002.
[7] 人力资源和社会保障部教材组.学前儿童语言教育活动设计与指导.北京:中国劳动社会保障出版社,2009.
[8] 周兢.幼儿园语言文学教育活动.北京:中国广播电视出版社,1992.
[9] 周兢.幼儿园语言教育活动设计与组织.北京:人民教育出版社,2007.
[10] 周兢.幼儿园语言教育资源.北京:人民教育出版社,2015.
[11] 周兢.幼儿园语言教育.北京:人民教育出版社,2014.
[12] 周兢.早期阅读发展与教育研究.北京:教育科学出版社,2007.
[13] 周兢.幼儿园渗透式领域课程实施指导丛书:语言.南京:南京师范大学出版社,2007.
[14] 周兢.汉语儿童语言发展研究.北京:教育科学出版社,2009.
[15] 祝士媛.幼儿园语言教学法.北京:北京师范大学出版社,1990.
[16] 祝士媛.学前儿童语言教育.2 版.北京:北京师范大学出版社,2010.
[17] 朱家雄.幼儿园课程.2 版.上海:华东师范大学出版社,2011.
[18] 张明红.给幼儿园教师的 101 条建议:语言教育.南京:南京师范大学出版社,2007.
[19] 张明红.婴幼儿语言发展与教育.上海:上海科技教育出版社,2017.
[20] 朱海琳.学前儿童语言教育.北京:科学出版社,2009.
[21] 于涌.幼儿语言发展与教育.长春:东北师范大学出版社,1995.
[22] 袁爱玲.学前全语言创造教育活动设计(小班).北京:教育科学出版社,2001.
[23] 袁爱玲,何秀英.幼儿园教育活动指导策略.北京:北京师范大学出版社,2007.
[24] 刘淑兰.幼儿园课程实施指导手册.北京:北京师范大学出版社,1999.
[25] 傅晨,董旭花.学前教育专业实训教育指导.2 版.北京:科学出版社,2018.
[26] 人民教育出版社中学语文室.幼儿语言教学法.北京:人民教育出版社,1987.
[27] 人民教育出版社语文二室.学前儿童语言教学法.北京:人民教育出版社,1987.
[28] 卢伟.学前儿童语言教育活动指导.3 版.上海:复旦大学出版社,2013.
[29] 赵寄石,楼必生.学前儿童语言教育.北京:人民教育出版社,2005.
[30] 王君琦,裘天锦.幼儿语言教学法.北京:人民教育出版社,1987.
[31] 陈帼眉.学前儿童发展心理学.北京:北京师范大学出版社,1995.
[32] 陈帼眉.学前心理学.2 版.北京:人民教育出版社,2015.

[33] 刘焱.幼儿园游戏教学论.北京:中国社会出版社,1999.
[34] 姚伟.儿童观及其时代性转换.长春:东北师范大学出版社,2007.
[35] 姜晓燕.学前儿童游戏教程.北京:教育科学出版社,2012.
[36] 姜晓燕.学前儿童语言教育能力训练.哈尔滨:黑龙江科学技术出版社,2009.
[37] 姜晓燕.教师技术行为训练教程.哈尔滨:黑龙江人民出版社,2003.
[38] “提高我国幼儿师资素质的研究”课题组.提高幼儿教师素质的研究与探索.北京:北京师范大学出版社,2002.
[39] 魏敏,陈峰.幼儿园教育活动案例分析.长春:东北师范大学出版社,2003.
[40] 陈幸军.幼儿园教师教育技能.北京:人民教育出版社,2009.
[41] 许政涛.幼儿园游戏与玩具.北京:北京师范大学出版社,2001.
[42] 阎立钦.语言教育学引论.北京:高等教育出版社,1996.
[43] 高格褆,舒平.幼儿文学实用教程.北京:高等教育出版社,2006.
[44] 李莹.学前儿童文学.2版.上海:复旦大学出版社,2009.
[45] 何桂香.成长在路上——幼儿园新教师必读.北京:农村读物出版社,2009.
[46] 郑建成.学前教育学.上海:复旦大学出版社,2007.
[47] 徐萍,刘丽菊.幼儿园教育活动设计与指导——语言.南京:河海大学出版社,2005.
[48] 四川省幼儿园教师进修教材协编委员会.幼儿园各科教学法.上海:上海教育出版社,1987.
[49] 皮亚杰.儿童心理发展.傅统先,译.济南:山东教育出版社,1982.
[50] 麦克雷纳,等.早期文字教育.贾立双,译.沈阳:辽海出版社,1999.
[51] 凯瑟琳·斯诺,等.预防阅读困难.胡美华等,译.南京:南京师范大学出版社,2006.
[52] 肯·古德曼.全语言教育的“全”全在哪里.李连珠,译.南京:南京师范大学出版社,2005.
[53] Krashen S.D. Second Language Acquisition & Second Language Learning. Oxford: Pregamon Press,1982.
[54] 简·韦拉.如何倾听,怎样沟通.修订版.北京:教育科学出版社,2007.
[55] 周兢.关于幼儿园早期阅读教育活动的思考.幼儿教育,2009,(12).
[56] 周兢.早期阅读让孩子终生热爱学习.幼儿教育,2005,(1).
[57] 高晓妹,周兢.游戏阅读教育的观念与模式.幼儿教育(教育科学版),2007,(3).
[58] 朱从梅,周兢.亲子阅读类型及其对幼儿阅读能力发展的影响.幼儿教育(教育科学版),2006,(7-8).
[59] 张明红.幼儿园教育指导纲要(试行)中幼儿园语言教育精神的解析.学前课程研究,2007,(3).
[60] 余珍有.日常生活中的早期阅读指导.学前教育研究,2005,(5).
[61] 谢俊毓.让环境说话,使早期阅读成为孩子一生的财富——浅谈幼儿园阅读环境的创设.贵州教育,2009,(8).
[62] 龚亮,顾立群.有吸引力的阅览室.幼儿教育,2008,(19).
[63] 孙丽莉,陆小涛.鼠小弟的小背心.学前课程研究,2007,(3).
[64] 王远新.论语言功能和语言价值观.湘潭大学学报(哲学社会科学版),2008,(9).
[65] 刘新军,宋少红.为幼儿创设情境交流语言.宁夏教育,1999,(7-8).
[66] 白燕.浅析学前语言游戏教学的有效化.天津市教科院学报,2009,(2).
[67] 黄芳.为幼儿选择合适的阅读材料.当代学前教育,2009,(2).
[68] 洪素云.幼儿之间交流缺失的现状分析与对策.教育导刊,2007,(1).
[69] 郑伟如.幼儿辩论会初探.教育导刊,2006,(11下).
[70] 陈红梅.起点阅读:让幼儿爱上阅读.当代学前教育,2009,(2).
[71] 张文娟.对话式文学作品教学初探.教育导刊,2004,(6).

[72] 和学新.学生主体性若干基本概念辨析.湖南师范大学教育科学学报,2003(01):37-41.
[73] 姜自霞.如何看待儿童的自造词行为.当代学前教育,2011(03):38-40.